Winfried Schwabe

Lernen mit Fällen

Europarecht

Materielles Recht
& Klausurenlehre

BOORBERG

Bibliografische Information der Deutschen Nationalbibliothek | Die Deutsche Nationalbibliothek verzeichnet diese Publikation in der Deutschen Nationalbibliografie; detaillierte bibliografische Daten sind im Internet über www.dnb.de abrufbar.

ISBN 978-3-415-07160-5

Druck und Bindung: Vereinigte Druckereibetriebe Laupp & Göbel GmbH, Robert-Bosch-Straße 42, 72810 Gomaringen

Richard Boorberg Verlag GmbH & Co KG | Scharrstraße 2 | 70563 Stuttgart
Stuttgart | München | Hannover | Berlin | Weimar | Dresden
www.boorberg.de

Vorwort

Das vorliegende Buch ergänzt die Reihe »Lernen mit Fällen« um einen weiteren Band und behandelt das Europarecht.

Der Leserin und dem Leser lege ich ans Herz, zunächst die Hinweise zur sinnvollen Arbeit mit diesem Buch – gleich folgend auf der nächsten Seite – sorgfältig durchzusehen.

Köln, im Januar 2022 Winfried Schwabe

Zur Arbeit mit diesem Buch

Das Buch bietet **zweierlei** Möglichkeiten:

Zum einen kann man anhand der Fälle das **materielle Recht** erlernen. Zu jedem Fall gibt es deshalb zunächst einen sogenannten »Lösungsweg«. Hier wird Schritt für Schritt die Lösung erarbeitet, das notwendige materielle Recht aufgezeigt und in den konkreten Fallbezug gebracht. Der Leser und die Leserin können so in aller Ruhe die einzelnen Schritte nachvollziehen, in unzähligen Querverweisungen und Erläuterungen die Strukturen, Definitionen und sonst notwendigen Kenntnisse erwerben, die zur Erarbeitung der Materie, hier also des Europarechts, unerlässlich sind.

Zum anderen gibt es zu jedem Fall nach dem gerade beschriebenen ausführlichen Lösungsweg noch das klassische **Gutachten** im Anschluss. Dort findet man dann die »reine« Klausurfassung, also den im Gutachtenstil vollständig ausformulierten Text, den man in der Klausur zum vorliegenden Fall hätte anfertigen müssen, um die Bestnote zu erzielen. Anhand des Gutachtens kann man nun sehen, wie das erarbeitete Wissen tatsächlich nutzbar gemacht, sprich in **Klausurform** gebracht wird. Die Leser und Leserinnen lernen die klassische Gutachtentechnik: Gezeigt wird, wie man das Gutachten in einem Europarechtsfall aufbaut, wie man dabei richtig subsumiert, mit welchen Formulierungen man arbeiten sollte, mit welchen Formulierungen man tunlichst ***nicht*** arbeiten sollte, wie man einen Meinungsstreit in der Klausur souverän darstellt, wie man einen Obersatz und einen Ergebnissatz vernünftig aufs Papier bringt, wie man Wichtiges von Unwichtigem trennt usw. usw.

Und noch ein Tipp zum Schluss: Die im Buch zitierten Artikel und Paragrafen sollten auch dann nachgeschlagen und vor allem gelesen werden, wenn man meint, man kenne sie schon. Das ist leider zumeist ein Irrtum. Auch das Europarecht erschließt sich nur mit der sehr sorgfältigen Lektüre des Gesetzes. Wer anders arbeitet, verschwendet seine Zeit. Versprochen.

Inhaltsverzeichnis

1. Abschnitt

Allgemeine Lehren

Organe und Institutionen – europäische Rechtsquellen und Rechtsetzungsakte

1. Abschnitt

Allgemeine Lehren

Organe und Institutionen – europäische Rechtsquellen und Rechtsetzungsakte

Fall 1

Sergio Rambos ist arbeitslos

Zur besseren Absicherung arbeitsloser Menschen haben das Europäische Parlament und der Rat die Richtlinie »RL-2021/65/EU« beschlossen. Darin heißt es:

Art. 1: *Jeder Mitgliedstaat soll einer arbeitslos gemeldeten und in seinem Hoheitsgebiet wohnhaften Person für die Dauer von maximal zwei Jahren 1.000 Euro Arbeitslosengeld monatlich zahlen. Sofern die nationale Regelung diesen Betrag unterschreitet, ist sie anzupassen. Sofern die nationale Regelung diesen Betrag überschreitet, bleibt sie erhalten.*

Art. 2: *Über die Gewährung von Vergünstigungen, etwa in Form von Sachleistungen, Mietzuschüssen oder anderen Zuwendungen, entscheiden die Mitgliedstaaten. Für die Umsetzung erhält jeder Mitgliedstaat zweckgebunden eine Milliarde Euro Soforthilfe.*

Art. 3: *Diese Richtlinie ist von den Mitgliedstaaten spätestens ein Jahr nach ihrem Inkrafttreten in nationales Recht umzusetzen.*

Spanien hat die Richtlinie nach Ablauf der Umsetzungsfrist noch nicht in nationales Recht transferiert, da die amtierenden Regierungsparteien den Betrag von 1.000 Euro für zu hoch halten und das innerstaatliche Gesetzgebungsverfahren blockieren. *Sergio Rambos* (R) aus Madrid hat sich vor einer Woche arbeitslos gemeldet; nach spanischem Recht erhält er aktuell 700 Euro Arbeitslosengeld monatlich. R will nun wissen, ob er gegen den spanischen Staat (S) ab sofort einen Anspruch auf zusätzliche 300 Euro monatlich und auf Gewährung eines Mietzuschusses hat.

Hat er? Von der Rechtmäßigkeit der Richtlinie ist auszugehen.

Schwerpunkte: Die Rechtsetzung in der EU; die »Richtlinie« gemäß Art. 288 Abs. 1 und 3 AEUV; Abgrenzung zur »Verordnung« nach Art. 288 Abs. 2 AEUV; die Rechtsfolgen eines Umsetzungsausfalls; die unmittelbare, »vertikale« Wirkung von EU-Richtlinien; Grundbegriffe der EU-Gesetzgebung.

Lösungsweg

Einstieg: Das kleine Fällchen da oben führt uns gleich zum ersten Prüfungsklassiker im Europarecht, nämlich der Frage nach der Wirkung einer von einem Mitgliedstaat nicht oder nicht fristgemäß umgesetzten Richtlinie im Sinne des Art. 288 Abs. 3

AEUV (aufschlagen!). Das Ganze ist deshalb ein Prüfungsklassiker, weil dieses Vorgehen bzw. Unterlassen in der Praxis zu den zentralen Problemen gehört, die eine supranationale (= lateinisch = **überstaatliche**) Rechtsetzung mit sich bringt: Es kommt naturgemäß nur selten vor, dass alle (27) Mitgliedstaaten der Europäischen Union (EU) komplett einig sind im Hinblick auf zu beschließende gesetzliche Regelungen – gleichwohl ist am Ende aber ***jedes*** Land verpflichtet, die vom EU-Gesetzgeber mit entsprechender Mehrheit erlassene Norm auch umzusetzen bzw. anzuwenden, was übrigens aus Art. 288 Abs. 3 AEUV in Verbindung mit Art. 4 Abs. 3 EUV – sogenannte »Loyalitätspflicht« – folgt (EuGH NVwZ **2019**, 1587; *Schwarze/Hatje* Art. 4 EUV Rz. 59; *Haratsch/Koenig/Pechstein* Rz. 401; *Streinz/Streinz* Art. 4 EUV Rz. 32).

Problem: Die maßgeblichen EU-Verträge verpflichten die Mitgliedstaaten zwar dazu, die Regeln einer beschlossenen Richtlinie fristgemäß und vollständig ins nationale Recht umzusetzen (→ § 291 Abs. 1 AEUV), sehen für den Fall der Weigerung, der Verspätung oder der unzureichenden Umsetzung als Sanktion indes nur ein **Vertragsverletzungsverfahren** gemäß den Art. 258 ff. AEUV vor, das maximal die Verhängung eines Zwangsgeldes zur Folge haben kann (Art. 260 Abs. 2 AEUV). Die konkrete Rechtsetzung/Umsetzung der Richtlinie durch das nationale Parlament kann jedoch nicht erzwungen werden (*Streinz/Ehricke* Art. 260 AEUV Rz. 1; *Haratsch/Koenig/Pechstein* Rz. 447). Gleiches gilt für eine vom EuGH für solche Konstellationen entwickelte **Staatshaftung**: auch insoweit fehlt die Möglichkeit, den Staat zur Umsetzung der Richtlinie wirksam zu veranlassen (EuGH NJW **1992**, 165 – *Francovich*; *Streinz/Gellermann* Art. 340 AEUV Rz. 49). **Merke**: Niemand – auch nicht die EU – kann einen Staat dazu zwingen, ein Gesetz zu erlassen oder auch nur ein entsprechendes Gesetzgebungsverfahren einzuleiten oder durchzuführen; die Rechtsetzungskompetenz und die entsprechende Entscheidungsbefugnis obliegt alleine und immer dem nationalen Gesetzgeber (BVerfG BGBl I **2020**, 2652; *Degenhart* StaatsR Rz. 143), und zwar selbst, wenn die Transformation ins nationale Recht – wie bei jeder EU-Richtlinie – ausdrücklich und sogar gesetzlich (§ 291 Abs. 1 AEUV!) gefordert ist (*Streinz/Ehricke* Art. 260 AEUV Rz. 1). Das EU-Rechtssystem sieht im Falle der Weigerung, der nicht fristgemäßen oder der unzureichenden Umsetzung einer Richtlinie daher auch nur finanzielle Sanktionen, indes keine Vollstreckungsmaßnahmen vor (*Streinz/Ehricke* Art. 260 AEUV Rz. 2). Wenn also ein Mitgliedstaat eine EU-Richtlinie nicht ins nationale Recht transferiert, kann dieser Staat zwar mit Zwangsgeldern oder Schadensersatzforderungen belegt, zur finalen Umsetzung der Richtlinie aber nicht gezwungen werden. Und das wiederum stellt leicht nachvollziehbar für alle anderen Staaten und damit das »Gesamtgefüge EU« einen außerordentlich ärgerlichen und destruktiven Vorgang dar, der jährlich im Schnitt gleichwohl tatsächlich etwa 600 Mal (!) vorkommt – auch, und vor allem durch Deutschland – und entsprechende Vertragsverletzungsverfahren nach sich zieht (vgl. »Jahresbericht über die Kontrolle und Anwendung der EU-Richtlinien«, wonach gegen Deutschland derzeit 80 Verfahren anhängig sind; siehe auch *Hobe/Fremuth* § 11 Rz. 26 m.w.N.).

Zudem sieht man an unserem Fall auch prima die enorme praktische Relevanz des Problems für die betroffenen Bürger: Unser R steht aktuell ziemlich unglücklich da, denn es gibt zwar eine ihn begünstigende Richtlinie, auf die er sich aber nicht berufen kann, weil die Regierung seines Landes sich weigert, die Richtlinie ins nationale Recht umzusetzen. **Logisch**: Dass das nicht das letzte Wort sein kann, ist ebenso klar wie der Umstand, dass es für solche Fälle eines sogenannten »Umsetzungsdefizits« oder auch »Umsetzungsausfalls« (EuGH Slg. **1984**, 1075) natürlich eine – vom EuGH entwickelte – Lösung bzw. Handhabe gibt, die wir uns gleich anschauen werden.

Aber: Bevor wir richtig in den Lösungsweg einsteigen, wollen und müssen wir uns zunächst mit einigen Grundbegriffen der EU vertraut machen, ohne die eine sinnvolle und damit erfolgreiche Bearbeitung solcher und auch der weiteren Fälle nicht möglich ist. Und hierbei sehen wir uns zum Einstieg vor allem mal an, ***wer*** eigentlich ***wie*** und in ***welcher Form*** gesetzliche Vorschriften in der EU erlässt bzw. überhaupt erlassen darf – und was eigentlich eine »Richtlinie« ist und warum die denn unbedingt ins nationale Recht umgesetzt werden muss.

Der Reihe nach: Die Rechtsetzung in der EU erfolgt gemäß **Art. 288 Abs. 1 AEUV** (aufschlagen!) anhand von »Verordnungen«, »Richtlinien«, »Beschlüssen«, »Empfehlungen« und »Stellungnahmen«. Mit Abstand am kniffligsten und damit auch für uns am interessantesten sind die beiden zuerst genannten Begriffe, nämlich die »Verordnung« und die »Richtlinie«, die in Art. 288 Abs. 2 und Abs. 3 AEUV näher beschrieben werden: Während die Verordnung im Sinne des Art. 288 Abs. 2 AEUV »*allgemeine Geltung*« hat (→ Satz 1) und zudem »*in jedem Mitgliedstaat* ***unmittelbar*** *gilt*« (→ Satz 2), ist die Richtlinie gemäß Art. 288 Abs. 3 AEUV »*… für jeden Mitgliedstaat, an den sie gerichtet wird, hinsichtlich des zu erreichenden* ***Ziels verbindlich****, überlässt jedoch den innerstaatlichen Stellen die Wahl der Form und Mittel.*« Der aufmerksame Leser und auch die aufmerksame Leserin erkennen schon auf den ersten Blick, dass die Verordnung damit offenbar einen verbindlicheren Charakter haben soll als die Richtlinie, was sich auch bei der genaueren Betrachtung der Rechtsbegriffe zeigt:

Definition 1: Eine **Verordnung** im Sinne des **Art. 288 Abs. 2 AEUV** hat allgemeine Geltung, ist in allen ihren Teilen verbindlich und gilt ohne weiteren Umsetzungsakt unmittelbar in jedem Mitgliedstaat (→ Wortlaut des Art. 288 Abs. 2 AEUV). »Allgemeine Geltung« bedeutet, dass die Verordnung – gleich einem **innerstaatlichen Gesetz** – abstrakt-generelle Wirkung entfaltet, keines weiteren Rechtsetzungsaktes der Mitgliedstaaten bedarf und unmittelbar nach ihrem Inkrafttreten in allen Mitgliedstaaten wirkt; eine nationale Bekanntgabe ist für die Wirksamkeit und Geltung der Verordnung nicht erforderlich. Die Regeln der Verordnung binden sodann alle staatlichen Stellen – auch die nationalen Gerichte – sowie alle natürlichen und juristischen Personen auf dem Gebiet der EU sofort und unmittelbar (*Hobe/Fremuth* § 10 Rz. 26; *Streinz* Rz. 478/480; *Haratsch/Koenig/Pechstein* Rz. 398).

Definition 2: Eine **Richtlinie** im Sinne des **Art. 288 Abs. 3 AEUV** ist für jeden Mitgliedstaat, an den sie gerichtet wird, hinsichtlich des zu erreichenden Ziels verbindlich, überlässt jedoch den innerstaatlichen Stellen die Wahl der Form und Mittel (→ Wortlaut des Art. 288 Abs. 3 AEUV). **Beachte**: Die Richtlinie setzt damit nur den **Rahmen**, den die Mitgliedstaaten mit entsprechenden Maßnahmen zu füllen haben. Für die Wirksamkeit der Richtlinie ist demnach – anders als bei der Verordnung – ein weiterer innerstaatlicher Rechtsetzungsakt in Form eines formellen Gesetzes, einer Rechtsverordnung oder einer Satzung erforderlich. Hierbei wählt der Staat die von ihm als geeignet angesehenen Mittel, die zur Erreichung des durch die Richtlinie vorgegebenen Ziels führen. Die Richtlinie ist dabei genau, vollständig und innerhalb der gesetzten Frist umzusetzen. Die Wirksamkeit einer Richtlinie entfaltet sich somit stets in einem **zweistufigen** Verfahren (EuGH NVwZ **2019**, 1587; *Calliess/Ruffert* Art. 288 AEUV Rz. 23; *Haratsch/Koenig/Pechstein* Rz. 400).

Durchblick: Die Unterscheidung zwischen Verordnungen und Richtlinien soll der kniffligen Situation Rechnung tragen, in der sich ein supranationaler Staatenverbund wie die EU zwangsläufig befindet: **Einerseits** soll und muss es Regelungen geben, die von allen beschlossen werden und die auch für **alle** sofort und **unmittelbar verbindlich** gelten, und zwar vor allem ohne weitere innerstaatliche (Gesetzgebungs-)Akte. Alles andere würde die Idee eines sinnvollen und produktiven Zusammenschlusses mehrerer Staaten karikieren und den Zusammenhalt auch kaum dauer- und glaubhaft bestehen lassen. Könnte jeder Staat im Alleingang bei jeder auf EU-Ebene beschlossenen Regelung zum entsprechenden Thema eigene (weitere) Regeln erfinden, hinzufügen, streichen oder modifizieren, ließen sich etwa ein funktionsfähiger Binnenmarkt (→ Art. 3 Abs. 3 UAbs. 1 EUV), die wirksame und globale Bekämpfung von Diskriminierung (→ Art. 3 Abs. 3 UAbs. 2 EUV), die Freizügigkeit innerhalb der EU (→ Art. 3 Abs. 2 EUV) oder auch die Währungsunion (→ Art. 3 Abs. 3 UAbs. 4 EUV) nicht oder nur unzureichend verwirklichen. Auch die grundlegenden Werte, auf denen die EU sich gründet und zu deren Erhalt sich alle Staaten ausdrücklich verpflichten (→ Art. 2 EUV), wären in der tatsächlichen und in der rechtlichen Lebenswirklichkeit ohne verbindliche Normen, die für **alle** Mitglieder gelten, nicht realisierbar. **Andererseits** ist und bleibt jeder Staat trotz EU-Mitgliedschaft natürlich ein souveränes Gebilde mit eigenen, teilweise höchst unterschiedlichen Rechtsordnungen. Diese entspringen in der Regel eigenen kulturellen Erfahrungen und Wirklichkeiten und sind zudem auch vom jeweiligen staatlichen »Selbstbewusstsein« über Jahrzehnte, teilweise über Jahrhunderte beeinflusst und entsprechend gewachsen. Dies alles in einer großen Gemeinschaft wie der EU, die derzeit von immerhin 27 souveränen Staaten getragen wird, unter einen Hut zu bringen, stellt leicht nachvollziehbar ein sehr anspruchsvolles Unterfangen dar, mit dem übrigens jeder Staatenverbund beim Ausgleich der Interessen seiner Mitglieder zu kämpfen hat. Innerhalb der EU soll diesem Problem unter anderem mithilfe unterschiedlicher Rechtsetzungsmöglichkeiten – nämlich vor allem der **Verordnung** und der **Richtlinie** – begegnet werden. Herr *Streinz* beschreibt die Notwendigkeit und Praktikabilität dessen in seinem (prima) Lehrbuch pointiert und zutreffend so (Rz. 483/484):

> *»Die Konstruktion der beiden unterschiedlichen Rechtsetzungsakte trägt nicht nur manchmal den durchaus zweifelhaften ›Souveränitätsanspruchs-Empfindlichkeiten‹ einzelner Staaten Rechnung und ist zudem in der Sache dort gerechtfertigt, wo nicht nur aus politischen, son-*

dern auch aus verfassungsrechtlichen Gründen ein Umsetzungsspielraum für einen Mitgliedstaat erforderlich sein kann.«

Besser kann man das Ganze nicht beschreiben.

Wir merken uns: »Verordnungen« nach Art. 288 Abs. 2 AEUV setzen verbindliches Recht für alle. Und zwar **sofort** und **unmittelbar**. Es bedarf keines weiteren Umsetzungsaktes der Mitgliedstaaten mehr, nicht mal eine nationale Bekanntgabe ist erforderlich. Die »Richtlinie« im Sinne des Art. 288 Abs. 3 AEUV setzt demgegenüber nur einen rechtlichen **Rahmen**, lässt den Mitgliedstaaten einen eigenen Entscheidungsspielraum und entfaltet ihre Wirkung erst und nur nach einem weiteren innerstaatlichen, gesetzgeberischen Akt. Die konkrete Rechtsetzung ist immer an einen **zweistufigen Vorgang** gebunden: den Erlass der Richtlinie durch die EU sowie die Umsetzung durch den Mitgliedstaat in nationales Recht. Erst danach entfaltet die Richtlinie – jeweils in der Form der nationalen Umsetzung! – ihre Wirksamkeit (*Schwarze/Biervert* Art. 288 AEUV Rz. 23). Mit dieser Unterscheidung der von der EU zu setzenden Rechtsakte soll ein Ausgleich geschaffen werden zwischen dem Bedürfnis nach einer möglichst umfangreichen und einheitlichen Rechtsordnung innerhalb der EU einerseits und den nationalen Interessen und »Befindlichkeiten« der einzelnen Mitgliedstaaten andererseits. Die **Unterscheidung** zwischen Verordnung und Richtlinie erfolgt anhand des Regelungsinhalts der Maßnahme, wobei sich in der Praxis eingebürgert hat, dass der jeweilige Rechtsakt konkret, also entweder als »Verordnung« oder »Richtlinie« ausdrücklich bezeichnet ist und damit seine Rechtsnatur bestimmt werden kann (*Haratsch/Koenig/Pechstein* Rz. 435). Das Wahlrecht über den zu setzenden Rechtsakt – also etwa Verordnung oder Richtlinie – steht übrigens gemäß Art. 296 Abs. 1 AEUV dem Gesetzgeber zu (*Schwarze/Biervert* Art. 288 AEUV Rz. 28).

So, das war jetzt schon mal eine ganze Menge an Informationen im Hinblick darauf, in welcher Form innerhalb der EU das materielle Recht gesetzt wird. Zudem wissen wir nun auch schon, dass die Befindlichkeiten von immerhin 27 Einzelstaaten dabei unter einen Hut gebracht werden müssen und dass es dafür unter anderem unterschiedliche Rechtsetzungsakte gibt, die den Einzelstaaten je nach Fallgestaltung eigene Kompetenzen und Entscheidungsspielräume lassen.

Nächster Schritt: Was wir bisher allerdings noch nicht geklärt haben, ist die Frage, wer »die EU«, von der wir die ganze Zeit schon sprechen, konkret ist und vor allem, wer für sie, »die EU«, eigentlich handelt und zum Beispiel die genannten Verordnungen und Richtlinien erlassen kann – wer also der eben im grauen Kasten erwähnte »**Gesetzgeber**« ist. Bislang wissen wir nur, dass in der EU insgesamt 27 Staaten versammelt und in irgendeiner Form zur Rechtsetzung berufen sind – aktuell sind das übrigens: Belgien, Deutschland, Frankreich, Italien, Luxemburg, Niederlande (= Gründungsstaaten der damaligen »EWG« → Europäische Wirtschaftsgemeinschaft von 1957). Später beigetreten sind: Irland (1973), Dänemark (1973), Griechenland (1981),

Spanien (1986), Portugal (1986), Finnland (1995), Schweden (1995), Österreich (1995), Tschechien (2004), Estland (2004), Lettland (2004), Litauen (2004), Slowenien (2004), Slowakei (2004), Ungarn (2004), Malta (2004), Polen (2004), Zypern (2004), Rumänien (2007), Bulgarien (2007) und Kroatien (2013). Diese Staaten bilden derzeit die EU, die – oben in einer Klammer kurz erwähnt – ihren Ursprung schon in den 1950er Jahren hatte, seitdem mehrfach ihre Struktur und auch ihren Namen geändert hat und seit dem berühmten »**Vertrag von Maastricht**« vom **7. Februar 1992**, mit dem unter anderem der »Vertrag über die Europäische Union« (= EUV) erschaffen wurde, nun schon 30 Jahre lang »Europäische Union« (EU) heißt.

Diese Staaten müssen, um eine Handlungsfähigkeit im Inneren wie im Äußeren zu erlangen, natürlich durch gemeinsame **Organe** vertreten und repräsentiert werden; andernfalls wären sie nämlich eben nicht rechtlich handlungsfähig und könnten zum Beispiel keine Gesetze – Richtlinien oder Verordnungen – erlassen oder völkerrechtliche Verträge mit sogenannten »Drittstaaten« (= Staaten, die nicht zur EU gehören) abschließen. Die Gründungsverträge zur EU, vor allem der EUV von 1992, konstituieren die Europäische Union daher in Art. 47 EUV (aufschlagen!) als Rechtssubjekt mit mehreren Organen, denen unterschiedliche Aufgaben und Funktionen zukommen. Gemäß Art. 13 Abs. 1 UAbs. 2 EUV (auch den: aufschlagen!) gibt es insgesamt – und abschließend – ***sieben*** Organe, die in den Art. 14 ff. EUV sowie den Art. 223 ff. AEUV näher beschrieben werden und von denen wir uns die ersten fünf gleich etwas genauer anschauen wollen; die **Europäische Zentralbank** und der **Rechnungshof** (= Nummern 6 und 7) spielen vorläufig keine Rolle für uns. Daneben gibt es: Das **Europäische Parlament** (→ Art. 14 EUV, Art. 223–234 AEUV), den **Europäischen Rat** (→ Art. 15 EUV, 235–236 AEUV), den **Rat** (→ Art. 16 EUV, Art. 237–243 AEUV), die **Europäische Kommission** (im Gesetz »**Kommission**« genannt, vgl. Art. 17 EUV, Art. 244–250 AEUV) und den **Gerichtshof der Europäischen Union** (EuGH, vgl. → Art. 19 EUV, Art. 251–281 AEUV).

Diese Begriffe, die in der öffentlichen Wahrnehmung übrigens gelegentlich verschwimmen und auch vertauscht oder verwechselt werden, muss man als Jura-StudentIn leider kennen und vor allem auch unterscheiden können – sie sind für das Verständnis der Funktionsfähigkeit und der Strukturen der EU grundlegend. Wir verschaffen uns jetzt mal einen ersten (groben) Überblick und wollen dabei das Hauptaugenmerk darauf legen, wie die Organe besetzt sind, wo und wie sie ihre Arbeit verrichten und vor allem welche Funktion dem jeweiligen Organ im Gesetzgebungsverfahren zukommt. Also:

> **1.** Das **Europäische Parlament**: Das EU-Parlament besteht aktuell aus 705 Abgeordneten (maximal möglich sind 750 + Präsident, vgl. Art. 14 Abs. 2 UAbs. 1 EUV) und hat seinen Sitz in **Straßburg**; der Verwaltungssitz liegt in **Luxemburg**. Die 12 turnusmäßigen, jeweils auf vier Tage (Montag bis Donnerstag) angesetzten Vollversammlungen des EU-Parlaments finden über das Jahr verteilt in Straßburg, zudem mögliche, jeweils zweitägige Sondersitzungen und auch die Sitzungen der Ausschüsse finden in **Brüssel** statt, da sich die EU-Staaten bislang noch auf keinen ein-

heitlichen Standort aller Veranstaltungen einigen konnten (Art. 341 AEUV). Im EU-Parlament sitzen die von den Bürgerinnen und Bürgern der gesamten EU bei der allseits bekannten »Europawahl« gewählten Abgeordneten. Zahlenmäßig sind die Sitze im Parlament aufgeteilt proportional der Einwohnerzahl des jeweiligen Mitgliedslandes, wobei eine sogenannte »degressive Proportionalität« gilt, das heißt: Mit zunehmender Bevölkerungszahl wird die zusätzliche Zahl der Sitze geringer (*Hobe/Fremuth* § 8 Rz. 48). Deutschland hat übrigens die zahlenmäßig größte Bevölkerung in der EU und damit auch die meisten Sitze, nämlich 96. Estland, Zypern, Malta und Luxemburg haben die wenigsten Sitze, und zwar jeweils sechs. **Wichtig**: Gemäß Art. 14 Abs. 1 Satz 1 EUV (aufschlagen!) »... *wird das Europäische Parlament gemeinsam mit dem Rat als Gesetzgeber tätig* ...«.

2. Im »**Europäischen Rat**« (**Achtung**: das ist NICHT der gerade erwähnte »Rat«!) sitzen gemäß Art. 15 Abs. 2 EUV die (27) Staats- und Regierungschefs der Mitgliedsländer sowie der Präsident der Europäischen Kommission. Das nach Art. 15 Abs. 3 EUV **vierteljährlich** terminierte Zusammentreffen der Mitglieder in **Brüssel** nennt man umgangssprachlich auch »**EU-Gipfel**«. Dem Europäischen Rat kommt nach allgemeiner Meinung die Funktion eines »politischen Leitorgans« zu, das gemäß Art. 15 Abs. 1 Satz 1 EUV der Union die für ihre Entwicklung erforderlichen Impulse und politischen Zielvorstellungen gibt und die Prioritäten hierfür festlegt (*Streinz* Rz. 296; *Haratsch/Koenig/Pechstein* Rz. 260). Während das Europäische Parlament die »Union der Bürger« (→ das europäische Volk) repräsentiert, soll der Europäische Rat mit seinen Staats- und Regierungschefs den »Staatenverbund als solchen«, und zwar in Form der einzelnen Mitgliedstaaten repräsentieren, lies: Art. 10 Abs. 2 UAbs. 1 und 2 EUV (*Streinz* Rz. 296). **Wichtig**: Eine Gesetzgebungsbefugnis kommt dem Europäischen Rat trotz der extrem prominenten Besetzung überraschenderweise **nicht** (!) zu, was in Art. 15 Abs. 1 Satz 2 EUV sogar ausdrücklich drinsteht. Der Europäische Rat berät damit zwar quasi auf »höchster Ebene« durch die Staats- und Regierungschefs und gibt anschließend auch die Richtlinien der anvisierten Politik an die übrigen Organe zur Umsetzung weiter (sogenannte »politische Verbindlichkeit«). Eine eigene, formale Funktion im Gesetzgebungsverfahren fehlt dem Europäischen Rat aber. Wie sich aus **Art. 26 Abs. 1 und 2 EUV** und **Art. 236 AEUV** ergibt, können bestimmte Beschlüsse des Europäischen Rates aber auch eine Art von rechtlicher Verbindlichkeit haben. Grundsätzlich bleibt es allerdings dabei: Der Europäische Rat gibt zwar die politischen Leitlinien vor, hat selbst aber keine Möglichkeit, am Gesetzgebungsverfahren teilzunehmen. Merken.

3. Anders aber: der »**Rat**«. Dieser besteht gemäß Art. 16 Abs. 2 EUV aus »... *je einem Vertreter jedes Mitgliedstaates auf Ministerebene* ...« und wird daher gerne und auch eher merkfähig »**Minister-Rat**« genannt (*Hobe/Fremuth* § 8 Rz. 15). Jedes Ratsmitglied muss in seinem Mitgliedstaat MinisterIn sein, wobei es sich dabei nicht zwingend um einen Bundesminister handeln muss (*Streinz* Rz. 342). Der Rat besteht aktuell also aus 27 MinisterInnen, jeder Mitgliedstaat entsendet einen Minister. Der Rat ist, anders als der »Europäische Rat«, zudem ein Gremium, das gemäß Art. 16 Abs. 6 UAbs. 1 EUV je nach Regelungsmaterie in unterschiedlicher Besetzung tagt: Jeder

Staat schickt zu den jeweiligen Ratssitzungen den Minister/die Ministerin, die mit dem zu verhandelnden Thema am besten vertraut sind. Für unterschiedliche Themen können also unterschiedliche Räte bzw. Ratssitzungen einberufen werden. Diese Sitzungen finden in der Regel in **Brüssel** statt, in den Monaten April, Juni und Oktober jedoch in Luxemburg. **Wichtig**: Der Rat wird nach Art. 16 Abs. 1 Satz 1 EUV *»... **gemeinsam** mit dem Europäischen Parlament als **Gesetzgeber** tätig ...«*. Dem Minister-Rat steht somit neben dem Europäischen Parlament die Befugnis zu, als zentrales Organ an der Gesetzgebung – vornehmlich am Erlass von Verordnungen, Richtlinien und Beschlüssen – mitzuwirken. Die Europäische Union hat sich für die Gesetzgebung damit zu einem Verfahren entschlossen, an dem zwei Gremien beteiligt sein sollen: Zum einen das vom Volk gewählte und dieses somit repräsentierende **Europäische Parlament**, zum anderen aber auch die **Regierungen** der jeweiligen Mitgliedstaaten, und zwar in Form eines Ministers pro Mitgliedsland, die dann gemeinsam im »Rat« sitzen und über Gesetzesvorhaben abstimmen dürfen. Beide Institutionen, also das Europäische Parlament und der Rat stehen bei der Gesetzgebung zudem gleichberechtigt nebeneinander mit der Folge, dass Verordnungen, Richtlinien und Beschlüsse auch von beiden – also vom **Volk** (durch das EU-Parlament) und den jeweiligen **Regierungen** (durch den Minister-Rat) – mit Mehrheit beschlossen werden müssen, um in Kraft treten zu können, bitte lies: Art. 289 Abs. 1 Satz 1 AEUV.

Merke: Die Rechtsetzung auf Unionsebene ist gleichberechtigt auf zwei Säulen verteilt, nämlich auf das **Europäische Parlament** und den (**Minister-**)**Rat**. Zum Zustandekommen von Verordnungen, Richtlinien oder Beschlüssen bedarf es gemäß Art. 289 Abs. 1 AEUV der Zustimmung beider Organe. Hierbei vertreten das Europäische Parlament das europäische Volk in seiner Gesamtheit – und der Rat in Form der jeweiligen Minister (»Minister-Rat«) vertritt die Regierungen der einzelnen Mitgliedstaaten. Nur wenn beide Organe mit entsprechender Mehrheit über den Rechtsetzungsakt abstimmen (Art. 294 ff. AEUV), kann die Verordnung, die Richtlinie oder der Beschluss zustande kommen und danach in Kraft treten.

4. So, und damit kommen wir zum rechtlich und tatsächlich mit Abstand bedeutendsten Organ der EU, nämlich der **»Europäischen Kommission«**. Diese wird gemäß Art. 13 Abs. 1 UAbs. 2 EUV gebräuchlicher und einfacher auch »Kommission« genannt und taucht in dem eben im grauen Kasten erwähnten Art. 289 Abs. 1 Satz 1 AEUV (aufschlagen!) interessanterweise schon auf, und zwar als *Vorschlagsberechtigte* eines Gesetzesentwurfs. Der Reihe nach:

Die EU-Kommission hat ihren Sitz in **Brüssel** und besteht aktuell aus je einem Vertreter pro Mitgliedstaat. Sie war ursprünglich als eine Art »Regierung der EU« konzipiert und ist heute als komplett unabhängiges, supranationales Organ sui generis konstituiert und allein dem Wohl der EU verpflichtet (*Oppermann/Classen/Nettesheim* § 5 Rz. 95). In der Kommission sitzen die (27) sogenannten »EU-Kommissare«, derzeit unter dem Vorsitz der deutschen Präsidentin *Ursula von der Leyen*. Die KommissarInnen und werden von ihrem Heimatland aufgrund »allgemeinen Befähigung und ihres Einsatzes für Europa« ausgewählt, müssen nach Art. 17 Abs. 3 UAbs. 2 EUV, 245 AEUV politisch unabhängige Persönlichkeiten sein, dürfen von keiner staatlichen Stelle ihrer Heimat irgendwelche Weisungen entgegennehmen (die Staaten dürfen das nicht mal »versuchen«, lies: Art. 245 Abs. 1 Satz 2 AEUV) und dürfen schließlich während ihrer Arbeit als EU-KommissarIn auch keiner anderen Berufstätigkeit nachgehen. Rein theoretisch sind in der Europäischen Kommission damit nur »Persönlichkeiten« versammelt, die »die volle Gewähr für ihre Unabhängigkeit bieten«, ausschließlich der europäischen Idee verpflichtet sind und dies bereits durch ihren bisherigen »Einsatz für Europa« dokumentiert haben (steht genau so in Art. 17 EUV).

Durchblick: Diese an sich sehr schöne Idee und Formulierung des Gesetzes wird in aller Regel tatsächlich ignoriert, die meisten Mitgliedstaaten entsenden (natürlich) ehemalige Funktionsträger der in ihrem Land aktuell regierenden politischen Parteien, um in der Kommission – wir werden gleich auch sehen, warum – ihre politischen Meinungen und Absichten möglichst gut zu positionieren: *Ursula von der Leyen* etwa gehört nach wie vor der deutschen CDU an und ist bekanntermaßen erst kurz vor ihrer Wahl zur Kommissionspräsidentin von ihrem Posten als deutsche Verteidigungsministerin zurückgetreten; die finnische Kommissarin, Frau *Urpilainen,* war mal Finanzministerin ihres Landes; der *litauische* Kommissar, Herr *Sinkevicius,* war schon mal Wirtschaftsminister; Schwedens EU-Kommissarin, Frau *Johansson,* war Schulministerin; der österreichische EU-Kommissar, Herr *Hahn,* war früher Wissenschaftsminister; der spanische EU-Kommissar, Herr *Borell,* ist ehemaliger Außenminister seines Landes; Italiens EU-Kommissar, Herr *Gentiloni* war sogar Ministerpräsident seines Landes, ebenso wie der lettische EU-Kommissar, Herr *Dombrovskis* – usw. usw. Bei genauer Betrachtung versammeln sich in der EU-Kommission damit zwar ziemlich hochkarätige PolitikerInnen, die aber selbstverständlich dort (auch) die Interessen ihres Landes und ihrer Parteien vertreten (sollen) und im Zweifel alles andere als »politisch unabhängig« sind.

Der Kommissionspräsident und auch die Kommissare werden gemäß Art. 17 Abs. 7 AEUV vom Europäischen Parlament gewählt. Nach **Art. 248 AEUV** wird jedem Kommissar von der Präsidentin, der übrigens nicht nur die formale, sondern vor allem auch die **politische Leitungsfunktion** zukommt, nach der Wahl in die Kommission ein eigener Zuständigkeits- und Verantwortungsbereich zugewiesen (→ z.B. Landwirtschaft, Handel, Verkehr, Binnenmarkt, Gleichstellung, Umwelt, Wettbewerb, Außenbeziehungen, Fischerei, Haushalt usw.) – etwa vergleichbar mit einem Ministerressort in Deutschland. Der Kommissionspräsident hat dabei übrigens nicht nur die Macht über die Ressortverteilung, sondern darf einen Kommissar auch nach eigenem Befinden wieder entlassen (Art. 17 Abs. 6 UAbs. 2 EUV) – weshalb ihm/ihr unstreitig eine überragende politische Bedeutung und Stellung innerhalb der Kommission zukommt (*Hobe/Fremuth* § 8 Rz. 30; *Streinz* Rz. 395).

So, und jetzt wird's interessant: Die Aufgaben der Kommission liegen zunächst gemäß Art. 17 Abs. 1 EUV im **exekutiven Bereich**, und zwar namentlich darin, die Durchführung und Anwendung des EU-Rechts zu gewährleisten und zu kontrollieren. Die Kommission kann insbesondere gemäß Art. 258 Abs. 1 AEUV den EuGH anrufen, wenn sie den Eindruck hat, ein Mitgliedstaat habe gegen eine Verpflichtung aus den Verträgen verstoßen. Man nennt die Kommission daher auch die »Hüterin der Verträge/des Unionsrechts« (*Streinz* Rz. 403; *Haratsch/Koenig/Pechstein* Rz. 297). Zudem vertritt die Kommission gemäß Art. 17 Abs. 1 Satz 6 EUV die EU im Außenverhältnis. **Achtung**: Neben diesen Aufgaben steht der Kommission vor allen Dingen aber eine weitere, und zwar eine ganz entscheidende Befugnis zu: Gemäß Art. 17 Abs. 2 Satz 1 EUV (aufschlagen!) darf ein Gesetzgebungsakt der EU »... ***nur auf Vorschlag der Kommission erlassen werden*** ...«. Das Initiativrecht im Hinblick auf ein Gesetzgebungsverfahren liegt damit **ALLEIN** (!) bei der Europäischen Kommission. Anders als etwa in Deutschland und in den meisten anderen europäischen Ländern, hat demzufolge das vom Volk gewählte Parlament auf EU-Ebene keine Möglichkeit, ein Gesetzgebungsverfahren einzuleiten. Das Europäische Parlament hat nach Art. 225 AEUV lediglich die Befugnis, die Kommission »aufzufordern«, geeignete Vorschläge für einen Gesetzgebungsakt vorzulegen (→ »mittelbare Gesetzgebungsinitiative«); zwingen kann das Parlament die Kommission dazu aber nicht. Die finale Entscheidung über das In-Gang-Setzen eines sogenannten »ordentlichen Gesetzgebungsverfahrens« im Sinne der Art. 293 ff. AEUV liegt ausschließlich bei der Kommission. Ist ein Gesetzgebungsverfahren mittels eines Vorschlags der Kommission angestoßen worden, können ab dann zwar das Parlament und/oder der Rat den Vorschlag der Kommission ab- bzw. verändern, allerdings nur nach einer weiteren Stellungnahme durch die Kommission und zudem einstimmig (Art. 293 Abs. 1 und 9 AEUV). Der Kommission steht mit dem Initiativrecht gleichwohl die zentralste Funktion überhaupt im Gesetzgebungsverfahren zu, sie wird daher zutreffend auch »Motor der Integration« genannt, der im Gesamtgefüge der EU das »Quasimonopol zur Gesetzgebung« vorbehalten ist (EuGH ECLI:C:**2019**:1113 Rz. 63; *Hobe/Fremuth* § 8 Rz. 37; *Streinz* Rz. 398). **Merke**: Gesetzesentwürfe, über die das Parlament und der Rat später abstimmen, werden zuerst immer in der Europäischen Kommission beraten, formuliert und anschließend gemäß Art. 294 Abs. 2 AEUV als »Vorschlag« dem Europäischen Parlament und dem Rat unterbreitet. Die Kommission bestimmt daher logischerweise auch alleine darüber, welche Themen und Gesetzesvorhaben angestoßen werden – und welche nicht. Und beachte insoweit schließlich bitte auch noch Art. 4 SubsProt (Beck-Text Nr. 17), wonach die Kommission jeden Gesetzesentwurf vorab allen nationalen Parlamenten zuleiten muss, um ihnen die Prüfung der Subsidiaritätsgrundsätze des Art. 5 Abs. 3 EUV zu ermöglichen.

5. Der »**Europäische Gerichtshof**« (EuGH) ist gemäß Art. 13 Abs. 1 EUV ebenfalls ein Organ der EU und besteht gemäß Art. 19 Abs. 1 Satz 1 EUV aus dem »Gerichtshof« (der nach Art. 19 Abs. 2 Satz 2 EUV von Generalanwälten unterstützt wird), dem »Gericht« und den »Fachgerichten«. Er hat seinen Sitz in **Luxemburg**. Am Gesetzgebungsverfahren ist der EuGH nicht beteiligt; er wacht aber als oberste Gerichtsinstanz gemäß Art. 19 Abs. 1 Satz 2 EUV über die »Sicherung und Wahrung des Rechts bei der Auslegung und Anwendung der Verträge«, und zwar anhand verschiedener, in den Verträgen benannter Verfahren, vgl. Art. 19 Abs. 3 EUV, Art. 251 ff. AEUV.

Punkt.

Zusammenfassung: Die sieben Organe der EU sind in Art. 13 Abs. 1 UAbs. 2 EUV abschließend aufgelistet. Das **Europäische Parlament** mit seinem Hauptsitz in Straßburg besteht aus den vom gesamten europäischen Volk bei den Europawahlen gewählten Abgeordneten (derzeit 705). Der **Europäische Rat** als politisches Leitorgan der EU hat seinen Sitz in Brüssel und besteht aus den 27 Staats- und Regierungschefs der Mitgliedsländer, die vierteljährlich tagen (»EU-Gipfel«). Der mit dem Europäischen Rat bitte nicht (!) zu verwechselnde **Rat** sitzt ebenfalls hauptsächlich in Brüssel und besteht aus je einem **Minister** pro Mitgliedsland (»**Minister-Rat**«) – wobei sich die Zusammensetzung des jeweils tagenden Rates je nach Fachgebiet ändern kann. Jedes Land entsendet zu den Ratssitzungen immer den Minister/die Ministerin, die mit dem jeweiligen Thema am besten vertraut sind. Die **Europäische Kommission** mit Sitz in Brüssel besteht aus den sogenannten »EU-Kommissaren«. Diese (27) Kommissare werden von ihrem Heimatland vorgeschlagen und sind bzw. sollen politisch unabhängige Personen sein, denen innerhalb der Kommission die Exekutivaufgaben der EU zukommen; die Kommission überwacht als »Hüterin der Verträge« die Einhaltung des EU-Rechts durch die Mitgliedsländer. Der **Europäische Gerichtshof** (EuGH) mit Sitz in Straßburg stellt die oberste Gerichtsinstanz zur Sicherung und Wahrung des Rechts innerhalb der EU-Verträge dar. Zudem gibt es noch die **Europäische Zentralbank** (→ sitzt in Frankfurt) und den **Rechnungshof** (→ Luxemburg).

Achtung: Rechtsetzungsakte in der EU, also vor allem der Erlass von Verordnungen, Richtlinien und Beschlüssen (→ § 288 AEUV), vollziehen sich folgendermaßen: Das »ordentliche Gesetzgebungsverfahren« gemäß Art. 293 ff. AEUV setzt zunächst einen Vorschlag bzw. eine Initiative der **Europäischen Kommission** voraus. Über diesen Vorschlag stimmen anschließend das **Europäische Parlament** und der (**Minister-**)**Rat** gleichberechtigt ab, wobei Änderungsvorschläge abermals der Kommission vorgelegt werden müssen. Der **Europäische Rat**, also die Staats- und Regierungschefs, sind indes nicht am Gesetzgebungsverfahren beteiligt.

Zum Fall: So, und nach dieser sehr langen, aber ebenso sehr notwendigen Vorrede kommen wir endlich zur eigentlichen Lösung unseres kleinen Falles und blättern jetzt als Erstes bitte zurück zum Sachverhalt – und lesen den Text noch mal in Ruhe und schön sorgfältig durch (bitte!).

Gut. Da unsere Richtlinie RL-2021/65/EU – wie gerade ja gelesen! – »... *vom **Europäischen Parlament** und dem **Rat** ...*« beschlossen worden ist, können wir inzwischen nicht nur sagen, wer sich hinter diesen Organen verbirgt und dass beide gemeinsam und gleichberechtigt zur Gesetzgebung befugt sind, sondern wissen auch, dass dem ganzen Gesetzgebungsverfahren in jedem Fall ein Vorschlag der Europäischen Kommission vorausgegangen sein muss (siehe oben!).

Und jetzt zum Problem: Wir haben damit zwar eine gemäß den Art. 293 ff. AEUV ordnungsgemäß zustande gekommene Richtlinie, diese ist aber leider von Spanien nicht innerhalb der gesetzten Frist ins nationale Recht transferiert worden. Und da wir inzwischen auch wissen, dass Richtlinien erst und nur dann ihre Wirkung im jeweiligen Mitgliedsland entfalten, wenn es dort einen weiteren innerstaatlichen Rechtsetzungsakt gegeben hat, der nämlich die Vorgaben der Richtlinie konkret ins nationale Recht transferiert (vgl. Art. 288 Abs. 3 AEUV), steht unser Herr *Rambos* (R) aus Madrid im Moment ziemlich unglücklich da: Es existiert eine EU-Richtlinie, nach der er eigentlich 1.000 Euro Arbeitslosengeld und unter Umständen auch weitere Sachleistungen oder Zuschüsse erhalten könnte, er bekommt aber von alledem nichts, sein Land hat die Richtlinie (noch) nicht umgesetzt – die amtierenden Regierungsparteien blockieren das Gesetzgebungsverfahren, weil ihnen die Richtlinie nicht gefällt. **Frage**: Kann das sein?

Antwort: Nein. Natürlich nicht. Es muss für die betroffenen Bürger in solchen Situationen einen Weg aus dem Dilemma geben – und genau den schauen wir uns jetzt mal an, und zwar schul- bzw. klausurmäßig aufgebaut:

Obersatz: Der Anspruch des R gegen den Staat Spanien (S) auf Zahlung von monatlich 300 Euro kann sich aus Art. 1 der Richtlinie RL-2021/65/EU ergeben. Demnach ist jeder Staat verpflichtet, einer arbeitslos gemeldeten und in seinem Hoheitsgebiet wohnhaften Person für maximal zwei Jahre 1.000 Euro monatlich zu zahlen, sofern die innerstaatliche Regelung diesen Betrag unterschreitet.

1. Unser R erhält nach spanischem Recht 700 Euro Arbeitslosengeld, mithin stünden ihm gemäß Art. 1 der Richtlinie grundsätzlich weitere 300 Euro gegen S monatlich zu.

2. Richtlinien entfalten allerdings – anders als Verordnungen nach Art. 288 Abs. 2 Satz 2 AEUV – gemäß Art. 288 Abs. 3 AEUV keine unmittelbare Wirkung, sondern sind stets an einen weiteren Umsetzungsakt des jeweiligen Mitgliedslandes gebunden (*Streinz* Rz. 495). Ansprüche und Rechte der Bürger können nur aus dem jeweiligen Umsetzungsakt, nicht aber aus der Richtlinie selbst erwachsen. Eine solche Rechtsfolge ist nach dem Wortlaut des Gesetzes ausdrücklich nur in Art. 288 Abs. 2 Satz 2 AEUV für die Verordnung vorgesehen. Da es sich vorliegend um eine Richtlinie handelt und ein entsprechender Umsetzungsakt in Spanien (noch) nicht erfolgt ist, scheidet eine entsprechende Anspruchsbegründung zugunsten des R aus.

3. Etwas anderes könnte sich aber daraus ergeben, dass der hier in Frage stehenden Richtlinie ausnahmsweise doch unmittelbare Wirkung zukommt und damit Ansprüche für die durch die Richtlinie begünstigten Bürger begründet. Für die Möglichkeit einer solchen unmittelbaren Wirkung spricht zunächst der Umstand, dass die Bürger andernfalls rechte- und tatenlos dastünden und mitansehen müssten, wenn ihr Staat eine sie begünstigende Richtlinie nicht, verspätet oder unzureichend umsetzt (EuGH NJW **1992**, 165; *Calliess/Ruffert* Art. 288 AEUV Rz. 48). In einem solchen Fall bliebe nur die Möglichkeit, ein Vertragsverletzungsverfahren (Art. 258 AEUV) abzuwarten, das freilich nicht nur zeitaufwändig sein kann, sondern zudem final keine Handhabe bietet, das jeweilige Land faktisch zur Umsetzung der Richtlinie zu zwingen und der Richtlinie damit Geltung zu verschaffen. Ein Vertragsverletzungsverfahren kann nur (finanziellen) Druck auf das Mitgliedsland ausüben, aber keine konkrete Umsetzung herbeiführen. Es erscheint daher sinnvoll und notwendig, das treuwidrige Verhalten des jeweiligen Mitgliedslandes mit einem anderen, namentlich wirksameren Sanktionsmittel zu belegen (*Streinz/Schroeder* Art. 288 AEUV Rz. 88). Dies entspricht im Übrigen dem aus Art. 4 Abs. 3 UAbs. 2 EUV folgenden Grundsatz der Loyalität, Effektivität und praktischen Wirksamkeit der Rechtsetzung in der EU (»effet utile«), woraus auch folgt, dass Richtlinien schnellstmöglich in nationales Recht transferiert werden müssen und nicht von einzelnen Mitgliedstaaten weitestgehend sanktionslos blockiert werden dürfen (*Hobe/Fremuth* § 10 Rz. 30). Es widerspräche schließlich auch dem Grundsatz des »venire contra factum proprium«, wenn Mitgliedsländer erst die Umsetzung einer Richtlinie verweigern könnten, um genau diese Weigerung später den durch die nicht umgesetzte Richtlinie begünstigten Bürgern entgegenzuhalten (*Streinz* Rz. 495; *Calliess/Ruffert* Art. 288 AEUV Rz. 48).

Daher: Der EuGH erkennt schon seit Anfang der 1970er Jahre in ständiger Rechtsprechung – und unter Fortbildung des geschriebenen Rechts – die Möglichkeit an, Richtlinien, die nicht fristgemäß oder unzureichend umgesetzt worden sind, unter bestimmten Umständen eine unmittelbare Wirkung zukommen zu lassen (EuGH ECLI:EU:C:**1970**:78; EuGH NJW **1992**, 165). Dies entspricht inzwischen auch der allgemeinen Auffassung in der Wissenschaft (*Streinz* Rz. 495; *Streinz/Schroeder* Art. 288 AEUV Rz. 87; *Calliess/Ruffert* Art. 288 AEUV Rz. 48; *Hobe/Fremuth* § 10 Rz. 30; *Haratsch/Koenig/Pechstein* Rz. 405).

Aber: Die unmittelbare Wirkung/Geltung von Richtlinien ist als richterliche Rechtsfortbildung an strenge Voraussetzungen gebunden und soll tatsächlich nur den Ausnahmefall darstellen. Vorliegen müssen die folgenden drei Umstände (vgl. etwa *Streinz/Schroeder* Art. 288 AEUV Rz. 92–94; *Haratsch/Koenig/Pechstein* Rz. 406):

a. Die Umsetzungsfrist muss ohne korrekte Transformation der Richtlinie in nationales Recht **abgelaufen** sein.

b. Die Richtlinie muss in Bezug auf die im konkreten Fall anzuwendende Bestimmung inhaltlich **hinreichend genau bestimmt** sein.

c. Die Richtlinie muss schließlich in Bezug auf die in Frage stehende Bestimmung auch **inhaltlich unbedingt** ausgestaltet sein; sie darf den Mitgliedsländern insbesondere keinen Entscheidungsspielraum über das »Ob« lassen.

Achtung: Alle Prüfungspunkte beziehen sich immer nur auf die **einzelne Bestimmung** der Richtlinie, aus der der Bürger seine Rechte ableiten kann, nicht aber auf die gesamte Richtlinie. Eine isolierte Betrachtung der jeweiligen Bestimmung ist nach allgemeiner Ansicht grundsätzlich zulässig und geboten, um effektiven

Rechtsschutz der Bürger zu gewährleisten (EuGH 71/85, Slg. **1986**, 3855; EuGH 8/81, Slg. **1982**, 53; *Haratsch/Koenig/Pechstein* Rz. 406; *Calliess/Ruffert* Art. 288 AEUV Rz. 53; *Streinz/Schroeder* Art. 288 AEUV Rz. 91).

Prüfen wir mal: Unser geschätzter Herr *Rambos* (R) möchte zum einen wissen, ob ihm gegen S aktuell ein Anspruch auf weitere 300 Euro Arbeitslosengeld zusteht; 700 Euro erhält er bislang nach der nationalen Regelung. Demgegenüber sieht die Richtlinie in Art. 1 mindestens 1.000 Euro vor, und zwar für maximal zwei Jahre, sofern die nationale Regelung diesen Betrag unterschreitet. Nach dem soeben Gesagten kann sich der Anspruch auf weitere 300 Euro somit nur aus diesem Art. 1 der Richtlinie ergeben, womit der genaue Gegenstand der Prüfung bestimmt ist:

a. Die Richtlinie und damit logischerweise auch der hier zu prüfende Art. 1 ist nicht innerhalb der Umsetzungsfrist ins nationale Recht transferiert worden. Die Umsetzungsfrist ist folglich ohne (korrekte) Transformation in nationales Recht **abgelaufen**.

b. Der Art. 1 muss des Weiteren inhaltlich **hinreichend genau bestimmt** sein. Hinreichend genau bestimmt im genannten Sinne ist eine Regelung, wenn sie eine unzweideutige Verpflichtung des Mitgliedstaates begründet, rechtlich in sich geschlossen ist, Gläubiger, Schuldner und den Anspruchsgegenstand klar benennt und von jedem Gericht in dieser Form auch angewandt werden könnte (EuGH C-236, Slg. **1994**, I-483; EuGH 271/82, Slg. **1983**, 2727; *Streinz/Schroeder* Art. 288 AEUV Rz. 93; *Calliess/Ruffert* Art. 288 AEUV Rz. 54). Gemäß Art. 1 der Richtlinie zahlt jeder Mitgliedstaat einer arbeitslos gemeldeten und in seinem Hoheitsgebiet wohnhaften Person innerhalb der ersten beiden Jahre 1.000 Euro Arbeitslosensicherung monatlich, sofern die nationale Regelung diesen Betrag unterschreitet. Diese Regelung begründet eine unzweideutige, klar bezifferte Verpflichtung für den Staat. Sie ist rechtlich geschlossen, benennt den Gläubiger (arbeitslos gemeldete Person im Hoheitsgebiet), den Schuldner (Mitgliedstaat) und auch den Anspruchsgegenstand (Geldbetrag in konkreter Höhe). Die Regelung ist damit hinreichend genau bestimmt und könnte so auch von einem Gericht angewendet werden.

Beachte: Eine andere Bewertung ergibt sich auch nicht aus Art. 2 der Richtlinie, obwohl diese Regelung inhaltlich ziemlich unbestimmt daherkommt: Sie überlässt namentlich die weitere Gewährung von Vergünstigungen und Zuschüssen allein den Mitgliedstaaten und beziffert diese möglichen Zuwendungen auch nicht. Es findet sich lediglich der Hinweis auf einen genau bezifferten Betrag im Hinblick auf die Soforthilfe der EU (eine Milliarde Euro). In Bezug auf den Anspruchsgegenstand aber fehlt jede Konkretisierung mit der Folge, dass ein Gericht diese Regelung so, wie sie da steht, auch nicht anwenden könnte (was und in welcher Höhe soll das Gericht zusprechen?). Insoweit bedürfte es vielmehr einer innerstaatlichen Umsetzung, die die inhaltliche Festlegung der Zuschüsse und Beträge vornimmt. Erst und nur dann wäre die Regelung inhaltlich bestimmt genug im oben genannten Sinne. Unter Berücksichtigung dessen fehlt es also an einer hinreichend genauen Bestimmung der Richtlinie. **Aber**: Der Art. 2 bleibt für die Prüfung, ob R die beanspruchten 1.000 Euro erhält, vorliegend gänzlich außer Betracht, weil es bei der unmittelbaren Wirkung einer Richtlinie – wie weiter oben erwähnt – immer nur auf die konkrete/einzelne Bestimmung ankommt, aus der der Bürger seine Rechte ableiten möchte (EuGH 71/85, Slg. **1986**, 3855; EuGH 8/81, Slg. **1982**, 53; *Calliess/Ruffert* Art. 288 AEUV Rz. 53; *Streinz/Schroeder* Art. 288 AEUV Rz. 91). Im vorliegenden Fall erwächst der Zahlungsanspruch aber – wie gesehen – allein und nur aus **Art. 1** der Richtlinie. Und dieser Art. 1 ist hinreichend genau bestimmt (siehe oben). Dass Art. 2 der Richtlinie demgegenüber einer konkreten Umsetzung bedarf, spielt keine Rolle und wirkt sich daher auch nicht auf die übrige (inhaltlich konkrete) Regelung des Art. 1 aus.

c. Die Regelung des Art. 1 muss schließlich inhaltlich auch **unbedingt** sein, sie darf dem Staat insbesondere keinen Entscheidungsspielraum über das »Ob« lassen. Inhaltlich unbedingt im gerade genannten Sinne ist eine Regelung, wenn sie vorbehaltlos und ohne Bedingung anwendbar ist und keiner weiteren Maßnahme der Mitgliedstaaten mehr bedarf (EuGH 31/87, Slg. **1988**, 4635; *Calliess/Ruffert* Art. 288 AEUV Rz. 54). Im Hinblick auf die Zahlungsverpflichtung des Arbeitslosengeldes ist die Regelung des Art. 1 der Richtlinie vorbehaltlos und ohne Bedingung anwendbar. Dem Staat bleibt keinerlei Spielraum dahingehend, die Höhe des Betrages zu ändern oder die Zahlung ganz abzulehnen, also über das »Ob« zu entscheiden. Jedes Mitgliedsland zahlt (unbedingt und vorbehaltlos) 1.000 Euro, sofern die nationale Regelung den Betrag unterschreitet. Ein weiterer Akt des Mitgliedstaates ist nicht mehr erforderlich oder notwendig. Beachte bitte noch: Bei der Festlegung der Dauer der Zahlungspflicht auf einen Zeitraum von zwei Jahren handelt es sich um eine **Befristung**, nicht aber um eine Bedingung im Rechtssinne (*Jauernig/Mansel* § 158 BGB Rz. 1).

Und noch mal: Ein Entscheidungsspielraum über das »Wie« und auch über das »Ob« der Leistung findet sich zwar in Art 2 der Richtlinie, der es den Mitgliedsländern ja frei überlässt, weitere Zuschüsse oder Vergünstigungen zu gewähren; aber auch hier gilt: dieser Art. 2 bleibt in Bezug auf den Zahlungsanspruch des R unberücksichtigt.

<u>ZE.</u>: Damit sind alle drei Voraussetzungen für eine unmittelbare Wirkung des Art. 1 der Richtlinie erfüllt mit der Konsequenz, dass R gegen den spanischen Staat (S) ein Anspruch auf weitere 300 Euro Arbeitslosengeld für die nächsten zwei Jahre zusteht.

Obersatz: Der Anspruch des R gegen den Staat Spanien (S) auf Zahlung eines Mietzuschusses kann sich aus Art. 2 der Richtlinie RL-2021/65/EU ergeben. Demnach entscheiden die Mitgliedstaaten über die Gewährung von Vergünstigungen, etwa in Form von Sachleistungen, Mietzuschüssen oder anderen Zuwendungen.

So, und hier können (und müssen) wir es jetzt nach dem soeben Gesagten kurzmachen: Auch Art. 2 der Richtlinie ist zwar unstreitig nicht fristgemäß umgesetzt worden vom spanischen Staat. Allerdings beinhaltet Art. 2 zum einen weder eine inhaltlich genau bestimmte Regelung, die von einem Gericht so auch angewendet werden könnte, es fehlt insbesondere an der Konkretisierung des Anspruchsgegenstandes.

Die Regelung zählt nur allgemein auf, benennt aber keinen konkreten Anspruchsumfang- oder Gegenstand. Des Weiteren überlässt die Regelung den Mitgliedstaaten hier sogar die Entscheidung über das »Ob« der Gewährung, denn die Mitgliedstaaten können (alleine) darüber entscheiden, ob und wie sie die Vergünstigungen gewähren. Dass sie von der EU hierfür eine Soforthilfe in Höhe von einer Million Euro erhalten, ändert an diesem Ergebnis nichts, denn es entsteht ohne weitere Zusatzerklärung dadurch kein Imperativ dahingehend, die Vergünstigungen zwingend zu installieren. Ohne einen weiteren Umsetzungsakt, der die Ansprüche und namentlich deren Höhe konkretisiert, kann aus Art. 2 der Richtlinie kein Recht abgeleitet werden.

<u>ZE.</u>: In Bezug auf den von R geforderten Mietzuschuss fehlt es an den Voraussetzungen einer unmittelbaren Wirkung der in Frage stehende Richtlinie. R steht folglich aktuell, also ohne eine entsprechende Umsetzung der Richtlinie ins nationale Recht, kein Anspruch auf einen Mietzuschuss gegen S zu.

Ergebnis: R kann von S für die Dauer von zwei Jahren jeweils 300 Euro zusätzliches Arbeitslosengeld, also 1.000 Euro monatlich verlangen. Unser R kann somit vor einem spanischen Gericht seine Forderung auf weitere 300 Euro monatlich unter Berufung auf den Art. 1 der nicht umgesetzten Richtlinie erfolgreich einklagen – wobei der EuGH und auch die herrschende Meinung in der Wissenschaft übrigens noch einen Schritt weitergehen und die Mitgliedstaaten sogar von Amts wegen (!) verpflichtet sehen, die nicht umgesetzte, aber unmittelbar wirkende Richtlinie als vorrangiges Unionsrecht direkt anzuwenden. Eine ausdrückliche Berufung auf die Richtlinie seitens des Bürgers wäre demnach gar nicht nötig (vgl. EuGH Slg. **1995**, I-4599 Rz. 20; *Calliess/Ruffert* Art. 288 AEUV Rz. 66; *Streinz/Schroeder* Art. 288 AEUV Rz. 96).

Kurze Anmerkung zum Schluss

Wir haben gerade gesehen, dass und unter welchen Voraussetzungen auch Richtlinien im Sinne des Art. 288 Abs. 3 AEUV eine unmittelbare Wirkung/Geltung entfalten können. Insoweit wollen wir hier im Nachgang bitte noch eine kleine, für spätere Fälle aber bedeutsame Feinheit beachten: Die von uns oben besprochene Richtlinie betraf das Verhältnis zwischen **Staat** und **Bürger** (am Beispiel der Arbeitslosensicherung). Das, was wir oben geprüft haben, nennt man daher die »**vertikale Wirkung**« einer Richtlinie, also quasi: von oben = Staat → nach unten = Bürger. In diesem »vertikalen« Verhältnis zwischen Staat und Bürger können Richtlinien – wie oben gesehen – unter bestimmten Voraussetzungen unmittelbar und vor allem ohne innerstaatlichen Umsetzungsakt gelten, damit nämlich ein Staat nicht durch Aussitzen einer Umsetzungsfrist die seine Bürger begünstigende und den Staat selbst belastende Wirkung der Richtlinie verhindern kann (siehe oben). Diese vertikale Wirkung gilt übrigens immer nur zugunsten, nicht aber zulasten der Bürger: Ein Staat kann daher aus einer nicht transferierten vertikalen Richtlinie niemals Ansprüche gegen seine Bürger herleiten, das wäre eine sogenannte »umgekehrte vertikale Wirkung«, die nach allgemeiner Ansicht in der Wissenschaft und der Rechtsprechung unstreitig nicht zulässig ist (EuGH C-403/02 Slg. **2005**, I-3565; EuGH NJW **1986**, 2178; *Streinz/Schroeder* Art. 288 AEUV Rz. 100; *Haratsch/Koenig/Pechstein* Rz. 410).

> **Achtung**: Neben diesen »vertikal wirkenden« Richtlinien sind zudem aber auch Richtlinien denkbar (und durchaus häufig!), die demgegenüber nur das Verhältnis von Bürgern bzw. privaten Rechtssubjekten untereinander betreffen. Solche Richtlinien wirken dann nicht mehr »vertikal« (= von oben nach unten), sondern »**horizontal**« (= waagerecht), konkret zwischen zwei gleichrangigen privaten Rechtssubjekten (Bürgern). Gemeint sind damit alle möglichen Regelungen im privaten Rechtsverkehr, beispielsweise die berühmten »Verbraucherschutzrichtlinien« der EU, die Regeln darüber aufstellen bzw. vorschreiben, wie Verbraucher im privaten Rechtsverkehr untereinander oder mit Händlern besser geschützt werden können. Es geht und ging dabei zum Beispiel um Fragen, wann und wie ich als Käufer gegen einen Verkäufer/Händler Gewährleistungsansprüche geltend machen kann, etwa wenn ich den Kauf eines Produkts nur über das Internet abgewickelt habe (→ § 312c BGB). Hier sind beide Parteien – anders als in unserem Fall oben mit der Arbeitslosensicherung – rein private Rechtssubjekte, und die Richtlinien betreffen die privatrechtlichen Rechtsgeschäfte – und nicht das Rechtsverhältnis eines Bürgers zum Staat.

Problem: Auch bei solchen, nur »horizontal wirkenden« Richtlinien kann sich nun die Frage einer möglichen unmittelbaren Geltung stellen, wenn ein Staat die entsprechende EU-Richtlinie nicht fristgemäß oder unter Umständen sogar überhaupt nicht ins nationale Recht transferiert. Diese Frage ist deshalb interessant, weil eines der Hauptargumente der unmittelbaren Wirkung einer vertikalen Richtlinie ja darin lag, den Staat deshalb zu sanktionieren, weil er eine ihn selbst belastende und den Bürger begünstigende Richtlinie nicht umgesetzt hat (kniffliger Satz, bitte noch einmal lesen). Bei einer horizontal wirkenden Richtlinie scheidet dieses Argument nun logischerweise aus, der Staat ist als Rechtssubjekt ja gar nicht beteiligt. Ob und wie auch in diesen Fallkonstellationen der sogenannten »horizontal wirkenden« Richtlinien die betroffenen Bürger ihre Rechte auch unmittelbar aus einer solchen Richtlinie herleiten können, schauen wir uns dann im nächsten Fall mal an – haben aber bitte ab jetzt schon mal im Kopf, dass es eine Unterscheidung zwischen »vertikal« (Staat → Bürger) und »horizontal« (Bürger → Bürger) wirkenden Richtlinien gibt und dass diese Unterscheidung unter Umständen bedeutsam für die unmittelbare Wirkung der Richtlinie sein kann. Das reicht für den Moment, versprochen.

Gutachten

Und jetzt kommt, wie oben im Vorspann (vgl. dort: »Zur Arbeit mit diesem Buch«) schon angekündigt, die ausformulierte Lösung, also das, was man dem Prüfer oder der Prüferin als Klausurlösung des gestellten Falles vorsetzen sollte, das **Gutachten**.

Hierzu vorab noch zwei Anmerkungen:

1. Zunächst ist wichtig zu verstehen, dass diese ausformulierte Lösung – also das Gutachten – sich sowohl vom Inhalt als auch vom Stil her maßgeblich von dem eben dargestellten Lösungsweg, der ausschließlich der **inhaltlichen** Erarbeitung der Materie diente, unterscheidet: In der ausformulierten (Klausur-)Lösung haben sämtliche Verständniserläuterungen nichts zu suchen. Da darf nur das rein, was den konkreten Fall betrifft und ihn zur Lösung bringt. Inhaltlich darf sich die Klausurlösung, die man dann zur Benotung abgibt, ausschließlich auf die gestellte Fall-Frage beziehen. Abschweifungen, Erläuterungen oder Vergleiche, wie ich sie oben in den Lösungsweg haufenweise zur Erleichterung des Verständnisses eingebaut habe, dürfen **nicht** in das Niedergeschriebene aufgenommen werden. Die ausformulierte Lösung ist mithin deutlich kürzer und inhaltlich im Vergleich zum gedanklichen Lösungsweg erheblich abgespeckt. Wie gesagt, es darf nur das rein, was den konkreten Fall löst. Alles andere ist überflüssig und damit – so ist das bei Juristen – **falsch**.

2. Man sollte sich als Jura-StudentIn rechtzeitig darüber im Klaren sein, dass die Juristerei eine Wissenschaft ist, bei der – mit ganz wenigen Ausnahmen – nur das **geschriebene** Wort zählt. Sämtliche Gedanken und gelesenen Bücher sind leider so gut wie wertlos, wenn die gewonnenen Erkenntnisse von den KandidatInnen nicht vernünftig, das heißt in der juristischen Gutachten- bzw. Subsumtionstechnik, zu Papier gebracht werden können. Die Prüfungsaufgaben bei den Juristen, also die Klausuren und Hausarbeiten, werden nämlich bekanntermaßen geschrieben, und nur dafür gibt es dann auch die Punkte bzw. Noten. Übrigens auch und gerade im Examen.

Deshalb ist es außerordentlich ratsam, frühzeitig die für die juristische Arbeit ausgewählte (Gutachten-)Technik zu erlernen. Die Gutachten zu den Fällen stehen aus genau diesem Grund hier stets im Anschluss an den jeweiligen Lösungsweg und sollten im höchsteigenen Interesse dann auch nachgelesen werden. Es ist nur geringer Aufwand, hat aber einen beachtlichen Lerneffekt, denn die LeserInnen sehen jetzt, wie das erworbene Wissen tatsächlich nutzbar gemacht wird. Wie gesagt: In der juristischen Prüfungssituation zählt im Zweifel nur das **geschriebene** Wort. Alles klar!?

Und hier kommt der (Gutachten-)Text für unseren ersten Fall:

Gutachten

Der Anspruch des R gegen den Staat Spanien (S) auf Zahlung von monatlich 300 Euro sowie auf Gewährung eines Mietzuschusses kann sich aus Art. 1 und 2 der Richtlinie RL-2021/65/EU ergeben.

Demnach ist jeder Staat verpflichtet, einer arbeitslos gemeldeten und in seinem Hoheitsgebiet wohnhaften Person für maximal zwei Jahre 1.000 Euro monatlich zu zahlen, sofern die innerstaatliche Regelung diesen Betrag unterschreitet. Zum anderen kann der Mitgliedstaat den Betroffenen unter anderem auch Mietzuschüsse gewähren.

I. Von der Rechtmäßigkeit der Richtlinie kann laut Sachverhaltshinweis ausgegangen werden. R erhält nach spanischem Recht 700 Euro Arbeitslosengeld, mithin stünden ihm gemäß Art. 1 der Richtlinie grundsätzlich weitere 300 Euro gegen S monatlich zu.

Es stellt sich allerdings die Frage, ob R aus dieser rechtmäßigen Richtlinie die begehrten Ansprüche herleiten kann, obwohl die Richtlinie von Spanien noch nicht ins nationale Recht transferiert worden ist.

1. Richtlinien entfalten gemäß Art. 288 Abs. 3 AEUV keine unmittelbare Wirkung, sondern sind stets an einen weiteren Umsetzungsakt des jeweiligen Mitgliedslandes gebunden. Ansprüche und Rechte der Bürger können nur aus dem jeweiligen Umsetzungsakt, nicht aber aus der Richtlinie selbst erwachsen. Eine solche Rechtsfolge ist nach dem Wortlaut des Gesetzes ausdrücklich nur in Art. 288 Abs. 2 Satz 2 AEUV für die Verordnung vorgesehen. Da es sich vorliegend um eine Richtlinie handelt und ein entsprechender Umsetzungsakt in Spanien (noch) nicht erfolgt ist, scheidet eine Anspruchsbegründung zugunsten des R grundsätzlich aus.

2. Etwas anderes könnte sich aber daraus ergeben, dass der hier in Frage stehenden Richtlinie ausnahmsweise doch eine unmittelbare Wirkung zukommt und damit Ansprüche für die durch die Richtlinie begünstigten Bürger begründet. Für die Möglichkeit einer solchen unmittelbaren Wirkung spricht zunächst der Umstand, dass die Bürger andernfalls rechte- und tatenlos dastünden und mitansehen müssten, wenn ihr Staat eine sie begünstigende Richtlinie nicht, verspätet oder unzureichend umsetzt. In einem solchen Fall bliebe nur die Möglichkeit, ein Vertragsverletzungsverfahren gemäß Art. 258 AEUV abzuwarten, das freilich nicht nur zeitaufwändig sein kann, sondern zudem final keine Handhabe bietet, das jeweilige Land faktisch zur Umsetzung der Richtlinie zu zwingen und der Richtlinie damit Geltung zu verschaffen. Ein Vertragsverletzungsverfahren ist nicht vollstreckbar und kann mithin allenfalls (finanziellen) Druck auf das Mitgliedsland ausüben, aber keine konkrete Umsetzung herbeiführen. Es erscheint daher sinnvoll und notwendig, das treuwidrige Verhalten des jeweiligen Mitgliedslandes mit einem anderen, namentlich wirksameren Sanktionsmittel zu belegen. Dies entspricht im Übrigen dem aus Art. 4 Abs. 3 UAbs. 2 EUV folgenden Grundsatz der Loyalität, Effektivität und praktischen Wirksamkeit der Rechtsetzung in der EU (effet utile), woraus auch folgt, dass Richtlinien schnellstmöglich in nationales Recht transferiert werden müssen und nicht von einzelnen Mitgliedstaaten weitestgehend sanktionslos blockiert werden dürfen. Es widerspräche schließlich auch dem Grundsatz des venire contra factum proprium, wenn Mitgliedsländer erst die Umsetzung einer Richtlinie verweigern könnten, um genau diese Weigerung später den durch die nicht umgesetzte Richtlinie begünstigten Bürgern entgegenzuhalten.

Es muss aus den genannten Gründen daher unter bestimmten Voraussetzungen ermöglicht werden, Richtlinien mit einer unmittelbaren Geltung zu versehen. Dies ist unter folgenden Voraussetzungen anzunehmen: Die Umsetzungsfrist muss ohne korrekte Transformation der Richtlinie in nationales Recht abgelaufen sein. Die Richtlinie muss in Bezug auf die im konkreten Fall anzuwendende Bestimmung inhaltlich hinreichend genau bestimmt sein. Die Richtlinie muss schließlich in Bezug auf die in Frage stehende Bestimmung auch inhaltlich unbedingt ausgestaltet sein; sie darf den Mitgliedsländern insbesondere keinen Entscheidungsspielraum über das »Ob« lassen. Sämtliche Punkte sind schließlich nur an der konkreten Bestimmung zu messen, aus der der Anspruch geltend gemacht wird, nicht aber in Bezug auf die gesamte Richtlinie.

3. Unter Berücksichtigung dessen ist im vorliegenden Fall zunächst im Hinblick auf das Begehren der zusätzlichen 300 Euro Folgendes festzustellen, dass dieser Anspruch sich nur aus Art. 1 der Richtlinie ergeben kann, womit der exakte Gegenstand der Prüfung auf Art. 1 der RL beschränkt ist. Im Einzelnen gilt:

a. Die Richtlinie und damit auch der zu prüfende Art. 1 ist nicht innerhalb der Umsetzungsfrist ins nationale Recht transferiert worden. Die Umsetzungsfrist ist folglich ohne (korrekte) Transformation in nationales Recht abgelaufen. Der Art. 1 muss des Weiteren inhaltlich hinreichend genau bestimmt sein. Hinreichend genau bestimmt im genannten Sinne ist eine Regelung, wenn sie eine unzweideutige Verpflichtung des Mitgliedstaates begründet, rechtlich in sich geschlossen ist, Gläubiger, Schuldner und den Anspruchsgegenstand klar benennt und von einem Gericht in dieser Form auch angewandt werden könnte. Gemäß Art. 1 der Richtlinie zahlt jeder Mitgliedstaat einer arbeitslos gemeldeten und in seinem Hoheitsgebiet wohnhaften Person innerhalb der ersten beiden Jahre 1.000 Euro Arbeitslosensicherung monatlich, sofern die nationale Regelung diesen Betrag unterschreitet. Diese Regelung begründet eine unzweideutige, klar bezifferte Verpflichtung für den Staat. Sie ist rechtlich geschlossen, benennt den Gläubiger (arbeitslos gemeldete Person im Hoheitsgebiet), den Schuldner (Mitgliedstaat) und auch den Anspruchsgegenstand (Geldbetrag in konkreter Höhe). Die Regelung ist damit hinreichend genau bestimmt und könnte so auch von einem Gericht angewendet werden. Der Art. 1 kann daher unmittelbar anspruchsbegründend wirken.

b. Eine andere Bewertung ergibt sich schließlich nicht aus Art. 2 der Richtlinie, obwohl diese Regelung inhaltlich unbestimmter formuliert ist. Sie überlässt namentlich die weitere Gewährung von Vergünstigungen und Zuschüssen allein den Mitgliedstaaten und beziffert diese möglichen Zuwendungen auch nicht. Es findet sich lediglich der Hinweis auf einen genau bezifferten Betrag im Hinblick auf die Soforthilfe der EU (eine Milliarde Euro). In Bezug auf den Anspruchsgegenstand aber fehlt jede Konkretisierung mit der Folge, dass ein Gericht diese Regelung so, wie sie in der Richtlinie formuliert ist, auch nicht anwenden könnte. Insoweit bedürfte es vielmehr einer innerstaatlichen Umsetzung, die die inhaltliche Festlegung der Zuschüsse und Beträge vornimmt. Erst und nur dann wäre die Regelung inhaltlich bestimmt genug im oben genannten Sinne. Unter Berücksichtigung dessen fehlt es somit an einer hinreichend genauen Bestimmung der Richtlinie. Der Art. 2 bleibt für die Prüfung, ob R die beanspruchten 1.000 Euro erhält, vorliegend aber außer Betracht, weil es bei der unmittelbaren Wirkung einer Richtlinie – wie oben bereits erwähnt – immer nur auf die konkrete/einzelne Bestimmung ankommt, aus der der Bürger seine Rechte ableiten möchte. Im vorliegenden Fall erwächst der Zahlungsanspruch aber allein und nur aus Art. 1 der Richtlinie. Dass Art. 2 der Richtlinie demgegenüber einer konkreten Umsetzung bedarf, spielt keine Rolle und wirkt sich daher auch nicht auf die übrige (inhaltlich konkrete) Regelung des Art. 1 aus.

c. Die Regelung des Art. 1 muss schließlich inhaltlich auch unbedingt sein, sie darf dem Staat insbesondere keinen Entscheidungsspielraum über das »Ob« lassen. Inhaltlich unbedingt im gerade genannten Sinne ist eine Regelung, wenn sie vorbehaltlos und ohne Bedingung anwendbar ist und keiner weiteren Maßnahme der Mitgliedstaaten mehr bedarf. Im Hinblick auf die Zahlungsverpflichtung des Arbeitslosengeldes ist die Regelung des Art. 1 der Richtlinie vorbehaltlos und ohne Bedingung anwendbar. Dem Staat bleibt keinerlei Spielraum dahingehend, die Höhe des Betrages zu ändern oder die Zahlung ganz abzulehnen, also über das »Ob« zu entscheiden. Jedes Mitgliedsland zahlt unbedingt und vorbehaltlos 1.000 Euro, sofern die nationale Regelung den Betrag unterschreitet. Ein weiterer Akt des Mitgliedstaates ist nicht mehr erforderlich oder notwendig. Bei der Festlegung der Dauer der Zahlungspflicht auf einen Zeitraum von zwei Jahren handelt es sich um eine Befristung, nicht aber um eine Bedingung im Rechtssinne.

Zwischenergebnis: Damit sind sämtliche Voraussetzungen für eine unmittelbare Wirkung des Art. 1 der Richtlinie erfüllt mit der Konsequenz, dass R gegen den spanischen Staat (S) ein Anspruch auf weitere 300 Euro Arbeitslosengeld für die nächsten zwei Jahre zusteht.

II. Der Anspruch des R gegen den Staat Spanien (S) auf Zahlung eines Mietzuschusses kann sich aus Art. 2 der Richtlinie RL-2021/65/EU ergeben.

Demnach entscheiden die Mitgliedstaaten über die Gewährung von Vergünstigungen, etwa in Form von Sachleistungen, Mietzuschüssen oder anderen Zuwendungen. Auch der Art. 2 der Richtlinie ist nicht fristgemäß umgesetzt worden vom spanischen Staat.

Allerdings beinhaltet Art. 2 zum einen weder eine inhaltlich genau bestimmte Regelung, die von einem Gericht so auch angewendet werden könnte; es fehlt insbesondere an der Konkretisierung des Anspruchsgegenstandes. Die Regelung zählt nur allgemein auf, benennt aber keinen konkreten Anspruchsumfang oder -gegenstand. Des Weiteren überlässt die Regelung den Mitgliedstaaten hier sogar die Entscheidung über das »Ob« der Gewährung, denn die Mitgliedstaaten können (alleine) darüber entscheiden, ob und wie sie die Vergünstigungen gewähren. Dass sie von der EU hierfür eine Soforthilfe in Höhe von einer Million Euro erhalten, ändert an diesem Ergebnis nichts, denn es entsteht ohne weitere Zusatzerklärung dadurch kein Imperativ dahingehend, die Vergünstigungen zwingend zu installieren. Ohne einen weiteren Umsetzungsakt, der die Ansprüche und namentlich deren Höhe konkretisiert, kann aus Art. 2 der Richtlinie kein Recht abgeleitet werden.

Zwischenergebnis: In Bezug auf den von R geforderten Mietzuschuss fehlt es an den Voraussetzungen einer unmittelbaren Wirkung der in Frage stehenden Richtlinie. R steht folglich aktuell, also ohne eine entsprechende Umsetzung der Richtlinie ins nationale Recht, kein Anspruch auf einen Mietzuschuss gegen S zu.

Ergebnis: R kann von S für die Dauer von zwei Jahren jeweils 300 Euro zusätzliches Arbeitslosengeld, also 1.000 Euro monatlich verlangen, aber keinen Mietzuschuss.

Fall 2

Die Oma vs. Lady Gala

Zur Verbesserung des Verbraucherschutzes haben das Europäische Parlament und der Rat (rechtmäßig) die Richtlinie »RL-2021/66/EU« beschlossen. Darin heißt es:

Art. 1: *Die Regeln über das Widerrufsrecht bei Verträgen, die ausschließlich unter Einsatz elektronischer Kommunikationsmittel zustande gekommen sind, sollen auch für den Erwerb von Eintrittskarten für terminlich gebundene Sport- und sonstige Freizeitbetätigungen (auch: Konzerte) gelten. Es soll ein mindestens 14-tägiges, an keine Gründe gebundenes Widerrufsrecht bestehen. Den Mitgliedstaaten obliegt die weitere Ausgestaltung.*

Art. 2: *Diese Richtlinie tritt am 1. Januar 2021 in Kraft und ist von den Mitgliedstaaten spätestens ein Jahr nach dem Inkrafttreten in nationales Recht umzusetzen.*

Der Deutsche Bundestag verabschiedet im Dezember 2021 ein Gesetz, das den § 312g Abs. 2 Nr. 9 BGB, der das Widerrufsrecht bei terminlich gebundenen Sport- und Freizeitbetätigungen (dazu zählen auch Konzerte) ausschließt, zum 1. Oktober 2022 aufhebt. Durch die Frist bis Oktober will der Bundestag die Interessen der Veranstaltungsbranche wahren. Rechtsstudentin R aus Hannover hat am 10. Januar 2022 für das im Sommer stattfindende Konzert von *Lady Gala* beim Veranstalter V im Internet ein Ticket (Preis: 150 Euro) erworben. Am 22. Januar 2022 erfährt R, dass sie am Tag des Konzerts zum Geburtstag ihrer Oma eingeladen ist. R erklärt am 23. Januar 2022 unter Hinweis auf die Richtlinie gegenüber V den Widerruf vom Vertrag.

Frage: Steht R gegen V ein Anspruch auf Rückzahlung der 150 Euro zu?

Schwerpunkte: Die »horizontale« Wirkung einer Richtlinie; unmittelbare Wirkung einer horizontalen Richtlinie; richtlinienkonforme Auslegung des bestehenden nationalen Rechts; Umsetzungsfristen; Staatshaftung bei Nichtumsetzung einer Richtlinie; die *Francovich*-Entscheidung des EuGH vom 19.11.1991 (NJW **1992**, 165).

Lösungsweg

Einstieg: Nach der Vorarbeit aus dem ersten Fall wissen wir, dass Richtlinien im Sinne des Art. 288 Abs. 3 AEUV nur Wirkung im jeweiligen Mitgliedstaat entfalten, wenn es dort einen zusätzlichen innerstaatlichen Umsetzungsakt (Gesetz, Verordnung oder Satzung) gegeben hat. Die Berufung der Bürger auf die Richtlinie selbst, etwa zur Begründung eines Anspruchs oder Rechts, ist daher nicht möglich; der Bürger muss erst den Umsetzungsakt abwarten, um aus der innerstaatlich beschlossenen Regelung dann seine Ansprüche oder Rechte herzuleiten (EuGH NVwZ **2019**, 1587; *Haratsch/Koenig/Pechstein* Rz. 400). Wir wissen inzwischen aber auch, dass es von dieser Regel Ausnahmen gibt: insbesondere dann, wenn das jeweilige Mitgliedsland die Umsetzungsfrist tatenlos verstreichen lässt, die EU-Richtlinie hinreichend genau bestimmt, unbedingt sowie vorbehaltlos gefasst wurde. Unter diesen Umständen gestatten der EuGH und auch die ganz herrschende Meinung in der Wissenschaft eine direkte Berufung auf die Richtlinie, um zu verhindern, dass der Staat seinen Bürgern durch Missachtung einer Umsetzungsfrist subjektive Rechte oder andere sie begünstigende Rechtspositionen gegen den Staat unionsrechtswidrig entzieht oder vorenthält (EuGH ECLI:EU:C:**1970**:78; EuGH NJW **1992**, 165; BVerfGE **75**, 223; *Streinz* Rz. 495; *Streinz/Schroeder* Art. 288 AEUV Rz. 87; *Calliess/Ruffert* Art. 288 AEUV Rz. 48; *Haratsch/Koenig/Pechstein* Rz. 405; *Hobe/Fremuth* § 10 Rz. 30).

So, und nach diesem Muster könnten wir nun eigentlich auch hier arbeiten und diese Prüfungspunkte kurz abklopfen mit der möglichen (und wahrscheinlichen!) Folge, dass R wegen der verzögerten Umsetzung berechtigt ist, sich direkt auf die Richtlinie und insbesondere das dort verankerte Widerrufsrecht zu berufen.

Problem: Die gerade genannten Regeln im Hinblick auf die unmittelbare Wirkung von EU-Richtlinien gelten (eigentlich) nur im Falle einer »**vertikalen**«, also das Verhältnis des **Staates** zu seinen **Bürgern** betreffenden Richtlinie. Das Hauptargument für die Berechtigung des Bürgers, sich ohne weiteren Umsetzungsakt direkt und unmittelbar auf die Regeln einer Richtlinie berufen zu können, lag ja darin, den säumigen Staat zu sanktionieren, weil er eine ihn selbst belastende und den Bürger begünstigende Richtlinie unionsrechtswidrig nicht umsetzt und dem Bürger damit seine Rechte entzieht oder zumindest vorenthält (siehe oben). Das geht nicht, dem Staat soll und darf kein Vorteil dadurch erwachsen, dass er sich – entgegen seiner Verpflichtung aus den Art. 288 Abs. 3 AEUV sowie Art. 4 Abs. 3 EUV – weigert, eine EU-Richtlinie, die seine Bürger begünstigt, fristgerecht zu transferieren (*Streinz* Rz. 495; *Streinz/Schroeder* Art. 288 AEUV Rz. 87).

Und wenn wir jetzt mal auf unseren Fall oben schauen, sehen wir, dass der Staat in dem hier in Frage stehenden, von der Richtlinie geregelten Rechtsverhältnis tatsächlich gar nicht vorkommt. Das Verhältnis der von der Richtlinie betroffenen Personen ist rein **privatrechtlicher** Natur (Bürger gegen Konzertveranstalter) und damit der eben im grauen Kasten verwendeten Argumentation logischerweise auch nicht zugänglich. Der Staat taucht nur insoweit auf, als dass er die auf privatrechtliche Verhältnisse bezogene Richtlinie, die man daher übrigens »**horizontal**« (= waagerecht) wirkend nennt, verspätet umsetzt. Die Frage, die sich demnach hier stellt, lautet: Können vom Staat nicht fristgemäß umgesetzte EU-Richtlinien auch dann unmittelbare Geltung haben und Ansprüche/Rechte der Bürger begründen, wenn sie nur **privatrechtliche** Verhältnisse betreffen, also nur »horizontal« (waagerecht) wirken?

Prüfen wir mal:

Anspruch der R gegen V auf Rückzahlung der 150 Euro

AGL.: §§ 357 Abs. 1, 355 Abs. 1 und 2, 312c Abs. 1, 312g Abs. 1 BGB (→ Widerruf eines Fernabsatzvertrages)

I. Gemäß § 357 Abs. 1 BGB sind bei einem per Fernabsatzvertrag geschlossenen und anschließend widerrufenen Vertrag die empfangenen Leistungen zurückzugewähren. R hat die Karte für das Konzert »im Internet« gekauft, was problemlos unter den Begriff des Fernabsatzvertrages im Sinne 312c Abs. 1 BGB fällt. Gemäß § 312g Abs. 1 BGB steht R demnach grundsätzlich ein Widerrufsrecht nach § 355 BGB zu. Dieses ist gemäß § 355 Abs. 2 BGB an eine 14-tägige Frist gebunden, die R vorliegend auch eingehalten hat (Vertragsschluss: 10. Januar → Widerruf: 23. Januar). Damit stünde R gegen V ein Anspruch auf Rückzahlung der 150 Euro, Zug um Zug gegen Rückgabe der Eintrittskarte, zu.

II. Etwas anderes kann sich indes aus § 312g Abs. 2 Nr. 9 BGB ergeben. Nach dieser Norm ist das Widerrufsrecht unter anderem bei terminlich gebundenen Sport- und Freizeitbetätigungen ausgeschlossen. Der Kauf von Eintrittskarten für Sportveranstaltungen oder etwa auch für Konzerte fällt nach dem Willen des Gesetzgebers und der allgemeinen Ansicht unter den Begriff der »Freizeitbetätigung« im Sinne des § 312g Abs. 2 Nr. 9 BGB (BT-Drs. 17/12637, 57; MüKo/*Wendehorst* § 312g BGB Rz. 44 m.w.N.), womit das Widerrufsrecht der R in unserem Fall ausgeschlossen wäre und R mithin auch kein Anspruch auf Rückzahlung der 150 Euro zustehen kann.

Problem: Gilt dieser § 312g Abs. 2 Nr. 9 BGB im Januar 2022 überhaupt noch?

Ansatz: Zum Zeitpunkt der Geltendmachung des Anspruchs durch R am 23. Januar 2022 war der § 312g Abs. 2 Nr. 9 BGB nach deutschem Recht (noch) in Kraft, da das vom Bundestag im Dezember 2021 beschlossene Gesetz die Änderung bzw. das Außerkrafttreten der Norm auf den 1. Oktober 2022 terminiert hat. Die Richtlinie schreibt den Mitgliedsländern demgegenüber eine Anpassung des Rechts bis spätestens 1. Januar 2022 vor. Deutschland hat die Richtlinie somit zwar mit fristgemäß verabschiedetem Gesetz im Dezember 2021 transferiert, allerdings die von der Richtlinie intendierte Wirkung auf den 1. Oktober 2022, also nach Fristablauf, verschoben.
Frage(n): Wie ist es zu beurteilen, wenn ein Mitgliedsland eine Richtlinie zwar inhaltlich korrekt umsetzt und das entsprechende Gesetzgebungsverfahren auch innerhalb der Umsetzungsfrist abschließt (hier: Dezember), die von der Richtlinie intendierten Auswirkungen sich nach dem Willen des nationalen Gesetzgebers aber nicht innerhalb der gesetzten Frist, sondern erst später vollziehen sollen? Und, falls dieses Vorgehen unionsrechtswidrig sein sollte, welche Konsequenzen hat dieses Vorgehen für die von der Richtlinie betroffenen Bürger? Können sie sich nach Ablauf der Umsetzungsfrist in einem solchen Fall direkt auf die Richtlinie berufen? Und spielt es mög-

licherweise eine Rolle, dass die in Frage stehende Richtlinie nur das Verhältnis von Bürgern untereinander betrifft (sogenannte »horizontale Wirkung«)?

Der Reihe nach:

1. Die Verpflichtung zur fristgemäßen Umsetzung einer Richtlinie im Sinne des Art. 288 Abs. 3 AEUV umfasst nach allgemeiner Ansicht die vollständige Erreichung des Umsetzungsziels, wobei nicht nur die rein formale Umsetzung gemeint ist (EuGH Rs. C-62, Slg. **2002**, I-6325; *Streinz/Schroeder* Art. 288 AEUV Rz. 62). Hierbei müssen sowohl die innerstaatlichen Rechtsnormen erlassen als auch deren Anwendung innerhalb der gesetzten Frist gesichert sein (EuGH NJW **1996**, 3141). Ein Hinausschieben der Umsetzungsfrist durch das nationale Durchführungsgesetz, wonach die in Frage stehende Regelung erst nach Ablauf der Frist gelten soll, widerspricht der Verpflichtung zur fristgerechten Transformation – und zwar selbst und auch dann, wenn das Durchführungsgesetz innerhalb der Frist erlassen wurde (EuGH C-396/9, Slg. **1994**, I-3717 Rz. 19; *Streinz/Schroeder* Art. 288 AEUV Rz. 66; *Haratsch/Koenig/Pechstein* Rz. 403). Es bleibt den Staaten in solchen Fällen freilich unbenommen, für die Umsetzung einer Richtlinie eine Fristverlängerung beim zuständigen EU-Organ zu beantragen, was nach allgemeiner Meinung aus Art. 4 Abs. 3 EUV folgt (EuGH NJW **1996**, 3141; EuGH C-217/88, Slg. **1990**, I-2879 Rz. 33); eine rein eigenmächtige Verlängerung der Frist durch die Mitgliedstaaten ist und bleibt aber unionsrechtswidrig.

ZE.: Dass das die Richtlinie transferierende Gesetz in unserem Fall noch im Dezember 2021, also innerhalb der Umsetzungsfrist, verabschiedet worden ist, spielt demnach keine Rolle. Es kommt alleine darauf an, wann die **Wirkung** des Gesetzes eintritt und die Richtlinie tatsächlich umsetzt. Dies ist aber erst im Oktober 2022 der Fall, also außerhalb der gesetzten Frist. Die Umsetzung ist daher verspätet erfolgt.

2. Damit stellt sich als Nächstes die Frage, ob die verspätet umgesetzte Richtlinie in der Zeit zwischen Fristablauf und dem innerstaatlichen Inkrafttreten des Transformationsgesetzes gleichwohl in anderer Form Wirkung entfalten kann. In Betracht kommt insoweit zunächst die uns inzwischen bekannte »unmittelbare Wirkung« bzw. Geltung von nicht fristgemäß umgesetzten Richtlinien. Wir erinnern uns bitte:

Lässt ein Staat die Umsetzungsfrist einer Richtlinie tatenlos verstreichen, kommt nach allgemeiner Auffassung und insbesondere der Rechtsprechung des EuGH die unmittelbare Wirkung der Richtlinie unter folgenden Umständen in Betracht: Erforderlich sind neben dem Ablauf der Umsetzungsfrist eine hinreichend genau bestimmte Richtlinie, die zudem unbedingt und vorbehaltlos die Rechte oder Ansprüche des Bürgers gegen den Staat begründet und von einem nationalen Gericht in der bestehenden Fassung auch angewandt werden könnte (EuGH vom **6. Oktober 1970,** ECLI:EU:C:**1970**:78; BVerfGE **75**, 223; *Streinz* Rz. 495; *Streinz/Schroeder* Art. 288 AEUV Rz. 87; *Calliess/Ruffert* Art. 288 AEUV Rz. 48; *Hobe/Fremuth* § 10 Rz. 30; *Haratsch/Koenig/Pechstein* Rz. 405). In diesen Fällen kommt einer Richtlinie, die das Verhältnis zwischen Staat und Bürger regelt (»**vertikal**«), unmittelbar verpflichtende Wirkung zulasten des säumigen Staates zu. Einer der zentralen Gründe für diese unmittelbare Wirkung der Richtlinie liegt darin, dass es gegenüber dem säumigen Staat eine spürbare Sanktion geben muss, sollte der Staat sich weigern, eine ihn belastende und seine Bürger begünstigende Richtlinie fristgemäß ins nationale Recht zu transferieren. Die praktische Wirksamkeit des Unionsrechts bzw. der Richtlinie (»effet utile«) würde andernfalls erheblich und unzulässig beeinträchtigt (EuGH Rs. 9/70, Slg. **1970**, 825 Rz. 5; *Streinz/Schroeder* Art. 288 AEUV Rz. 87; *Calliess/Ruffert* Art. 288 AEUV Rz. 48).

Zum Fall: Die Umsetzungsfrist ist verstrichen, die Fassung der Richtlinie ist hinreichend genau bestimmt, unbedingt und vorbehaltlos. Jedes Gericht könnte nach dem Lesen des Richtlinientextes und ohne weitere Auslegungsfragen anordnen und entscheiden, dass das mindestens 14-tägige, an keine Gründe gebundene Widerrufsrecht ab sofort auch bei Konzerten besteht. **Aber**: Wir haben es angesprochen, es kommt bei der Frage nach der unmittelbaren Wirkung einer Richtlinie entscheidend darauf an, welche Rechtsverhältnisse die fragliche Regelung betrifft. Die unmittelbare Wirkung einer Richtlinie im »**vertikalen**« Verhältnis, also zwischen **Staat** und **Bürger**, begegnet keinen rechtlichen Bedenken. Denn diese Wirkung bindet und verpflichtet alleine den säumigen und damit unionsrechtswidrig handelnden Staat, der für seine Säumnis bei der Richtlinienumsetzung dann quasi »bestraft« wird, weil er seinen Verpflichtungen aus der Richtlinie trotz mangelnder Umsetzung nachkommen muss (EuGH Rs. 148/78 Slg. **1979**, 1629 Rz. 18; *Streinz* Rz. 496; *Haratsch/Koenig/Pechstei*n Rz. 409).

Hier: In unserem Fall geht es nun aber nicht um eine vertikale Wirkung einer Richtlinie; unsere Regelung betrifft nur Rechtsverhältnisse zwischen Privatrechtssubjekten, namentlich der einzelnen Bürger und der Veranstaltungsbranche. Die zu klärende Frage lautet daher: Gelten die Regeln für die unmittelbare Wirkung einer Richtlinie auch dann, wenn der Regelungsgehalt ausschließlich den privaten Rechtsverkehr betrifft, die Richtlinie also nur »**horizontale**« Wirkung entfaltet?

Antwort: Nein!

Begründung: Zunächst fehlt es am Hauptargument, nämlich der Bestrafung des säumigen Mitgliedstaates (siehe oben). Bei einer Begründung von Ansprüchen oder Rechten privater Rechtssubjekte durch die nicht umgesetzte Richtlinie – sogenannte »echte« oder auch »positive« Horizontalwirkung – würden Privatrechtssubjekte belastet bzw. bestraft, obwohl sie auf das Zustandekommen der Richtlinie und auch den Umsetzungsvorgang gar keinen Einfluss haben (EuGH ECLI:EU:C:**2006**:443 Rz. 110; EuGH Rs. 152/84 Slg. **1986**, 723 Rz. 48; *Haratsch/Koenig/Pechstein* Rz. 411; *Hobe/Fremuth* § 10 Rz. 32). In unserem Fall etwa würde der Veranstalter V als Privatrechtssubjekt durch eine unmittelbare Anwendung der Richtlinie (erheblich) belastet, weil er seine Eintrittskarten ab sofort innerhalb einer mindestens 14-tägigen Frist zurücknehmen müsste. Das mag zwar aus Sicht der auf der anderen Seite begünstigten Rechtssudentin R anders aussehen, aber hier verbietet sich wegen der rechtlichen Gleichrangigkeit der Parteien (→ »horizontale« Wirkung!) jede Wertung. Es zählt alleine, dass ein Privatrechtssubjekt durch die unmittelbare Anwendung der Richtlinie belastet wird – dies stellt einen unionsrechtswidrigen und damit unzulässigen Vorgang dar (EuGH Rs. 152/84 Slg. **1986**, 723 Rz. 48). Des Weiteren sind Richtlinien nach dem Wortlaut des Art. 288 Abs. 3 AEUV (aufschlagen!) ausdrücklich und ausschließlich **an die Mitgliedstaaten** adressiert (»... *ist für jeden Mitgliedstaat, an den sie gerichtet ist, ... verbindlich* ...«) mit der Folge, dass die Richtlinien auch nur für diese Mitgliedstaaten verbindlich sein können, nicht aber unmittelbar für seine Bürger (EuGH Rs. 152/84, Slg. **1986**, 723 Rz. 47; *Streinz* Rz. 498). Diese Möglichkeit ist – systematisch betrachtet – allein den »Verordnungen« im Sinne des Art. 288 Abs. 2 AEUV vorbehalten, da den Verordnungen nach der insoweit differenzierten Formulierung des Gesetzes (»... *gilt unmittelbar in jedem Mitgliedstaat.*«) per se eine unmittelbare Wirkung zukommt, aus der – anders als bei der Richtlinie – auch Belastungen für die Bürger erwachsen dürfen. Die Bürger belastende Maßnahmen dürfen und sollen grundsätzlich nur durch Verordnungen nach Art. 288 Abs. 2 AEUV ausgesprochen werden, nicht aber mittels unmittelbarer Wirkung einer Richtlinie (EuGH Rs. C-91/92 Slg. **1994**, I-3325 Rz. 24; EuGH EuZW **2004**, 691; *Haratsch/Koenig/Pechstein* Rz. 411; *Calliess/Ruffert* Art. 288 AEUV Rz. 61; *Streinz* Rz. 498).

Tipp: Das gerade Dargestellte reicht im Rahmen einer Klausurbearbeitung, um sich eine vernünftige Note abzuholen. Wer allerdings richtig abkassieren möchte oder zum Thema eine Hausarbeit schreibt, kann und sollte sich noch mit einer von durchaus namhaften Autoren vertretenen Mindermeinung befassen. Demnach nämlich soll Richtlinien sehr wohl auch im horizontalen Verhältnis eine unmittelbare Wirkung zukommen (*Streinz/Schroeder* Art. 288 AEUV Rz. 101; zweifelnd auch: *Herdegen* § 8 Rz. 64; *Bach* in JZ 1990, 1108; *Royla/Lackhoff* in DVBl. 1998, 1116; *Nicolaysen* EuR 1986, 370). Als Argument wird zum einen die vom EuGH tatsächlich oft bemühte praktische Wirksamkeit des Unionsrechts (»effet utile«) angeführt, die konsequenterweise nur gewährleistet sei, wenn auch horizontalen Richtlinien unmittelbare Wirkung zukomme. Andernfalls drohe eine zumindest vorläufige Zersplitterung des Unionsrechts, da die übrigen Länder die Richtlinie ja fristgemäß umgesetzt hätten. Zum anderen käme es unter Umständen zur willkürlichen Differenzierung zwischen privaten und öffentlichen Unternehmen im Hinblick auf die Richtlinienbindung und somit zu unbedingt zu vermeidenden Wettbewerbsverzerrungen (*Streinz/Schroeder* Art. 288 AEUV Rz. 101). Diese Meinung vertraten übrigens in diversen Entscheidungen zudem auch mehrere **Generalanwälte** des EuGH, die gemäß Art. 252 Abs. 1 AEUV (aufschlagen!) den EuGH unterstützen und die berühmten »Schlussanträge« nach Art. 252 Abs. 2 AEUV stellen – denen der EuGH in den meisten Fällen im Übrigen auch folgt (vgl. Schlussantrag zu EuGH Rs. C-271/91 Slg. **1993**, I-4367; Schlussantrag zu EuGH Rs. C-316/93 Slg. **1994**, I-763 Rz. 18; Schlussantrag zu EuGH C-91/92 Slg. **1994**, I-3325). In den vorgenannten Fällen hat der EuGH allerdings durchaus überraschend und einmütig die Schlussanträge verworfen, die gegenteilige Ansicht vertreten und die unmittelbare horizontale Wirkung der Richtlinien abgelehnt. Nach

Auffassung des EuGH und der herrschenden Meinung in der Wissenschaft gibt es somit weiterhin keine unmittelbar horizontale Wirkung von Richtlinien (siehe oben).

ZE.: Wir wollen hier mal ohne Wertung der herrschenden Meinung und dem EuGH folgen (zur Streitdarstellung vgl. das Gutachten unten) mit der Konsequenz, dass der in Frage stehenden Richtlinie um das Widerrufsrecht bei Konzerten keine unmittelbare horizontale Wirkung zukommen kann; sie belastet unionsrechtswidrig ein Privatrechtssubjekt (Veranstalter V). R kann sich somit auch nicht auf die Richtlinie stützen und dort ihr Widerrufsrecht herleiten. Es bleibt damit logischerweise bei der Regelung des § 312g Abs. 2 Nr. 9 BGB, ein Widerrufsrecht ist auch im Januar 2022 weiterhin ausgeschlossen, die Vorschrift wird ja erst zum 1. Oktober 2022 aufgehoben.

3. Der Fall ist damit aber nicht zu Ende, wir müssen nämlich noch einen Blick auf ein weiteres Rechtsinstitut werfen, mit dem Richtlinien in die nationalen Rechtsordnungen transferiert bzw. eingefügt werden können, und zwar die sogenannte »richtlinienkonforme Auslegung«. Dahinter steckt Folgendes: Nach dem, was wir bisher herausgefunden haben, dürften wir die horizontal wirkende Richtlinie jedenfalls nicht **unmittelbar** anwenden, denn ein solches Vorgehen versagen uns – mit guten Gründen – die herrschende Meinung und auch der EuGH (siehe oben).

Was wir damit indes noch nicht geklärt haben, ist die Frage, ob diese horizontal wirkende Richtlinie nicht möglicherweise auf **mittelbarem Weg** in die deutsche Rechtsordnung einfließen und namentlich bei der **Auslegung** des streitentscheidenden § 312g Abs. 2 Nr. 9 BGB Berücksichtigung finden kann. Die Richtlinie ist ja fraglos in der Welt, damit real und rechtlich existent – und die Umsetzungsfrist ist am 1. Januar 2022 auch abgelaufen. So, und wenn wir uns jetzt mal vorstellen, dass R ihren Anspruch tatsächlich Ende Januar 2022 vor dem Amtsgericht in Hannover geltend macht, fragt sich, ob die Richterin/der Richter, die bekanntlich gemäß Art. 20 Abs. 3 GG an das **Gesetz** (und Recht) gebunden sind, die Richtlinie und die darin verankerten Regeln wirklich komplett ignorieren dürfen und müssen; die Richtlinie ist ja noch nicht vom deutschen Gesetzgeber umgesetzt. Oder gehört die Richtlinie gleichwohl schon in die Kategorie »**Gesetz**« und muss von der nationalen Judikative trotz fehlender Umsetzung doch berücksichtigt werden?

Lösung: Ist eine EU-Richtlinie erlassen und die Umsetzungsfrist fruchtlos abgelaufen, kann die Richtlinie gleichwohl Eingang ist die nationale Rechtsordnung finden, und zwar im Wege der sogenannten »**richtlinienkonformen Auslegung**« der nationalen Vorschriften. Eine solche Pflicht (!), die jedenfalls ab dem Zeitpunkt des Ablaufes der Umsetzungsfrist besteht, leitet man aus der Umsetzungsverpflichtung der Mitgliedsländer in Bezug auf Richtlinien ab, die alle nationalen Behörden und auch die Gerichte trifft und die aus Art. 288 Abs. 3 AEUV, Art. 4 Abs. 3 EUV folgt (EuGH Rs. C-212/04, Slg. **2006**, I-6057; EuGH ECLI:EU:C:**2006**:443 Rz. 110). Der Richtlinie kommt daher auch ohne Transformation ab dem Ablauf der Umsetzungsfrist eine sogenannte »Maßstabsfunktion« für die Auslegung nationalen

Rechts zu (*Streinz/Schroeder* Art. 288 AEUV Rz. 110). Es ist somit zulässig und sogar geboten, bei der Auslegung von nationalen Vorschriften die durch die Richtlinie vorgegebenen Ziele, Strukturen und prägenden Begriffe als Maßstab zu berücksichtigen (EuGH Rs. C-106/89 Slg. **1990**, I-4135 Rz. 8; *Streinz/Schroeder* Art. 288 AEUV Rz. 110; *Hobe/Fremuth* § 10 Rz. 32; *Haratsch/Koenig/Pechstein* Rz. 417).

Durchblick: Beachte insoweit zunächst bitte noch mal den dogmatisch enorm wichtigen Unterschied zur unmittelbaren Wirkung einer EU-Richtlinie: Bei der unmittelbaren Wirkung einer EU-Richtlinie leitet der Bürger seinen Anspruch oder sein Recht auch tatsächlich unmittelbar aus der EU-Richtlinie ab, die Richtlinie dient also als (unionsrechtliche) Anspruchsgrundlage und/oder sie begründet eine sonstige, den Bürger begünstigende Rechtsposition. Das entgegenstehende nationale Recht wird hierdurch verdrängt (*Hobe/Fremuth* § 10 Rz. 32). Bei einer richtlinienkonformen Auslegung hingegen bleibt die nationale Vorschrift in Kraft und wird auch angewendet, allerdings unter Berücksichtigung der Ziele/des Maßstabs der Richtlinie (*Streinz* Rz. 508; *Hobe/Fremuth* § 10 Rz. 32). Die Richtlinie und deren Ziele fließen folglich »nur«, aber immerhin auf dem Wege der **Auslegung** der nationalen Gesetze in die jeweilige Rechtsordnung ein (= richtlinienkonforme Auslegung). Kapiert!?

Prima. Dann weiter: Wir bzw. die Gerichte dürfen und müssen (!) sogar nach Ablauf der Umsetzungsfrist demnach auch die noch nicht transferierten EU-Richtlinien und namentlich deren Ziele bei der Entscheidungsfindung berücksichtigen, und zwar bei der **Auslegung** der nationalen Gesetze, die zur Lösung des jeweiligen Falles angewendet werden. Machen wir mal – mit erstaunlichem Ergebnis: In unserem Fall würde dies nämlich bedeuten, dass der hier streitentscheidende § 312g Abs. 2 Nr. 9 BGB bei konsequenter Berücksichtigung der Richtlinienziele gar nicht mehr in der bestehenden Fassung anwendet werden darf, denn in der Richtlinie steht das glatte Gegenteil: das Widerrufsrecht bei termingebundenen Sport- und sonstigen Freizeitbetätigungen (auch: Konzerten) soll gerade **nicht** ausgeschlossen, sondern an keine Gründe gebunden und mindestens 14-tägig möglich sein. Nach dem Maßstab und dem Ziel der Richtlinie, die trotz mangelnder Umsetzung – wie wir jetzt wissen – gleichwohl einfließen sollen, kann § 312g Abs. 2 Nr. 9 BGB nur so ausgelegt werden, dass er überhaupt nicht mehr anzuwenden ist.

Aber, Vorsicht: Jetzt wird es noch (ein letztes) Mal spannend – und anspruchsvoll. Wir hatten uns oben ja schon mal kurz gefragt, ob auch EU-Richtlinien in die Kategorie »Gesetz« im Sinne des Art. 20 Abs. 3 GG fallen und demnach von den Gerichten entsprechend berücksichtigt werden müssen. Das Besondere an Richtlinien liegt – im Unterschied zur Verordnung nach Art. 288 Abs. 2 AEUV – darin, dass sie ausweislich der Formulierung in Art. 288 Abs. 3 AEUV (aufschlagen!) gerade nicht unmittelbar im Mitgliedstaat gelten, sondern erst mithilfe eines Umsetzungsaktes in die nationale Rechtsordnung einfließen. Ihnen kommt, streng dogmatisch betrachtet, daher auch **KEINE** Gesetzeskraft im von uns verstandenen Sinne zu. Der Begriff »Gesetz« nach Art. 20 Abs. 3 GG umfasst das EU-Recht nur, soweit ihm unmittelbare Geltung im nationalen Recht zukommt, also die **Verordnungen** und die **unmittelbar wirkenden** – vertikalen – **Richtlinien** (BVerfGE **74**, 358; *Dreier/Schulze-Fielitz* Art. 20 GG Rz. 93). Alle anderen Richtlinien, also vor allem die horizontal wirkenden Richtlinien, besitzen hingegen keine Gesetzeskraft, sie genießen gegenüber dem nationalen Recht deswegen auch nicht den sonst üblichen Anwendungsvorrang des Unionsrechts (*Haratsch/Koenig/Pechstein* Rz. 418) – mit folgender **Konsequenz**: Im Vergleich zur nationalen Rechtsordnung und dem darin geäußerten Willen des nationalen Gesetzgebers sind diese Richtlinien **nachrangig**. Das bedeutet unter anderem, dass die aktuell geltenden Gesetze des jeweiligen Mitgliedslandes von einer Richtlinie unter keinen Umständen – auch nicht im Wege der richtlinienkonformen Auslegung – komplett aufgehoben oder umgekehrt werden dürfen. Die richtlinienkonforme Auslegung kann eine nationale Vorschrift, etwa durch Ausfüllen von Generalklauseln oder unbestimmten Rechtsbegriffen, zwar ergänzen und damit in ihrem Anwendungsbereich erweitern oder auch einschränken, nicht aber umkehren oder aufheben. Eine solche Befugnis steht aufgrund der staatsrechtlichen Kompetenzverteilung alleine dem **nationalen Gesetzgeber** zu – es kommt vorrangig auf dessen Willen an. Gleiches gilt für aus dem nationalen Recht folgende, privatrechtliche Ansprüche oder Rechte. Solche können von einer richtlinienkonformen Auslegung weder aufgehoben noch neu begründet werden (*Streinz* Rz. 509). Möglich ist dies nur mithilfe des eigentlichen **Umsetzungsakts** des nationalen Gesetzgebers, nicht aber schon durch die noch nicht transferierte Richtlinie (*Streinz/Schroeder* Art. 288 AEUV Rz. 114; *Scherzberg* in Jura 1993, 225). Das waren sehr wichtige Sätze – bitte noch einmal lesen.

Konsequenz: Rechtsprechung und Literatur haben für die richtlinienkonforme Auslegung des nationalen Rechts daher die folgenden Regeln aufgestellt:

➔ Erste Voraussetzung einer richtlinienkonformen Auslegung ist logischerweise ein entsprechender **Auslegungsspielraum** in der nationalen Regelung. Es muss in der betreffenden Norm ein »auslegungsfähiger Rechtsrahmen« existieren (*Streinz/Schroeder* Art. 288 AEUV Rz. 113). Dieser auslegungsfähige Rechtsrahmen bzw. Beurteilungsspielraum – etwa in Form von Generalklauseln oder sonstiger auslegungsbedürftiger Begriffe – darf ausschließlich mit den Auslegungsmethoden der eigenen nationalen Rechtsordnung gefüllt werden (EuGH C-212/04, Slg. **2006**, I-6057 Rz. 110).

➔ Eine richtlinienkonforme Auslegung darf zudem unter keinen Umständen dazu führen, dass eine gegen das Ziel der Richtlinie verstoßende nationale Vorschrift »eliminiert« bzw. in ihrer Anwendung ausgeschlossen und durch die Richtlinie und deren Regelung ersetzt wird (EuGH C-168/95 Slg. **1996**, I-4705 Rz. 42; *Streinz/Schroeder* Art. 288 AEUV Rz. 114; *Streinz* Rz. 508). Eine Auslegung »contra legem«, also gegen die aktuell gültigen nationalen Vorschriften, in denen der Wille des nationalen Gesetzgebers unzweifelhaft zum Ausdruck kommt, ist grundsätzlich unzulässig (*Hobe/Fremuth* § 10 Rz. 32).

➔ Die richtlinienkonforme Auslegung darf – aus dem soeben Gesagten folgernd – daher unter anderem auch nicht dazu führen, dass horizontale EU-

Richtlinien, die wegen ihrer verpflichtenden Wirkung auf private Rechtssubjekte keine unmittelbare Wirkung entfalten, über den Weg einer richtlinienkonformen Auslegung der nationalen Norm auf mittelbarem Weg doch eine entsprechende Wirkung entfalten und private Rechtssubjekte benachteiligen bzw. verpflichten (EuGH C-168/95 Slg. **1996**, I-4705 Rz. 42; *Streinz/Schroeder* Art. 288 AEUV Rz. 114).

Zum Fall: Die Richtlinie und deren Ziel könnten nur dadurch richtlinienkonform umgesetzt werden, dass § 312g Abs. 2 Nr. 9 BGB gar nicht mehr angewendet wird. Unabhängig davon, ob der § 312g Abs. 2 Nr. 9 BGB in der aktuellen Fassung überhaupt irgendeine Form von auslegungsfähigem Beurteilungsspielraum lässt, scheitert eine richtlinienkonforme Auslegung somit jedenfalls daran, dass dies die Vorschrift eliminieren und zu einer Anwendung contra legem führen würde, was – wie gesehen – grundsätzlich unzulässig ist. Würde ein Gericht eine innerstaatliche Norm eigenmächtig außer Kraft setzen und stattdessen im Zuge einer richtlinienkonformen Auslegung eine noch nicht umgesetzte EU-Richtlinie dafür einsetzen, läge darin ein unzulässiger Verstoß gegen die staatliche Kompetenzverteilung und das Prinzip der Gewaltenteilung. Einer nicht umgesetzten EU-Richtlinie kommt keine Gesetzeskraft im Sinne des Art. 20 Abs. 3 GG zu. Es obliegt unstreitig alleine dem nationalen Gesetzgeber, nationale Vorschriften außer Kraft zu setzen (EuGH Rs. C-106/89 Slg. **1990**, I-4135 Rz. 8; *Haratsch/Koenig/Pechstein* Rz. 420). Deutsche Gerichte sind daher an die vom Gesetzgeber vorgegebenen Normen gebunden und lediglich zur Auslegung, nicht aber zum Außerkraftsetzen oder zur eigenen Rechtsetzung contra legem berufen. Eine der Richtlinie entsprechende Auslegung würde vorliegend im Übrigen dazu führen, dass die horizontal wirkende Richtlinie, die allein private Rechtssubjekte verpflichtet, auf mittelbarem Weg gleichwohl zur Anwendung kommen kann. Dies aber wird vom EuGH und der herrschenden Meinung als unionsrechtswidrig angesehen (siehe oben) und darf daher auch nicht über den Umweg der richtlinienkonformen Auslegung erreicht werden (*Streinz* Rz. 509).

ZE.: Eine richtlinienkonforme Auslegung zur korrekten Umsetzung der Richtlinie und ihrer Ziele dergestalt, dass § 312g Abs. 2 Nr. 9 BGB außer Kraft gesetzt wird, ist aus den genannten Gründen unzulässig. Die Regel des § 312g Abs. 2 Nr. 9 BGB bleibt in Kraft mit der Folge, dass der Widerruf der R im Januar 2022 ausgeschlossen ist.

Ergebnis: R steht gegen V somit unter keinem Gesichtspunkt ein Anspruch auf Rückzahlung der 150 Euro aus den §§ 357 Abs. 1, 355 Abs. 1 und Abs. 2, 312c Abs. 1, 312g Abs. 1 BGB (Widerruf eines Fernabsatzvertrages) zu.

Nachschlag: Die Haftung des Staates bei Nichtumsetzung einer EU-Richtlinie

So, wir haben gesehen, dass nicht umgesetzte EU-Richtlinien, die allein den Privatrechtsverkehr, also das Verhältnis von Privatrechtssubjekten untereinander regeln und damit »**horizontal**« wirken, nach Meinung des EuGH und der herrschenden Auffassung in der Literatur einer unmittelbaren Anwendung nicht zugänglich sind.

Des Weiteren wissen wir nun auch, dass die Ziele und Wertungen dieser nicht umgesetzten EU-Richtlinien im Wege der »richtlinienkonformen Auslegung« gleichwohl ins nationale Recht einfließen können, diesem Einfluss aber enge Grenzen gesetzt sind. Insbesondere eine Auslegung »contra legem« oder ein »Eliminieren« bzw. Außerkraftsetzen der nationalen Vorschriften im Wege der richtlinienkonformen Auslegung scheiden grundsätzlich aus (siehe oben). Und dies alles kann – siehe oben! – unter Umständen zur Folge haben, dass Bürger trotz einer existierenden und sie begünstigenden EU-Richtlinien diese Begünstigung nicht in Anspruch nehmen dürfen, weil der eigene Staat die Umsetzung unterlässt oder hinauszögert.

Und damit drängt sich natürlich die Frage auf, ob den betroffenen Bürgern rechtliche, und zwar vor allem haftungsrechtliche Wege gegenüber dem eigenen Staat offenstehen. Bei genauer Betrachtung stellen sich insoweit drei Fragen:

1. Steht dem Bürger gegen den Staat eigentlich ein durchsetzbarer Anspruch auf fristgerechte Umsetzung der Richtlinie ins nationale Recht zu?

Antwort: Nein!

Es gibt tatsächlich und leider keinen durchsetzbaren Anspruch (für niemanden) gegenüber einem Staat auf Erlass eines Gesetzes. Niemand, auch nicht ein betroffener bzw. ein durch die Nichtumsetzung der Richtlinie benachteiligter Bürger kann den eigenen Staat dazu zwingen, ein Gesetz zu erlassen oder auch nur ein Gesetzgebungsverfahren einzuleiten (*Degenhart* StaatsR Rz. 143). Und das gilt selbst dann, wenn der Staat dazu nach EU-Recht sogar per Gesetz verpflichtet ist, namentlich im Falle der Umsetzungspflicht einer Richtlinie gemäß den Art. 4 Abs. 3 EUV, 288 Abs. 3 AEUV (*Haratsch/Koenig/Pechstein* Rzn. 447, 542; *Streinz/Ehricke* Art. 260 AEUV Rz. 2). Die Gesetzgebungsbefugnis liegt und bleibt allein beim Staat und den jeweiligen Gesetzgebungsorganen. Das EU-Rechtssystem sieht bei der nicht erfolgten Umsetzung einer Richtlinie gegenüber dem säumigen Staat daher auch nur finanzielle Sanktionen, allerdings keine Vollstreckungsmaßnahmen vor – es gibt nämlich aus staatsrechtlichen Gründen gar keine solchen Maßnahmen (*Haratsch/Koenig/Pechstein* Rz. 524; *Streinz/Ehricke* Art. 260 AEUV Rz. 2). Wenn also ein Mitgliedstaat eine EU-Richtlinie nicht, verspätet oder unzureichend ins nationale Recht transferiert, kann dieser Staat von der EU zwar mit Zwangsgeldern im Rahmen eines Vertragsverletzungsverfahrens gemäß den Art. 258–260 AEUV belegt, zur finalen Umsetzung der Richtlinie aber weder von der EU noch von einem Bürger gezwungen werden. **Übrigens**: Nicht mal das Bundesverfassungsgericht kann den (deutschen) Gesetzgeber dazu zwingen, ein Gesetz zu erlassen. Selbst wenn BVerfG-Entscheidungen den Erlass eines Gesetzes ausdrücklich einfordern und diese Forderung sogar terminlich befristen (vgl. etwa die Entscheidung zum Atomgesetz → BVerfGE **143**, 246), ist es allein am Willen des Gesetzgebers, diese Frist auch einzuhalten. Hält sich der Gesetzgeber nicht daran, gibt es zwar böse Worte (→ BVerfGE **155**, 378), ansonsten passiert aber: Nichts. Das mag ärgerlich und vielleicht sogar verwerflich sein, entspricht aber unserem Staatsverständnis: Die Gesetze werden ausnahmslos von den in der Verfassung dafür vorgegebenen Gesetzgebungsorganen erlassen – das Zustandekommen eines Gesetzes ist somit allein vom Willen dieser Organe abhängig (→ Bundestag + Bundesrat).

> **Merke**: Einem Bürger steht gegen seinen eigenen Staat kein Anspruch auf Erlass eines die Richtlinie transferierenden Gesetzes zu.

2. Besteht für den Fall der Nichtumsetzung einer EU-Richtlinie dann möglicherweise ein Ersatzanspruch gegenüber dem Staat aus nationaler Amtshaftung?

Antwort: Nein!

Die nationale deutsche Staatshaftung in Form des Amtshaftungsanspruchs des Bürgers gegenüber der Bundesrepublik gemäß Art. 34 GG i.V.m. § 839 BGB scheidet im Falle der Nichtumsetzung einer EU-Richtlinie nach allgemeiner Meinung aus (BGH NJW **2013**, 168; *Hobe/Fremuth* § 12 Rz. 18; *Streinz* Rz. 517; *Haratsch/Koenig/Pechstein* Rz. 648; *Karpenstein/Johann* in NJW 2010, 3405; *Dörr* in DVBl. 2006, 598). Als Hauptargument dient die im deutschen Staatshaftungsrecht zwingend notwendige »Drittbezogenheit« der staatlichen Maßnahme, an deren Verletzung die Haftung geknüpft wird. Diese Drittbezogenheit fehlt bei einem Gesetz bzw. beim »Nichterlass« eines Gesetzes, da Gesetze nach allgemeinem Verständnis nicht für Einzelpersonen, sondern immer nur für die **Allgemeinheit** erschaffen werden. Eine sogenannte »drittschützende Amtspflicht«, die zur Annahme eines Amtshaftungsanspruchs gemäß Art. 34 GG i.V.m. § 839 BGB verletzt sein müsste, besteht im Fall der Nichtumsetzung einer EU-Richtlinie demnach nicht (BGH NJW **2013**, 168; BGHZ **134**, 30; *Hobe/Fremuth* § 12 Rz. 18; *Streinz* Rz. 517; *Haratsch/Koenig/Pechstein* Rz. 648).

> **Merke**: Dem Bürger steht in Deutschland im Falle der Nichtumsetzung einer EU-Richtlinie kein Anspruch auf Schadensersatz gegen den Staat gemäß Art. 34 GG i.V.m. § 839 BGB zu. Die verletzte Amtspflicht des Staates (→ fehlende Umsetzung der EU-Richtlinie durch ein entsprechendes Gesetz) besteht immer nur gegenüber der Allgemeinheit, nicht aber gegenüber dem einzelnen Bürger. Damit mangelt es an der für einen nationalen Staatshaftungsanspruch zwingend notwendigen »Drittbezogenheit« der verletzten Amtspflicht (BGH NJW **2013**, 168).

3. Gibt es dann vielleicht für den betroffenen Bürger einen Haftungsanspruch nach EU-Recht gegen den eigenen Staat, der die Richtlinie nicht fristgemäß umgesetzt hat?

Antwort: Ja!

Durchblick: Um zu verstehen, was jetzt kommt und vor allem wie ein solcher Anspruch gegen den Staat nach EU-Recht funktioniert, müssen wir zum Schluss einen kleinen Ausflug nach Norditalien machen, genau genommen zu einem mutigen

Elektriker aus der Industriestadt *Vicenza* im schönen *Venetien*. Die Geschichte des Herrn ***Andrea Francovich*** brachte den EuGH vor über 30 Jahren dazu, für den Fall der Nichtumsetzung einer EU-Richtlinie zugunsten der betroffenen Bürger den sogenannten »unionsrechtlichen Staatshaftungsanspruch« zu kreieren/erfinden (→ EuGH NJW **1992**, 165). Folgendes hatte sich im Frühling 1990 zugetragen:

Andrea Francovich arbeitete seit vielen Jahren als Elektriker beim Unternehmen »CDN Elettronica SnC« im norditalienischen *Vicenza*. Zehn Jahre zuvor, im Oktober 1980, hatte die EU die Richtlinie »80/987/EWG« erlassen, wonach den Mitgliedsländern aufgegeben war, innerhalb von drei Jahren dafür zu sorgen, dass Arbeitnehmer im Falle einer Insolvenz ihres Arbeitgebers geschützt werden und etwa ausgebliebene Lohnzahlungen durch ein zu schaffendes staatliches oder privates Sicherungsmodell abgedeckt sind. Die EU-Richtlinie überließ den konkreten Weg dabei den Mitgliedstaaten, die nun entscheiden konnten, ob sie arbeitgeberseitig oder auch staatlich finanzierte Modelle erschaffen. Wer im Falle der Insolvenz des Arbeitgebers die Ersatzzahlungen leisten und namentlich der Schuldner der Absicherung gegenüber den Arbeitnehmern sein sollte (also private Institutionen oder der Staat), überließ die Richtlinie dem nationalen Gesetzgeber. Die Mitgliedsländer sollten im Rahmen der Richtlinienvorgaben aber in jedem Falle Regelungen mit dem Ziel erschaffen, die Folgen einer Insolvenz für Arbeitnehmer abzusichern. Italien unternahm bis zum Jahr 1990 genau: **NICHTS**. Und dann kam, was kommen musste: Die »CDN Elettronica SnC« wurde Anfang 1990 insolvent und hinterließ unserem Hauptdarsteller und seinen (33) KollegInnen ausgebliebene Lohnzahlungen in Höhe von insgesamt 253 Millionen italienischen Lire (heute wären das 130.000 Euro). Herr *Francovich* war allerdings – wie eingangs erwähnt – ein mutiger Mann: Er klagte zunächst vor der *Pretura Vicenza* (= Amtsgericht Vicenza) die ihm zustehenden sechs Millionen Lire (3.000 Euro) gegen den Konkursverwalter seiner insolventen Firma ein. Nachdem die *Pretura* dieser Klage stattgegeben hatte, Herr *Francovich* aber mangels verbliebener Vermögensmasse der Firma trotzdem kein Geld bekam, überzeugte er seine 33 ehemaligen KollegInnen – und anschließend erhoben alle gemeinsam tatsächlich eine Klage gegen ihre Regierung in Rom, und zwar auf Zahlung von 253 Millionen Lire. **Begründung**: Hätte der Staat die zehn Jahre alte Richtlinie irgendwann umgesetzt, würden sie von einer dadurch erschaffenen Insolvenzabsicherung – privat oder staatlich finanziert – den ausgefallenen Lohn erhalten. Da der Staat bis jetzt aber rein gar nichts getan habe, müsse er für dieses Versäumnis nun eben selbst einstehen.

Achtung: Das ist die Originalgeschichte einer der berühmtesten Fälle, die der EuGH in seiner inzwischen 70-jährigen Geschichte (gegründet 1952) jemals entschieden hat. Das *Francovich*-Urteil vom 19. November 1991 (NJW **1992**, 165 = DVBl **1992**, 1017) ist die erste und seitdem auch die grundlegende Entscheidung dazu, ob und wie ein Mitgliedstaat bei Verstößen gegen das Gemeinschaftsrecht gegenüber seinen eigenen

Bürgern verantwortlich sein kann – im konkreten Fall wegen der Missachtung der Umsetzungsfrist einer EU-Richtlinie. Und das funktionierte so:

> Der EuGH, dem die *Pretura Vicenza* den Fall von Herrn *Francovich* und seinen 33 KollegInnen zur Entscheidung vorgelegt hatte, musste ein ziemlich kniffliges Problem lösen: Die Frage lautete nämlich, wie und vor allem auf welchem Weg man den durch die zehnjährige (!) Nichtumsetzung der Richtlinie massiv benachteiligten und nachvollziehbar sehr verbitterten Arbeitnehmern jetzt doch noch irgendwie zu ihrem »Recht« (= Lohn) verhelfen konnte. Eine unmittelbare Anwendung der Richtlinie schied leider wegen eines unumstößlichen Grundes aus: Die in Frage stehende EU-Richtlinie ließ ja blöderweise komplett offen und damit nicht erkennen, wer bzw. welche Institution im Falle der Insolvenz der **Schuldner** des Anspruchs der Arbeitnehmer sein sollte. Laut Richtlinie musste der Staat entsprechende Institutionen – ob staatlich oder privat finanziert – auf jeden Fall erst mal erschaffen bzw. die gesetzlichen Grundlagen für deren Erschaffung zumindest erlassen. Da aber nichts von alledem geschehen war, gab es auch noch keine Institutionen oder etwa Versicherungen, gegenüber denen die Arbeitnehmer ihre Ansprüche hätten geltend machen können. Es war folglich gänzlich ungeklärt, gegen **WEN** man als betroffener Arbeitnehmer im Falle einer Insolvenz des Arbeitgebers vor Gericht eigentlich vorgehen und dort seine Lohnforderungen hätte einklagen sollen. Wichtigste Voraussetzung der unmittelbaren Anwendung einer Richtlinie ist aber, dass ein Gericht aufgrund des Wortlauts der Richtlinie diese unzweifelhaft anwenden kann, wozu logischerweise gehört, dass nicht nur der Gläubiger und der Anspruchsinhalt feststehen, sondern natürlich auch der **Schuldner** des Anspruchs (EuGH C-236/93, Slg. **1994**, I-483; EuGH 271/82, Slg. **1983**, 2727; *Streinz/Schroeder* Art. 288 AEUV Rz. 93; *Calliess/Ruffert* Art. 288 AEUV Rz. 54). Daran aber fehlte es hier. **Daher**: Wegen der Unbestimmtheit der Richtlinie bzw. des Schuldners eines möglichen Anspruchs schied eine unmittelbare Anwendung von vorneherein und leider auch verbindlich aus.

Da auch eine richtlinienkonforme Auslegung aufgrund der gerade benannten Unbestimmtheit sowie zudem mangels jeglichen Vorhandenseins nationaler Vorschriften ebenfalls nicht in Frage kam, wäre der Fall an dieser Stelle jetzt eigentlich zu Ende gewesen – mit der dramatischen Folge, dass sämtliche von einer Insolvenz betroffenen Arbeitnehmer in Italien in die Röhre geguckt hätten. Und das bei genauer Betrachtung nur deshalb, weil der eigene Staat es innerhalb von zehn (!) Jahren nicht hinbekommt oder hinbekommen wollte, die von einer Insolvenz betroffenen und für diese Insolvenz in aller Regel auch nicht verantwortlichen Arbeitnehmer durch Umsetzung der Richtlinie zu schützen.

Logisch – das konnte und durfte nicht das letzte Wort sein.

Lösung: Zur Rettung aus dieser misslichen Lage konstruierte/erfand der EuGH unter Berufung auf die aus Art. 4 Abs. 3 EUV für jedes Mitgliedsland folgende Verpflichtung zur Umsetzung des Unionsrechts, die natürlich auch zugunsten der eigenen **Bürger** besteht, eine Haftung des Staates, falls die Richtlinie nicht fristgemäß umgesetzt wird. Dieser sogenannte »unionsrechtliche Staatshaftungsanspruch« im Falle der Nichtumsetzung einer EU-Richtlinie gegenüber den Bürgern soll – angelehnt an die Geschichte aus *Vicenza* – unter folgenden Voraussetzungen bestehen (EuGH NJW **1992**, 165, 167 – *Francovich*; vgl. auch *Schwarze/Berg* Art. 340 AEUV Rz. 77; *Streinz* Rz. 518 oder *Hobe/Fremuth* § 12 Rz. 37):

Vorprüfung: Die nicht umgesetzte EU-Richtlinie darf wegen fehlender Bestimmbarkeit (des Schuldners) nicht unmittelbar anwendbar und zudem keiner richtlinienkonformen Auslegung des nationalen Rechts zugänglich sein – was auch sehr logisch ist, denn andernfalls bestünde der Anspruch entweder aus der Richtlinie selbst oder aber aus dem unionsrechtlich ausgelegten nationalen Recht (*Schwarze/Berg* Art. 340 AEUV Rz. 77; *Hobe/Fremuth* §12 Rz. 37).

1. Voraussetzung ist zudem das Vorliegen einer **individualschützenden** Richtlinie: das in der nicht umgesetzten Richtlinie vorgegebene Ziel muss die Verleihung von bestimmbaren Rechten oder Ansprüchen an einzelne Personen im Privatrechtsverkehr beinhalten (EuGH NJW **1992**, 165, 167; *Hobe/Fremuth* § 10 Rz. 34).

2. Der Verstoß gegen die individualschützende Richtlinie muss des Weiteren **hinreichend qualifiziert** sein, was aber immer vorliegt, wenn die Richtlinie entgegen der Verpflichtung aus Art. 4 Abs. 3 EUV, 288 Abs. 3 AEUV vom nationalen Gesetzgeber nicht fristgerecht transferiert wurde (EuGH NJW **1992**, 165, 167; EuGH C-5/94 Slg. **1996**, I-2553 Rz. 31; *Streinz/Gellermann* Art. 340 AEUV Rz. 49 m.w.N.).

3. Schließlich muss dem Bürger durch die Nichtumsetzung der individualschützenden Richtlinie ein **Schaden** entstanden sein, der **unmittelbar kausal** auf dem Pflichtverstoß, also der mangenden Umsetzung der Richtlinie beruht.

Wichtig: Diese Voraussetzungen aus der *Francovich*-Entscheidung sind an das dortige Problem der Nichtumsetzung einer unbestimmt gefassten EU-Richtlinie angepasst und dafür vom EuGH auch erfunden bzw. entwickelt worden. Sie entsprechen für diese Fallgestaltungen inzwischen aber der ständigen Rechtsprechung des EuGH sowie der nationalen Gerichte und werden auch von der herrschenden bis sogar allgemeinen Meinung in der Wissenschaft geteilt (EuGH C-118/08 Slg. **2010**, I-635; BGHZ **134**; 30; LG Bonn NJW **2000**, 815; *Streinz/Gellermann* Art. 340 AEUV Rz. 42 ff.; *Schwarze/Berg* Art. 340 AEUV Rz. 81; *Haratsch/Koenig/Pechstein* Rz. 649; *Streinz* Rz. 518; *Calliess/Ruffert* Art. 340 AEUV Rz. 70; *Hobe/Fremuth* § 12 Rz. 37; *Voßkuhle/Schemmel* in JUS 2019, 347).

Im Fall *Francovich* konnte der EuGH damit dann relativ entspannt runtersubsumieren: Die Richtlinie aus dem Jahre 1980 war – wie oben erwähnt – mangels erkennbaren Schuldners nicht unmittelbar anwendbar und eine richtlinienkonforme Auslegung funktionierte auch nicht, denn es existierten gar keine nationalen Vorschriften, auf die man hätte Bezug nehmen können (= Vorprüfung +). Des Weiteren hatte die Richtlinie **individualschützenden** Charakter, sie verlieh nämlich den Arbeitnehmern einen Anspruch auf Erstattung des durch die Insolvenz ausgefallenen Lohns. Es stand zwar noch nicht fest, gegen *welches* Rechtssubjekt der Anspruch konkret begründet sein würde, denn die Institutionen waren ja noch gar nicht erschaffen. Diesen Umstand sah der EuGH aber als unbedenklich an, denn jedenfalls waren die Arbeitnehmer als Anspruchsinhaber benannt und der Anspruch in Höhe des ausgefallen Lohns inhaltlich durch die Richtlinie bestimmbar (= 1. Voraussetzung +). Die **hinreichende Qualifizierung** des Verstoßes gegen die Richtlinie lag bereits dadurch vor, dass die Richtlinie – entgegen der Verpflichtung aus Art. 288 Abs. 3 AEUV – vom Mitgliedsland Italien nicht fristgemäß bzw. gar nicht umgesetzt worden war; zusätzliche Umstände mussten nicht mehr hinzutreten (= 2. Voraussetzung +). Schließlich ist den betroffenen Arbeitnehmern wegen dieses Verstoßes in Form der Nichtumsetzung der Richtlinie auch ein unmittelbar und adäquat kausaler **Schaden** entstanden: Hätte Italien die Richtlinie fristgemäß umgesetzt, hätte es eine Absicherung für den Fall der Insolvenz des Arbeitgebers gegeben und diese Absicherung hätte den finanziellen Schaden der Arbeitnehmer in Form des ausgefallenen Lohns ausgeglichen (= 3. Voraussetzung +). Herr *Francovich* und seine 33 Kollegen erhielten daher die geforderten 253 Millionen Lire aufgrund des vom EuGH erschaffenen unionsrechtlichen Staatshaftungsanspruchs vom eigenen Staat (EuGH NJW **1992**, 165).

Beachte: Diese Rechtsprechung haben der EuGH und diverse nationale Gerichte anschließend für vergleichbare Fälle mehrfach bestätigt: Im **Juni 1990** etwa erließ die EU die Richtlinie »EWG 90/314« zum Schutz von **Pauschalreisenden** für den Fall der Insolvenz des Veranstalters. Die Mitgliedsländer sollten die Veranstalter gesetzlich verpflichten, entsprechende Versicherungen abzuschließen oder anderweitige Ausfallgarantien zu schaffen. Deutschland ließ die dreijährige Umsetzungsfrist der Richtlinie zunächst verstreichen. Kurz nach Fristablauf buchte ein Ehepaar eine Pauschalreise beim Veranstalter V und zahlte einen Betrag von 500 DM an. Wenige Wochen darauf ging V in Konkurs. Der Klage der Eheleute gegen die Bundesrepublik Deutschland auf Erstattung der 500 DM gab das Landgericht Bonn nach Anrufung des EuGH statt. Der EuGH verwies auf die *Francovich*-Entscheidung und stellte zudem auch noch klar, dass die Fristeinhaltung sehr streng gehandhabt werden müsse: Verpflichte eine Richtlinie einen Staat zur Erschaffung privater Sicherungsmechanismen, könne der Staat sich nicht darauf berufen, dass er hierbei auf die Unterstützung privater Dritter (hier: Reiseveranstalter, private Versicherungs- und Bankenbranche) angewiesen und die Fristsetzung daher zu kurz bemessen sei. Dem Staat obliege grundsätzlich die uneingeschränkte und vollständige Durchführungspflicht innerhalb der Umsetzungsfrist (EuGH NJW **1996**, 3141; LG Bonn NJW **1994**, 2489).

Im **April 1999** verurteilte das Landgericht Bonn – mittlerweile wegen der gefestigten Rechtsprechung ohne Anrufung des EuGH – die Bundesrepublik Deutschland auf Zahlung von rund 30.000 DM aus unionsrechtlicher Staatshaftung an eine Frau, die bei einer insolvent gegangenen Bank diesen Betrag angelegt und wegen des Konkurses der Bank komplett verloren hatte. Deutschland hatte zuvor die »Einlagensicherungsrichtlinie EGRL 19/94« der EU vom Mai 1994 nicht fristgemäß umgesetzt; diese Richtlinie verpflichtete die Mitgliedsländer, dafür zu sorgen, dass Banken eine »Einlagensicherung« errichten und somit im Fall der Insolvenz bzw. des Konkurses den Anlegern kein Schaden entsteht. Deutschland war dieser Verpflichtung nicht nachgekommen mit der Folge, dass der Frau ein Anspruch aus den uns inzwischen bekannten staatshaftungsrechtlichen Grundsätzen zustand (LG Bonn NJW **2000**, 815). Zusatzinfo für die Oberschlauen: Das Landgericht in Bonn war bis 1999 übrigens das in Deutschland allein zuständige Gericht für solche staatshaftungsrechtlichen Klagen. Berlin wurde zwar ab dem 3. Oktober 1990 neue Bundeshauptstadt, Bonn blieb aber bis 1999 weiterhin der Regierungssitz der Bundesrepublik.

Fazit: Gut erkennbar, handelt es sich bei allen drei Geschichten um sehr vergleichbare Situationen, in denen der jeweilige Mitgliedstaat es versäumt, innerhalb der Umsetzungsfrist der EU-Richtlinie finanzielle Sicherungsmodelle zum Schutz der betroffenen Personengruppen (Arbeitnehmer, Pauschalreisende, Bankkunden) zu erschaffen. Damit der säumige Staat insoweit nun nicht ungeschoren davonkommt und die eigentlich nach dem Ziel der Richtlinie zu schützenden Bürger auch noch den Schaden davontragen, gibt es seit der *Francovich*-Entscheidung die eben genannten Voraussetzungen, unter denen der Staat unmittelbar gegenüber seinen Bürgern haftet. Es ist aber – wie oben kurz erwähnt – wichtig zu wissen und zu verstehen, dass die Haftungsvoraussetzungen in dieser Form und Anwendung vom EuGH tatsächlich zunächst nur für solche Fälle der ausgebliebenen Absicherung von typischen Risiken im Privatrechtsverkehr erschaffen wurden – und demnach eine pauschale Übertragung auf andere Fälle nicht möglich ist. Nur kurz nach der *Francovich*-Entscheidung erfand der EuGH beispielsweise eine weitere Form der unionsrechtlichen Staatshaftung, und zwar für Situationen, in denen eine nationale Norm bzw. deren Auslegung gegen Unionsrecht verstößt und dadurch einem Privatrechtssubjekt ein Schaden entsteht:

Im Fall »*Brasserie du Pecheur*« vom März 1996 verboten deutsche Behörden der gleichnamigen französischen Brauerei zu Beginn der 1980er-Jahre die Einfuhr französischen Bieres, weil angeblich die deutschen Vorschriften zum Reinheitsgebot nicht eingehalten waren. Wie sich nachher herausstellte, verstieß dieses behördliche Verbot gegen den damals gültigen EWG-Vertrag (Vorläufer des AEUV) mit der Folge, dass die Brauerei die Bundesrepublik Deutschland auf Schadensersatz in Höhe von 1,8 Millionen DM verklagte. Hier ging es also nicht um die fehlende Umsetzung einer EU-Richtlinie, sondern schlicht um die Verletzung von EU-Recht durch nationale Vorschriften bzw. Entscheidungen der Exekutive, die auf diesen Vorschriften fußten. Der EuGH stellte klar, dass die Voraussetzungen eines Staatshaftungsanspruchs grundsätzlich aus den Erwägungen *Francovich*-Entscheidung abzuleiten seien, gleichwohl hingen die Einzelheiten von der Art des Verstoßes seitens des Mitgliedstaates ab. Wörtlich heißt es: »*Es ist daran zu erinnern, dass zwar die Haftung des Staates nach dem Gemeinschaftsrecht vorgeschrieben ist, dass aber die Voraussetzungen, unter denen sie einen Entschädigungsanspruch eröffnet, von der Art des Verstoßes abhängen, der dem entstandenen Schaden zugrunde liegt.*« (EuGH NJW **1996**, 1267). Im konkreten Fall führte der EuGH anschließend die Anspruchsvoraussetzungen der *Francovich*-Entscheidung an, ersetzte aber die Missachtung der Umsetzungsfrist (= 2. Voraussetzung oben) durch die gegen das Unionsrecht verstoßende Anwendung eines nationalen Gesetzes seitens der deutschen Exekutive. Noch mal wörtlich: »... *Bei der Beurteilung der Frage, ob ein Verstoß gegen das Gemeinschaftsrecht als hinreichend qualifiziert anzusehen ist, liegt im vorliegenden Fall das entscheidende Kriterium darin, dass ein Mitgliedstaat oder ein Organ dieses Staates die Grenzen, die seinem Ermessen bei der Anwen-*

dung des Unionsrechts gesetzt sind, offenkundig und erheblich überschritten hat …« (EuGH NJW **1996**, 1267)

Wir merken uns bitte:

1. Seit der *Francovich*-Entscheidung des EuGH aus dem November 1991 ist es grundsätzlich möglich, als betroffener Bürger den jeweiligen EU-Mitgliedstaat bei Verstößen gegen das Unionsrecht mithilfe eines »unionsrechtlichen Staatshaftungsanspruch« haftbar zu machen. Insoweit sind unterschiedliche Pflichtverletzungen seitens des Staates und seiner Organe denkbar – und die unionsrechtliche Staatshaftung kann infolgedessen auch an unterschiedliche Haftungsvoraussetzungen gebunden sein (EuGH NJW **1992**, 165; EuGH NJW **1996**, 1267; *Schwarze/Berg* Art. 340 AEUV Rz. 77/81; *Streinz/Gellermann* Art. 340 AEUV Rz. 42).

2. Liegt die Pflichtverletzung in der Nichtumsetzung einer EU-Richtlinie, folgt der unionsrechtliche Staatshaftungsanspruch aus einem Verstoß gegen Art. 4 Abs. 3 EUV, 288 Abs. 3 AEUV, wonach jeder Staat das Unionsrecht umsetzen und hierzu alle erforderlichen Maßnahmen ergreifen muss. Kommt ein Staat dieser Pflicht nicht fristgemäß nach, haftet er gegenüber seinen Bürgern, wenn **a)** die Richtlinie mangels hinreichender Bestimmbarkeit (des Schuldners) nicht unmittelbar anwendbar ist, **b)** eine richtlinienkonforme Auslegung des nationalen Rechts ausscheidet, **c)** die Richtlinie einen individualschützenden Charakter hat und dem Bürger **d)** ein unmittelbar kausaler Schaden durch die Nichtumsetzung entstanden ist (EuGH NJW **1992**, 165; *Schwarze/Berg* Art. 340 AEUV Rz. 81 ff.; *Hobe/Fremuth* § 12 Rz. 37; *Streinz/Gellermann* Art. 340 AEUV Rz. 42) – wobei wir uns abschließend bitte vor allem die Geschichte unseres mutigen Herrn *Francovich* und seiner 33 KollegInnen aus *Vicenza* als Musterfall einer solchen unionsrechtlichen Staatshaftung merken wollen. Für unsere Zwecke reicht das – versprochen.

Gutachten

R könnte gegen V ein Anspruch auf Rückzahlung der 150 Euro aus den §§ 357 Abs. 1, 355 Abs. 1 und 2, 312c Abs. 1, 312g Abs. 1 BGB zustehen.

1. Gemäß § 357 Abs. 1 BGB sind bei einem per Fernabsatzvertrag geschlossenen und anschließend widerrufenen Vertrag die empfangenen Leistungen zurückzugewähren. R hat die Karte für das Konzert »im Internet« gekauft, was unter den Begriff des Fernabsatzvertrages im Sinne 312c Abs. 1 BGB fällt. Gemäß § 312g Abs. 1 BGB steht R demnach grundsätzlich ein Widerrufsrecht nach § 355 BGB zu. Dieses ist gemäß § 355 Abs. 2 BGB an eine 14-tägige Frist gebunden, die R vorliegend auch eingehalten hat. Damit stünde R gegen V ein Anspruch auf Rückzahlung der 150 Euro zu, Zug um Zug gegen Rückgabe der Eintrittskarte.

2. Etwas anderes kann sich indes aus § 312g Abs. 2 Nr. 9 BGB ergeben. Nach dieser Norm ist das Widerrufsrecht unter anderem bei terminlich gebundenen Sport- und Freizeitbetätigungen ausgeschlossen. Der Kauf von Eintrittskarten für Sportveranstaltungen oder etwa auch für Konzerte fällt nach dem Willen des Gesetzgebers und der allgemeinen Ansicht unter den Begriff der »Freizeitbetätigung« im Sinne des § 312g Abs. 2 Nr. 9 BGB, womit das Widerrufsrecht der R im vorliegenden Fall ausgeschlossen wäre und R mithin auch kein Anspruch auf Rückzahlung der 150 Euro zustehen kann.

3. Es fragt sich jedoch, ob § 312g Abs. 2 Nr. 9 BGB im Januar 2022 überhaupt noch Gültigkeit hat. Zum Zeitpunkt der Geltendmachung des Anspruchs durch R am 23. Januar 2022 war § 312g Abs. 2 Nr. 9 BGB nach deutschem Recht (noch) in Kraft, da das vom Bundestag im Dezember 2021 beschlossene Gesetz die Änderung bzw. das Außerkrafttreten der Norm auf den 1. Oktober 2022 terminiert hat. Die Richtlinie schreibt den Mitgliedsländern demgegenüber eine Anpassung des Rechts bis spätestens 1. Januar 2022 vor. Deutschland hat die Richtlinie somit zwar mit fristgemäß verabschiedetem Gesetz im Dezember 2021 transferiert, allerdings die von der Richtlinie intendierte Wirkung auf den 1. Oktober 2022, also nach Fristablauf, verschoben.

Es fragt sich angesichts dessen, wie es zu beurteilen ist, wenn ein EU-Mitgliedstaat eine Richtlinie zwar inhaltlich korrekt umsetzt und das entsprechende Gesetzgebungsverfahren auch innerhalb der Umsetzungsfrist abschließt (hier: Dezember), die von der Richtlinie intendierten Auswirkungen sich nach dem Willen des nationalen Gesetzgebers aber nicht innerhalb der gesetzten Frist, sondern erst später vollziehen sollen. Es stellt sich insbesondere die Frage, wie sich dieses Vorgehen auf die Wirksamkeit der Richtlinie auswirkt. In Betracht käme eine Wirksamkeit der Richtlinie bereits durch die fristgemäße Verabschiedung des Gesetzes zur Umsetzung der Richtlinie.

a. Die Verpflichtung zur fristgemäßen Umsetzung einer Richtlinie im Sinne des Art. 288 Abs. 3 AEUV umfasst nach allgemeiner Ansicht aber die vollständige Erreichung des Umsetzungsziels, wobei nicht nur die rein formale Umsetzung gemeint ist. Hierbei müssen sowohl die innerstaatlichen Rechtsnormen erlassen als auch deren Anwendung innerhalb der gesetzten Frist gesichert sein. Ein Hinausschieben der Umsetzungsfrist durch das nationale Durchführungsgesetz, wonach die in Frage stehende Regelung erst nach Ablauf der Frist gelten soll, widerspricht der Verpflichtung zur fristgerechten

Transformation – und zwar selbst und auch dann, wenn das Durchführungsgesetz innerhalb der Frist erlassen wurde.

Zwischenergebnis: Dass das die Richtlinie transferierende Gesetz im vorliegenden Fall noch im Dezember 2021, also innerhalb der Umsetzungsfrist, verabschiedet worden ist, verschafft der Richtlinie somit noch keine Wirksamkeit im nationalen Recht. Es kommt alleine darauf an, wann die Wirkung des Gesetzes eintritt und die Richtlinie tatsächlich umsetzt. Dies ist aber erst im Oktober 2022 der Fall, also außerhalb der gesetzten Frist. Die Umsetzung ist daher verspätet erfolgt. Die Richtlinie entfaltet angesichts dessen innerstaatlich noch keine unmittelbaren Rechtswirkungen.

b. Es fragt sich indessen, ob die verspätet umgesetzte Richtlinie in der Zeit zwischen Fristablauf und dem innerstaatlichen Inkrafttreten des Transformationsgesetzes gleichwohl in anderer Form Wirkung entfalten kann. Lässt ein Staat die Umsetzungsfrist einer Richtlinie tatenlos verstreichen, kommt nach allgemeiner Auffassung und insbesondere der Rechtsprechung des EuGH die unmittelbare Wirkung der Richtlinie unter folgenden Umständen in Betracht: Erforderlich sind neben dem Ablauf der Umsetzungsfrist eine hinreichend genau bestimmte Richtlinie, die zudem unbedingt und vorbehaltlos die Rechte oder Ansprüche des Bürgers gegen den Staat begründet und von einem nationalen Gericht in der bestehenden Fassung auch angewandt werden könnte. In diesen Fällen kommt einer Richtlinie, die das Verhältnis zwischen Staat und Bürger regelt (vertikal), unmittelbar verpflichtende Wirkung zulasten des säumigen Staates zu. Einer der Gründe für diese unmittelbare Wirkung der Richtlinie liegt darin, dass es gegenüber dem säumigen Staat eine spürbare Sanktion geben muss, sollte der Staat sich weigern, eine ihn belastende und seine Bürger begünstigende Richtlinie fristgemäß ins nationale Recht zu transferieren. Die praktische Wirksamkeit des Unionsrechts bzw. der Richtlinie (effet utile) würde andernfalls erheblich und unzulässig beeinträchtigt.

Im vorliegenden Fall ist die Umsetzungsfrist verstrichen, die Fassung der Richtlinie ist hinreichend genau bestimmt, unbedingt und vorbehaltlos. Jedes Gericht könnte nach dem Lesen des Richtlinientextes und ohne weitere Auslegungsfragen anordnen und entscheiden, dass das mindestens 14-tägige, an keine Gründe gebundene Widerrufsrecht ab sofort auch bei Konzerten besteht. Die unmittelbare Wirkung einer Richtlinie im vertikalen Verhältnis, also zwischen Staat und Bürger, begegnet keinen rechtlichen Bedenken. Denn diese Wirkung bindet und verpflichtet alleine den säumigen und damit unionsrechtswidrig handelnden Staat, der für seine Säumnis bei der Richtlinienumsetzung dann quasi »bestraft« wird, weil er seinen Verpflichtungen aus der Richtlinie trotz mangelnder Umsetzung nachkommen muss.

c. Im hier zu entscheidenden Fall liegt die Konstellation indessen anders. Vorliegend geht es nicht um eine vertikale Wirkung einer Richtlinie; die streitentscheidende Regelung betrifft nur Rechtsverhältnisse zwischen Privatrechtssubjekten, namentlich der einzelnen Bürger und der Veranstaltungsbranche. Es stellt sich somit die Frage, ob die Regeln für die unmittelbare Wirkung einer Richtlinie auch gelten, wenn der Regelungsgehalt ausschließlich den privaten Rechtsverkehr betrifft, die Richtlinie also nur »horizontale« Wirkung entfaltet.

d. Hiergegen spricht zunächst, dass es am Hauptargument für die Gültigkeit der Richtlinie, nämlich der Bestrafung des säumigen Mitgliedstaates, fehlt. Bei einer Begründung von Ansprüchen oder Rechten privater Rechtssubjekte durch die nicht umgesetzte Richtlinie würden Privatrechtssubjekte belastet bzw. bestraft, obwohl sie auf das Zustandekommen der Richtlinie und auch den Umsetzungsvorgang gar keinen Einfluss haben. Im vorliegenden Fall würde der Veranstalter V als Privatrechtssubjekt durch eine unmittelbare Anwendung der Richtlinie belastet, weil er seine Eintrittskarten ab sofort innerhalb einer mindestens 14-tägigen Frist zurücknehmen müsste. Dies kann aus Sicht der auf der anderen Seite begünstigten R zwar anders aussehen, aber es verbietet sich wegen der rechtlichen Gleichrangigkeit der Parteien jede Wertung. Es ist allein ausschlaggebend, dass ein Privatrechtssubjekt durch die unmittelbare Anwendung der Richtlinie belastet wird – dies stellt einen unionsrechtswidrigen und damit unzulässigen Vorgang dar. Des Weiteren sind Richtlinien nach dem Wortlaut des Art. 288 Abs. 3 AEUV ausdrücklich und ausschließlich an die Mitgliedstaaten adressiert mit der Folge, dass die Richtlinien auch nur für diese Mitgliedstaaten verbindlich sein können, nicht aber unmittelbar für seine Bürger. Diese Möglichkeit ist – systematisch betrachtet – allein den Verordnungen im Sinne des Art. 288 Abs. 2 AEUV vorbehalten, da den Verordnungen nach der insoweit differenzierten Formulierung des Gesetzes per se eine unmittelbare Wirkung zukommt, aus der – anders als bei der Richtlinie – auch Belastungen für die Bürger erwachsen dürfen. Die Bürger belastendende Maßnahmen dürfen und sollen grundsätzlich nur durch Verordnungen nach Art. 288 Abs. 2 AEUV ausgesprochen werden, nicht aber mittels unmittelbarer Wirkung einer Richtlinie.

Zwischenergebnis: Die hier in Frage stehende Richtlinie um das Widerrufsrecht bei Konzerten zeitigt keine unmittelbare horizontale Wirkung, sie belastet unionsrechtswidrig ein Privatrechtssubjekt. R kann sich somit auch nicht auf die Richtlinie stützen und dort ihr Widerrufsrecht herleiten. Es bleibt damit bei der Regelung des § 312g Abs. 2 Nr. 9 BGB, ein Widerrufsrecht ist auch im Januar 2022 weiterhin ausgeschlossen, die Vorschrift wird erst zum 1. Oktober 2022 aufgehoben.

4. Etwas anderes kann sich schließlich noch aus einer sogenannten richtlinienkonformen Auslegung des § 312g Abs. 2 Nr. 9 BGB ergeben.

a. Ist eine EU-Richtlinie erlassen und die Umsetzungsfrist fruchtlos abgelaufen, kann die Richtlinie gleichwohl Eingang ist die nationale Rechtsordnung finden, und zwar im Wege der richtlinienkonformen Auslegung der nationalen Vorschriften durch die Rechtsanwender. Eine solche Pflicht, die jedenfalls ab dem Zeitpunkt des Ablaufes der Umsetzungsfrist besteht, leitet man aus der Umsetzungsverpflichtung der Mitgliedsländer in Bezug auf Richtlinien ab, die alle nationalen Behörden und auch die Gerichte trifft und die aus Art. 288 Abs. 3 AEUV, Art. 4 Abs. 3 EUV folgt. Der Richtlinie kommt daher auch ohne Transformation ab dem Ablauf der Umsetzungsfrist eine sogenannte Maßstabsfunktion für die Auslegung nationalen Rechts zu. Es ist somit zulässig und sogar geboten, bei der Auslegung von nationalen Vorschriften die durch die Richtlinie vorgegebenen Ziele, Strukturen und prägenden Begriffe als Maßstab zu berücksichtigen. Bei einer richtlinienkonformen Auslegung bleibt die nationale Vorschrift in Kraft und wird auch angewendet, allerdings unter Berücksichtigung der Ziele bzw. des Maßstabs der Richtlinie. Die Richtlinie und deren Ziele fließen folglich auf dem Wege der Auslegung der nationalen Gesetze in die jeweilige Rechtsordnung ein.

b. Im vorliegenden Fall würde dies bedeuten, dass der hier streitentscheidende § 312g Abs. 2 Nr. 9 BGB bei konsequenter Berücksichtigung der Richtlinienziele nicht mehr in der bestehenden Fassung angewendet werden darf, denn in der Richtlinie steht die gegenteilige Regelung: das Widerrufsrecht bei termingebundenen Sport- und sonstigen Freizeitbetätigungen (auch: Konzerten) soll gerade nicht ausgeschlossen, sondern an keine Gründe gebunden und mindestens 14-tägig möglich sein. Nach dem Maßstab und dem Ziel der Richtlinie, die trotz mangelnder Umsetzung gleichwohl einfließen sollen, kann § 312g Abs. 2 Nr. 9 BGB nur so ausgelegt werden, dass er überhaupt nicht mehr anzuwenden ist.

c. Dem kann jedoch in dieser Form nicht gefolgt werden. Auch im Wege der richtlinienkonformen Auslegung dürfen die aktuell geltenden Gesetze des jeweiligen Mitgliedslandes von einer Richtlinie nämlich unter keinen Umständen komplett aufgehoben oder umgekehrt werden. Die richtlinienkonforme Auslegung kann eine nationale Vorschrift, etwa durch Ausfüllen von Generalklauseln oder unbestimmten Rechtsbegriffen, zwar ergänzen und damit in ihrem Anwendungsbereich erweitern oder auch einschränken, nicht aber umkehren oder aufheben. Eine solche Befugnis steht aufgrund der staatsrechtlichen Kompetenzverteilung alleine dem nationalen Gesetzgeber zu – es kommt vorrangig auf dessen Willen an. Gleiches gilt für aus dem nationalen Recht folgende, privatrechtliche Ansprüche oder Rechte. Solche können von einer richtlinienkonformen Auslegung weder aufgehoben noch neu begründet werden. Möglich ist dies nur mithilfe des eigentlichen Umsetzungsakts des nationalen Gesetzgebers, nicht aber schon durch die noch nicht transferierte Richtlinie.

Die richtlinienkonforme Auslegung des nationalen Rechts ist daher an die folgenden Regeln gebunden: Erste Voraussetzung einer richtlinienkonformen Auslegung ist ein entsprechender Auslegungsspielraum in der nationalen Regelung. Es muss in der betreffenden Norm ein auslegungsfähiger Rechtsrahmen existieren. Dieser auslegungsfähige Rechtsrahmen bzw. Beurteilungsspielraum – etwa in Form von Generalklauseln oder sonstiger auslegungsbedürftiger Begriffe – darf ausschließlich mit den Auslegungsmethoden der eigenen nationalen Rechtsordnung gefüllt werden. Eine richtlinienkonforme Auslegung darf zudem unter keinen Umständen dazu führen, dass eine gegen das Ziel der Richtlinie verstoßende nationale Vorschrift eliminiert bzw. in ihrer Anwendung ausgeschlossen und durch die Richtlinie und deren Regelung ersetzt wird. Eine Auslegung contra legem, also gegen die aktuell gültigen nationalen Vorschriften, in denen der Wille des nationalen Gesetzgebers unzweifelhaft zum Ausdruck kommt, ist grundsätzlich unzulässig. Die richtlinienkonforme Auslegung darf – aus dem soeben Gesagten folgernd – daher unter anderem auch nicht dazu führen, dass horizontale EU-Richtlinien, die wegen ihrer verpflichtenden Wirkung auf private Rechtssubjekte keine unmittelbare Wirkung entfalten, über den Weg einer richtlinienkonformen Auslegung der nationalen Norm auf mittelbarem Weg doch eine entsprechende Wirkung entfalten und private Rechtssubjekte benachteiligen bzw. verpflichten.

d. Für den vorliegenden Fall ergibt sich daraus Folgendes: Die Richtlinie und deren Ziel könnten nur dadurch richtlinienkonform umgesetzt werden, dass § 312g Abs. 2 Nr. 9 BGB gar nicht mehr angewendet wird. Unabhängig davon, ob der § 312g Abs. 2 Nr. 9 BGB in der aktuellen Fassung überhaupt irgendeine Form von auslegungsfähigem Beurteilungsspielraum lässt, scheitert eine richtlinienkonforme Auslegung somit jedenfalls daran, dass dies die Vorschrift eliminieren und zu einer Anwendung contra legem führen würde, was grundsätzlich unzulässig ist. Würde ein Gericht eine innerstaatliche Norm eigenmächtig außer Kraft setzen und stattdessen im Zuge einer richtlinienkonformen Auslegung eine noch nicht umgesetzte EU-Richtlinie dafür einsetzen, läge darin ein unzulässiger Verstoß gegen die staatliche Kompetenzverteilung und das Prinzip der Gewaltenteilung. Einer nicht umgesetzten EU-Richtlinie kommt keine Gesetzeskraft im Sinne des Art. 20 Abs. 3 GG zu. Es obliegt alleine dem nationalen Gesetzgeber, nationale Vorschriften außer Kraft zu setzen. Deutsche Gerichte sind daher an die vom Gesetzgeber vorgegebenen Normen gebunden und lediglich zur Auslegung, nicht aber zum Außerkraftsetzen oder zur eigenen Rechtsetzung contra legem berufen.

Zwischenergebnis: Eine richtlinienkonforme Auslegung zur korrekten Umsetzung der Richtlinie und ihrer Ziele dergestalt, dass § 312g Abs. 2 Nr. 9 BGB außer Kraft gesetzt wird, ist aus den genannten Gründen unzulässig. Die Regel des § 312g Abs. 2 Nr. 9 BGB bleibt in Kraft mit der Folge, dass der Widerruf der R im Januar 2022 ausgeschlossen ist.

Ergebnis: R steht gegen V somit unter keinem Gesichtspunkt ein Anspruch auf Rückzahlung der 150 Euro aus den §§ 357 Abs. 1, 355 Abs. 1 und Abs. 2, 312c Abs. 1, 312g Abs. 1 BGB (Widerruf eines Fernabsatzvertrages) zu.

Fall 3

Ein Pate in Not

Der amerikanische Staatsbürger Pablo P. (P) ist im Jahr 1992 in Florenz/Italien wegen schwerer Drogendelikte in Abwesenheit und ohne Kenntnis des Gerichtsverfahrens zu 30 Jahren Haft verurteilt worden. Im Jahr 2014 wird der seitdem mit europäischem Haftbefehl gesuchte P bei einer Routinekontrolle am Düsseldorfer Flughafen festgenommen. Italien fordert umgehend die Auslieferung des P und stützt sich auf den nach dem »*Rahmenbeschluss über den Europäischen Haftbefehl*« (RbEuHb) rechtmäßig ausgestellten Haftbefehl. Als das OLG Düsseldorf, vor dem P gegen die Auslieferung Klage erhoben hat, die Rechtmäßigkeit der Auslieferung bestätigt, will P das Bundesverfassungsgericht anrufen: Für ihn bestehe – was der Wahrheit entspricht – nach italienischem Recht in einem Wiederaufnahme- oder Berufungsverfahren nur unter besonderen und von ihm nicht beeinflussbaren Umständen die Möglichkeit, eine Beweisaufnahme zu erwirken und dort Tatsachen zu seiner Entlastung vorzubringen. Eine Auslieferung verletze daher seine Menschenwürde und das Rechtsstaatsprinzip. Der Haftbefehl sei zwar nach europäischem Recht ergangen, er (P) könne sich aber dennoch auf das deutsche Grundgesetz berufen. Zudem verstoße das OLG-Urteil gegen die europäische Grundrechtscharta. Es müsse deshalb aufgehoben werden.

Frage: Stimmt das?

> **Schwerpunkte**: Die »Identitätskontrolle« durch das Bundesverfassungsgericht nach den Art. 23 Abs. 1 Satz 3, 79 Abs. 3 GG; Integration des europäischen Rechts ins nationale Recht; Rangverhältnis von nationalem Verfassungsrecht zum europäischen Recht; Verdrängung der nationalen Grundrechte durch die Grundrechtscharta; Prüfungsbefugnis des Bundesverfassungsgerichts; Beschlüsse »Recht auf Vergessen I+II« vom 6. November 2019 → BVerfGE **152**, 152; BVerfGE **152**, 216.

Lösungsweg

Einstieg: Die Geschichte da oben ist natürlich nicht erfunden, sondern hat sich genauso, wie sie da steht, auch zugetragen und im Dezember 2015 zu einer 59 Seiten (!) langen und für die Anwendung europäischen Rechts grundlegenden Entscheidung des Bundesverfassungsgericht geführt (→ BVerfGE **140**, 317). Es ging dabei – gut erkennbar – um die Frage, in welchem Rangverhältnis die verschiedenen Rechtsordnungen und Rechtssysteme, konkret das europäische und das deutsche (Verfassungs-) Recht zueinanderstehen. Wenn die Ansichten des P stimmen und etwa das Grundgesetz das europäische Recht verdrängt bzw. einschränkt, hätte das für P beachtliche Konsequenzen und vor allem natürlich Vorteile: Ein Strafverfahren, in dem man als Beschuldigter keine entlastenden Umstände vortragen darf, verstößt nach deutschem Verfassungsrecht unstreitig sowohl gegen die Menschenwürde als auch gegen den aus dem Rechtsstaatsprinzip folgenden »Schuldgrundsatz«, weswegen das OLG die Auslieferung eigentlich hätte verhindern müssen (BVerfGE **140**, 317; BVerfGE **66**, 313; *Sachs/Sachs* Art. 20 GG Rz. 163; *Jarass/Pieroth* Art. 20 GG Rz. 137). **Aber**: Es stellt sich natürlich die Frage, ob und inwieweit das Gericht überhaupt verpflichtet war, bei seiner Entscheidung das Grundgesetz (und/oder die Grundrechtscharta?) zu berücksichtigen oder ob nicht der nach europäischem Recht rechtmäßig ergangene Haftbefehl insoweit eine Sperrwirkung entfaltet. Wir verschaffen uns mal einen Überblick:

Ansatz: Damit die Europäische Union als Staatenverbund überhaupt auf stabilen (rechtlichen) Füßen stehen kann, gehen sowohl die Rechtsprechung als auch die nahezu ganz herrschende Meinung in der Wissenschaft – freilich mit unterschiedlichen Begründungen – von einem grundsätzlichen **Vorrang** des **Europarechts** im Verhältnis zu den nationalen Rechtsordnungen aus (EuGH NJW **1964**, 2371; BVerfGE **73**, 339; *Streinz* Rz. 207/267; *Hobe/Fremuth* § 10 Rz. 94 jeweils m.w.N.). Dieser Vorrang steht übrigens interessanterweise gleichwohl nicht im kodifizierten Primärrecht der EU niedergeschrieben – also weder im EUV noch im AEUV –, findet sich aber schön versteckt zumindest in der »Schlussakte zum Vertrag von Lissabon« aus dem Jahre 2007, wo man in der Erklärung Nr. 17 relativ weit hinten nachlesen kann, »*... dass die Verträge und das auf der Grundlage dieser Verträge von der EU gesetzte Recht ... Vorrang vor dem Recht der einzelnen Mitgliedstaaten haben ...*« (ABl **2007** C 306/256). Der Vorrang des europäischen vor dem nationalen Recht stammt nach der Rechtsprechung des EuGH trotzdem aus einer »*autonomen Rechtsquelle in Form des Gemeinschaftsrechts*«, der innerstaatliches Recht nicht vorgehen darf, »*... will man nicht die Europäische Union selbst in Frage stellen.*« (EuGH NJW **1964**, 2371). Belässt man es allein bei diesen Erklärungen und dem weitestgehend unstreitigen Vorrang des Europarechts, hat dies unter anderem zur Folge, dass sämtliche Hoheitsakte der Europäischen Union auch nur an europäischem Recht, nicht aber an nationalen Rechtsordnungen, auch nicht am nationalen Verfassungsrecht (!) zu messen sind. Wie gesagt: Europäisches Recht schlägt bzw. bricht grundsätzlich nationales Recht (EuGH NJW **1964**, 2371; *Hobe/Fremuth* § 10 Rz. 105; *Streinz* Rz. 267). **Und**: Diese Regel gilt natürlich logischerweise auch, wenn in den Mitgliedsländern Gerichtsurteile (= nationale Hoheitsakte) gesprochen werden, deren Grundlage die Anwendung europarechtlicher Normen ist. Auch in diesen Fällen schlägt/bricht das Europarecht das nationale Recht mit der Konsequenz, dass beispielsweise deutsche Gerichte an europäisches Recht gebunden sind, auch wenn dieses in der konkreten Anwendung deutschem (Verfassungs-)Recht widerspricht.

Problem: Der Anwendungsvorrang des europäischen vor dem nationalen Recht kann staatsrechtlich nur verbindlich sein, wenn die nationalen Rechtsordnungen diesen Vorrang ausdrücklich zugelassen bzw. legitimiert haben. **Und**: Die vorrangigen europäischen Regelungen müssen dabei wegen der Verpflichtung aus Art. 4 Abs. 2 Satz 1 EUV (**AUFSCHLAGEN**!) die prägenden rechtlichen Strukturen der einzelnen Mitgliedstaaten grundsätzlich unangetastet lassen (BVerfGE **140**, 317). Jeder Mitgliedstaat des »Staatenverbundes Europäische Union« muss seine staatsrechtliche Souveränität und vor allem seine **verfassungsrechtliche Identität**, also die tragenden Säulen der nationalen Verfassung, jederzeit und uneingeschränkt bewahren können (das war gerade wichtig – bitte noch einmal den Kasten lesen!).

Lösung: Um diese Voraussetzungen – Zulassung und Legitimation des europäischen Rechts durch die nationalen Rechtsordnungen + verfassungsrechtliche Identitätswahrung des Einzelstaates gemäß Art. 4 Abs. 2 Satz 1 EUV – vollständig zu erfüllen, hat Deutschland anlässlich des die EU in der heutigen Form begründenden *Vertrages von Maastricht* und des damit eingeführten EUV im **Jahr 1992** den Art. 23 GG erschaffen bzw. vollständig neu gefasst (BGBl. 1992 I Seite 2086) – den sogenannten »**Integrationshebel**«. Und den müssen wir uns jetzt mal etwas genauer ansehen, teilen unsere Betrachtung dabei aber sorgsam in die gerade genannten Voraussetzungen auf, also:

I. Die Zulassung und Legitimation europäischen Rechts ins deutsche Recht

Bitte lies: Art. 23 Abs. 1 **Satz 1** GG – und danach bitte **Satz 2**. Dort heißt es:

»Der Bund kann hierzu durch Gesetz mit Zustimmung des Bundesrates Hoheitsrechte übertragen.«

Rück- und Durchblick: Damit auch das deutsche Volk an europäisches (= fremdes!) Recht staatsrechtlich wirksam gebunden werden konnte, mussten vorher bestimmte demokratische Grundsätze erfüllt werden. Da wir in unserem Land ausweislich des Grundgesetzes in einer **Demokratie** leben und daher alle Staatsgewalt gemäß Art. 20 Abs. 1 und Abs. 2 GG ausnahmslos »vom Volke« ausgehen muss, braucht auch der Erlass von Gesetzen (= Legislative = Staatsgewalt) eine demokratische Legitimation, also eine bestimmte Verbindungslinie und Rückkopplung zwischen dem **Volk** und dem jeweiligen **Gesetz**. Bei uns funktioniert das so: Das Volk wählt gemäß Art. 38 Abs. 1 Satz 1 GG das Parlament, also den Deutschen Bundestag. Die Mitglieder dieses Parlaments (= die Abgeordneten) beschließen bei ihrer Arbeit im Deutschen Bundestag anschließend als »Vertreter des ganzen Volkes« gemäß Art. 38 Abs. 1 Satz 2 GG in Verbindung mit Art. 77 Abs. 1 Satz GG die Gesetze. Und diese Gesetze gelten im letzten Schritt dann wiederum für das besagte ganze deutsche Volk. **Fazit**: Es gibt eine logische und leicht nachvollziehbare Verbindungslinie und Rückkopplung zwischen dem deutschen Volk und der Staatsgewalt, hier in Form der Legislative, also dem Erlass von Gesetzen. Das Volk ist, wie von Art. 38 Abs. 1 GG und Art. 20 Abs. 2 GG beabsichtigt, durch die Wahl des Bundestages mittelbar an der Gesetzgebung – als Ausübung der Staatsgewalt – beteiligt. Und das Ganze nennt man parlamentarische oder auch mittelbare Demokratie. Die demokratische Legitimation der Staatsgewalt ist bei deutschen Gesetzen somit auf dem vom Grundgesetz durch den in Art. 20 Abs. 2, 38 Abs. 1, 77 Abs. 1 Satz 1 GG vorgegebenen Weg stets gewahrt. Verstanden!?

Gut – nächster Schritt: Europäische Normen treten, wie wir aus dem ersten Fall des Buches schon wissen, demgegenüber nur dann in Kraft, wenn gemäß Art. 289 Abs. 1 Satz 1 AEUV (aufschlagen!) die **Europäische Kommission** einen Vorschlag ausarbeitet und anschließend das **Europäische Parlament** und der **Rat** diesem Vorschlag zustimmen. Das ganze deutsche Volk, von dem nach den Regeln des Grundgesetzes ja alle Staatsgewalt ausgehen muss, ist demokratisch betrachtet demnach wie folgt an einer europäischen Rechtsetzung beteiligt:

> In der »Europäischen Kommission« sitzt unter den 27 Mitgliedern/Kommissaren genau **EIN** deutscher Vertreter bzw. eine Kommissarin am Tisch, die übrigens von der Bundesregierung vorgeschlagen und vom Europäischen Parlament gewählt wird. Im »Rat« ist von 27 Ministern genau **EIN** deutscher Minister/Ministerin dabei (ebenfalls von der Bundesregierung entsandt) und im Europäischen Parlament sitzen aktuell 705 Abgeordnete aus 27 verschiedenen Ländern, davon kommen genau **96 Abgeordnete** aus Deutschland. **Konsequenz**: Die demokratische Legitimation europarechtlich zustande gekommener Gesetze, die auch in Deutschland gelten sollen, ist nicht vergleichbar mit den demokratischen Regeln des Grundgesetzes für das Zustandekommen eines Gesetzes. Es entscheiden über ein (auch) in Deutschland anwendbares Gesetz vielmehr unzählige Personen, die nicht vom deutschen Volk gewählt wurden; eine Rückkopplung zwischen deutschem Volk und europäischem Gesetz, wie im Grundgesetz in den Art. 20, 38 und 77 GG vorgesehen, lässt sich bei europäischen Normen nicht nachzeichnen. **Und**: Das deutsche Volk hatte bis zum Jahr 1992 per demokratisch zustande gekommenen Gesetzes keine Befugnis erteilt, irgendwelche Gesetzgebungskompetenzen an die EU abzugeben oder die die EU gründenden Verträge abzuschließen. Dass das deutsche Volk an europarechtliche Normen wie den EUV, den AEUV oder andere auf der Grundlage dieser beiden Verträge/Gesetze erlassener Normen gebunden sein soll und diese Normen dann auch noch deutsches Recht verdrängen (!), widersprach unserer Verfassung. Bei der Entstehung von europäischen Gesetzen, die in Deutschland gelten sollen, ging insbesondere **nicht,** wie von Art. 20 Abs. 2 GG gefordert, alle Staatsgewalt (allein) vom deutschen Volke aus.

So, und jetzt lesen wir noch mal:

> **Art. 23 Abs. 1 Satz 2 GG:** »Der Bund kann hierzu durch Gesetz mit Zustimmung des Bundesrates Hoheitsrechte übertragen.«

Mit diesem, im Jahr 1992 reformierten Art. 23 Abs. 1 GG löste der deutsche Gesetzgeber das gerade geschilderte Problem der demokratischen Legitimation europäischen Rechts in Deutschland. Die Idee dahinter ist denkbar einfach: Der vom ganzen deutschen Volke gewählte Gesetzgeber (= Bundestag) änderte in Zusammenarbeit mit dem Bundesrat nach den Regeln des Art. 79 Abs. 1 und 2 GG zunächst das Grundgesetz und schafft sich mit Art. 23 Abs. 1 GG eine neue Befugnis, wonach die Übertragung von Hoheitsrechten zur Verwirklichung eines vereinten Europas im Sinne des Art. 23 Abs. 1 Satz 1 GG – das meint das Wörtchen »hierzu« in Art. 23 Abs. 1 Satz 2 GG – zulässig wird (wichtiger Satz, auch den bitte noch einmal lesen). Der deutsche Gesetzgeber konnte **anschließend** auf der Grundlage bzw. mithilfe der Ermächtigung des neuen Art. 23 Abs. 1 GG weitere Gesetze erlassen, in denen er Hoheitsrechte und Gesetzgebungskompetenzen – konkret in Form des EUV und des AEUV (der damals übrigens noch »EG-Vertrag« hieß und seinen heutigen Namen »AEUV« erst 2009 erhielt) – auf die EU überträgt. Und damit waren die Voraussetzungen erfüllt, um eine demokratische Verbindungslinie zwischen dem deutschen Volk und den europäischen Gesetzgebungskompetenzen sowie den nachfolgenden Rechtsetzungsakten der EU herzustellen, vereinfacht dargestellt so:

Deutsches Volk wählt Deutschen Bundestag → Bundestag (+ Bundesrat) ändern Grundgesetz und schaffen neue Gesetzgebungsbefugnis → Bundestag (+ Bundesrat) beschließen anschließend auf Grundlage der neuen Befugnis die Geltung des EUV und des AEUV/EG-Vertrag und übertragen die darin enthaltenen Gesetzgebungskompetenzen auf die EU = demokratische Legitimation von EUV + AEUV.

Und genau so geschah es auch: Der deutsche Gesetzgeber erschuf im Dezember 1992 zunächst mit dem »*Gesetz zur Änderung des Grundgesetzes*« (BGBl. II Seite 2086) – in Kraft getreten am **25. Dezember 1992** – den neuen Art. 23 GG. Im zweiten Schritt ratifizierte der Gesetzgeber auf der Grundlage dieses soeben erschaffenen Art. 23 GG mit dem »*Zustimmungsgesetz zum Unions-Vertrag von Maastricht*« (BGBl. II Seite 1251) den EUV und den AEUV/EG-Vertrag – in Kraft getreten am **31.Dezember 1992**. Damit waren die beiden nach Art. 1 Abs. 2 Satz 1 AEUV die EU »gründenden Verträge« in Deutschland wirksam ratifiziert. Und dieses Verfahren segnete das Bundesverfassungsgericht in der oberberühmten »Maastricht«-Entscheidung ein Jahr später auch als verfassungsgemäß ab (→ BVerfGE **89**, 155). Mit dem geschilderten Vorgehen entsprach Deutschland übrigens ganz nebenbei auch noch den von **Art. 54 Abs. 1 Satz 1 EUV** (aufschlagen!) genannten Voraussetzungen: Der EUV war zwar bereits am 7. Februar 1992 von den Staats- und Regierungschefs unterzeichnet worden, bedurfte aber, um zum 1. Januar 1993 auch materielle Wirksamkeit in den einzelnen Ländern der EU erlangen zu können, noch einer entsprechenden Ratifizierung durch die **Parlamente** der Mitgliedstaaten.

Ironie der Geschichte: Da in Dänemark 1993 ein zweites Referendum über den EU-Beitritt nötig und in Deutschland noch eine Klage gegen die Ratifizierung des EUV vor dem Bundesverfassungsgericht anhängig waren, traten der EUV und auch der AEUV/EG-Vertrag erst zum **1. November 1993** in Kraft. Die Verträge konnten wegen Art. 54 Abs. 2 EUV erst in Kraft treten, wenn die Ratifikationsurkunden **sämtlicher** Mitgliedsländer bei der italienischen Regierung hinterlegt wurden; die deutsche und die dänische Urkunde fehlten am 1. Januar 1993 aber aus den genannten Gründen.

1. Zwischenergebnis: Seit dem **1. November 1993** haben sowohl der EUV als auch der AEUV (vormals EG-Vertrag) und die auf der Grundlage dieser »Verträge« erlassenen Gesetze eine demokratisch legitimierte Gültigkeit in der gesamten EU und damit auch in Deutschland. Deutschland hat namentlich die im EUV und AEUV benannte Hoheitsrechte und Gesetzgebungskompetenzen auf die EU wirksam übertragen – was logischerweise den **Entzug** dieser Befugnisse und Kompetenzen für Deutschland und die übrigen Mitgliedsländer bedeutete (BVerfGE **89**, 155).

Beachte noch: Der sehr beträchtliche Umfang dieser Kompetenzübertragungen findet sich zusammengefasst in den Art. 3 und 4 des AEUV. So gewährt Art. 3 AEUV eine **ausschließliche** Zuständigkeit und Gesetzgebungskompetenz in Bereichen der Zollunion, der Wettbewerbsregeln, der Währungspolitik und auch der gemeinsamen Handelspolitik. »Ausschließliche« Gesetzgebungskompetenz heißt gemäß Art. 2 Abs. 1 AEUV, dass die EU grundsätzlich und alleine zuständig ist (!) und die Mitgliedsländer nur Gesetze erlassen dürfen, wenn sie hierzu ausdrücklich von der EU ermächtigt werden. Eine **geteilte** Zuständigkeit bzw. Gesetzgebungskompetenz ordnet Art. 4 Abs. 2 AEUV exemplarisch und zudem nicht abschließend für eine Vielzahl anderer, zum Teil hochpolitischer Bereiche an: Den Binnenmarkt, die Sozialpolitik (!), die Landwirtschaft, die Umwelt (!), den Verbraucherschutz (!), den Verkehr und auch etwa die Bereiche rund um die Energie. »Geteilte« Zuständigkeit bedeutet gemäß Art. 2 Abs. 2 AEUV, dass grundsätzlich sowohl die EU als auch die Mitgliedsländer handeln bzw. Maßnahmen ergreifen dürfen; die Mitgliedstaaten dürfen ihre Zuständigkeiten nach Art. 2 Abs. 2 Satz 2 AEUV aber nur wahrnehmen, ***sofern und soweit*** die EU ihre Zuständigkeiten nicht ausgeübt hat. Eine gesetzgeberische Maßnahme der EU in diesem Bereich entfaltet daher eine Sperrwirkung für die Mitgliedsländer (*Hobe/Fremuth* § 7 Rz. 72). Überschreiten die Organe der EU bei ihren Maßnahmen diese Befugnisse bzw. Kompetenzen aus Art. 3 und 4 AEUV, agieren sie übrigens »**ultra vires**« (= *jenseits der Gewalten*) mit der Folge, dass die Maßnahmen jedenfalls in Deutschland keine Rechtswirkungen entfalten (BVerfGE **154**, 17; BVerfGE **123**, 267; BVerfGE **89**, 155; *Herdegen* § 10 Rz. 33; *Streinz* Rz. 239; vgl. dazu im Einzelnen Fall Nr. 4 weiter unten).

II. Die Wahrung der verfassungsrechtlichen Identität → Art. 4 Abs. 2 Satz 1 EUV

Wir haben gerade gesehen, dass das europäische Recht von den Mitgliedstaaten in die nationalen Rechtsordnungen durch entsprechende und von Art. 54 Abs. 1 Satz 1 EUV ausdrücklich vorgeschriebene Ratifikationen des EUV und des AEUV integriert worden ist. Damit ist die erste Voraussetzung für den von uns zu prüfenden Vorrang des europäischen Rechts schon mal erfüllt (siehe oben). Die eigentlichen Probleme beginnen freilich erst jetzt, denn: Die einzelnen Mitgliedstaaten haben dem »Staatenverbund EU« zwar umfangreiche Gesetzgebungskompetenzen übertragen, sollen und müssen daneben wegen der Garantie aus Art. 4 Abs. 2 Satz 1 EUV aber auch jederzeit ihre nationale Souveränität und daran gekoppelt ihre »**verfassungsrechtliche Identität**« wahren können (BVerfGE **140**, 317; BVerfGE **89**, 155). Und insoweit stellt sich natürlich die Frage, wie das denn jetzt bitte funktionieren soll, auch vor dem Hintergrund, dass mit der »*Charta der Grundrechte der Europäischen Union*« (GRCh) seit Dezember 2009 gemäß Art. 6 Abs. 1 EUV in Verbindung mit Art. 54 GRCh noch eine eigene, europarechtlich verpflichtende Grundrechtsbindung existiert. Auch hier verschaffen wir uns erst mal einen Überblick – und lesen bitte:

➔ **Art. 23 Abs. 1 Satz 3 GG** und dann

➔ **Art. 79 Abs. 3 GG** (bitte!).

Durchblick: Auch das Grundgesetz unterliegt stetigem Wandel und kann daher jederzeit geändert werden. Wir haben das weiter oben – quasi nebenbei – ja auch schon gesehen: der Gesetzgeber hat im Dezember 1992 den Art. 23 GG komplett neu gefasst und damit überhaupt erst die Möglichkeit geschaffen, das europäische Recht ins nationale Recht zu integrieren (➔ »Integrationshebel«). Bei einer Änderung des Grundgesetzes gelten freilich – anders als bei »einfachen« Gesetzen – besondere Regeln: Nach Art. 79 Abs. 2 GG ist für die Änderung des Grundgesetzes stets die Zustimmung von mindestens 2/3 der Mitglieder des Bundestages und auch des Bundesrates erforderlich. Gemäß Art. 79 Abs. 3 GG dürfen zudem **KEINESFALLS** – und zwar egal, mit welcher Mehrheit! – die Gliederung des Bundes in Länder, die grundgesetzliche Mitwirkung der Länder bei der Gesetzgebung und »die in Art. 1 und 20 GG niedergelegten Grundsätze« geändert werden. Das Ganze nennt man »Ewigkeitsgarantie« – die gerade genannten Regeln der Verfassung sind unabänderlich und gelten damit faktisch und rechtlich für die Ewigkeit (*Jarass/Pieroth* Art. 79 GG Rz. 8; *Schmidt-Bleibtreu/Hofmann/Henneke/Sannwald* Art. 79 GG Rz. 34). Durch die Erwähnung der Ewigkeitsgarantie in Art. 23 Abs. 1 Satz 3 GG begrenzt der Gesetzgeber nun die Kompetenzübertragungsbefugnisse auf die EU im Hinblick auf die in Art. 79 Abs. 3 GG genannten Grundsätze, das heißt: Der deutsche Gesetzgeber darf auch weiterhin seine Gesetzgebungskompetenzen auf die EU grundsätzlich übertragen oder erweitern, allerdings keinesfalls im Hinblick auf die in Art. 79 Abs. 3 GG erwähnten Grundwerte der Verfassung. Diese bleiben einer Disposition des deutschen Gesetzgebers grundsätzlich und »auf die Ewigkeit hin« versperrt.

So – und an genau **dieser** Stelle setzt auch das Bundesverfassungsgericht die Grenze für den Vorrang des europäischen gegenüber dem nationalen Recht. Grundsätzlich genießt das europäische Recht Vorrang vor dem nationalen (deutschen) Recht. Um die »verfassungsrechtliche Identität« im Sinne des Art. 4 Abs. 2 Satz 1 EUV aus deutscher Sicht zu wahren, müssen allerdings bei sämtlichen Maßnahmen, egal ob auf europäischer oder nationaler Ebene, immer die in Art. 79 Abs. 3 GG festgeschriebenen verfassungsrechtlichen Grundsätze beachtet werden. Ziemlich gut zusammengefasst formuliert das Bundesverfassungsgericht das Ganze so:

> »... *Der Anwendungsvorrang des europäischen Rechts wird durch die in Art. 23 Abs. 1 Satz 3 GG in Verbindung mit Art. 79 Abs. 3 GG* ***integrationsfest*** *ausgestaltete* ***Verfassungsidentität*** *des Grundgesetzes begrenzt. Zu deren Sicherstellung dient die* ***Identitätskontrolle*** *des Bundesverfassungsgerichts. Eine Identitätskontrolle kommt insbesondere in Betracht, wenn durch europarechtlich determinierte Rechtsakte dem unabdingbaren Maß an*

Grundrechtsschutz in Art. 1 Abs. 1 GG nicht Genüge getan oder einer der in Art. 20 GG niedergelegten Grundsätze verletzt wird. Soweit Maßnahmen eines Organs oder einer sonstigen Stelle der Europäischen Union Auswirkungen haben, die die in Art. 79 Abs. 3 GG festgeschriebenen Grundsätze berühren, gehen diese Maßnahmen über die grundgesetzlichen Grenzen offener Staatlichkeit hinaus und werden vom Bundesverfassungsgericht aufgehoben. Dies kann im Ergebnis dazu führen, dass europäisches Recht in bestimmten Einzelfällen in Deutschland für unanwendbar erklärt werden muss …« (BVerfG ***140****, 317; BVerfGE* ***134****, 366; BVerfGE* ***89****, 155).*

Achtung: Das wollen und müssen wir uns bitte unbedingt merken. Das Bundesverfassungsgericht erlaubt sich selbst die sogenannte »Identitätskontrolle«, im Rahmen derer es überprüft, ob europarechtlich determinierte (= aufgrund von Europarecht ergangene bzw. festgelegte) Rechtsakte gegen die in Art. 79 Abs. 3 GG verankerten Verfassungsgrundsätze verstoßen. Ist dies der Fall, ist die in Art. 79 Abs. 3 GG niedergelegte »verfassungsrechtliche Identität« Deutschlands verletzt und entsprechende Hoheitsakte – dazu gehören etwa auch Urteile deutscher Gerichte, die aufgrund europarechtlicher Normen ergangen sind – werden vom Bundesverfassungsgericht selbstständig aufgehoben (BVerfG NJW **2020**, 1647; BVerfG **151**, 202; BVerfG **140**, 317). Als Rechtsbehelf steht den Betroffenen hierfür regelmäßig die **Verfassungsbeschwerde** gemäß Art. 93 Abs. 1 Nr. 4a GG in Verbindung mit § 13 Nr. 8a BVerfGG zur Verfügung (BVerfG **140**, 317; BVerfGE **102**, 147; BVerfGE **89**, 155).

2. Zwischenergebnis: Der Anwendungsvorrang des europäischen gegenüber dem nationalen (deutschen) Recht findet seine Grenze in der in Art. 79 Abs. 3 GG niedergelegten »Ewigkeitsgarantie« des Grundgesetzes. Das Bundesverfassungsgericht prüft im Rahmen der sogenannten »**Identitätskontrolle**«, ob europarechtlich determinierte, also aufgrund von europarechtlichen Normen ergangene bzw. festgelegte Rechtsakte die in Art. 79 Abs. 3 GG verankerten Grundsätze verletzen. Ist dies der Fall, erklärt das Bundesverfassungsgericht den jeweiligen Rechtsakt und/oder die diesem Rechtsakt zugrundeliegende europarechtliche Norm wegen Verletzung der verfassungsrechtlichen Identität für in Deutschland unanwendbar.

Zusammenfassung: Grundsätzlich genießt europäisches Recht den Vorrang gegenüber dem jeweiligen nationalen (hier: deutschen) Recht. Das Grundgesetz öffnet sich mit Art. 23 Abs. 1 GG aber der europäischen Rechtsetzung und hat die entsprechenden europarechtlichen Regelungen (→ EUV und AEUV) ins deutsche Recht integriert und die damit einhergehenden Gesetzgebungskompetenzen auf die Europäische Union wirksam übertragen. Der daraus folgende Vorrang des europäischen Rechts bedeutet die Verdrängung nationaler Gesetze, wozu auch gehört, dass europäische Hoheitsakte nicht an deutschen Grundrechten oder den Verfassungsprinzipien des GG, sondern ausschließlich an europäischem Recht zu messen sind (EuGH NJW **1964**, 2371; BVerfGE **123**, 267; *Hobe/Fremuth* § 10 Rz. 105). Zur Wahrung der »verfassungsrechtlichen Identität« Deutschlands im Sinne des Art. 4 Abs. 2 Satz 1 EUV ist das Bundesverfassungsgericht aber im Rahmen einer sogenannten »**Identitätskontrolle**« befugt zu prüfen, ob europarechtlich determinierte Rechtsakte den Anforderungen des Art. 23 Abs. 1 Satz 3 GG in Verbindung mit Art. 79 Abs. 3 GG entsprechen (BVerfGE **113**, 273). Die Betroffenen können im Rahmen einer Verfassungsbeschwerde gemäß Art. 93 Abs. 1 Nr. 4a GG, § 13 Nr. 8a BVerfGG die Verletzung der verfassungsrechtlichen Identität durch europarechtlich determinierte Rechtsakte geltend machen (*Herdegen* § 10 Rzn. 37/46).

Prüfen wir mal: Grundsätzlich genießt europäisches Recht – wie soeben eingehend erläutert – Vorrang vor dem nationalen Recht mit der Folge, dass der gegen P nach dem »Rahmenbeschluss über den Europäischen Haftbefehl« (»RbEuHb«) europarechtlich determinierte Haftbefehl zunächst einmal wirksam ist. **Aber**: Der Anwendungsvorrang europäischen Rechts könnte vorliegend durch Art. 23 Abs. 1 Satz 3 GG in Verbindung mit Art. 79 Abs. 3 GG durchbrochen sein, und zwar dann, wenn die auf der Grundlage des Haftbefehls erfolgte Auslieferung den P in seiner Menschenwürde verletzen und/oder einen der in Art. 20 GG niedergelegten Grundsätze tangieren würde – und das Urteil des OLG Düsseldorf dies bei seiner Entscheidung nicht hinreichend berücksichtigt hat.

Subsumtion: Dem P droht in Italien ein Strafverfahren, in dem er unter Umständen keine Beweismittel und damit keine ihn entlastenden Umstände vorbringen darf. Ein solches Verfahren verstößt nach deutschem Verfassungsrecht unstreitig sowohl gegen die in Art. 1 GG geschützte Menschenwürde als auch gegen den sogenannten »Schuldgrundsatz«, der in der Menschenwürde und dem aus Art. 20 GG folgenden Rechtsstaatsprinzip verankert ist (BVerfGE **140**, 317; BVerfGE **133**, 168; *Stern* StaatsR I § 20 III; *Jarass/Pieroth* Art. 20 GG Rz. 37; *Degenhart* StaatsR I Rz. 142). Eine Auslieferung des P unter diesen Umständen verletzt mithin die in Art. 79 Abs. 3 GG erwähnten Grundsätze unserer Verfassung. Dass P amerikanischer Staatsbürger ist, hindert ihn übrigens nicht an einer Berufung auf die genannten Rechte in Deutschland bzw. vor einem deutschen Gericht. Es handelt sich bei der Menschenwürde um ein sogenanntes »Jedermann-Grundrecht«, das auch von Ausländern in Deutschland – und sogar im Ausland! – geltend gemacht werden kann (BVerfG EuGRZ **2020**, 319; *Lechner/Zuck* § 90 BVerfGG Rz. 35; *Sachs/Detterbeck* Art. 93 GG Rz. 82).

Feinkost: Im konkreten Fall war das OLG Düsseldorf übrigens durchaus selbst auf die Idee gekommen, dass die Auslieferung aus den genannten Gründen rechtswidrig sein könnte, hatte sich aber eher halbherzig auf die (eher unverbindlichen) Erläuterungen der italienischen Behörden verlassen und die zu erwartende Behandlung des P in Italien nicht abschließend aufgeklärt. In diesem Mangel an Aufklärung sah das BVerfG schon die Verletzung der Rechte des P und damit die »Identitätskontrolle« als begründet an. Wörtlich und wenig schmeichelhaft für Italien und dessen Rechtssystem heißt es (BVerfGE **140**, 317):

»... Dem Rahmenbeschluss über den Europäischen Haftbefehl kommt in der deutschen Rechtsordnung zwar grundsätzlich Anwendungsvorrang zu. Dieser enthält in Bezug auf die

Auslieferung bei Abwesenheitsurteilen eine abschließende Regelung. Das entbindet das Oberlandesgericht jedoch ***nicht*** *von der Verpflichtung, auch bei einer Auslieferung auf der Grundlage eines rechtmäßig ergangenen Europäischen Haftbefehls die Grundsätze der* ***Art. 1 Abs. 1 und 20 GG*** *in der Ausprägung des* ***Schuldgrundsatzes*** *sicherzustellen … Mit Blick auf die* ***Aufklärungspflicht*** *des Oberlandesgerichts ist zum einen zu bedenken, dass die konkrete Rechtslage in Italien für einen deutschen Richter nicht ohne weiteres zu überblicken ist. Auch hat die Auskunft der Generalstaatsanwaltschaft Florenz vom 7. Oktober 2014 nur wenig zur Aufklärung beigetragen. Die italienischen Justizbehörden wurden vom Oberlandesgericht gebeten, ergänzende Auskunft über die tatsächliche Kenntnis des Beschwerdeführers vom Verhandlungstermin und dessen anwaltlicher Vertretung beziehungsweise eine Zusicherung zu erteilen, dass dem Beschwerdeführer nach seiner Überstellung vorbehaltlos das Recht auf ein neues Gerichtsverfahren in seiner Anwesenheit eingeräumt wird, in dem der gegen ihn erhobene Vorwurf umfassend geprüft werden wird. Ergänzende Auskunft über die Kenntnis des Beschwerdeführers vom Verhandlungstermin und dessen anwaltlicher Vertretung gab die Generalstaatsanwaltschaft Florenz nicht, obwohl sie im Europäischen Haftbefehl nicht angegeben hatte, ob der Beschwerdeführer zu der Verhandlung, die zu seiner Verurteilung geführt hat, persönlich erschienen war oder nicht. Eine Zusicherung, dass dem Beschwerdeführer nach seiner Überstellung vorbehaltlos das Recht auf ein neues Gerichtsverfahren in seiner Anwesenheit eingeräumt wird, in dem der gegen ihn erhobene Vorwurf umfassend geprüft werden wird, erteilte sie ebenfalls nicht. Trotz des präzisen Ersuchens um Auskunft und Zusicherung durch das Oberlandesgericht wies sie lediglich abstrakt darauf hin, dass unter der Bedingung, dass ›dem Antrag stattgegeben wird‹, erneut eine Hauptverhandlung gegen den Verurteilten stattfinden werde. Dem Verurteilten wurde sein Verteidigungsrecht zwar ohne Vorbehalt zugesichert; der Umfang dieses Verteidigungsrechts blieb jedoch unklar … Angesichts dieser Umstände greift die Auffassung des Oberlandesgerichts, es genüge, wenn im italienischen Berufungsverfahren in der Sache eine umfassende tatsächliche und rechtliche Überprüfung des Abwesenheitsurteils stattfinde, im Rahmen derer eine erneute Beweisaufnahme jedenfalls nicht ausgeschlossen sei, insoweit eindeutig zu kurz und verletzt den Beschwerdeführer in seiner Menschenwürde und zudem den aus dem Rechtsstaatsprinzip und Art. 20 GG folgenden Schuldgrundsatz …«*

Ergebnis: Die Entscheidung des OLG Düsseldorf, den P unter den genannten Umständen nach Italien auszuliefern, verletzt sowohl die Menschenwürde als auch den aus dem Rechtsstaatsprinzip und der Menschenwürde folgenden Schuldgrundsatz. Es liegt demnach ein Eingriff in die in Art. 79 Abs. 3 GG formulierten Verfassungsprinzipien und somit in die »**Identität**« des Grundgesetzes vor. Wegen der Regelung des Art. 23 Abs. 1 Satz 3 GG durchbricht diese Verletzung der Identität der deutschen Verfassung den Anwendungsvorrang des europäischen vor dem nationalen (deutschen) Recht mit der Folge, dass das Bundesverfassungsgericht das Urteil des OLG Düsseldorf aufhebt (BVerfGE **140**, 317).

III. Anwendung der »Grundrechtscharta« der Europäischen Union?

So, trotz dieses eindeutigen Ergebnisses müssen wir zum Schluss noch gerade klären, was es denn eigentlich mit der »Grundrechtscharta der Europäischen Union« (GRCh) auf sich hat. Immerhin enthält die GRCh einen eigenen, und zwar ziemlich umfangreichen Grundrechtskatalog, der gemäß **Art. 6 Abs. 1 EUV** von der EU als »bindend und den EU-Verträgen gleichrangig« anerkannt wird (außer übrigens von Polen) und der zudem nach **Art. 6 Abs. 2 und 3 EUV** auch noch die »Europäische Menschenrechtskonvention« (EMRK) als allgemeine Grundsätze mitumfasst. Vor allem stellt sich die Frage, in welchem **Rangverhältnis** die nationalen Grundrechtsgarantien gegenüber der GRCh stehen und ob sich dadurch vielleicht sogar noch etwas an unserem Ergebnis oben ändert – der P beruft sich ja nicht nur auf das Grundgesetz, sondern behauptet zudem, auch die GRCh wäre durch seine Auslieferung nach Italien verletzt.

Ansatz: Wir lesen zunächst bitte **Art. 51 Abs. 1 Satz 1 GRCh** (im Beck-Text die Nr. 8).

Also: Die Grundrechtscharta gilt demnach zum einen für die »Organe, Einrichtungen und sonstigen Stellen der EU« und zum anderen für die Mitgliedstaaten »ausschließlich bei der Durchführung des Rechts der EU«. Daraus folgt:

> Organe, Einrichtungen und sonstige Stellen der EU orientieren sich bei ihren Maßnahmen und Entscheidungen an den europäischen Grundrechtsgarantien, namentlich der GRCh. Führen nationale Behörden oder Gerichte Entscheidungen »ausschließlich auf der Grundlage von europäischem Recht« durch, sind diese Entscheidungen gemäß Art. 51 Abs. 1 Satz 1 GRCh ebenfalls nur an den europäischen Grundrechtsgarantien der GRCh zu messen. Treffen nationale Behörden Entscheidungen, die allein auf Grundlage **nationalen** Rechts ergehen, ist Prüfungsmaßstab der jeweilige nationale Grundrechtskatalog, in Deutschland also das Grundgesetz.

Durchblick: Das klingt im ersten Moment leicht nachvollziehbar und auch logisch. Das eigentliche Problem hinter diesen Regeln steckt freilich an anderer Stelle, nämlich bei der Frage, wer bzw. welches Gericht eigentlich unter welchen Voraussetzungen die Einhaltung dieser Regeln kontrolliert bzw. kontrollieren darf. Prima deutlich und sichtbar wird die Problematik an unserem Fall: Ein deutsches Gericht (OLG Düsseldorf) hat über die Anwendung des nach dem **europäischen Recht** ergangenen Haftbefehls entschieden. Hiergegen will sich unser Pate P vor dem deutschen Bundesverfassungsgericht wenden und trägt vor, das Urteil verletze zum einen die **nationalen Grundrechte** und zum anderen auch die **europäischen Grundrechte**. Frage: Was darf das BVerfG bei einem europarechtlich determinierten Rechtsakt eigentlich jetzt überprüfen?

Wiederholung: Wir haben bislang gesehen, dass das die Auslieferung bestätigende Urteil des OLG Düsseldorf die **nationalen Grundrechte** des P verletzen würde. Für P ist nämlich nicht sicher, ob er in Italien bei einem Wiederaufnahmeverfahren eine Beweisaufnahme erwirken kann, was nach deutschem Verfassungsrecht sowohl die Menschenwürde aus Art. 1 Abs. 1 GG als auch den aus dem Rechtsstaatsprinzip folgenden Schuldgrundsatz (Art. 20 GG) verletzen würde. Wegen des Verweises aus

Art. 23 Abs. 1 Satz 3 GG auf die Ewigkeitsgarantie des Grundgesetzes in Art. 79 Abs. 3 GG kann sich P auf die Verletzung der in Art. 79 Abs. 3 GG genannten Rechte zudem im Rahmen der »Identitätskontrolle« jederzeit berufen, der mögliche Anwendungsvorrang des europäischen Rechts in Form des Haftbefehls wird hierdurch durchbrochen. Und da es sich bei den genannten Grundrechten um **nationale** Grundrechte handelt, ist das Bundesverfassungsgericht im Rahmen einer **Verfassungsbeschwerde** gemäß Art. 93 Abs. 1 Nr. 4a GG, § 13 Nr. 8a BVerfGG fraglos auch zuständig und damit das »richtige« Gericht für diese Überprüfung (BVerfGE **140**, 317).

Achtung: Wir haben ja gerade in Art. 51 Abs. 1 Satz 1 GRCh gelesen, dass Entscheidungen nationaler Behörden und Gerichte, die »ausschließlich auf der Grundlage von europäischem Recht« ergehen, nach dem Wortlaut des Art. 51 Abs. 1 Satz 1 GRCh nur an **europäischen Grundrechten** zu messen sind. So, und die Frage lautet jetzt natürlich: Wie verträgt sich das denn jetzt mit dem von uns oben im Rahmen der Identitätskontrolle angewendeten Art. 23 Abs. 1 Satz 3 GG in Verbindung mit Art. 79 Abs. 3 GG? Kann und darf diese Kontrolle gleichwohl bestehen bleiben? Oder verdrängt die GRCh das komplette Grundgesetz? Oder finden sogar **BEIDE** Rechtsgrundlagen Anwendung? Und vor allem: Wer darf das alles eigentlich überprüfen – das BVerfG oder der EuGH?

Lösung: Das Bundesverfassungsgericht hat schon früh den Vorrang europäischen Verfassungsrechts anerkannt und in seinen Entscheidungen lediglich einen möglichen Verstoß gegen »unabdingbar gebotene deutsche Grundrechtsgarantien« geprüft. Seit dem berühmten »*Solange II*«-Beschluss aus dem Oktober 1986 galt (→ BVerfGE **73**, 339), dass europäisches Verfassungsrecht grundsätzlich Vorrang genießt,

> *»... **solange** die Europäische Gemeinschaft, insbesondere die Rechtsprechung des EuGH einen wirksamen Schutz der Grundrechte gegenüber der Hoheitsgewalt der Gemeinschaft **generell gewährleistet**, der dem vom Grundgesetz als **unabdingbar gebotenen Grundrechtsschutz** im Wesentlichen entspricht und den Wesensgehalt der Grundrechte generell verbürgt. Das Bundesverfassungsgericht wird über die Anwendbarkeit von abgeleitetem Gemeinschaftsrecht, das als Rechtsgrundlage für ein Verhalten deutscher Gerichte oder Behörden im Hoheitsbereich der Bundesrepublik Deutschland in Anspruch genommen wird, **nicht mehr entscheiden** und dieses Recht mithin nicht mehr am Maßstab der Grundrechte des Grundgesetzes überprüfen ...«*

Seitdem beschränkte sich das BVerfG darauf, europarechtlich determinierte Rechtsakte nationaler Behörden oder Gerichte daraufhin zu überprüfen, ob durch die Anwendung europarechtlicher Normen besagter »unabdingbarer Grundrechtsschutz« gewährleistet ist, was sich seit 1993 ausdrücklich an Art. 23 Abs. 1 Satz 3 GG in Verbindung mit Art. 79 Abs. 3 GG festmachen ließ – das Ganze eingekleidet in die uns inzwischen ja bekannte »Identitätskontrolle«.

Zwischenergebnis: Das Bundesverfassungsgericht beschränkte sich bei seinen Prüfungen auf die Frage, inwieweit europarechtlich determinierte Rechtsakte nationaler Behörden oder Gerichte den »unabdingbar gebotenen Grundrechtsschutz« nationaler

Grundrechte betraf und verletzt. Namentlich konnten Grundrechtsverletzungen innerhalb der sogenannten »Identitätskontrolle« im Sinne der Art. 23 Abs. 1 Satz 3 GG in Verbindung mit Art. 79 Abs. 3 GG vom BVerfG überprüft werden. Im Übrigen genoss Europarecht aber Vorrang vor nationalem (Verfassungs-)Recht. Und genau so hatten wir das oben bei unserem kleinen Fall ja auch gemacht und festgestellt, dass die Auslieferung des P **deutsches Verfassungsrecht** aus Art. 1 und 20 GG (= Verfassungsidentität) verletzt und P sich damit erfolgreich an das BVerfG wenden kann.

Und jetzt aufgepasst: Am **6. November 2019** erweiterte das Bundesverfassungsgericht eigenmächtig seine Befugnis zur Identitätskontrolle und gestattete sich erstmalig die eigentlich dem EuGH vorbehaltene Überprüfung (→ Art. 19 Abs. 1 Satz 2 EUV!) nationaler Rechtsakte anhand der europäischen Grundrechte (BVerfGE **152**, 152 und BVerfGE **152**, 216 – »*Recht auf Vergessen I+II*«; fortgeführt durch BVerfG NStZ-RR **2021,** 86 und BVerfG NVwZ **2021**, 1211-). Wörtlich heißt es:

> *»… Die Anwendung der Charta der Grundrechte durch das Bundesverfassungsgericht ist die Konsequenz der Übertragung von Hoheitsrechten aus Art. 23 Abs. 1 Satz 2 GG. Wenn die Europäische Union im Rahmen dieser Befugnisse Regelungen schafft, die in der gesamten Union gelten und einheitlich angewendet werden sollen, muss auch bei der Anwendung dieser Regelungen zu gewährleistende Grundrechtsschutz einheitlich sein. Soweit der Senat die Grundrechte der Europäischen Grundrechtscharta bislang nicht unter Art. 93 Abs. 1 Nr. 4a GG, § 90 BVerfGG gefasst hat, wird an dieser Rechtsprechung unter Berücksichtigung des Art. 23 Abs. 1 Satz GG* ***nicht mehr festgehalten****. Auch die Unionsgrundrechte gehören heute zu dem gegenüber der deutschen Staatsgewalt durchzusetzenden Grundrechtsschutz. Die deutschen Grundrechte sind auf europäischer Ebene daher* ***nicht mehr anwendbar****, auch weil dies das Ziel der Rechtsvereinheitlichung* ***konterkarieren*** *würde; das Unionsrecht verlangt auch bei den Grundrechten die Einheitlichkeit der Rechtsanwendung … Die nationalen Grundrechte bleiben allerdings* ***dahinterliegend ruhend*** *in Kraft. Dementsprechend erkennt das Bundesverfassungsgericht den Anwendungsvorrang des Unionsrechts nur unter dem* ***Vorbehalt*** *an, dass der Grundrechtsschutz durch die stattdessen zur Anwendung kommenden Grundrechte der Union hinreichend wirksam ist. Die Anwendung der Grundrechtscharta der EU durch das Bundesverfassungsgericht auf europarechtlich determinierte Maßnahmen lässt daher grundsätzlich die Möglichkeit offen, im Rahmen einer ›****Identitätskontrolle****‹ die grundgesetzlichen Vorgaben aus Art. 23 Abs. 1 Satz 3 GG in Verbindung mit Art. 79 Abs. 3 GG zu prüfen. Mit der Gewährleistung der Grundrechte in der Konkretisierung, die sie durch die GRCh erfahren haben, dürfte eine Berührung der von Art. 1 Abs. 1 GG in Verbindung mit Art. 23 Abs. 1 Satz 3 GG und Art 79 Abs. 3 GG verbürgten Grundsätze jedoch in der Regel vermieden werden … Nach dem derzeitigen Stand des Unionsrechts – zumal unter Geltung der Grundrechtscharta – geht das Bundesverfassungsgericht zukünftig und grundsätzlich davon aus, dass die europäischen Grundrechtsgarantien in Form der GRCh jedenfalls nicht unterhalb des Niveaus der deutschen Grundrechtsgarantien liegen …«*

Beachte: Das sind bei genauer Betrachtung insgesamt **vier** Botschaften. **1.** Zunächst erkennt das BVerfG den Vorrang des europäischen vor dem nationalen Verfassungsrecht nochmals ausdrücklich an. **2.** Des Weiteren erklärt das BVerfG, bei der Prüfung europarechtlich determinierter Rechtsakte nationaler Behörden und Gerichte auf Antrag ab sofort selbst tätig zu werden und hierbei nur noch die GRCh anzuwenden. Die europäischen Grundrechte sollen ab sofort auch über Art. 93 Abs. 1 Nr. 4a GG in Verbindung mit § 90 BVerfGG vor dem BVerfG geltend gemacht werden können. **3.** Im Übrigen behält sich das BVerfG aber vor, im Rahmen einer nach wie vor möglichen Identitätskontrolle zu prüfen, inwieweit die Grundsätze des Art. 79 Abs. 3 GG betroffen bzw. verletzt sind. **4.** Dass ein solcher Fall bei konsequenter Anwendung der GRCh noch vorkommt, hält das BVerfG – als vierte und letzte Botschaft – allerdings praktisch und rechtlich für ausgeschlossen.

Durchblick: Um zu begreifen, wie solche (scheinbar) widersprüchlichen Erklärungen zustande kommen, muss man sich vor Augen führen, dass es zwischen den nationalen Verfassungsgerichten und dem Europäischen Gerichtshof (EuGH) – gerade bei Grundrechtsfragen und angesichts unterschiedlicher nationaler Grundrechtskataloge und damit einhergehender divergierender Wert- und Moralvorstellungen in den einzelnen Mitgliedsländern – durchaus zu Kompetenzkonflikten und auch zu unterschiedlichen Interessenlagen kommen kann. So will sich selbstverständlich auch und vor allem das deutsche Bundesverfassungsgericht von **NIEMANDEM** erklären oder sagen lassen, wie (deutsche) Grundrechte bzw. das deutsche Grundgesetz ausgelegt werden. Daher auch die eher verschlungenen und komplizierten Formulierungen, die am Ende indes nur den (gut erkennbaren) Zweck haben, dem Bundesverfassungsgericht stets eine Hintertür zu öffnen, um bei europarechtlich determinierten Entscheidungen nationaler Behörden oder Gerichte das letzte (verfassungsrechtliche) Wort und die Deutungshoheit zu behalten. Dass das Bundesverfassungsgericht seit dem November 2019 daneben nun auch noch – gegen die ausdrückliche Regelung und Kompetenzzuweisung des Art. 19 Abs. 1 Satz 2 EUV – europäisches Verfassungsrecht bzw. Grundrechte der GRCh auf Antrag **selbstständig** überprüfen und auslegen will, kann man daher auch durchaus als »Angriff auf die Deutungshoheit des EuGH« in Bezug auf europäisches Recht werten (so wörtlich: *Herdegen* § 10 Rz. 45; vgl. auch *Hobe/Fremuth* § 14 Rz. 44). Bei genauem Hinsehen gestattet sich das Bundesverfassungsgericht mit den eben im Kasten aufgeführten Regeln und Befugnissen die vollumfängliche Kontrolle von europarechtlich determinierten Rechtsakten sowohl anhand der GRCh als auch des Grundgesetzes, auch wenn das Gericht den Anschein erwecken möchte, dass die nationalen Grundrechte zurücktreten müssen und sollen. In einer unserem Ausgangsfall nachfolgenden ähnlichen Entscheidung vom **1. Dezember 2020** formuliert das Bundesverfassungsgericht dann auch (durchaus ehrlich) wie folgt: »*… Das Bundesverfassungsgericht kann sich bei europarechtlich determinierten Rechtsakten deutscher Behörden oder Gerichte nicht aus der Grundrechtsprüfung zurückziehen. Es kontrolliert, soweit die Grundrechte des Grundgesetzes durch den Anwendungsvorrang des Unionsrechts verdrängt werden, die Anwendung der deutschen Grundrechte durch deutsche Behörden und Gerichte daher anhand der Unionsgrundrechte … Bei der* ***Auslegung*** *der Grundrechtscharta sind immer auch die* ***mitgliedstaatlichen Grundrechte*** *als Funkti-*

onsäquivalente mit heranzuziehen …« (BVerfGE **156**, 182; siehe auch BVerfG NVwZ **2021**, 1211).

Wir fassen zusammen und merken uns bitte:

1. Das Bundesverfassungsgericht erkennt den Anwendungsvorrang europäischer Grundrechte vor den nationalen Grundrechten jedenfalls formal an. Es überprüft bei europarechtlich determinierten Rechtsakten deutscher Behörden oder Gerichte auf Antrag aber selbst innerhalb der Verfassungsbeschwerde gemäß Art. 93 Abs. 1 Nr. 4a GG in Verbindung mit § 90 BVerfGG, inwieweit europäische Grundrechte verletzt sind. Das Grundgesetz mit seinen Grundrechten ist zwar nicht mehr unmittelbarer Maßstab der Prüfung europarechtlich determinierter Rechtsakte nationaler Behörden oder Gerichte, wird aber bei der Auslegung der Unionsgrundrechte als »Funktionsäquivalent« mit herangezogen (BVerfGE **156**, 182; BVerfGE **152**, 152; **152**, 216; BVerfGE **73**, 339).

2. Das Bundesverfassungsgericht behält sich weiterhin ausdrücklich vor, im Rahmen einer Identitätskontrolle den »unabdingbar gebotenen Grundrechtsschutz« der Verfassung, wie er im Grundgesetz in Art. 79 Abs. 3 GG unter Verweis des Art. 23 Abs. 1 Satz 3 GG seinen Ausdruck findet, zu überprüfen; als Rechtsbehelf dient den Betroffenen in der Regel die Verfassungsbeschwerde (BVerfGE **156**, 182; BVerfGE **152**, 152; **152**, 216; BVerfGE **140**, 317). Das Gericht geht hierbei davon aus, dass »nach dem derzeitigen Stand des Unionsrechts, insbesondere unter Geltung der Grundrechtscharta der Europäischen Union«, diese Identitätskontrolle aber nicht mehr erforderlich sein wird, da die europäischen Grundrechtsgarantien in Form der GRCh nicht unterhalb des Niveaus der unabdingbaren deutschen Grundrechtsgarantien liegen (BVerfGE **156**, 182; BVerfGE **152**, 152; BVerfGE **152**, 216).

Punkt.

Das Finale: So, mit diesem Wissen schauen wir jetzt noch mal auf unseren kleinen Fall um den in Düsseldorf im Jahr 2014 festgenommenen P und prüfen insbesondere, ob und inwieweit sich an dem bislang gefundenen Ergebnis etwas ändert.

1. Beachten müssen wir insoweit als Erstes, dass die zu unserem Fall ergangene Entscheidung des BVerfG aus dem Dezember 2015 stammt (BVerfGE **140**, 317); die eben erwähnte Rechtsprechungsänderung gab es zu diesem Zeitpunkt also noch gar nicht. Das BVerfG hat daher auch – wie weiter oben von uns ausführlich nachgezeichnet – nur die Verletzung **nationaler Grundrechte** aus den Art. 1 GG und Art. 20 GG im Rahmen der »Identitätskontrolle« nach Art. 23 Abs. 1 Satz 3 GG in Verbindung mit Art. 79 Abs. 3 GG als alleinige Entscheidungsgrundlage genommen und die ebenso vorliegende Verletzung von Art. 47 Abs. 2 GRCh sowie Art. 6 Abs. 1 EMRK lediglich deklaratorisch festgehalten (BVerfGE **140**, 317 Rz. 107). Die Verfassungsbeschwerde des P war daher begründet, und zwar wegen Verletzung von Art. 1 und 20 GG, geprüft im Rahmen der Identitätskontrolle. Nach **heutiger** Rechtslage – also **NACH**

dem November 2019 – würde und müsste das BVerfG demgegenüber die Verletzung der europäischen Grundrechte aus Art. 47 Abs. 2 GRCh sowie Art. 6 EMRK als Grundlage der Entscheidung benennen – freilich mit dem gleichen Ergebnis. Und: Nach **heutiger** Rechtslage bedürfte es logischerweise nicht mehr des Rückgriffs auf die Identitätskontrolle anhand der Art. 23 Abs. 1 Satz 3, 79 Abs. 3 GG, denn die greift ja nur ein, wenn europarechtlich determinierte Rechtsakte nationaler Behörden europäische Grundrechte nicht verletzen, aber den Mindeststandard aus der Ewigkeitsgarantie des Grundgesetzes aus Art. 1 und 20 GG berühren.

2. Und genau so verfährt das Bundesverfassungsgericht tatsächlich seit der Rechtsprechungsänderung aus dem November 2019: Beispielsweise in einer oben schon mal erwähnten Entscheidung aus dem Dezember 2020, die einen ähnlichen Sachverhalt wie unseren zum Gegenstand hatte: Zwei in Rumänien zu hohen Haftstrafen verurteilte Männer hatten gegen die ihre Auslieferung bestätigenden Urteile des OLG Celle und des Kammergerichts in Berlin vor dem Bundesverfassungsgericht geklagt und auf die nach deutschem Recht unzulässigen Haftbedingungen in Rumänien verwiesen (BVerfGE **156**, 182). Das BVerfG wandte den Art. 4 GRCh (aufschlagen!) unmittelbar an, erklärte dabei ergänzend, dass der durch Art. 4 GRCh gesetzte Grundrechtsrahmen die Anforderungen der Art. 1 Abs. 1 GG und Art. 20 GG nicht unterschreitet und gab den Verfassungsbeschwerden der beiden Männer allein unter Berufung auf Art. 4 GRCh (!) statt. Eine Identitätskontrolle war nach Ansicht des BVerfG daher auch nicht notwendig (BVerfGE **156**, 182; siehe auch: BVerfG NVwZ **2021**, 1211). **Beachte**: Obwohl die beiden Männer sich nur auf die deutschen Grundrechte im Rahmen einer »Identitätskontrolle« berufen hatten, nahm das Bundesverfassungsgericht gleichwohl die **europäischen** Grundrechte zum unmittelbaren Prüfungsmaßstab und stellte fest: »*... Die Beschwerdeführer haben ... eine Verletzung von Rechten der Grundrechtscharta zwar nicht gerügt. Dies hindert das Bundesverfassungsgericht jedoch nicht, im Rahmen einer zulässigen Verfassungsbeschwerde die Prüfung auch auf diese zu erstrecken. Der Senat kann, nachdem die Verfassungsbeschwerden bei Zugrundelegung des bisher ausschließlich herangezogenen Art. 1 Abs. 1 GG zulässig sind, angesichts der vollständigen unionsrechtlichen Determinierung der hier zu entscheidenden Rechtsfrage die angegriffenen Entscheidungen* ***von Amts wegen*** *auch auf einen Verstoß gegen die Grundrechte der Charta überprüfen (vgl. BVerfGE* ***147****, 364, 378) ...*« **Beachte**: Wir werden uns dieser Problematik rund um die Grundrechtskonkurrenzen und der Prüfungskompetenzen des BVerfG unten in **Fall 12** in einem separaten Kapitel noch einmal umfassend widmen und dort die Rechtsprechungsänderung des BVerfG aus dem November 2019 noch genauer beleuchten – zu den weiteren Einzelheiten vgl. bitte dort.

Schlusswort

Das war zugegebenermaßen ein nicht nur umfangreicher, sondern auch ziemlich kniffliger Fall mit sehr vielen, zum Teil schwer verdaulichen Informationen, die man sich vermutlich selbst bei Hochbegabung nicht alle auf einen Schlag und gleich beim ersten Versuch auch merken kann. Leider gehört gerade das Thema rund um das Rangverhältnis von nationaler zu europäischer Rechtsordnung zum Kompliziertesten, was das Europarecht insgesamt zu bieten hat – und die (gewöhnungsbedürftige) Rechtsprechung des Bundesverfassungsgerichts tut ihr Übriges dazu. Wir genehmigen uns deshalb zur Sicherung des Lernerfolgs – ganz ausnahmsweise! – jetzt noch mal die wichtigsten Fakten des Falles in überschaubaren und vergleichsweise einfachen Sätzen, die wir jetzt bitte entspannt und schön langsam lesen:

1. Wir haben in diesem Fall gelernt, dass Deutschland die beiden die Europäische Union gründenden Verträge »EUV« und »AEUV« (vormals »EG-Vertrag«) in den Jahren 1992/1993 ins deutsche Recht übertragen bzw. integriert hat. Hierzu hat der deutsche Gesetzgeber zunächst den Art. 23 GG neu gefasst, den sogenannten »**Integrationshebel**«. Auf der Grundlage des neuen Art. 23 Abs. 1 Satz 2 GG hat der deutsche Gesetzgeber anschließend ein weiteres Gesetz (→ »Zustimmungsgesetz zum Unions-Vertrag von Maastricht«) verabschiedet und damit den EUV und den AEUV in Deutschland ratifiziert, ihnen also materielle Wirksamkeit verschafft. Im Verhältnis von europäischem zu nationalem Recht genießt das europäische Recht einen grundsätzlichen **Anwendungsvorrang**.

2. Dieser Anwendungsvorrang des europäischen vor dem nationalen Recht findet gemäß Art. 23 Abs. 1 Satz 3 GG in Verbindung mit Art. 79 Abs. 3 GG aber seine Grenze in der **verfassungsrechtlichen Identität**, die gemäß Art. 4 Abs. 2 Satz 1 EUV von der Europäischen Union stets zu wahren ist. Die in Art. 79 Abs. 3 GG genannten verfassungsrechtlichen Prinzipien aus Art. 1 und Art. 20 GG bleiben bei der Anwendung europäischen Rechts trotz Vorrangs jederzeit unabänderlich. Das Bundesverfassungsgericht prüft innerhalb der sogenannten »**Identitätskontrolle**« auf Antrag die Einhaltung dieser Prinzipien bei europarechtlich determinierten Rechtsakten nationaler Behörden oder Gerichte. Hierfür steht den Betroffenen die **Verfassungsbeschwerde** gemäß Art. 93 Abs. 1 Nr. 4a GG in Verbindung mit § 13 Nr. 8a BVerfGG als Rechtsbehelf zur Verfügung (BVerfGE **140**, 317). Nach einer Rechtsprechungsänderung aus dem November 2019 erstreckt das Bundesverfassungsgericht seine Prüfungskompetenz – entgegen der Kompetenzzuweisung des Art. 19 Abs. 1 Satz 2 EUV – auf die Grundrechtscharta der Europäischen Union, fasst die europäischen Grundrechte unter Art. 93 Abs. 1 Nr. 4a GG und schließt die unmittelbare Anwendung nationaler Grundrechte jedenfalls formal aus (BVerfGE **152**, 152; BVerfGE **152**, 216). Die nationalen Grundrechte fließen allerdings in die Prüfung der europäischen Grundrechte im Rahmen der **Auslegung** mittelbar ein und garantieren so den unabänderlichen Mindeststandard deutscher Grundrechtsgarantien (BVerfGE **156**, 182; BVerfG NVwZ **2021**, 1211). Das Bundesverfassungsgericht hält schließlich an seiner Befugnis zur Identitätskontrolle gleichwohl weiterhin fest, sollten die europäischen Grundrechte die deutsche Verfassungsidentität nicht ausreichend schützen oder darunterliegen. Das Bundesverfassungsgericht erklärt aber, dass es wegen des umfassenden Grundrechtsschutzes durch die GRCh nicht mehr von der Notwendigkeit einer Identitätskontrolle ausgeht (BVerfG **152**, 216).

Alles klar?!

Gutachten

Es ist zu prüfen, ob der Beschluss des OLG Düsseldorf betreffend die Auslieferung des P rechtswidrig ist und vom Bundesverfassungsgericht daher aufgehoben werden müsste.

P beruft sich bei seiner Eingabe an das Bundesverfassungsgericht sowohl auf nationales Verfassungsrecht als auch auf europäisches Recht. Zur Feststellung einer möglichen Rechtswidrigkeit des Beschlusses ist demnach zuvorderst zu klären, anhand welcher Rechtsnormen der vorliegende Sachverhalt bewertet werden muss und inwieweit das Bundesverfassungsgericht zuständig ist. In Betracht kommt die Anwendung des nationalen (deutschen) Verfassungsrechts als auch des europäischen Rechts. Im Hinblick auf die Geltung der unterschiedlichen Rechtsquellen gelten die folgenden Grundsätze:

1. Im Falle einer Kollision genießt europäisches Recht Vorrang vor nationalem Recht, womit auch das Verfassungsrecht umfasst ist. Sämtliche Hoheitsakte der Europäischen Union werden daher nur an europäischem Recht, nicht aber an nationalen Rechtsordnungen, auch nicht am nationalen Verfassungsrecht gemessen. Diese Regel gilt zudem auch dann, wenn in den Mitgliedsländern Gerichtsurteile gesprochen werden, deren Grundlage die Anwendung europarechtlicher Normen ist. Auch in diesen Fällen verdrängt das Europarecht das nationale Recht mit der Konsequenz, dass deutsche Gerichte an europäisches Recht gebunden sind, auch wenn dieses in der konkreten Anwendung deutschem (Verfassungs-)Recht widerspricht.

Grundsätzlich genießt demnach europäisches Recht Vorrang vor dem nationalen Recht mit der Folge, dass der gegen P nach dem »Rahmenbeschluss über den Europäischen Haftbefehl« europarechtlich determinierte Haftbefehl allein an europäischem Verfassungsrecht zu messen wäre. Hierfür ist das Bundesverfassungsgericht aber gemäß Art. 93 Abs. 1 Nr. 4a GG in Verbindung mit § 90 BVerfGG nicht zuständig, da vor dem BVerfG nach den genannten Vorschriften grundsätzlich nur eine Berufung auf nationales Verfassungsrecht zulässig ist. Sofern sich das BVerfG in neuerer Rechtsprechung gleichwohl auch zur Überprüfung europäischen Verfassungsrechts für zuständig hält, ist diese Prüfungskompetenz abzulehnen. Sie widerspricht der eindeutigen Kompetenzzuweisung sowohl aus Art. 93 Abs. 1 Nr. 4a GG in Verbindung mit § 90 BVerfGG als auch nach Art. 51 Abs. 1 GRCh in Verbindung mit Art. 19 Abs. 1 Satz 2 EUV. Demnach obliegt es allein dem EuGH, über europäisches Recht, wozu gemäß Art. 6 Abs. 1 und 3 EUV auch die Grundrechtscharta und die Europäische Menschenrechtskonvention gehören, zu entscheiden. Das BVerfG kann daher unter Berufung auf europäische Grundrechtsnormen nicht angerufen werden. Sofern vom Kläger europäische Grundrechtsnormen neben nationalen Verfassungsnormen geltend gemacht werden, treten wegen des erläuterten Anwendungsvorrangs des europäischen Rechts die nationalen Grundrechtsnormen dahinter zurück.

2. Der hier einschlägige Anwendungsvorrang europäischen Rechts und daraus folgend die Unzuständigkeit des BVerfG könnte vorliegend aber durch Art. 23 Abs. 1 Satz 3 GG in Verbindung mit der Ewigkeitsgarantie des Art. 79 Abs. 3 GG durchbrochen sein, und zwar dann, wenn die auf der Grundlage des Haftbefehls erfolgte Auslieferung den P in seiner Menschenwürde verletzen und/oder einen der in Art. 20 GG niedergelegten

Grundsätze tangieren würde und das Urteil des OLG Düsseldorf dies bei seiner Entscheidung nicht hinreichend berücksichtigt hat. In einem solchen Fall obliegt es dem deutschen Bundesverfassungsgericht, innerhalb einer sogenannten »Identitätskontrolle« die Einhaltung der wesentlichen Grundsätze der deutschen Verfassung anhand des Maßstabs von Art. 79 Abs. 3 GG zu überwachen und zu prüfen.

Dem P droht in Italien ein Strafverfahren, in dem er unter Umständen keine Beweismittel und damit keine ihn entlastenden Umstände vorbringen darf. Ein solches Verfahren verstößt nach deutschem Verfassungsrecht unstreitig sowohl gegen die in Art. 1 GG geschützte Menschenwürde als auch gegen den sogenannten Schuldgrundsatz, der in der Menschenwürde und dem aus Art. 20 GG folgenden Rechtsstaatsprinzip verankert ist. Eine Auslieferung des P unter diesen Umständen verletzt mithin die in Art. 79 Abs. 3 GG erwähnten Grundsätze der deutschen Verfassung. Dass P amerikanischer Staatsbürger ist, hindert ihn nicht an einer Berufung auf die genannten Rechte in Deutschland bzw. vor einem deutschen Gericht. Es handelt sich bei der Menschenwürde um ein sogenanntes »Jedermann-Grundrecht«, das auch von Ausländern in Deutschland geltend gemacht werden kann.

Ergebnis: Die Entscheidung des OLG Düsseldorf, den P unter den genannten Umständen nach Italien auszuliefern, verletzt sowohl die Menschenwürde als auch den aus dem Rechtsstaatsprinzip und der Menschenwürde folgenden Schuldgrundsatz. Es liegt demnach ein Eingriff in die in Art. 79 Abs. 3 GG formulierten Verfassungsprinzipien und somit in die »Identität« des Grundgesetzes vor. Wegen der Regelung des Art. 23 Abs. 1 Satz 3 GG durchbricht diese Verletzung der Identität der deutschen Verfassung den Anwendungsvorrang des europäischen vor dem nationalen (deutschen) Recht mit der Folge, dass das Bundesverfassungsgericht zuständig ist und das Urteil des OLG Düsseldorf aufhebt.

Fall 4

Das letzte Wort

Der Rat der Europäischen Zentralbank (EZB) hat beschlossen, die durch die weltweite Finanzkrise gebeutelten Länder der EU zu unterstützen. Die EZB erwirbt deshalb von jedem Mitgliedsland der EU zu einem festgelegten Zinssatz Staatsanleihen in Höhe von jeweils 25 Milliarden Euro, deren Rückzahlung frühestens in zehn Jahren fällig wird. Durch die Kapitalzufuhr soll vor allem den besonders in Not geratenen Ländern ermöglicht werden, mit günstigen Krediten die nationale Wirtschaft und den privaten Konsum anzukurbeln sowie Haushaltsdefizite abzumildern. Rechtsstudentin R aus Berlin meint, die EZB überschreite mit dieser Maßnahme die ihr durch die europäischen Verträge zugewiesenen Kompetenzen – die deutsche Bundesregierung und der Bundestag hätten daher einschreiten müssen. R sieht sich durch das Nichteinschreiten Deutschlands in ihren Rechten aus Art. 38 Abs. 1, 20 Abs. 1 und 2 sowie 79 Abs. 3 GG verletzt und erhebt Verfassungsbeschwerde beim Bundesverfassungsgericht (BVerfG). Das BVerfG teilt die Meinung der R, setzt das Verfahren aber aus und legt die Frage über eine mögliche Kompetenzüberschreitung der EZB dem Gerichtshof der Europäischen Union (EuGH) gemäß Art. 267 AEUV zur Vorabentscheidung vor. Der EuGH entscheidet anschließend, dass die Maßnahme der EZB zur Währungspolitik nach Art. 3 Abs. 1c AEUV und gemäß Art. 127, 282 Abs. 4 AEUV zur Kompetenz der EZB gehöre – und gibt den Fall damit an das BVerfG zurück.

Frage: Hat die Verfassungsbeschwerde der R jetzt noch Aussicht auf Erfolg?

Schwerpunkte: Die »ultra-vires«-Kontrolle des Bundesverfassungsgerichts; die Zuständigkeiten der EZB; Begriff der »Währungspolitik« aus Art. 3 Abs. 1c AEUV; die Integrationsverantwortung der Bundesregierung; Interventionsanspruch bei Kompetenzüberschreitung von EU-Organen; Vorabentscheidung nach Art. 267 AEUV; Aufgaben des EuGH → Art. 19 Abs. 1 Satz 2 EUV; Pflicht zur loyalen Zusammenarbeit gemäß Art. 4 Abs. 3 EUV; der »PSPP-Beschluss« → BVerfGE **154**, 17.

Lösungsweg

Achtung: Das ist – gut erkennbar – ein ***sehr*** anspruchsvoller Fall, bei dem wir uns aber bitte nicht gleich von dem (scheinbar) komplizierten Sachverhalt mit den wirtschaftlichen Fachausdrücken abschrecken oder gar davon abhalten lassen noch weiterzulesen. Selbstverständlich wird das alles erläutert, und wir werden spätestens dann auch sehen und verstehen, worum es geht. Und das ist übrigens auch ziemlich nötig, denn das da oben ist die etwas vereinfachte Fassung des ebenso spektakulären wie prüfungstauglichen Beschlusses des Bundesverfassungsgerichts vom **5. Mai 2020** zum sogenannten »PSPP-Programm« der EZB (BVerfGE **154**, 17; vgl. auch BVerfG NJW **2021**, 2187). Zu klären sind hierbei vor allem europäische Kompetenzfragen und Zuständigkeiten, und zwar auf allerhöchster Entscheidungsebene: Zunächst stellt sich natürlich die Frage, ob die EZB als EU-Organ mit ihrer durchaus gut gemeinten Unterstützungsmaßnahme tatsächlich – wie von R behauptet – den ihr durch den EUV und den AEUV zugeschriebenen Kompetenzrahmen überschritten hat. Des Weiteren musste vom Bundesverfassungsgericht in seiner Schlussentscheidung geklärt werden, was eigentlich passiert bzw. wessen Meinung am Ende den Ausschlag gibt, wenn der EuGH und das deutsche Bundesverfassungsgericht unterschiedlicher Meinung sind. Das Ganze eingebettet in eine Verfassungsbeschwerde, bei der eine Bürgerin geltend macht, einen Anspruch auf Einschreiten der deutschen Bundesregierung und des Bundestages (!) gegen einen EZB-Beschluss zu haben und durch das Nichteinschreiten in ihren demokratischen Beteiligungsrechten aus den Art. 38 Abs. 1, Art. 20 Abs. 1 und 2 sowie Art. 79 Abs. 3 GG verletzt zu sein. Mehr geht eigentlich nicht, und wir werden sehen, dass selbst die vereinfachte Fassung, der wir uns gleich widmen (im Original waren unter anderem die Geldflüsse sowie die dahinterstehenden Ziele der EU komplizierter ausgestaltet), immer noch ziemlich anspruchsvoll daherkommt – uns aber auf der anderen Seite dafür haufenweise zentrales und prüfungsrelevantes Wissen zum Europarecht und ganz nebenbei auch noch ein bisschen Allgemeinbildung vermittelt.

Einstieg: Um die eben skizzierten Probleme vernünftig in den Griff zu bekommen und den Fall am Ende auch lösen zu können, müssen wir als Erstes mal zwei Begriffe klären bzw. erklären, die bislang im Buch nicht oder nur am Rande aufgetaucht sind:

➔ Die **Europäische Zentralbank** (EZB) ist nach Art. 13 EUV eines von sieben Organen der EU, das gemäß Art. 282 Abs. 3 Satz 1 AEUV als einziges Organ eine eigene Rechtspersönlichkeit besitzt. Sie ist eine juristische Person und nach Art. 282 Abs. 3 Satz 4 AEUV streng unabhängig von den anderen Organen der EU. Ihr Sitz ist in Frankfurt am Main. Die EZB und die nationalen Zentralbanken bilden nach Art. 282 Abs. 1 Satz 1 AEUV gemeinsam das »Europäische System der Zentralbanken« (ESZB). Das ESZB ist gemäß Art. 127 Abs. 1, 282 Abs. 2 Satz 2 AEUV vorrangig zuständig für die **Währungspolitik** im Sinne des Art. 3 Abs. 1c AEUV und insbesondere verantwortlich für die **Preisstabilität** im Euro-Raum (= Sicherung gleichbleibender Kaufkraft des Geldes). Nach Art. 127 Abs. 1 Satz 2, 282 Abs. 2 Satz 3 AEUV unterstützt das ESZB, »soweit dies ohne Beeinträchtigung des Ziels der Preisstabilität möglich ist«, zudem die allgemeine Wirtschaftspolitik in der Union. Die EZB ist gemäß Art. 128 Abs. 1, 282 Abs. 3 Satz 2 AEUV ***allein*** befugt, die Ausgabe des Euro vorzunehmen oder die Ausgabe des Euro durch die nationalen

Zentralbanken der Mitgliedstaaten zu genehmigen. Die EZB als Rechtspersönlichkeit und auch das ESZB handeln gemäß Art. 282 Abs. 2 AEUV durch den »Rat der EZB«, dem nach Art. 283 Abs. 1 AEUV das Direktorium der EZB (sechsköpfig) sowie die Präsidenten der nationalen Zentralbanken der Mitgliedstaaten angehören, die den Euro als Währung haben (derzeit: 19 Länder). Die Präsidenten der Zentralbanken derjenigen EU-Länder, deren Währung (noch) nicht der Euro ist (→ Bulgarien, Dänemark, Kroatien, Polen, Rumänien, Schweden, Tschechische Republik und Ungarn) sitzen bis auf weiteres gemäß Art. 141 AEUV im »erweiterten Rat« der EU. Nach Art. 132 AEUV (aufschlagen!) in Verbindung mit Art. 282 Abs. 4 AEUV kann die EZB durch den EZB-Rat Verordnungen und Beschlüsse als eigene Rechtsetzungsakte erlassen sowie Empfehlungen und Stellungnahmen abgeben, um die angestrebten Ziele zu erreichen. Das Kapital der EZB wird schließlich anhand eines speziellen Verteilungsschlüssels von den Mitgliedsländern der EU aufgebracht (mit rund 18 % die höchste Quote hat: Deutschland).

Durchblick: Die EZB wurde als Nachfolgerin des »Europäischen Währungsinstituts« im Juli 1998 gegründet, weil ein einheitlicher Währungsraum mehrerer Länder (= EU) logischerweise auch einheitlich koordiniert und kontrolliert werden musste. Was die einzelnen Länder vorher selbst in und für ihr Staatsgebiet erledigen konnten, erledigt die EZB ab Einführung des Euro im Jahr 1999 (als Buchgeld) bzw. 2002 (als Bargeld) für den Euro-Raum. Vorrangiges Ziel der EZB ist es daher auch und konsequenterweise, im gesamten Euro-Raum die Preisstabilität zu sichern, also Inflation (= drastisch sinkender Geldwert) oder Deflation (= drastisch steigender Geldwert) abzuwenden und/oder auszupendeln (*Streinz* Rz. 1184). Das funktioniert – *sehr* (!) vereinfacht dargestellt – durch eine Kontrolle der Menge des im Umlauf sich befindenden Geldes: Die EZB reguliert durch die Ausgabe des Euro die Geldmenge im Euro-Raum und kann so jederzeit Einfluss auf die Kaufkraft des Geldes nehmen. Ist »viel« Geld im Umlauf, sinkt die Kaufkraft des im Umlauf sich befindenden Geldes, ist »weniger« Geld im Umlauf, steigt logischerweise die Kaufkraft des Geldes. Was uns zum zweiten Punkt bringt, nämlich den:

→ **Staatsanleihen**: Der Verkauf von Staatsanleihen ist ein oder sogar DAS beliebteste Mittel für Staaten, um schnell an »frisches« Geld zu kommen und die reale Geldmenge im eigenen Land zu erhöhen. Und zwar so: Der Staat selbst bzw. die jeweilige staatliche Zentralbank bietet den Bürgern oder anderen Interessenten/Investoren in großem Umfang Wertpapiere (»Staatsanleihen«) an, die von den Interessenten zu einem festgelegten Zinssatz angekauft werden können. **Folge**: Der Staat erhält durch den Verkauf der Wertpapiere erhebliche Mengen an Geld (faktisch nur geliehen!), das die Erwerber zu einem späteren Zeitpunkt nach Rückgabe der Wertpapiere an den Staat mit Zinsgewinn zurückerhalten. **Effekt**: Der die Staatsanleihen veräußernde Staat verschafft sich kurzfristig und vergleichsweise unkompliziert große Mengen »frischen« Geldes, das er dann zielführend einsetzen kann. So kann er mit dem frischen Geld etwa die eigene Wirtschaft ankurbeln, beispielsweise durch die Gewährung von günstigen Krediten an Wirtschaftsunternehmen – und/oder der Staat fördert durch günstige private Kredite die Kaufkraft und damit den Konsum der privaten Haushalte. Oder, auch das ist möglich: ein in große wirtschaftliche Bedrängnis geratener Staat verwendet das durch den Verkauf der Anleihen erhaltene Geld einfach nur dazu, die eigene Zahlungsunfähigkeit, also einen Staatsbankrott, abzuwenden.

Noch mal Durchblick: Seit dem Beginn der weltweiten Finanz- und Schuldenkrise im Jahr 2007, die ab dem Jahr 2010 auch diverse EU-Länder (etwa Griechenland, Italien oder Portugal) in enorme wirtschaftliche Schwierigkeiten brachte, versucht die EZB immer wieder und bis heute, die betroffenen (in der Regel hochverschuldeten) Länder der EU durch diverse Maßnahmen und Hilfsprogramme zu stützen und zu unterstützen. Im Jahr 2015 – und darum dreht sich unser Fall hier – wurde von der EZB dann das oben im Sachverhalt etwas vereinfacht dargestellte Hilfsprogramm mit dem Titel *»Public sector purchase programme«* (PSPP) aufgelegt: Die EZB bzw. die jeweiligen nationalen Zentralbanken traten dabei im Auftrag der EZB als Investor und Ankäufer von Staatsanleihen auf und »pumpten« jeweils große Mengen frischen Geldes in die Wirtschaftskreisläufe der einzelnen Mitgliedsländer. Durch diesen enormen Kapitalzufluss – tatsächlich waren es übrigens insgesamt 2.500 Milliarden Euro! – sollte den »ärmeren« Ländern dabei geholfen werden, die Finanzkrise zu bewältigen und nationale wirtschaftliche Schieflagen sowie eine hohe Staatsverschuldung abzumildern oder aufzufangen: Das funktioniert nämlich herkömmlicherweise und am besten entweder durch harte Sparkurse und/oder durch hohe Investitionen in die nationale Wirtschaft, die sich anschließend im günstigsten Fall selbst erholt. Das PSPP-Programm und die dadurch bewirkte enorme Kapitalzufuhr in den einzelnen Ländern waren daher, obwohl in Wirtschaftskreisen bis heute heftig umstritten, an sich erst mal eine gute Idee und ein probates (= bewährtes) Mittel, um die Wirtschaftskrise auszupendeln und hohe Staatsverschuldungen abzumildern.

Und jetzt das Problem: Die EZB hatte zwar enorme Geldmengen in Umlauf gebracht, um die Wirtschaftsräume zu stabilisieren oder in einzelnen Ländern sogar einen Staatsbankrott und die völlige Zahlungsunfähigkeit zu verhindern. Blöderweise stand und steht von einer solchen Befugnis oder Verantwortung der EZB aber rein gar nichts im EUV oder AEUV – im **Gegenteil**: Der Art. 123 Abs. 1 AEUV (aufschlagen!) normiert ein ausdrückliches **Verbot**, ein nationales Haushaltsdefizit und/oder hohe Staatsschulden durch Kredite der EU auszugleichen. Gemäß Art. 125 Abs. 1 Satz 1 AEUV haftet die Union zudem ausdrücklich NICHT für die Verbindlichkeiten der Zentralregierungen. Die sogenannte »**monetäre Staatsfinanzierung**« ist durch Art. 123 Abs. 1 AEUV und Art. 125 AEUV europarechtlich explizit untersagt, und zwar vor allem, um die einzelnen Länder zur »Haushaltsdisziplin« im Sinne des Art. 126 AEUV zu zwingen (*Streinz/Kempen* Art. 123 AEUV Rz. 1; *Herdegen* § 23 Rz. 33). Es soll insbesondere verhindert werden, dass die Länder allzu »sorglos« mit ihren eigenen Finanzen umgehen und sich nachher an die EU zur Rettung bzw. Konsolidierung wenden. Das **wirtschaftspolitische Handeln** bleibt nämlich – trotz eines gemeinsamen Wirtschaftsraumes und einer gemäß Art. 119 AEUV von der EU zu fördernder gemeinsamer Wirtschaftspolitik – stets und zuvorderst in der alleinigen Verantwortung der einzelnen Mitgliedsländer und gehört daher auch zu dem Bereich, den die EU gemäß Art. 5 Abs. 2 Satz 2 EUV den Mitgliedsländern überlässt (*Schwarze/Hatje* Art. 119 AEUV Rz. 4; *Streinz* Rz. 1146). Sowohl der Art. 127 Abs. 1 AEUV als auch Art. 282 Abs. 2 AEUV benennen als vorrangiges Ziel der EZB – wir haben das schon erwähnt – daher auch nur »die **Gewährleistung** der **Preisstabilität**« in der EU und die »**Unterstützung** der **allgemeinen Wirtschaftspolitik** in der Union«. Die Preisstabilität war übrigens als Ziel im PSPP-Programm im Jahr 2015 durchaus beabsichtigt und stand da auch niedergeschrieben drin. Damit sollte zumindest der Anschein erweckt werden, die EZB handele im Rahmen der »Währungspolitik«, die gemäß Art. 3 Abs. 1c AEUV (aufschlagen!) und Art. 127 Abs. 1 AEUV tatsächlich zur ausschließlichen Zuständigkeit der EU gemäß Art. 5 Abs. 2 Satz 1 EUV und damit der EZB gehört. Es drängte sich aber selbst für den unbefangenen Betrachter der Eindruck auf, dass das hinter dem PSPP-Programm stehende (eigentliche) Ziel jedenfalls auch ein anderes war, nämlich mittelbar Hilfe für wirtschaftlich in Not geratene Länder zu leisten, genau genommen eine gemäß Art. 123, 125 AEUV streng verbotene »monetäre Staatsfinanzierung« vorzunehmen. Zudem widersprach das Verhalten der EZB auch wirtschaftlichen Grundregeln: Normalerweise führt die drastische Erhöhung der im Umlauf sich befindenden Geldmenge zur Inflation (= Kaufkraftverlust des Geldes), also gerade **NICHT** zu einer gleichbleibenden Kaufkraft des Geldes (= Preisstabilität). Die Maßnahme der EZB war folglich nicht nur ein mutmaßlicher Verstoß gegen die Zuständigkeitsregelungen der Art. 3 Abs. 1c, 123 Abs. 1, 125 Abs. 1, 127 Abs. 1 AEUV, sondern widersprach auch dem eigentlichen Auftrag der EZB zur »Gewährleistung der Preisstabilität« (*Herdegen* § 23 Rz. 8/9).

Und damit sind wir endlich bei unserem Fall angekommen und wollen uns noch mal kurz vor Augen führen, was hier eigentlich genau passiert ist: Ein EU-Organ (EZB) vollzieht eine Maßnahme bzw. einen Rechtsetzungsakt, der nicht nur nicht in seine Kompetenz nach Art. 3 Abs. 1c, 127 Abs. 1 AEUV fällt, also ohne gesetzliche Ermächtigung bleibt, sondern der gemäß Art. 123 Abs. 1, 125 Abs. 1 AEUV sogar ausdrücklich untersagt ist und dem eigentlichen Auftrag der EZB (→ Preisstabilität!) zuwiderläuft. **HIERGEGEN** wendet sich jetzt eine deutsche Bundesbürgerin und behauptet, durch die mögliche Kompetenzüberschreitung der EZB sei sie **PERSÖNLICH** (!) in ihrem Beteiligungsrecht aus den Art. 38 Abs. 1, Art. 20 Abs. 1 und 2 sowie Art. 79 Abs. 3 GG verletzt worden. Das Bundesverfassungsgericht, vor dem die Bürgerin mittels einer Verfassungsbeschwerde anschließend klagt, bestätigt die Meinung der Bürgerin, ruft aber den EuGH zur Klärung der Kompetenzfrage gemäß Art. 267 Abs. 2 AEUV in einer Vorabentscheidung an. Der EuGH sieht die Kompetenz der

EZB hingegen überraschend ***nicht*** verletzt und gibt dem BVerfG den Fall mit dieser Ansage zur endgültigen Entscheidung zurück.

So, und wie das am Ende ausgeht, schauen wir uns jetzt mal in Ruhe an, steigen damit in den Fall ein – und wollen ab jetzt schulmäßig vorgehen:

Obersatz: Die Verfassungsbeschwerde der R hat Aussicht auf Erfolg, wenn sie zulässig und begründet ist.

I. Die Zulässigkeit der Verfassungsbeschwerde

1. Gemäß Art. 93 Abs. 1 Nr. 4a GG in Verbindung mit § 13 Nr. 8a und § 90 Abs. 1 BVerfGG entscheidet das Bundesverfassungsgericht über Verfassungsbeschwerden und ist daher vorliegend das zuständige Gericht für das Begehren der R.

2. Die R ist eine volljährige natürliche Person und somit als »jedermann« auch beschwerdefähig im Sinne des § 90 Abs. 1 BVerfGG.

3. Gemäß § 90 Abs. 1 BVerfG kann **Beschwerdegegenstand** einer Verfassungsbeschwerde nur ein Akt der öffentlichen Gewalt sein. Mit »öffentlicher Gewalt« meint das Gesetz in Anlehnung an Art. 1 Abs. 3 GG grundsätzlich nur Hoheitsakte der deutschen Staatsgewalt (BVerfG DÖV **2016**, 124; *Sachs/Detterbeck* Art. 93 GG Rz. 87; *Jarass/Pieroth* Art. 93 GG Rz. 82). Entscheidungen oder sonstige Maßnahmen von Organen der Europäischen Union können daher nicht, jedenfalls nicht unmittelbar im Rahmen einer Verfassungsbeschwerde vor dem BVerfG angegriffen werden. Der hier in Frage stehende Beschluss der EZB wäre demnach als solcher betrachtet aus Sicht der R gar kein tauglicher Beschwerdegegenstand im Sinne des § 90 Abs. 1 BVerfGG.

> **Aber**: Unsere R wendet sich bei genauem Hinsehen gar nicht unmittelbar gegen die Maßnahme der EZB, sondern rügt das Nichteinschreiten der Bundesregierung gegen diese von ihr für rechtswidrig gehaltene Maßnahme eines EU-Organs. Insoweit muss zunächst beachtet werden, dass auch ein **Unterlassen** bzw. Nichteinschreiten des deutschen Staates grundsätzlich Gegenstand einer Verfassungsbeschwerde sein kann, wie sich bereits aus dem Wortlaut des § 95 Abs. 1 Satz 1 BVerfGG ergibt (aufschlagen!). Infolgedessen kann die Maßnahme der EZB zwar nach wie vor nicht unmittelbarer Gegenstand des Verfahrens, dafür aber zumindest **mittelbarer** Verfahrensgegenstand sein oder werden, sollte das Nichteinschreiten der nationalen öffentlichen Gewalt darauf Bezug nehmen oder wegen der Rechtswidrigkeit der Maßnahme tatsächlich ein Anspruch auf aktives Einschreiten des deutschen Staates bestehen (BVerfGE **154**, 17; BVerfGE **142**, 123).

Achtung: Mit ihrem Vorbringen, das Nichteinschreiten der deutschen Staatsgewalt gegen den EZB-Beschluss verletze sie in ihren demokratischen Beteiligungsrechten aus Art. 38 Abs. 1, Art. 20 Abs. 1 und 2 sowie Art. 79 Abs. 3 GG, rügt unsere R die sogenannte »**Integrationsverantwortung**« der Bundesregierung und des Deutschen

Bundestages. Dahinter steckt Folgendes: Wie wir inzwischen wissen, legitimiert der Art. 23 Abs. 1 Satz 2 GG (sogenannter »Integrationshebel«) die Integration/den Eingang des europäischen ins nationale Recht; auf der Grundlage des Art. 23 Abs. 1 Satz 2 GG hat der Bundestag im Dezember 1992 das »*Zustimmungsgesetz zum Unions-Vertrag von Maastricht*« (BGBl. II Seite 1251) erlassen und damit den EUV und den AEUV ratifiziert, weshalb beide Verträge seitdem auch in Deutschland gelten.

Diese Integration des europäischen Rechts hat freilich – auch das wissen wir mittlerweile – ihre Grenzen, die namentlich durch den Art. 23 Abs. 1 Satz 3 GG in Verbindung mit Art. 79 Abs. 3 GG abgesteckt sind. Sobald eine Maßnahme der EU einen der in Art. 79 Abs. 3 GG benannten Grundpfeiler des deutschen Grundgesetzes verletzt, überschreitet die EU im Verhältnis zu Deutschland ihre Kompetenzen (BVerfG **151**, 202; BVerfGE **89**, 155). Des Weiteren ist die EU gemäß des in **Art. 5 Abs. 2 Satz 1 EUV** verankerten Prinzips der »begrenzten Einzelermächtigung« immer nur zu Maßnahmen befugt, deren Zuständigkeit in den europäischen Verträgen **ausdrücklich** zugunsten der EU und deren Organen normiert und damit vom deutschen Gesetzgeber – der hat den EUV und den AEUV ja auf der Grundlage von Art. 23 Abs. 1 Satz 2 GG ratifiziert (siehe oben!) – und somit vom deutschen Volk legitimiert ist (komplizierter, aber ***sehr*** wichtiger Satz, bitte noch einmal lesen). Die demokratische Legitimation einer EU-Maßnahme durch das deutsche Volk umfasst also immer nur diejenigen Rechtsakte, zu denen die EU durch den EUV und den AEUV selbst ermächtigt ist. Und, logisch: Handelt die EU **außerhalb** dieser Ermächtigungen und Kompetenzen und demnach »ultra vires« (→ »jenseits der Gewalten« oder »über die Befugnisse hinausgehend«), sind die Maßnahmen **nicht** mehr von der Zustimmung des deutschen Gesetzgebers und damit auch nicht mehr von der Zustimmung des deutschen Volkes gedeckt. In einem solchen »ultra-vires«-Fall läge ein Verstoß gegen die Integrationsregeln des Art. 23 Abs. 1 Satz 2 und 3 GG vor mit der interessanten Folge, dass dem Bürger, dessen Zustimmung ja nur auf die Maßnahmen nach dem EUV und dem AEUV bezogen ist, jetzt ein Anspruch gegen den eigenen Staat auf **Einschreiten** zusteht! Und das leuchtet auch ein, denn wie soll der einzelne Bürger sonst auch seine demokratische Einflussmöglichkeit sichern? Der Anspruch umfasst und beinhaltet deshalb ausdrücklich »eine Reaktionspflicht der Bundesregierung« (BVerfGE **142**, 123) dahingehend, dass deutsche Behörden, die zur Realisierung der rechtswidrigen EU-Maßnahme eingesetzt werden sollen, faktisch aufgehalten werden und ihr Handeln umgehend unterbunden werden muss (BVerfGE **154**, 17; BVerfGE **142**, 123). Und das Ganze nennt man die aus Art. 23 Abs. 1 GG erwachsene »Integrationsverantwortung« des Deutschen Bundestages sowie auch der deutschen Bundesregierung, wobei letztgenannte bekanntlich als Spitze der Verwaltung/Exekutive den deutschen Bundesbehörden vorsteht und entsprechende Weisungen erteilen könnte – und bei entsprechenden Verstößen gegen die Integrationsverantwortung auch müsste. Soweit verstanden!?

Prima. Unsere R macht eine Verletzung genau **DIESER** Integrationsverantwortung der Bundesregierung und des Bundestages geltend. Sie meint ja, die EZB habe mit ihrem Beschluss die durch die europäischen Verträge EUV und AEUV festgelegten Kompetenzen überschritten (= Handlung »ultra-vires«) und sich folglich nicht mehr an das Prinzip der begrenzten Einzelermächtigung aus Art. 5 Abs. 2 Satz 1 EUV gehalten – mit der Konsequenz, dass Deutschland bzw. die deutsche Bundesregierung hätte einschreiten müssen. Im konkreten Fall übrigens hätte dieses Einschreiten zum Inhalt gehabt, den Verkauf der deutschen Staatsanleihen durch die deutsche Bundesbank (= staatliche Zentralbank in Deutschland) zu stoppen und/oder entsprechende gesetzliche Maßnahmen (dann zuständig: Bundestag!) einzuleiten.

ZE.: R beruft sich darauf, durch das Nichteinschreiten der deutschen Bundesregierung und des Bundestages gegen die EZB-Maßnahme in ihren demokratischen Beteiligungsrechten aus Art. 38 Abs. 1, Art. 20 Abs. 1 und 2 sowie Art. 79 Abs. 3 GG verletzt zu sein. Bei der damit gerügten Einhaltung der »Integrationsverantwortung« der deutschen Bundesregierung und des Bundestages handelt es sich um ein Unterlassen zweier deutscher Staatsgewalten, das gemäß den §§ 90 Abs. 1, 95 Abs. 1 Satz 1 BVerfGG tauglicher Beschwerdegegenstand einer Verfassungsbeschwerde sein kann.

4. Die R müsste des Weiteren **beschwerdebefugt** sein.

Definition: Gemäß Art. 93 Abs. 1 Nr. 4a GG und § 90 Abs. 1 BVerfGG kann man eine Verfassungsbeschwerde nur erheben mit der Behauptung, durch die öffentliche Gewalt in einem seiner Grundrechte oder grundrechtsgleichen Rechte verletzt zu sein. Aus dem Vorbringen des Beschwerdeführers muss zumindest die **Möglichkeit** einer Grundrechtsverletzung hervorgehen. Der Beschwerdeführer muss zudem selbst, gegenwärtig und unmittelbar betroffen sein (BVerfGE **125**, 39; BVerfGE **106**, 28; *Sachs/Detterbeck* Art. 93 GG Rz. 91; *Jarass/Pieroth* Art. 93 GG Rz. 88).

Das haben wir bei genauer Betrachtung eben eigentlich schon beantwortet: Die R wendet sich nicht unmittelbar gegen den EZB-Beschluss, sondern fühlt sich vielmehr durch das Nichteinschreiten der Bundesregierung und des Bundestages gegen einen mutmaßlich kompetenzwidrigen (→ »ultra-vires«) EZB-Beschluss in ihren demokratischen Beteiligungsrechten aus den Art. 38 Abs. 1, Art. 20 Abs. 1 und 2 sowie Art. 79 Abs. 3 GG verletzt. R macht demnach eine mögliche Grundrechtsverletzung im eben genannten Sinne geltend.

Wichtig: Nach der Rechtsprechung des BVerfG ist insoweit zudem immer auch notwendig, dass die mittelbar gerügte Kompetenzüberschreitung des EU-Organs in »offensichtlicher und strukturell bedeutsamer Weise« erfolgt ist. Eine offensichtliche und strukturell bedeutsame Verschiebung zulasten mitgliedstaatlicher Kompetenzen liegt insbesondere vor, wenn die Kompetenzüberschreitung im Hinblick auf das Prinzip der begrenzten Einzelermächtigung im Sinne des Art. 5 Abs. 2 Satz 1 EUV und die rechtsstaatliche Gesetzesbindung im konkreten Fall erheblich ins Gewicht fällt (BVerfGE **154**, 17; BVerfGE **126**, 286). Dies kann beispielsweise bei einem offensichtlichen Verstoß gegen die wirtschaftspolitischen Vorgaben der Art. 119 ff. AEUV der Fall sein, etwa weil die Maßnahme des EU-Organs die grundsätzliche Zuständigkeitsverteilung der Wirtschaftspolitik zugunsten der Mitgliedsländer aus Art. 5

Abs. 2 Satz 2 EUV missachtet und die Maßnahme daher eine Vertragsänderung nach Art. 48 EUV erfordern würde (BVerfGE **154**, 17; BVerfGE **142**, 123; BVerfGE **126**, 286). Namentlich eine von den Art. 123, 125 AEUV streng untersagte »monetäre Staatsfinanzierung« durch einen Eingriff in das wirtschaftspolitische Handeln des Einzelstaates oder in die nationalen Wirtschaftskreisläufe wäre nur durch eine Änderung der europäischen Verträge gemäß Art. 48 EUV zu legalisieren (BVerfGE **154**, 17).

ZE.: Da vorliegend eine solche offensichtliche und strukturell bedeutsame Verletzung angesichts der fragwürdigen und namentlich unter Umständen erheblich kompetenzüberschreitenden Handlung der EZB unter Verstoß gegen den Art. 123 Abs. 1 AEUV mindestens möglich erscheint (siehe oben), ist R im vorliegenden Fall selbst, gegenwärtig und unmittelbar betroffen; die Klagebefugnis ist daher zu bejahen (BVerfGE **154**, 17; BVerfGE **126**, 286).

5. Es kann davon ausgegangen werden, dass R die Form- und Fristvorgaben aus den §§ 32, 92 und 93 BVerfGG eingehalten hat, wobei darauf hinzuweisen ist, dass bei einem Vorgehen gegen ein staatliches Unterlassen die Frist des § 93 Abs. 3 BVerfGG nicht eingreift.

6. Das erforderliche Rechtsschutzbedürfnis liegt vor. Der Anspruch auf Einschreiten des Staates gegen den EZB-Beschluss war durch keinen anderen Rechtsbehelf als die Verfassungsbeschwerde zu erreichen, sodass die Vorschrift des § 90 Abs. 2 Satz 1 BVerfGG und auch das Prinzip der Subsidiarität von R nicht verletzt wurden.

Zwischenergebnis: Die Verfassungsbeschwerde der R ist zulässig.

II. Die Begründetheit der Verfassungsbeschwerde

Obersatz: Die Verfassungsbeschwerde der R ist begründet, wenn R ein Anspruch auf Einschreiten der deutschen Verfassungsorgane gegen den EZB-Beschluss zusteht (→ »Interventionsanspruch«).

Vorab: Wir müssen, bevor wir die Begründetheit im Einzelnen beleuchten, gerade noch mal kurz auf den Sachverhalt bzw. die genauen Abläufe der Geschichte schauen. Im Sachverhalt steht ja, dass das BVerfG die Meinung der R teilt und den Fall anschließend gemäß Art. 267 AEUV an den EuGH zur Klärung der entscheidungserheblichen Rechtsfrage abgibt (sogenanntes »Vorabentscheidungsverfahren«), woraufhin der EuGH die Kompetenzüberschreitung der EZB verneint. Genau genommen, steht für uns also schon fest, dass das BVerfG die Kompetenzüberschreitung der EZB und mithin auch den Anspruch der R gegen den deutschen Staat auf Einschreiten bejaht und somit auch die Verfassungsbeschwerde insgesamt für begründet hält – und dass der EuGH anschließend demgegenüber die Kompetenzüberschreitung und damit logischerweise den Anspruch der R gegen den deutschen Staat verneinen würde. Wir müssten jetzt also eigentlich nur noch klären, ob das BVerfG nach dem gegenteiligen Votum des EuGH bei seiner Meinung bleiben darf oder ob das BVerfG sich dem EuGH quasi »fügen« muss, also auf wessen Ansicht es letztlich ankommt – genau genommen wer in dieser Sache »das letzte Wort« hat.

Damit werden wir uns gleich auch beschäftigen, wollen vorher aber auch hier noch mal kurz zusammenfassen, was wir inhaltlich bislang festgestellt und gelernt haben, das erleichtert gleich die finale Entscheidung über die Kompetenzfrage, **also**: Wenn ein Organ der EU seine durch den EUV und/oder AEUV festgelegten Kompetenzen »offensichtlich und strukturell bedeutsam« überschreitet, handelt das entsprechende EU-Organ »ultra-vires« (= jenseits der Gewalten/über die Befugnisse hinausgehend). Dieses Handeln ist insbesondere nicht mehr vom Prinzip der begrenzten Einzelermächtigung aus Art. 5 Abs. 2 Satz 1 EUV gedeckt und demnach auch nicht mehr vom jeweils betroffenen Staat und dessen Volk demokratisch legitimiert. In Deutschland liegt namentlich ein Defizit an Legitimation im Sinne des Art. 23 Abs. 1 Satz 2 GG vor, der deutsche Gesetzgeber (= Deutscher Bundestag → gewählt vom deutschen Volk) hat lediglich und ausschließlich die Befugnisse und Kompetenzen aus dem EUV und dem AEUV auf die EU übertragen. Weitergehende Hoheitsrechte sind vom deutschen Gesetzgeber nicht übertragen und somit auch nicht demokratisch legitimiert. Bei einer über diese Befugnissen hinausgehenden »offensichtlichen und strukturellen Überschreitung« der Kompetenzen erwächst dem Staat wegen seiner aus Art. 23 Abs. 1 GG folgenden Integrationsverantwortung gegenüber seinen Bürgern eine »**Reaktionspflicht**« mit der weiteren Folge, dass dem Bürger wegen Verletzung der Rechte aus den Art. 38 Abs. 1, 20 Abs. 1 und 20, 79 Abs. 3 GG auch ein »**Reaktionsanspruch**« gegen die Bundesregierung und/oder den Bundestag zustehen kann (BVerfGE **154**, 17; BVerfGE **142**, 123). Das Bundesverfassungsgericht formuliert das Ganze in der hier zugrunde liegenden Entscheidung aus dem Mai 2020 so:

»... Die demokratische Mitbestimmung gehört als wesentlicher Inhalt des Grundsatzes der ***Volkssouveränität*** *zu der durch Art. 79 Abs. 3 GG geschützten und nach Art. 23 Abs. 1 Satz 3 in Verbindung mit Art. 79 Abs. 3 GG auch integrationsfesten Verfassungsidentität des Grundgesetzes ... Diese demokratische Mitbestimmung schützt im Anwendungsbereich von Art. 23 Abs. 1 GG insbesondere vor* ***offensichtlichen und strukturell bedeutsamen Kompetenzüberschreitungen*** *durch Organe, Einrichtungen und sonstige Stellen der Europäischen Union sowie davor, dass solche Maßnahmen die Grenze der durch Art. 79 Abs. 3 GG für unantastbar erklärten Grundsätze des Art. 1 oder des Art. 20 GG überschreiten ... Dem Bürger steht in den vorgenannten Fällen zur Sicherung seiner demokratischen Mitbestimmung ein in Art. 38 Abs. 1 Satz 1 in Verbindung mit Art. 20 Abs. 1 und Abs. 2 und Art. 79 Abs. 3 GG verankerter* ***Anspruch auf Einschreiten*** *des Staates zu ...*

... Dieser Anspruch des Bürgers gegen den Staat setzt voraus, dass das kompetenzwidrige Handeln der Unionsgewalt ***offensichtlich*** *ist und innerhalb des Kompetenzgefüges zu einer* ***strukturell bedeutsamen Verschiebung*** *zulasten mitgliedstaatlicher Kompetenzen führt. Eine strukturell bedeutsame Verschiebung zulasten mitgliedstaatlicher Kompetenzen liegt vor, wenn die Kompetenzüberschreitung im Hinblick auf das Prinzip der begrenzten Einzelermächtigung und die rechtsstaatliche Gesetzesbindung erheblich ins Gewicht fällt (vgl. BVerfGE* ***126****, 286)... Der Anspruch richtet sich vor allem gegen die im Bereich der auswär-*

> *tigen Gewalt mit besonderen Kompetenzen ausgestatteten Verfassungsorgane **Bundesregierung** und **Bundestag** … Bei offensichtlichen und strukturell bedeutsamen Kompetenzüberschreitungen durch Organe, Einrichtungen und sonstige Stellen der Europäischen Union haben Bundestag und Bundesregierung im Rahmen ihrer Befugnisse aktiv auf die Befolgung und Beachtung der Grenzen des Integrationsprogramms hinzuwirken …«* (BVerfGE **154**, 17).

Zu unserem Fall: Die EZB beabsichtigt mit ihrem Programm, die durch die weltweite Finanzkrise in Not geratenen Länder der EU zu unterstützen. Der Ankauf von Staatsanleihen in Höhe von 25 Milliarden Euro soll die nationalen Wirtschaftssysteme unterstützen und den privaten Konsum ankurbeln; den Ländern soll die Gewährung günstiger Kredite für die Wirtschaft und die privaten Haushalte ermöglicht und auch ein mögliches Haushaltsdefizit abgemildert werden. Mit diesen Maßnahmen und den dahinterstehenden Zielen überschreitet die EZB aber offensichtlich und strukturell bedeutsam ihre Kompetenzen: Gemäß Art. 123 Abs. 1 AEUV sowie Art. 125 Abs. 1 AEUV ist die EU ausdrücklich **nicht** dazu befugt, staatliche Defizite mithilfe von Krediten zu finanzieren oder gar auszugleichen. Namentlich die »monetäre Staatsfinanzierung« ist nach den genannten Vorschriften streng untersagt. Das wirtschaftspolitische Handeln bleibt stets Sache der einzelnen Mitgliedsländer und gehört daher allein in deren Zuständigkeit. Zudem fördert die drastische Erhöhung der Geldmenge die Inflation in der EU und steht damit diametral zum gesetzlich in den Art. 127 und 282 AEUV normierten Ziel der EZB, nämlich der Gewährleistung der Preisstabilität. Eine Berufung der EZB auf die der EU durch Art. 3 Abs. 1c AEUV zugewiesene »Währungspolitik« geht offensichtlich fehl. **Fazit**: Die Maßnahme der EZB überschreitet »offensichtlich und strukturell bedeutsam« die im EUV und AEUV normierten Kompetenzen und findet folglich außerhalb der Zuständigkeit und Kompetenz der EU und der EZB statt (= »ultra-vires«).

Beachte: Im Original-Fall war die Feststellung dessen übrigens etwas komplizierter als bei unserer Variante hier. Im PSPP-Programm hatte die EZB als Ziel formuliert, durch die Ausgabe der Staatsanleihen und die damit einhergehende drastische Geldmengenerhöhung *»die Inflationsraten mittelfristig wieder einem Niveau von unter, aber nahe 2 % anzunähern«* (vgl. BVerfGE **154**, 17). Daher seien die Maßnahmen dem Ziel der »**Währungspolitik**« der Union im Sinne von Art. 3 Abs. 1c, 127 Abs. 1, Art. 282 Abs. 2 AEUV zuzuordnen und folglich innerhalb der Zuständigkeiten erfolgt (Art. 5 Abs. 1 EUV) – was der EuGH anschließend auch brav bestätigte und ausdrücklich urteilte, mit dem durch den EZB-Beschluss eingesetzten Mittel des Ankaufs von Staatsanleihen habe die EZB eines der geldpolitischen Instrumente genutzt, die das Primärrecht in den europäischen Verträgen auch vorsehe. Der Beschluss der EZB falle in Anbetracht seines Ziels und der zur Erreichung dieses Ziels vorgesehenen Mittel bei einer Gesamtbetrachtung daher allein in den Bereich der »Währungspolitik« im Sinne der Art. 3 Abs. 1c, 127 Abs. 1, 282 Abs. 2 AEUV und **nicht** der Wirtschaftspolitik (vgl. EuGH vom 11. Dezember **2018** – *Weiss* u.a. – C-493/17, EU:C:**2018**:1000). Bei der rechtlichen Einordnung der EZB-Maßnahme seien nur die angestrebten **Ziele** und die zur Erreichung dieser Ziele gewählten **Mittel** maßgeblich; seien die Ziele und die eingesetzten Mittel von der Kompetenzzuweisung im AEUV und EUV gedeckt, komme es auf die tatsächlichen (mittelbaren) Auswirkungen der Maßnahmen nicht mehr an. **Denn**: »... *Die Zuordnung des EZB-Beschlusses zur Währungspolitik im Sinne der Art. 3 Abs. 1c, 127 Abs. 1, Art. 282 Abs. 2 AEUV wird nicht durch den Umstand in Frage gestellt, dass das PSPP-Programm erhebliche, allerdings nur mittelbare Auswirkungen auf die Bilanzen der Geschäftsbanken und auf die Finanzierungsbedingungen der Mitgliedstaaten des Euro-Währungsgebiets hat ...*« Im Klartext hieß das, dass es bei der rechtlichen Einordnung des PSPP-Beschlusses der EZB unerheblich sei, wenn als (lediglich mittelbare) Wirkung der Kapitalzufuhr durch den Ankauf der Staatsanleihen einzelne Staaten bzw. deren Zentralbanken ihre Bilanzen aufbessern und die Staaten damit ihr Haushaltsdefizit ausgleichen und zahlungsfähig bleiben – dem das BVerfG anschließend dann aber ausdrücklich widersprach (BVerfGE **154**, 17).

Um uns diese Diskussion zu ersparen, haben wir unseren Sachverhalt wie oben gesehen etwas vereinfacht und den möglichen und anvisierten Ausgleich der Haushaltsdefizite ausdrücklich als primäres Ziel in unser EZB-Programm reingeschrieben; damit verstößt unsere Maßnahme der EZB schon rein objektiv betrachtet gegen die Zuständigkeitsregelungen des EUV und des AEUV. Da in unserem Fall zudem kein Wort von einer zu gewährleistenden Preisstabilität oder das Wort »Währungspolitik« steht, dürfen und können wir hier – wie schon erwähnt – von »offensichtlichen und strukturell bedeutsamen« Kompetenzüberschreitungen ausgehen. Und daher steht R auch ein Interventionsanspruch gegen den deutschen Staat zu, der konkret darauf gerichtet ist, den Ankauf von deutschen Staatsanleihen durch die EZB zu unterbinden und/oder entsprechende gesetzliche Maßnahmen zu ergreifen. Da dies nicht passiert ist, ist R in ihren Beteiligungsrechten aus Art. 38 Abs. 1 Satz 1, 20 Abs. 1 und 2, 79 Abs. 3 GG verletzt und die Verfassungsbeschwerde wäre – jedenfalls bis hierhin und nach Meinung des BVerfG – auch begründet.

2. Schritt: Es stellt sich jetzt aber natürlich die Frage, ob diese Bewertung weiterhin Bestand haben kann vor dem Hintergrund, dass das BVerfG dem EuGH die Rechtsfrage über eine mögliche Kompetenzüberschreitung gemäß Art. 267 Abs. 2 und 3 AEUV vorgelegt und der EuGH anschließend die Kompetenzüberschreitung der EZB verneint und die Maßnahme vielmehr der Währungspolitik zugeordnet hat. Bei genauer Betrachtung müssen wir nun klären, auf wessen Ansicht es ankommt und vor allem natürlich, inwieweit das BVerfG an den Richterspruch des EuGH gebunden ist.

Durchblick: Das Vorabentscheidungsverfahren nach Art. 267 AEUV folgt aus dem Auftrag, den Art. 19 Abs. 1 Satz 2 EUV (aufschlagen!) dem EuGH zuspricht, nämlich die »Wahrung des Rechts bei der Auslegung und Anwendung der Verträge zu sichern«, und zwar als höchste Autorität bzw. Instanz (*Schwarze/Wunderlich* Art. 267 AEUV Rz. 3; *Streinz/Ehricke* Art. 267 AEUV Rz. 1; *Hobe/Fremuth* § 11 Rz. 60; *Herdegen* § 9 Rz. 27; *Haratsch/Koenig/Pechstein* Rz. 584). Liest man Art. 19 Abs. 1 Satz 2 EUV sehr genau, ergeben sich daraus auch schon die beiden möglichen Prüfungsgegenstände einer Vorabentscheidung, die der Gesetzgeber freundlicherweise zudem aber auch noch mal explizit in Art. 267 Abs. 1 AEUV formuliert hat: Der EuGH entscheidet gemäß Art. 267 Abs. 1 AEUV demnach über **(a)** die Auslegung der Verträge und **(b)** über die Gültigkeit der Handlungen der EU-Organe.

Feinkost: Die Schlaumeier unter uns beachten bitte, dass »der EuGH« als solcher tatsächlich gar nichts entscheidet, jedenfalls aber die gewählte Formulierung eigentlich nicht korrekt ist. Mit dem Vertrag von Lissabon wurde im Jahr 2009 durch Art. 19 Abs. 1 EUV nämlich festgelegt, dass der »Gerichtshof der Europäischen Union« (= EuGH) lediglich der **Oberbegriff** für die einzelnen Spruchkörper des EuGH ist. Gemäß **Art. 19 Abs. 1 Satz 1 EUV** entscheiden im konkreten Fall entweder »der Gerichtshof«, »das Gericht« oder ein »Fachgericht«. Die jeweiligen Zuständigkeiten und Zusammensetzungen der Spruchkörper können und wollen wir uns hier sparen (vgl. dazu bei Bedarf bitte Art. 251 ff. AEUV), behalten aber bitte ab jetzt im Hinterkopf, dass mit dem nach wie vor verwendeten Begriff bzw. dem Kürzel »EuGH« in aller Regel der in Art. 19 Abs. 1 Satz 2 EUV benannte »**Gerichtshof**« gemeint ist (lies etwa Art. 267 Abs. 2 AEUV!). Da nahezu sämtliche Lehrbücher und Kommentare trotz Art. 19 Abs. 1 Satz 1 AEUV bis heute bei der Bezeichnung »EuGH« geblieben sind, wollen wir das hier auch so handhaben, erzählen das gerade Gesagte aber auf Nachfrage bitte und gerne der Prüfungskommission im mündlichen Staatsexamen (= Sonderpunkte).

So. Der EuGH/der »Gerichtshof« ist also gemäß Art. 267 AEUV dafür zuständig, über die einheitliche Auslegung des **Primärrechts** (= EUV und AEUV) und über die einheitliche Anwendung des **Sekundärrechts** (= auf Grundlage des EUV oder des AEUV von den Organen der EU erlassenes Recht) zu wachen; zudem im Übrigen auch noch über das – uns hier aber nicht interessierende – **Tertiärrecht** (= durch Sekundärrecht legitimierte Rechtsetzung). Vorlagefragen dürfen sich mithin auch nur auf solche Streitpunkte beziehen, also auf die Auslegung des EUV oder des AEUV und/oder auf die Überprüfung eines europarechtlich determinierten Rechtsaktes eines EU-Organs auf Vereinbarkeit mit EUV und AEUV (*Herdegen* § 9 Rz. 27; *Schwarze/Wunderlich* Art. 267 AEUV Rz. 9). Die Vorlagenfragen nach Art. 267 AEUV machen übrigens den weit überwiegenden Teil aller Klagen vor dem EuGH aus, und zwar im Schnitt fast 75 % (aktuelle Zahlen gibt es im »Jahresbericht des EuGH – Rechtsprechungstätigkeit» oder bei *Schwarze/Wunderlich* Art. 267 AEUV Rz. 6).

Aus dem Auftrag des EuGH zur Sicherung der einheitlichen Anwendung des europäischen Rechts folgt im Weiteren dann die logische (Aus-)Wirkung seiner Urteilssprüche: Die Entscheidung des gemäß Art. 267 AEUV angerufenen EuGH entfaltet **formelle und materielle Rechtskraft** und ist vom vorlegenden nationalen Gericht als bindend anzuerkennen und seiner eigenen (Schluss-)Entscheidung zugrundzulegen (EuGH JuS **2016**, 949; EuGH JuS **2011**, 85; EuGH Rs. 69/85, Slg. **1986**, Seite 947; *Schwarze/Wunderlich* Art. 267 AEUV Rz. 69; *Haratsch/Koenig/Pechstein* Rz. 598; *Streinz* Rz. 713). Diese Bindungswirkung steht übrigens nirgendwo im Primärrecht niedergeschrieben, ergibt sich aber aus dem Sinn des Verfahrens: Denn wenn der EuGH gemäß Art. 19 Abs. 1 Satz 2 EUV unstreitig für die einheitliche Anwendung des europäischen Rechts zuständig und das Verfahren nach Art. 267 AEUV genau DESWEGEN auch erschaffen worden ist, müssen die gemäß Art. 267 AEUV ergangenen Richtersprüche logischerweise bindende Wirkung entfalten, andernfalls würde das gesamte Verfahren keinerlei Sinn machen und ins Leere laufen (*Schwarze/Wunderlich* Art. 267 AEUV Rz. 69; *Hobe/Fremuth* § 11 Rz. 70; *Streinz* Rz. 713; *Herdegen* § 9 Rz. 35). **Achtung**: Der EuGH entscheidet gleichwohl immer nur über die ihm gestellte **Rechtsfrage**, nicht aber über den gesamten Fall. Das nationale Gericht ist bei seiner Schlussentscheidung an die Vorgaben des EuGH daher auch nur insoweit gebunden, als sie das Ergebnis prädestinieren; es subsumiert im Übrigen den Fall nach wie vor selbst. Nach zutreffender Ansicht stellt das Vorabentscheidungsverfahren nach Art. 267 AEUV lediglich ein **Zwischenverfahren** zur Klärung von europäischen Rechtsfragen dar (EuGH JuS **2016**, 949; EuGH JuS **2015**, 852; *Hobe/Fremuth* § 11 Rz. 61; *Haratsch/Koenig/Pechstein* Rz. 584; *Herdegen* § 9 Rz. 35). Im Hinblick auf eine mögliche Anrufungspflicht gilt: Gemäß Art. 267 Abs. 2 AEUV ***kann*** ein nationales Gericht den EuGH anrufen, wenn es eine europarechtliche Frage zur Auslegung des Primär- oder zur Anwendung des Sekundär- oder Tertiärrechts für entscheidungsrelevant hält. Gemäß **Art. 267 Abs. 3 AEUV** (aufschlagen!) ***muss*** ein nationales Gericht den EuGH in solchen Fällen anrufen, wenn gegen seine eigene Entscheidung im nationalen Recht kein Rechtsmittel mehr vorgesehen ist, das nationale Gericht also – wie etwa das Bundesverfassungsgericht – abschließend urteilt (Einzelheiten zum Vorlageverfahren finden sich weiter unten im letzten Kapitel des Buches).

Zum Fall: Bei unserer Geschichte hat das Bundesverfassungsgericht – so steht es im Sachverhalt – den EuGH schon angerufen, und zwar zu der Rechtsfrage, ob der Beschluss der EZB innerhalb dessen Zuständigkeit fiel. Bei genauer Betrachtung war das BVerfG hierzu auch verpflichtet, denn gemäß Art. 267 Abs. 3 AEUV ***muss*** – wir haben es gerade gesagt – ein nationales Gericht den EuGH anrufen, wenn eine europarechtliche Frage des Primär-, Sekundär- oder Tertiärrechts entscheidungserheblich und gegen ein Urteil des nationalen Gerichts kein Rechtsmittel mehr möglich ist. In dem vom BVerfG (als rechtsmittelfreiem Gericht) zu entscheidenden Verfassungsbeschwerdeverfahren der R geht es mittelbar um die Frage, ob der EZB-Beschluss gegen die Zuständigkeitsregeln des EUV und des AUV verstößt; wäre das der Fall, stünde unserer R ja der reklamierte Interventionsanspruch zu und die Verfassungsbeschwerde wäre begründet. Bei dem Beschluss der EZB über den Ankauf der Staatsanleihen handelt es sich um einen Beschluss auf der Grundlage des Art. 132 Abs. 1 AEUV und mithin um einen Rechtsetzungsakt eines EU-Organs im Sinne des Art. 288 Abs. 1 und 4 AEUV. Bei der Frage, ob dieser Rechtsetzungsakt als **Sekundärrechtsakt** zulässig auf der Grundlage des EUV und des AEUV ergangen ist, geht es also zum einen um die Frage der Gültigkeit des **Sekundärrechts** (EZB-Beschluss) und zum anderen auch um die Auslegung des **Primärrechts**: Ob der Beschluss der EZB gültig ist, hängt namentlich davon ab, wie der Begriff der »Währungspolitik« im Sinne des Art. 3 Abs. 1c AEUV (= Primärrecht) ausgelegt werden muss und ob es sich bei dem EZB-Beschluss damit um einen Akt innerhalb der Zuständigkeit gemäß Art. 127

Abs. 1 AEUV oder aber doch um einen Verstoß gegen das in Art. 123, 125 AEUV verankerte Verbot der »monetären Staatsfinanzierung« handelt.

Also, das ist der aktuelle Stand. Und jetzt hat der EuGH – auch das steht schon im Sachverhalt – blöderweise entschieden, dass die Auslegung des Primärrechts und die Anwendung des Sekundärrechts in der Form des EZB-Beschlusses ***keinen*** Verstoß gegen europäisches Recht darstellt; es liegt nach Meinung des EuGH insbesondere ein Akt der »Währungspolitik« im Sinne des Art. 3 Abs. 1c AEUV vor, der in die Zuständigkeit der EZB nach Art. 127 Abs. 1 AEUV fällt. Und nach allem, was wir bisher gesagt haben, muss sich das BVerfG an diese Entscheidung jetzt bitteschön auch halten und die Verfassungsbeschwerde der R konsequenterweise für unbegründet erklären, denn es gibt ja eine **Bindungswirkung** der EuGH-Entscheidung, wenn ein nationales Gericht nach Art. 267 AEUV den EuGH zur Klärung einer Rechtsfrage anruft.

Nein.

Wir haben das im letzten Fall schon mal angedeutet: Europarecht bedeutet in der Praxis immer auch eine Art »Kompetenzgerangel«, also Streit darüber, welches Gericht bei strittigen europarechtlichen Fragen das letzte Wort hat bzw. haben darf. Der europäische Gesetzgeber hat – wie wir seit eben wissen – mit Art. 267 AEUV an sich eine klare Regelung geschaffen und dem EuGH in Art. 19 Abs. 1 Satz 2 EUV (aufschlagen!) zudem einen sehr klaren Auftrag erteilt. Wir wissen aber inzwischen auch, dass trotz der europäischen Vereinigung jeder Nationalstaat selbstverständlich immer auch eigene Interessen, Wertvorstellungen und Rechtsordnungen hat und diese auch schützen will und vermutlich sogar muss. Der Art. 4 Abs. 2 Satz 1 EUV (auch den: aufschlagen!) dokumentiert dies eindrücklich, schiebt freilich in Abs. 3 den Hinweis nach, dass alle Staaten gleichwohl zur »**loyalen Zusammenarbeit**« verpflichtet sind, womit nach herrschender Meinung auch gemeint ist, dass sich nationale Gerichte an die Entscheidungen des EuGH oder der anderen Organe der EU halten sollen (*Schwarze/Hatje* Art. 4 EUV Rz. 32; *Streinz/Streinz* Art. 4 EUV Rz. 33). Aus Art. 4 Abs. 3 EUV folgt insbesondere die Verpflichtung, »*... keine Maßnahmen zu ergreifen, welche die praktische Wirksamkeit der Verträge beeinträchtigen könnte, wozu auch die Unterlassung unionsrechtswidriger Handlungen, Entscheidungen oder Rechtssetzungen gehört ...*« (EuGH Rs. C-213/89 EU:C:**1990**:257 Rz. 19; EuGH Rs 14/68 Slg. **1969**, 1; EuGH Rs. 230/81 Slg. **1983**, 255; *Streinz* Rz. 171; *Herdegen* § 6 Rz. 14). Die Entscheidung eines nationalen Gerichts gegen die in einem Verfahren nach Art. 267 AEUV geäußerte Rechtsauffassung des EuGH würde somit nicht nur einen Verstoß gegen die Bindungswirkung des Urteils nach Art. 267 AEUV, sondern auch gegen die Pflicht zur loyalen Zusammenarbeit aus Art. 4 Abs. 3 EUV bedeuten.

Durchblick: Der Beschluss des BVerfG vom 5. Mai 2020, über den wir hier reden bzw. dessen vereinfachte Fassung Gegenstand unseres Falles ist, war und ist deshalb so bedeutsam und spektakulär, weil das BVerfG diese ganzen Überlegungen ignorierte und die Entscheidung des von ihm selbst angerufenen EuGH am Ende faktisch und rechtlich ignorierte. Wie gesagt: Es geht im Europarecht sehr häufig um Kompetenzen – und das deutsche Bundesverfassungsgericht kennt an dieser Stelle trotz der eindeutigen europäischen Gesetzeslage tendenziell kein Pardon. Im konkreten Fall »überstimmte« das BVerfG am Ende den EuGH und nahm unter Durchbrechung der Bindungswirkung seine eigene Auslegung des europäischen Rechts als Entscheidungsmaßstab. Tatsächlich war die Feststellung einer Kompetenzüberschreitung der EZB im Originalfall übrigens durchaus etwas kniffliger festzustellen und viel umfangreicher zu begründen als bei uns hier. Da die EZB im Originalfall die »Währungspolitik« als Argument für ihre Maßnahme angeführt und einen Eingriff in die Wirtschaftspolitik ausdrücklich verneint hatte, war es materiell-rechtlich zumindest irgendwie vertretbar, eine Kompetenzüberschreitung abzulehnen und die Maßnahme unter **Art. 3 Abs. 1c AEUV** und **Art. 127 Abs. 1 AEUV** zu subsumieren. Das BVerfG war indes – wie erörtert – anderer Ansicht und hat deshalb trotz Anrufung des EuGH gemäß Art. 267 AEUV und der durch den EuGH-Urteilsspruch entstandenen Bindungswirkung (siehe oben) seine Auffassung – jedenfalls im Ergebnis – durchgesetzt. Das einzige, freilich ziemlich große Problem des BVerfG war auch ein anderes, nämlich: Wie sagen wir es möglichst (europa-)freundlich, dass uns am Ende eigentlich egal ist, was der EuGH urteilt, auch wenn wir den EuGH zur Klärung der Rechtsfrage selbst angerufen haben?

Die ziemlich erstaunliche Lösung lautet: Das BVerfG behauptete, der EuGH habe mit seiner Entscheidung selbst »ultra-vires« gehandelt, also außerhalb seiner eigenen Zuständigkeit! Und deshalb könne natürlich auch keine Bindungswirkung im Sinne des Art. 19 Abs. 1 Satz 2 EUV und Art. 267 AEUV entstehen. Entscheidungen des EuGH seien logischerweise nur bindend, wenn der EuGH als ein Organ der EU auch seine ihm zugewiesenen Kompetenzen beachte (BVerfGE **154**, 17).

Wir erinnern uns bitte: Wenn ein europäisches Organ außerhalb seiner eigenen, durch den EUV und AEUV zugewiesenen Zuständigkeit handelt, ist dieser Akt nicht mehr von der Zustimmung des nationalen (in diesem Falle: deutschen) Volkes gedeckt. Denn die Übertragung der Hoheitsrechte auf die EU-Organe erfolgt in Deutschland ausschließlich über Art. 23 Abs. 1 Satz 2 GG und umfasst nur die beiden Verträge der EU, also den EUV und den AEUV. Nur die **DARIN** enthaltenen Befugnisse und Hoheitsrechte sind vom deutschen Gesetzgeber und damit vom deutschen Volk auf die EU übertragen und somit entsprechend demokratisch legitimiert. Alle darüberhinausgehenden Handlungen oder Entscheidungen von EU-Organen finden »**ultra-vires**« statt und haben für den betroffenen Staat demnach keine Wirkung. Im Gegenteil: Sie verpflichten den Staat zu einer entsprechenden gegenläufigen Reaktion und begründen sogar einen Anspruch des Volkes bzw. der einzelnen Bürger auf ein Einschreiten des eigenen Staates gegen diese Maßnahmen – und zwar genau so, wie wir das oben im Hinblick auf die EZB-Maßnahme ja auch schon einmal durchgespielt haben. Die EZB-Maßnahme lag außerhalb der Zuständigkeiten, war deshalb »ultra-vires« und mithin für Deutschland nicht wirksam.

So, und dieses Prinzip gilt grundsätzlich natürlich auch für den EuGH, der gemäß Art. 13 Abs. 1 UAbs. 2 EUV ja auch ein EU-Organ ist, das sich somit ebenfalls an die ihm im EUV und AEUV zugewiesenen Zuständigkeiten halten muss und andernfalls »ultra-vires« handeln würde – mit den eben aufgezeigten Konsequenzen. Die Idee des BVerfG, dem EuGH ein solches Handeln »ultra-vires« zu unterstellen, war damit auf jeden Fall schon mal geeignet, um die Bindungswirkung der Entscheidung in Frage stellen bzw. zu verneinen.

Problem: Wie kann der vom Bundesverfassungsgericht gemäß Art. 267 AEUV angerufene EuGH mit seiner daraufhin ergangenen Entscheidung eigentlich außerhalb seiner Kompetenz handeln? Die Anrufung des EuGH im Vorabentscheidungsverfahren nach Art. 267 Abs. 2 AEUV impliziert doch gerade ein Handeln **INNERHALB** seiner – ausdrücklich vom Gesetz zugewiesenen – Kompetenz, was das BVerfG mit der Anrufung des EuGH auch noch selbst dokumentiert!

Um diese, eigentlich unüberwindbare Klippe zu umschiffen, griff das BVerfG tief in die juristische Trickkiste. Wir haben genug Vorarbeit geleistet, um uns an dieser Stelle jetzt ein bisschen Originaltext zu gönnen, wobei wir direkt mal mit der bereits erwähnten, angeblichen »Europafreundlichkeit« des BVerfG beginnen wollen. Wörtlich heißt es nämlich in der Entscheidung (BVerfGE **154**, 17):

> *»… Die Pflicht des Bundesverfassungsgerichts, substantiierten Rügen eines ultra-vires-Handelns von Organen der Europäischen Union nachzugehen, ist mit der vertraglich dem Gerichtshof übertragenen Aufgabe zu koordinieren, die Verträge auszulegen und anzuwenden und dabei die* ***Einheit des Unionsrechts*** *zu wahren.* ***Wenn jeder Mitgliedstaat ohne Weiteres für sich in Anspruch nähme, durch eigene Gerichte über die Gültigkeit von Rechtsakten der Union zu entscheiden, könnte der Anwendungsvorrang praktisch unterlaufen werden, und die einheitliche Anwendung des Unionsrechts wäre gefährdet. Die Auslegung und Anwendung des Unionsrechts einschließlich der Bestimmung der dabei anzuwendenden Methode ist daher auch zuvörderst Aufgabe des Gerichtshofs, dem es gemäß Art. 19 Abs. 1 Satz 2 EUV obliegt, bei der Auslegung und Anwendung der Verträge das Recht zu wahren*** *… Würden aber andererseits die Mitgliedstaaten vollständig auf die ultra-vires-Kontrolle verzichten, so wäre die Disposition über die vertragliche Grundlage allein auf die Unionsorgane verlagert. Dass in den* ***seltenen Grenzfällen*** *möglicher Kompetenzüberschreitung seitens der Organe der Europäischen Union die verfassungsrechtliche und die unionsrechtliche Perspektive nicht vollständig harmonieren, ist dem Umstand geschuldet, dass die Mitgliedstaaten der Europäischen Union immer Herren der Verträge bleiben und die Schwelle zum Bundesstaat nicht überschritten wurde. Die nach dieser Konstruktion im Grundsatz unvermeidlichen Spannungslagen sind im Einklang mit der europäischen Integrationsidee* ***kooperativ auszugleichen*** *und durch* ***wechselseitige Rücksichtnahme*** *zu entschärfen. Dies kennzeichnet die Europäische Union, die ein Staaten-, Verfassungs-, Verwaltungs- und Rechtsprechungsverbund ist. Die ultra-vires-Kontrolle ist daher immer zurückhaltend und* ***europafreundlich*** *durchzuführen …«*

So. Das klingt bis hierhin natürlich alles erst mal super, europäisches Recht soll auf jeden Fall Vorrang haben, alles schön einheitlich und es könne natürlich nicht angehen, wenn jeder Mitgliedstaat über die Gültigkeit von Rechtsakten der Union in Eigenregie entscheidet. Hierfür sei natürlich nur der EuGH zuständig. Es gäbe zwar möglicherweise »seltene Grenzfälle«, die man aber auf jeden Fall schön kooperativ lösen könne und auch werde. Also, alles super und vor allem »europafreundlich«!

Und nach diesen enorm europafreundlichen und versöhnlichen Worten wird es ungemütlich bis unverschämt, denn das BVerfG erklärt dem EuGH gleich im nächsten Absatz, dass die »Europafreundlichkeit« auch Grenzen hat, denn (BVerfGE **154**, 17):

> *»… Eine* ***offenkundige Außerachtlassung*** *der im europäischen Rechtsraum überkommenen Auslegungsmethoden oder allgemeiner, den Rechtsordnungen der Mitgliedstaaten* ***gemeinsamer Rechtsgrundsätze*** *ist vom Mandat des EuGH aus Art. 19 Abs. 1 Satz 2 EUV allerdings nicht mehr umfasst. Mit der in Art. 19 Abs. 1 Satz 2 EUV enthaltenen Aufgabenzuweisung, die Wahrung des Rechts bei der Auslegung und Anwendung der Verträge zu sichern, ist zwar auch ein Anspruch auf Fehlertoleranz verbunden. Es ist vor diesem Hintergrund insbesondere* ***nicht*** *Aufgabe des Bundesverfassungsgerichts, bei Auslegungsfragen im Unionsrecht, die auch bei methodengerechter Bewältigung im üblichen rechtswissenschaftlichen Diskussionsrahmen zu unterschiedlichen Ergebnissen führen können, seine Auslegung an die Stelle derjenigen des Gerichtshofs zu setzen. Es muss eine Entscheidung durch den Gerichtshof vielmehr auch dann respektieren, wenn dieser zu einer Auffassung gelangt, der sich mit gewichtigen Argumenten entgegentreten ließe, solange sie sich auf anerkannte methodische Grundsätze zurückführen lässt und nicht objektiv willkürlich erscheint.* ***Dies gilt aber nicht für offensichtliche Kompetenzüberschreitungen****. Die Annahme einer solchen offensichtlichen Kompetenzüberschreitung setzt hierbei zwar nicht voraus, dass keine unterschiedlichen Rechtsauffassungen zu der in Rede stehenden Frage vertreten werden. Dass Stimmen im* ***Schrifttum, in der Politik oder den Medien*** *einer Maßnahme Unbedenklichkeit attestieren, hindert die Feststellung einer offensichtlichen Kompetenzüberschreitung durch das Bundesverfassungsgericht grundsätzlich nicht. Offensichtlich kann die Kompetenzüberschreitung zudem auch dann sein, wenn ihre Annahme das Ergebnis einer sorgfältigen und detailliert begründeten Auslegung durch den EuGH ist.* ***Im vorliegenden Fall hat der Gerichtshof die Unterscheidung zwischen Wirtschafts- und Währungspolitik weitestgehend aufgegeben****. Damit gestattet er dem ESZB, Wirtschaftspolitik mit dem Ankauf von Staatsanleihen zu betreiben. Diese Befugnis findet im Primärrecht* ***keine Grundlage*** *und ist vielmehr das Ergebnis einer rechtsmethodisch offenkundig fehlerhaften Auslegung der Verträge durch den Gerichtshof und ein Verstoß gegen die Zuständigkeitsregelungen des Art. 5 Abs. 1 und 4 EUV … Überschreitet der Gerichtshof derart die Grenze zur offensichtlichen Außerachtlassung gemeinsamer Rechtsgrundsätze und allgemeiner Auslegungsmethoden, ist sein Handeln vom Mandat des Art. 19 Abs. 1 Satz 2 EUV in Verbindung mit dem Zustimmungsgesetz dann nicht mehr gedeckt, sodass seiner Entscheidung jedenfalls für Deutschland das gemäß Art. 23 Abs. 1 Satz 2 in Verbindung mit Art. 20 Abs. 1 und Abs. 2 und Art. 79 Abs. 3 GG erforderliche Mindestmaß an demokratischer Legitimation fehlt und demnach auch keine Bindungswirkung entfalten kann …«*

Also: Sollte der EuGH bei seinen Entscheidungen »allgemeine Auslegungsmethoden und gemeinsame Rechtsgrundsätze« (was auch immer das heißen soll) offenkundig außer Acht lassen, handelt er nach Meinung des BVerfG nicht mehr innerhalb seiner durch Art. 19 Abs. 1 Satz 2 EUV verliehenen Kompetenzen und somit »ultra-vires« mit der Folge, dass diese Entscheidungen für Deutschland bzw. deutsche Gerichte nicht mehr bindend sind. Solche »offensichtlichen Kompetenzüberschreitungen« seien insbesondere nicht mehr von der demokratischen Legitimation des Art. 23 Abs. 1 Satz 2, 79 Abs. 3 GG gedeckt.

Beachte: Mit dieser Entscheidung durchbricht das Bundesverfassungsgericht nicht nur die Bindungswirkung von EuGH-Entscheidungen, sondern gibt sich zum anderen auch selbst die Befugnis darüber zu urteilen, wann der EuGH seine eigene Kompetenz aus Art. 19 Abs. 1 Satz 2 EUV überschreitet und demnach ultra-vires handelt. Die Berufung auf einen Verstoß gegen »allgemeine Auslegungsmethoden und gemeinsame Rechtsgrundsätze« und daraus folgende »offensichtlichen Kompetenzüberschreitungen« lässt dem BVerfG zudem ab sofort genügend Platz und Auslegungsspielraum, um auch bei zukünftigen Verfahren trotz der Bindungswirkung aus Art. 267 AEUV selbst und final über europäisches Recht entscheiden zu können. Bei genauer Betrachtung setzt sich das BVerfG damit übrigens an die Stelle des EuGH, denn – wie wir inzwischen wissen – nur der EuGH hat die durch Art. 19 Abs. 1 Satz 2 EUV gesetzlich normierte Aufgabe, Pflicht und Befugnis, abschließend über die Auslegung europäischen Rechts zu urteilen. Genau **DAS** aber nimmt das BVerfG hier vor – und gestattet sich selbst »das letzte Wort«. Die Europäische Kommission hält das Urteil des Bundesverfassungsgerichts aus dem Mai 2020 deshalb übrigens für einen glatten Verstoß gegen europäisches Recht und hat deswegen am 9. Juni 2021 ein sogenanntes »Vertragsverletzungsverfahren« im Sinne des Art. 258 AEUV gegen Deutschland eingeleitet: Nach Meinung der Kommission stellt das Urteil einen »ernstzunehmenden Präzedenzfall« dar, da es den Vorrang des europäischen vor dem nationalen Verfassungsrecht offenkundig und eindeutig missachtet. Dieses Verfahren wurde am 2. Dezember 2021 allerdings wieder eingestellt, nachdem die Bundesregierung in einer Erklärung den »Vorrang und die Autonomie« des europäischen Rechts anerkannt hat. Deutschland hatte außerdem zugesagt, die »Autorität des Europäischen Gerichtshofs (EuGH) anzuerkennen, dessen Urteile endgültig und verbindlich seien«. Deutschland hatte sich verpflichtet, alle zur Verfügung stehenden Mittel zu nutzen, um weitere Ultra-vires-Entscheidungen zu vermeiden.

Wir merken uns: Das Bundesverfassungsgericht ist nach eigener Aussage zwar unglaublich europafreundlich, behält sich aber trotzdem vor, mögliche Kompetenzüberschreitungen des EuGH doch lieber selbst zu überprüfen und die aus Art. 19 Abs. 1 Satz 2 EUV und Art. 267 AEUV folgende Bindungswirkung von EuGH-Entscheidungen unter Umständen aufzuheben. Bei entsprechenden »offenkundigen Verstößen« gegen »allgemeine Auslegungsmethoden und gemeinsame Rechtsgrundsätze«

entfällt wegen der daraus folgenden offensichtlichen Kompetenzüberschreitung seitens des EuGH die Wirkung der Entscheidungen für Deutschland und namentlich das BVerfG (BVerfGE **154**, 17). Der EuGH handelt nach BVerfG-Ansicht in diesen Fällen über seine durch Art. 19 Abs. 1 Satz 2 EUV verliehen Befugnis hinaus (»ultravires«) mit der Folge, dass es an einer demokratischen Legitimation der Entscheidung des EuGH durch das deutsche Volk mangelt.

Zum Fall: Bei unserer Geschichte können wir nach alledem entspannt feststellen, dass der EuGH, der die Kompetenz der EZB nach Angabe des Sachverhaltes ja bejaht hatte, hier (anders als im Originalfall) tatsächlich und offensichtlich komplett danebenliegt, denn die Rettung von Haushaltsdefiziten gehört eindeutig ***nicht*** zur Kompetenz der EZB, sondern ist durch Art. 123, 125 AEUV sogar ausdrücklich untersagt. Die EZB überschreitet mit dieser Maßnahme offenkundig und strukturell bedeutsam ihre Kompetenz. Und da der EuGH das nur deshalb anders sehen und bewerten konnte, weil er allgemeine Auslegungsmethoden offenkundig außer Acht lässt (→ Wortlaut des Art. 123 AEUV! Wortlaut und teleologische Auslegung der Art. 3c, 125 und 127 AEUV! Wortlaut des Art. 5 Abs. 2 Satz 2 EUV!), haben wir hier bei unserer Sachverhaltsgestaltung einen Fall der »offensichtlichen Kompetenzüberschreitung« des EuGH, die nicht mehr von Art. 19 Abs. 1 Satz 2 EUV gedeckt und mithin als »ultravires« zu bezeichnen ist. Und das wiederum hat zur Folge, dass das BVerfG an den Urteilsspruch des von ihm selbst nach Art. 267 AEUV angerufenen EuGH **NICHT** gebunden ist (BVerfGE **154**, 17).

Ergebnis: Die Verfassungsbeschwerde der R ist und bleibt begründet.

Gutachten

Die Verfassungsbeschwerde der R hat Aussicht auf Erfolg, wenn sie zulässig und begründet ist.

I. Zulässigkeit

1. Gemäß Art. 93 Abs. 1 Nr. 4a GG in Verbindung mit § 13 Nr. 8a und § 90 Abs. 1 BVerfGG entscheidet das Bundesverfassungsgericht über Verfassungsbeschwerden und ist daher vorliegend das zuständige Gericht für das Begehren der R.

2. R ist eine volljährige natürliche Person und somit als» jedermann« auch beschwerdefähig im Sinne des § 90 Abs. 1 BVerfGG.

3. Gemäß § 90 Abs. 1 BVerfGG kann Beschwerdegegenstand einer Verfassungsbeschwerde nur ein Akt der öffentlichen Gewalt sein. Mit öffentlicher Gewalt sind grundsätzlich nur Hoheitsakte der deutschen Staatsgewalt gemeint. Entscheidungen oder sonstige Maßnahmen von Organen der Europäischen Union können daher nicht, jedenfalls nicht unmittelbar im Rahmen einer Verfassungsbeschwerde vor dem BVerfG angegriffen werden. Der hier in Frage stehende Beschluss der EZB wäre demnach als solcher betrachtet aus Sicht der R kein tauglicher Beschwerdegegenstand im Sinne des § 90 Abs. 1 BVerfGG. Allerdings wendet R sich nicht unmittelbar gegen die Maßnahme der EZB, sondern rügt das Nichteinschreiten der Bundesregierung gegen diese von ihr für rechtswidrig gehaltene Maßnahme eines EU-Organs. Insoweit muss beachtet werden, dass auch ein Unterlassen bzw. Nichteinschreiten des deutschen Staates grundsätzlich Gegenstand einer Verfassungsbeschwerde sein kann, was sich aus dem Wortlaut des § 95 Abs. 1 Satz 1 BVerfGG ergibt. Infolgedessen kann die Maßnahme der EZB zwar nicht unmittelbarer Gegenstand des Verfahrens, dafür aber mittelbarer Verfahrensgegenstand sein oder werden, sollte das Nichteinschreiten der nationalen öffentlichen Gewalt darauf Bezug nehmen oder wegen der Rechtswidrigkeit der Maßnahme tatsächlich ein Anspruch auf aktives Einschreiten des deutschen Staates bestehen. Mit dem Vorbingen, das Nichteinschreiten der deutschen Staatsgewalt gegen den EZB-Beschluss verletze sie in ihren demokratischen Beteiligungsrechten aus Art. 38 Abs. 1, Art. 20 Abs. 1 und 2 sowie Art. 79 Abs. 3 GG, rügt R vorliegend die sogenannte »Integrationsverantwortung« der Bundesregierung und des Deutschen Bundestages. Der Art. 23 Abs. 1 Satz 2 GG legitimiert die Integration des europäischen ins nationale Recht nur in den Grenzen des Art. 23 Abs. 1 Satz 3 GG in Verbindung mit Art. 79 Abs. 3 GG. Handelt die EU außerhalb der Ermächtigungen und Kompetenzen, die ihr durch die europäischen Verträge und namentlich in Art. 5 Abs. 2 Satz 1 EUV verliehen sind, sind diese Maßnahmen nicht mehr von der Zustimmung des deutschen Gesetzgebers und damit auch nicht mehr von der Zustimmung des deutschen Volkes gedeckt (»ultra vires«-Handlung). In einem solchen »ultra-vires«-Fall kann ein Verstoß gegen die Integrationsregeln des Art. 23 Abs. 1 Satz 2 und 3 GG liegen vor mit der Folge, dass dem Bürger, dessen Zustimmung nur auf die Maßnahmen nach dem EUV und dem AEUV bezogen ist, ein Anspruch gegen den eigenen Staat auf Einschreiten zusteht.

R macht vorliegend eine Verletzung der Integrationsverantwortung der Bundesregierung und des Bundestages geltend. Sie beruft sich ausdrücklich darauf, durch das Nichteinschreiten der deutschen Bundesregierung und des Bundestages gegen die EZB-

Maßnahme in ihren demokratischen Beteiligungsrechten aus Art. 38 Abs. 1, Art. 20 Abs. 1 und 2 sowie Art. 79 Abs. 3 GG verletzt zu sein. Bei der damit gerügten Einhaltung der »Integrationsverantwortung« der deutschen Bundesregierung und des Bundestages handelt es sich um ein Unterlassen zweier deutscher Staatsgewalten, das gemäß den §§ 90 Abs. 1, 95 Abs. 1 Satz 1 BVerfGG tauglicher Beschwerdegegenstand einer Verfassungsbeschwerde sein kann.

4. R müsste des Weiteren beschwerdebefugt sein. Gemäß Art. 93 Abs. 1 Nr. 4a GG und § 90 Abs. 1 BVerfGG kann man eine Verfassungsbeschwerde nur erheben mit der Behauptung, durch die öffentliche Gewalt in einem seiner Grundrechte oder grundrechtsgleichen Rechte verletzt zu sein. Aus dem Vorbringen muss zumindest die Möglichkeit einer Grundrechtsverletzung hervorgehen. Der Beschwerdeführer muss zudem selbst, gegenwärtig und unmittelbar betroffen sein. R wendet sich nicht unmittelbar gegen den EZB-Beschluss, sondern fühlt sich durch das Nichteinschreiten der Bundesregierung und des Bundestages gegen einen mutmaßlich kompetenzwidrigen EZB-Beschluss in ihren demokratischen Beteiligungsrechten aus den Art. 38 Abs. 1, Art. 20 Abs. 1 und 2 sowie Art. 79 Abs. 3 GG verletzt. R macht demnach eine mögliche Grundrechtsverletzung im eben genannten Sinne geltend.

5. Es kann davon ausgegangen werden, dass R die Form- und Fristvorgaben aus den §§ 32, 92 und 93 BVerfGG eingehalten hat.

6. Das erforderliche Rechtsschutzbedürfnis liegt vor. Der Anspruch auf Einschreiten des Staates gegen den EZB-Beschluss war durch keinen anderen Rechtsbehelf als die Verfassungsbeschwerde zu erreichen, sodass die Vorschrift des § 90 Abs. 2 Satz 1 BVerfGG und auch das Prinzip der Subsidiarität von R nicht verletzt wurden.

Zwischenergebnis: Die Verfassungsbeschwerde der R ist zulässig.

II. Begründetheit

1. Die Verfassungsbeschwerde der R ist begründet, wenn R ein Anspruch auf Einschreiten der deutschen Verfassungsorgane gegen den EZB-Beschluss zusteht. Ein solcher Anspruch ist begründet, wenn ein Organ der EU seine durch den EUV und AEUV festgelegten Kompetenzen offensichtlich und strukturell bedeutsam überschritten hat. Bei einer über diese Befugnisse hinausgehenden Überschreitung der Kompetenzen erwächst dem Staat wegen seiner aus Art. 23 Abs. 1 GG folgenden Integrationsverantwortung gegenüber seinen Bürgern eine Reaktionspflicht mit der Folge, dass dem Bürger wegen Verletzung der Rechte aus den Art. 38 Abs. 1, 20 Abs. 1 und 20, 79 Abs. 3 GG auch ein Reaktionsanspruch gegen die Bundesregierung und/oder den Bundestag zusteht.

2. Die EZB beabsichtigt mit ihrem Programm, die durch die weltweite Finanzkrise in Not geratenen Länder der EU zu unterstützen. Der Ankauf von Staatsanleihen in Höhe von 25 Milliarden Euro soll die nationalen Wirtschaftssysteme unterstützen und den privaten Konsum ankurbeln; den Ländern soll die Gewährung günstiger Kredite für die Wirtschaft und die privaten Haushalte ermöglicht und auch ein mögliches Haushaltsdefizit abgemildert werden. Mit diesen Maßnahmen und den dahinterstehenden Zielen überschreitet die EZB offensichtlich und strukturell bedeutsam ihre Kompetenzen: Gemäß Art. 123 Abs. 1 AEUV sowie Art. 125 Abs. 1 AEUV ist die EU ausdrücklich nicht dazu befugt, staatliche Defizite mithilfe von Krediten zu finanzieren oder gar auszugleichen. Namentlich die monetäre Staatsfinanzierung ist nach den genannten Vorschriften untersagt. Das wirtschaftspolitische Handeln bleibt stets Sache der einzelnen Mitgliedsländer und gehört daher allein in deren Zuständigkeit. Zudem fördert die drastische Erhöhung der Geldmenge die Inflation in der EU und steht damit diametral zum gesetzlich in den Art. 127 und 282 AEUV normierten Ziel der EZB, nämlich der Gewährleistung der Preisstabilität. Eine Berufung der EZB auf die der EU durch Art. 3 Abs. 1c AEUV zugewiesene Währungspolitik geht offensichtlich fehl.

Zwischenergebnis: Die Maßnahme der EZB überschreitet offensichtlich und strukturell bedeutsam die im EUV und AEUV normierten Kompetenzen und findet folglich außerhalb der Zuständigkeit und Kompetenz der EU und der EZB statt (»ultra-vires«). R steht daher ein Interventionsanspruch gegen den deutschen Staat zu, der konkret darauf gerichtet ist, den Ankauf von deutschen Staatsanleihen durch die EZB zu unterbinden oder entsprechende gesetzliche Maßnahmen zu ergreifen. Da dies nicht passiert ist, ist R in ihren Beteiligungsrechten aus Art. 38 Abs. 1 Satz 1, 20 Abs. 1 und 2, 79 Abs. 3 GG verletzt und die Verfassungsbeschwerde wäre begründet.

3. Es stellt sich allerdings die Frage, ob diese Bewertung weiterhin Bestand haben kann vor dem Hintergrund, dass das BVerfG dem EuGH die Rechtsfrage über eine mögliche Kompetenzüberschreitung gemäß Art. 267 Abs. 2 und 3 AEUV vorgelegt und der EuGH anschließend die Kompetenzüberschreitung der EZB verneint und die Maßnahme vielmehr der Währungspolitik zugeordnet hat. Es ist zu prüfen, ob das Bundesverfassungsgericht an den diesbezüglichen Entscheid des EuGH über die Zuordnung der Maßnahme gebunden ist und die Verfassungsbeschwerde der R daher als unbegründet verwerfen muss. Grundsätzlich entfalten EuGH-Entscheidungen nach Art. 267 AEUV formelle und materielle Rechtskraft und sind vom vorlegenden nationalen Gericht als bindend anzuerkennen und seiner eigenen (Schluss-)Entscheidung zugrundzulegen. Demnach wäre grundsätzlich auch das BVerfG an die Entscheidung des EuGH im vorliegenden Fall gebunden.

a. Etwas anderes könnte sich aber möglicherweise daraus ergeben, dass der EuGH bei seiner Entscheidung selbst außerhalb seiner Kompetenzen und Zuständigkeiten gehandelt hat. Handelt ein europäisches Organ außerhalb seiner eigenen, durch den EUV und AEUV zugewiesenen Zuständigkeit, ist dieser Akt nicht mehr von der Zustimmung des nationalen Volkes gedeckt. Die Übertragung der Hoheitsrechte auf die EU-Organe erfolgt in Deutschland ausschließlich über Art. 23 Abs. 1 Satz 2 GG und umfasst nur die beiden Verträge der EU, also den EUV und den AEUV. Nur die darin enthaltenen Befugnisse und Hoheitsrechte sind vom deutschen Gesetzgeber und damit vom deutschen Volk auf die EU übertragen und somit entsprechend demokratisch legitimiert. Dieses Prinzip gilt grundsätzlich auch für den EuGH, der gemäß Art. 13 Abs. 1 UAbs. 2 EUV ein EU-Organ ist, das sich somit ebenfalls an die ihm im EUV und AEUV zugewiesenen Zuständigkeiten halten muss und andernfalls »ultra-vires« handeln würde.

b. Eine solche Kompetenzüberschreitung kommt vorliegend aus den folgenden Erwägungen in Betracht. Lässt der EuGH die im europäischen Rechtsraum überkommenen Auslegungsmethoden oder allgemeine, den Rechtsordnungen der Mitgliedstaaten gemeinsame Rechtsgrundsätze offenkundig außer Acht, ist das Mandat des EuGH aus Art. 19 Abs. 1 Satz 2 EUV nicht mehr gewahrt. Grundsätzlich hat das BVerfG den Spruch des EuGH zu respektieren und im Verfahren nach Art. 267 AEUV auch für seine Schlussentscheidung anzuwenden. Dies gilt aber nicht für offensichtliche Kompetenzüberschreitungen. Im vorliegenden Fall hat der Gerichtshof die Unterscheidung zwischen Wirtschafts- und Währungspolitik weitestgehend aufgegeben. Damit gestattet er dem ESZB, Wirtschaftspolitik mit dem Ankauf von Staatsanleihen zu betreiben. Diese Befugnis findet im Primärrecht keine Grundlage und ist vielmehr das Ergebnis einer rechtsmethodisch offenkundig fehlerhaften Auslegung der Verträge durch den Gerichtshof und ein Verstoß gegen die Zuständigkeitsregelungen des Art. 5 Abs. 1 und 4 EUV. Überschreitet der Gerichtshof derart die Grenze zur offensichtlichen Außerachtlassung gemeinsamer Rechtsgrundsätze und allgemeiner Auslegungsmethoden, ist sein Handeln vom Mandat des Art. 19 Abs. 1 Satz 2 EUV in Verbindung mit dem Zustimmungsgesetz nicht mehr gedeckt, sodass seiner Entscheidung jedenfalls für Deutschland das gemäß Art. 23 Abs. 1 Satz 2 in Verbindung mit Art. 20 Abs. 1 und Abs. 2 und Art. 79 Abs. 3 GG erforderliche Mindestmaß an demokratischer Legitimation fehlt und demnach auch keine Bindungswirkung entfalten kann.

Im vorliegenden Fall ist daher festzustellen, dass der EuGH, der die Kompetenz der EZB bejaht hatte, die Verträge tatsächlich und offensichtlich kompetenzwidrig auslegt. Die Rettung von Haushaltsdefiziten einzelner Mitgliedstaaten gehört nicht zur Kompetenz der EZB, sondern ist durch Art. 123, 125 AEUV ausdrücklich untersagt. Die EZB überschreitet mit dieser Maßnahme offenkundig und strukturell bedeutsam ihre Kompetenz. Der EuGH lässt bei seiner Entscheidung somit allgemeine Auslegungsmethoden offenkundig außer Acht, namentlich den Wortlaut der Art. 123 AEUV und Art. 5 Abs. 2 Satz 2 EUV sowie den Wortlaut und die teleologische Auslegung der Art. 3c, 125 und 127 AEUV.

Ergebnis: Der EuGH missachtet offenkundig die im europäischen Rechtsraum überkommenen Auslegungsmethoden und allgemeine, den Rechtsordnungen der Mitgliedstaaten gemeinsame Rechtsgrundsätze und überschreitet damit seine durch die Verträge zugewiesenen Kompetenzen. Das Urteil des EuGH stellt mithin einen »ultra-vires«-Akt dar und ist somit nicht bindend für das BVerfG.

2. Abschnitt

Die europäischen Grundfreiheiten

Fall 5

Hungrige Italiener in Wien

Österreich hat die Öffnungszeiten für alle sogenannten »Lebensmittelverkaufsstellen« durch eine Novellierung des *Öffnungszeitengesetzes* (ÖZG) um eine Stunde von 21 Uhr auf 20 Uhr verkürzt; die Regierung will damit die im Einzelhandel beschäftigten Menschen entlasten. *Antonio Caruso* (C) aus Neapel betreibt einen italienischen Feinkostladen in Wien, in dem er aus Italien importierte Esswaren wie Nudeln, Wurst, Schinken, Käse, Soßen, Backwaren usw. verkauft. C meint, das neue ÖZG verletze den freien Warenverkehr in der EU: Seine italienischen Landsleute würden nämlich traditionell erst spätabends essen und daher hauptsächlich auch erst nach 20 Uhr die Läden mit italienischen Produkten aufsuchen. Er selbst verkaufe – was der Wahrheit entspricht – mehr als 30 % seiner italienischen Waren nach 20 Uhr. Da er noch nicht wisse, ob die Italiener in Wien wegen der neuen Regelung zukünftig früher einkaufen gingen, erschwere das ÖZG zumindest potentiell den Absatz italienischer Produkte in Österreich und verletze daher die Warenverkehrsfreiheit in der EU.

Frage: Stimmt das?

Schwerpunkte: Die Warenverkehrsfreiheit gemäß Art. 34 AEUV; der Prüfungsaufbau der Grundfreiheiten; die Definition des freien Warenverkehrs nach der *Dassonville*- und der *Keck*-Formel; Abgrenzung von reinen »Verkaufsmodalitäten« zur »produktbezogenen Regelung«; Marktzugangshindernisse nach Art. 34 AEUV.

Lösungsweg

Einstieg: So, mit diesem kleinen Fall um einen neapolitanischen Einzelhändler in Wien steigen wir in die Grundfreiheiten ein und wollen mit der Warenverkehrsfreiheit beginnen, die unter anderem in Art. 34 AEUV (aufschlagen!) Niederschlag findet und herkömmlicherweise als »die zentrale Freiheit« oder »das Kernstück zur Verwirklichung eines gemeinsamen Binnenmarktes« im Sinne des Art. 26 Abs. 2 AEUV bezeichnet wird (*Haratsch/Koenig/Pechstein* Rz. 894; *Streinz* Rz. 891; *Herdegen* § 15 Rz. 3). Das Vorbringen unseres Herrn *Caruso* mag dabei zunächst ein bisschen merkwürdig bis albern klingen, wird sich gleich aber als ziemlich diskussionswürdig erweisen und uns mit wichtigen Prinzipien der europäischen Grundfreiheiten vertraut machen – wobei der Begriff der »Grundfreiheit« in den EU-Verträgen übrigens gar nicht vorkommt, sich aber in der europäischen Rechtssprache, insbesondere als Abgrenzung zu den »Grund**rechten**« inzwischen allgemein etabliert hat (vgl. etwa *Schwarze/Becker* Art. 34 AEUV Rz. 1; *Haratsch/Koenig/Pechstein* Rz. 860; *Streinz* Rz. 820; *Herdegen* § 14 Rz. 1; *Hobe/Fremuth* § 15 Rz. 46). Bevor wir da inhaltlich einsteigen, lohnt im ersten Schritt allerdings zunächst ein Blick auf das klausurmäßige Prüfungsmuster der Grundfreiheiten, das uns in den kommenden Fällen dann bitte auch begleiten soll. Glücklicherweise ähnelt der Prüfungsaufbau der Grundfreiheiten dem uns schon aus früheren Semestern (hoffentlich) bekannten Muster zur Prüfung der Grundrechte nach dem Grundgesetz. Auch hier bei den europäischen Grundfreiheiten gilt daher nach allgemeiner Lehrmeinung das Prinzip, wonach man zunächst den **Schutzbereich** der jeweiligen Grundfreiheit klärt, anschließend fragt, ob in diesen Schutzbereich auch und vor allem wie **eingegriffen** wurde und schließlich nach einer möglichen **Rechtfertigung** für diesen Eingriff in den Schutzbereich sucht (*Schwarze/Becker* Art. 34 AEUV Rz. 9; *Streinz* Rz. 890; *Herdegen* § 15 Rz. 20). Diese drei aus der Grundrechtsprüfung bekannten Punkte stellen auch bei den europäischen Grundfreiheiten das Gerüst jeder Erörterung, wobei die Begrifflichkeiten in den Lehrbüchern und auch in manchen EuGH-Entscheidungen zuweilen durcheinandergeraten und/oder auch unterschiedlich genutzt werden: So finden sich etwa anstatt des Wortes »Eingriff« gelegentlich die Formulierungen »Einschränkung«, »Beschränkung« oder auch »Diskriminierung« als Äquivalente und werden auch dementsprechend eingesetzt (vgl. etwa *Callies/Ruffert/Kingreen* Art. 34 AEUV Rz. 35 oder das – prima – *Alpmann*-Skript bei Rz. 397/404); andere Autoren verwenden das Wort »Eingriff« nur als Oberbegriff, um darunter bei Bedarf mögliche Einschränkungen, Beschränkungen oder Diskriminierungen in Bezug auf die Grundfreiheiten zu untersuchen (vgl. etwa *Herdegen* § 15 Rz. 10; *Streinz* Rz. 890; *Schwarze/Becker* Art. 34 AEUV Rz. 9; *Hobe/Fremuth* § 15 Rz. 46; *Haratsch/Koenig/Pechstein* Rz. 866).

Tipp: Da die Begrifflichkeiten von den Autoren in den Lehrbüchern und auch vom EuGH beliebig und unterschiedlich verwendet werden, kann man als KlausurbearbeiterIn an dieser Stelle zum Glück nur wenig falsch machen. Wir wollen in unserem Buch daher auch so vorgehen, dass wir zum einen die von den Grundrechten bekannten Prüfungspunkte auch hier bei den europäischen Grundfreiheiten als **Oberbegriffe** verwenden (Schutzbereich → Eingriff → Rechtfertigung) – das garantiert auf jeden Fall eine klar strukturierte Prüfung (= sehr viel wert!). In den Einzelheiten bzw. den Unterpunkten bauen wir je nach Bedarf dann aber noch mögliche Feinheiten ein, werden also etwa von einer »Einschränkung« oder auch »Diskriminierung« reden, wenn die entsprechende Grundfreiheit, zum Beispiel Art. 18 AEUV oder aber die Diktion in der Wissenschaft und Rechtsprechung (wie etwa bei Art. 34 AEUV) dies erfordern. Das macht Sinn, versprochen.

Achtung: Eine echte, freilich nur kleine »Neuheit« im Prüfungsaufbau gibt es vorher aber trotzdem noch, nämlich gleich an allererster Stelle, also noch vor dem Schutzbereich – und zwar die sogenannte »**Anwendbarkeit**« der Grundfreiheiten. Dahinter stecken zwei Dinge: Ähnlich wie bei den klassischen Grundrechten existiert zum einen auch bei den europäischen Grundfreiheiten in einzelnen Regelungsbereichen ein sogenanntes »Spezialitätsverhältnis«.

> Klassisches Beispiel sind die Art. 38 ff. AEUV (aufschlagen!). Dreht sich also ein Fall um landwirtschaftliche Produkte der sogenannten »ersten Verarbeitungsstufe« (= direkt aus der Ernte bzw. lebende Tiere oder unverarbeitetes Fleisch) im Sinne des Art. 38 Abs. 1 UAbs. 2 Satz 2 AEUV oder etwa um Fische oder Krebstiere (→ Anhang I zum AEUV), handelt es sich um Waren im Sinne der Art. 38 ff. AEUV mit der Folge, dass die Art. 38 ff. AEUV gemäß Art. 38 Abs. 3 AEUV der Vorschrift des Art. 34 AEUV vorgehen und diese auch verdrängen (*Callies/Ruffert/Martinez* Art. 38 AEUV Rz. 19). Die EU gönnt sich mit den Art. 38 ff. AEUV nämlich eine eigene und vor allem gemeinsame Agrarpolitik (»GAP«), wozu auch gehört, dass der freie Warenverkehr insoweit besonderen Regeln unterliegt, die in den Art. 39 ff. AEUV sowie den auf der Grundlage dieser Vorschriften erlassenen Maßnahmen der EU organisiert wird (*Schwarze/Bittner* Art. 38 AEUV Rz. 21) – übrigens durchaus mit Erfolg: Die EU ist inzwischen einer der weltweit führenden Exporteure von Agrarprodukten mit einem extrem hohen Grad an Selbstversorgung, der auf der anderen Seite freilich und leider zuweilen auch die Grenze der Überproduktion erreicht und daher massive Kosten, nämlich knapp 40 % aller Haushaltsmittel der EU (!) verursacht (*Streinz* Rz. 1217). Des Weiteren – das aber nur als Luxusinformation – unterliegen der Handel und die Erzeugung von **Kriegsmaterial** gemäß Art. 346 Abs. 1b AEUV ebenfalls Sondervorschriften und werden von Art. 34 AEUV demnach nicht erfasst (vgl. *Streinz* Rz. 894).

In der Klausur gibt es in aller Regel einen ausdrücklichen Hinweis, wenn die Aufgabenstellung sich, was nur höchstselten vorkommt, nicht mit Art 34 AEUV, sondern mit der Agrarproduktion gemäß den Art. 38 ff. AEUV oder gar Kriegsmaterial beschäftigen soll. In unserem Fall etwa steht in der Sachverhaltsschilderung, um dies auf jeden Fall auszuschließen, dass der C in seinem Laden Nudeln, Schinken, Wurst, Käse, Soßen, Backwaren usw. vertreibt; dies alles sind nämlich gerade **KEINE** Produkte aus der eben erwähnten »ersten Verarbeitungsstufe«, also auch keine Agrarprodukte im Sinne des Art. 38 Abs. 1 AEUV (und auch kein Kriegsmaterial!). Damit wird bei uns Art. 34 AEUV nicht von den Art. 38 ff. AEUV verdrängt.

Zum anderen kann die Anwendbarkeit der Grundfreiheiten noch fraglich oder eingeschränkt sein, sofern es schon sogenannte »Harmonisierungsmaßnahmen« gemäß den Art. 114 ff. AEUV im Sekundärrecht der EU gibt – oder eben (noch) nicht gibt. Und das leuchtet auch ein, denn wenn die EU zum fraglichen Thema bereits den ihr durch die Verträge zugewiesenen Ausgestaltungsspielraum genutzt hat, soll diese Entscheidung anschließend nicht durch die Anwendung der Grundfreiheiten wieder ausgehöhlt werden (*Haratsch/Koenig/Pechstein* Rz. 863). Der EuGH untersagt daher auch ausdrücklich die Anwendung der Grundfreiheiten, soweit zum fraglichen Thema bereits eine abschließende Harmonisierung des EU-Rechts existiert (EuGH, Slg. **2007**, Seite I-2749 – *Danfoss*; EuGH Slg. **2003**, Seite I-14887). Anschauliches Beispiel dafür ist die berühmte Entscheidung des EuGH aus dem März 1987 zum »**Reinheits-**

gebot« des deutschen Bieres (EuGH NJW **1987**, 1133), bei der Deutschland die Einfuhr und den Verkauf von Getränken, die als »Bier« bezeichnet werden dürfen, per Gesetz an das deutsche Reinheitsgebot aus dem Jahr 1516 (!) binden wollte. Da es im Hinblick auf die Frage, welche Bestandteile ein Bier haben soll und muss, um als solches auch bezeichnet zu werden, im Jahr 1987 in der EU noch keine einheitliche (das EU-Recht harmonisierende) Regelung gab, gestand der EuGH Deutschland zumindest grundsätzlich zu, insoweit eine Einschränkung des freien Warenverkehrs durch ein entsprechendes Gesetz (→ deutsches »Biersteuergesetz«) vorzunehmen; der EuGH untersagte die deutsche Regelung freilich am Ende doch noch, nämlich wegen Verletzung des Verhältnismäßigkeitsgrundsatzes (EuGH NJW **1987**, 1133). In der Klausur nimmt man – ähnlich wie bei der Frage nach einer möglichen spezialgesetzlichen Regelung (siehe oben) – zur Frage einer die EU harmonisierenden Maßnahme nur Stellung, wenn der Sachverhalt einen entsprechenden Hinweis gibt. Andernfalls – und das ist die Regel – tut es **EIN** Satz, etwa der hier: »*Etwaige, das EU-Recht konkretisierende Harmonisierungsmaßnahmen im Sinne der Art. 114 ff. AEUV sind vorliegend nicht ersichtlich.*« Damit ist alles gesagt.

Zusammenfassung: Die Prüfung der europäischen Grundfreiheiten erfolgt in einem **vierstufigen** Aufbau: Hierbei ist im ersten Schritt die **Anwendbarkeit** der Grundfreiheiten (im Zweifel: kurz) festzustellen, die indes nur fraglich sein kann, wenn entweder spezialgesetzliche Regelungen greifen (z.B. Art. 38 ff. AEUV) oder das EU-Recht harmonisierende Maßnahmen im Sinne der Art. 114 ff. AEUV ersichtlich sind. Anschließend folgt der klassische Aufbau, wonach zunächst der **Schutzbereich** der Grundfreiheit zu bestimmen ist, anschließend ein **Eingriff** in diesen Schutzbereich vorliegen muss, der schließlich nicht **gerechtfertigt** sein darf.

Machen wir mal:

Obersatz: Das ÖZG verletzt das Verbot von Einfuhrbeschränkungen in der EU, wenn Art. 34 AEUV auf den vorliegenden Sachverhalt anwendbar ist und das ÖZG einen Eingriff in den Schutzbereich des Art. 34 AEUV darstellt, der nicht gerechtfertigt ist.

I. Die Anwendbarkeit des Art. 34 AEUV

Die Garantie des freien Warenverkehrs in der EU nach Art. 34 AEUV betrifft Waren, soweit diese nicht der Spezialregelung der Art. 38 ff. AEUV unterliegen. Gemäß Art. 38 Abs. 1 UAbs. 2 Satz 2 AEUV gehören hierzu landwirtschaftliche Erzeugnisse des Bodens, der Viehzucht und der Fischerei sowie die mit diesen in unmittelbarem Zusammenhang stehenden Erzeugnisse der ersten Verarbeitungsstufe. Ergänzende Aufzählungen finden sich zudem im Anhang I zum AEUV. C veräußert in seinem Feinkostladen Nudeln, Wurst, Schinken, Käse, Kuchen und Soßen. Hierbei handelt es sich nicht um Waren der ersten, sondern der zweiten Verarbeitungsstufe im gerade genannten Sinne und auch nicht um im Anhang I zum AEUV benannte Waren. Dies hat zur Folge, dass Art. 34 AEUV nicht gemäß Art. 38 Abs. 3 AEUV von den Regelungen der Art. 39 ff. AEUV verdrängt wird. Eine das EU-Recht harmonisierende Maßnahme im Hinblick auf den hier zu entscheidenden Sachverhalt ist des Weiteren nicht ersichtlich.

ZE.: Der Art. 34 AEUV ist auf den vorliegenden Sachverhalt anwendbar.

II. Der Schutzbereich des Art. 34 AEUV

Definition: Bei den streitgegenständlichen Sachen muss es sich um Waren im Sinne des Art. 28 Abs. 2 AEUV (aufschlagen!) handeln. Der Begriff der »Ware« ist in den europäischen Verträgen nicht legal definiert und umfasst nach allgemeiner Meinung alle körperlichen Gegenstände, die einen Geldwert haben und Gegenstand rechtmäßiger Handelsgeschäfte sein können (EuGH – C-65/05, Slg. **2006**, I-10341; EuGH – Rs. 7/68, Slg. **1968**, 633; *Schwarze/Terhechte* Art. 28 AEUV Rz. 18; *Haratsch/Koenig/Pechstein* Rz. 901). Des Weiteren muss es sich gemäß Art. 28 Abs. 2 AEUV entweder um eine Ware aus einem Mitgliedstaat der EU handeln oder aber um Waren aus dritten Ländern, die sich in den Mitgliedstaaten im freien Verkehr befinden. Schließlich ist eine sogenannte »grenzüberschreitende Dimension« erforderlich; der Warenverkehr muss demnach mindestens zwischen zwei Mitgliedstaaten betroffen sein (EuGH Rs. C-267/91 Slg. **1993**, S-I-6097 – *Keck*; *Schwarze/Becker* Art. 34 AEUV Rz. 19; *Haratsch/Koenig/Pechstein* Rz. 908).

Unser C meint, dass die Beschränkung der Ladenöffnungszeiten in Österreich eine Erschwernis des Verkaufs von Esswaren aus Italien auf dem österreichischen Markt bedeutet. Damit beruft sich C auf einen Verstoß gegen die Warenverkehrsfreiheit von Waren aus einem Mitgliedstaat im Sinne des Art. 28 Abs. 2 AEUV mit einer grenzüberschreitenden Dimension im gerade genannten Sinne.

ZE.: Der Schutzbereich des Art. 34 AEUV ist betroffen.

III. Der Eingriff in den Schutzbereich des Art. 34 AEUV

Gemäß Art. 34 AEUV sind mengenmäßige Einfuhrbeschränkungen sowie alle Maßnahmen gleicher Wirkung zwischen den Mitgliedstaaten verboten. Das neue ÖZG mit den auf 20 Uhr begrenzten Öffnungszeiten in Österreich müsste, um einen Eingriff in den Schutzbereich darstellen zu können, unter eine der beiden gerade genannten Varianten zu subsumieren sein.

1. Eine mengenmäßige Einfuhrbeschränkung im Sinne des Art. 34 AEUV liegt nach allgemeiner Ansicht vor, wenn entweder die Einfuhr einer Ware vollständig verboten (»Verbringungsverbot«) oder die Einfuhr von Waren nach Menge, Wert oder Zeitraum begrenzt ist, die Einfuhr also nur in einem bestimmten **Umfang** gestattet wird (»Kontingentierungsverbot«). **Einfacher**: Mengenmäßige Einfuhrbeschränkung gemäß Art. 34 AEUV ist jede Maßnahme, die sich entweder als eine gänzliche oder aber teilweise Untersagung der Einfuhr, Ausfuhr oder Durchfuhr darstellt (EuGH EuZW

2007, 401; EuGH Rs. 34/79 – Slg. **1979**, 3795; EuGH Rs. 2/73 – Slg. **1973**, 865; *Hobe/Fremuth* § 16 Rz. 11; *Streinz* Rz. 915; *Schwarze/Becker* Art. 34 AEUV Rz. 33).

ZE.: Eine mengenmäßige Einfuhrbeschränkung im gerade genannten Sinne kommt vorliegend nicht in Betracht; Österreich untersagt weder ganz noch teilweise eine Einfuhr/Ausfuhr/Durchfuhr der italienischen Esswaren, sondern regelt mit dem ÖZG nur die Ladenöffnungszeiten neu.

2. Es könnte sich bei der Regelung der Ladenöffnungszeiten aber um eine »Maßnahme gleicher Wirkung« im Sinne des Art. 34 AEUV handeln.

Definition: Nach der sogenannten *Dassonville*-Formel des EuGH – aus dem Jahr 1974 – hat eine Maßnahme gleiche Wirkung im Sinne des Art. 34 AEUV, soweit sie den Handel in der Europäischen Union unmittelbar, mittelbar, tatsächlich oder potentiell behindert (EuGH Slg. **1974**, 837 Rz. 5 = NJW **1975**, 515 – *Dassonville; Hobe/Fremuth* § 16 Rz. 13; *Schwarze/Becker* Art. 34 AEUV Rz. 37; *Streinz* Rz. 916).

Durchblick: Man erkennt gleich beim ersten Lesen, dass diese alte und sehr allgemein gehaltene Definition so ungefähr alles umfasst, was als Einschränkung des Warenverkehrs überhaupt denkbar und auch nur theoretisch irgendwie möglich ist (*Schwarze/Becker* Art. 34 AEUV Rz. 38; *Herdegen* § 15 Rz. 10). Wenn sogar jede Maßnahme, die unter Umständen nur mittelbar (= die Maßnahme ist eigentlich zu einem ganz anderen Zweck erlassen) und zudem auch nur potentiell (= die Wirkung ist noch gar nicht erwiesen, sondern nur möglich) geeignet ist, den Warenverkehr in der EU zu behindern, können wir beispielsweise unseren Fall hier ziemlich flott und problemlos beenden. Denn die Begrenzung der Ladenöffnungszeiten führt mittelbar und zumindest potentiell dazu, dass unser C seine italienischen Produkte in Österreich zukünftig schwerer absetzen kann. Es steht ja sogar ausdrücklich im Fall, dass C mehr als 30 % seiner Produkte erst nach 20 Uhr verkauft – und das würde nach der obigen Definition locker reichen. Dass Österreich mit der Regelung im ÖZG eigentlich nur die Beschäftigten im Einzelhandel schützen will – egal. Darauf kommt es nach der Definition nicht an, denn es reicht ja schon eine **mittelbar** beschränkende Auswirkung auf den Handel, und das ja selbst dann, wenn diese Wirkung auch nur theoretisch möglich (= **potentiell**), also noch gar nicht erwiesen ist (*Schwarze/Becker* Art. 34 AEUV Rz. 38).

Hintergrund: Ursprung dieser weit gefassten Definition ist der interessante Fall des Herrn *Gustave Dassonville*, einem Getränkehändler aus Belgien, dem im Jahr 1972 Folgendes widerfahren war: Herr *Dassonville* wollte schottischen Whisky in Belgien verkaufen, diesen aber nicht aus Schottland selbst importieren, sondern aus dem benachbarten Frankreich, wo er nämlich zufällig einen entsprechenden Posten von mehreren hundert Flaschen kostengünstig erstanden hatte. Sein Problem: Nach dem damals gültigen belgischen Recht benötigte Herr *Dassonville* für die Einfuhr und den Verkauf des schottischen Whiskys eine sogenannte »Ursprungsbezeichnung« der bri-

> tischen Zollbehörden über die Echtheit bzw. Herkunft des Whiskys (Belgien wollte mit diesem Erfordernis sicherstellen, dass keine verfälschten Produkte eingeführt werden). Diese Echtheitsbescheinigung der britischen Zollbehörde hatte der französische Importeur bei der Einfuhr nach Frankreich ein Jahr zuvor im Rahmen der Überführung des Whiskys von Großbritannien nach Frankreich auch erhalten. Unserem Herrn *Dassonville* war es jetzt aber nur unter ziemlich schwierigen Umständen möglich, entweder eine weitere Bescheinigung für seine Flaschen aus Großbritannien zu bekommen oder aber bei dem französischen Importeur um die Herausgabe der ihm erteilten Bescheinigung zu bitten und zu hoffen, dass diese auch von den belgischen Behörden anerkannt wird. Zudem lebte man im Jahr 1972 natürlich noch im »vor-digitalen« Zeitalter, es gab also noch keine Computer, die irgendetwas hätten speichern oder dokumentieren können. Wenn überhaupt, gab es nur Schriftstücke, von denen Herr *Dassonville* nicht wusste, wo er sie auftreiben sollte. Herrn *Dassonville* war die Beschaffung der Bescheinigung daher nachvollziehbar zu aufwendig und tendenziell vermutlich unzumutbar, leider aber zumindest theoretisch möglich. Er führte den Whisky schließlich ohne eigene Ursprungsbescheinigung nach Belgien ein, verkaufte ihn an seine Kunden, wurde prompt dabei erwischt und anschließend wegen Verstoßes gegen die belgischen Einfuhrbestimmungen vor ein Strafgericht gestellt. Gegen seine Verurteilung erhob er anschließend Klage vor dem EuGH und rügte, dass die belgischen Vorschriften gegen den freien Warenverkehr verstießen, weil sie die Einfuhr und den Verkauf schottischen Whiskys in Belgien jedenfalls für den Fall erheblich erschwerten, bei dem der Whisky aus einem anderen Land als Schottland nach Belgien importiert werde. Die belgischen Gesetze seien nach Meinung von Herr *Dassonville* daher nichtig und könnten folglich auch nicht Grundlage seiner Verurteilung sein.

Der EuGH bestätigte die Meinung von Herrn *Dassonville* (EuGH Slg. **1974**, 837 = NJW **1975**, 515) und erfand bei seiner Entscheidung die oben angeführte Definition. Das Bemerkenswerte des Falles – und daher kommt dann auch die extrem weitläufige und allumfassende Definition – lag bei genauem Hinsehen darin, dass es unserem Herrn *Dassonville* ja durchaus möglich gewesen wäre, die fragliche Bescheinigung irgendwann und irgendwie zu beschaffen. Es war nur eben nicht klar und absehbar, ob das am Ende auch wirklich gelingt und wie lange das alles dauert und ob die belgischen Behörden, sollte er etwa tatsächlich die Bescheinigung über seinen französischen Verkäufer, der übrigens noch nicht mal der Importeur war (!), doch noch bekommen, diese Bescheinigung am Ende auch anerkennen. Fragen über Fragen, die letztlich nur mit einer ziemlich aufgeweichten Definition zugunsten des bedauernswerten Herr *Dassonville* beantwortet werden konnten, nämlich (Wiederholung!):

> Eine Maßnahme hat »gleiche Wirkung« im Sinne des Art. 34 AEUV, soweit sie den Handel in der Europäischen Union unmittelbar, mittelbar, tatsächlich oder potentiell behindert (EuGH Slg. **1974**, 837 Rz. 5 – *Dassonville*).

Da passt definitiv alles rein, vor allem auch Herr *Dassonville* aus Belgien mit seinem schottischen Whisky aus Frankreich, denn obwohl er die nach belgischem Recht notwendige Ursprungsbescheinigung der britischen Zollbehörden theoretisch und wahrscheinlich irgendwie und irgendwann hätte beschaffen können und die gesetzlichen Vorschriften in Belgien auch nur deshalb erlassen worden sind, um die (hier: unstreitige!) Echtheit des Produkts nachzuweisen, stellt das entsprechende belgische Gesetz gleichwohl einen Verstoß gegen den freien Warenverkehr dar. **Denn**: Es reichte nach der Definition des EuGH aus dem Jahr 1974 ja schon eine Maßnahme, die im Zweifel nur **mittelbar** (also auch unbeabsichtigt) und zudem auch nur **potentiell** (also nur theoretisch) den freien Warenverkehr beschränken könnte. Und das war hier der Fall. Verstanden!?

Prima. Nächster Schritt: Diese Definition, von der wir nun wissen, wann und wie sie entstanden ist, dient seitdem tatsächlich als Grundlage und Ausgangspunkt **sämtlicher** (!) Entscheidungen des EuGH zu der Frage, wann eine Maßnahme »gleicher Wirkung« im Sinne des Art. 34 AEUV vorliegt (vgl. aktuell etwa EuGH NJW **2019**, 2369 – *Österreich/Deutschland* oder EuGH EuZW **2017**, 24 *Etablissements Fr. Colruyt* Rz. 34) – wir werden sie daher ab sofort auch stets, genau wie der EuGH, als Einleitungssatz zur Subsumtion unter Art 34 AEUV verwenden. Da die Definition in ihrer Weite aber – wie eben schon mal angedeutet – so ungefähr alles er- und umfasst, was rein theoretisch und möglicherweise als Beschränkung des Warenverkehrs in der EU nach Art. 34 AEUV denkbar ist (*Herdegen* § 15 Rz. 10), entwickelte der EuGH in den Folgejahren mehrere weitere Formeln, um eine uferlose Auslegung des Art. 34 AEUV einzudämmen. Eine davon – die wichtigste – schauen wir uns jetzt mal an, sie ist für unseren Fall oben zudem auch bedeutsam bzw. entscheidungserheblich: Es ist die berühmte ***Keck***-Formel aus dem gleichnamigen Urteil des EuGH vom 23. November 1993 (→ NJW **1994**, 121). Folgendes hatte sich zugetragen:

> Die beiden französischen Kaufleute *Bernard Keck* und *Daniel Mithouard* leiteten Anfang der 1990er Jahre kleinere Einkaufszentren im Elsass (= schicke Gegend in Nordostfrankreich) und im angrenzenden Deutschland. Nach damaligem französischen Recht war es zur Verhinderung von sogenanntem »Preisdumping« unter Strafandrohung verboten, in Frankreich Waren unterhalb des Einkaufspreises anzubieten und zu veräußern (sogenanntes Verbot des *»vente à perte«* = mit Verlust verkaufen), was selbstverständlich auch für die im Elsass liegenden Einkaufszentren galt. Monsieur *Keck* und Monsieur *Mithouard* störte das freilich nicht, zumal nur wenige Kilometer östlich im angrenzenden Deutschland ein solches Verbot nicht existierte und es im europäischen Raum ihrer Meinung nach einheitliche Regelungen zum Verkauf von Waren geben müsse. Sie verkauften in ihren Einkaufszentren im Elsass daher diverse, auch aus Deutschland importierte Waren unter dem Einkaufspreis (so etwas macht man übrigens, um Käufer in die Läden zu locken) – und wurden anschließend wegen Verstoßes gegen das im französischen Recht verankerten Verbot des *»vente à perte«* von einem französischen Gericht zu einer Geldstrafe verurteilt. Ihre Klage gegen diese Verurteilung vor dem EuGH begründeten sie mit einem Verstoß gegen den freien Warenverkehr und machten insbesondere geltend, die französische Regelung erschwere den Absatz von Waren aus anderen Mitgliedstaaten in Frankreich. Beispielsweise könnten Waren aus Deutschland in Frankreich wegen des Verbots des

»*vente à perte*« nur schwerer abgesetzt werden als in Deutschland selbst oder in anderen Ländern, in denen eine entsprechende Regelung nicht existiere. Die französische Regelung stelle daher einen Verstoß gegen den freien Warenverkehr in der EU dar.

Durchblick: Was im ersten Moment ziemlich einleuchtend klingt, entpuppt sich bei genauerem Hinsehen als Trugschluss. Allein nach der *Dassonville*-Formel wäre das Ganze freilich kein Problem gewesen, denn dafür genügt ja schon eine **mittelbar** wirkende und nur **potentielle** Beschränkung des Warenverkehrs, die man hier auch zwanglos hätte bejahen können. Denn dass Produkte aus anderen Ländern in Frankreich nicht unter Ladenpreis veräußert werden dürfen, stellt fraglos eine Erschwernis und/oder Einschränkung des Warenverkehrs in der EU dar, damit droht zumindest potentiell, dass andere Länder weniger Waren nach Frankreich einführen (wollen), da die Waren dort im Zweifel wegen des Verbots des »*vente à perte*« schlechter in den Markt eingeführt und anschließend auch weniger nachgefragt werden = Verstoß gegen Art. 34 AEUV nach der *Dassonville*-Formel.

Aber: Das Ziel und die Sinnrichtung des Art. 34 AEUV liegen vor allem darin, im EU-Binnenmarkt jede Form von **Diskriminierung** einzelner Marktteilnehmer bzw. ausländischer Waren zu verhindern und auf diese Art den **freien** Warenverkehr zu sichern (*Streinz* Rz. 891; *Herdegen* § 15 Rz. 3; *Schwarze/Becker* Art. 34 AEUV Rz. 1). Insbesondere soll und darf daher innerhalb der EU beim Warenverkehr niemand bevorzugt und natürlich auch niemand benachteiligt werden (EuGH NJW **1996**, 1735; *Haratsch/Koenig/Pechstein* Rz. 872). Diese Schutzrichtung wird freilich immer dann verfehlt, wenn eine (nationale) Regelung **ALLE** Teilnehmer des Marktes in der EU **gleichermaßen** trifft, also vor allem auch die Teilnehmer am Markt des Mitgliedslandes selbst, in dem die einschränkende Maßnahme erlassen wurde und auch ihre Gültigkeit hat (EuGH NJW **1994**, 121 – *Keck*). Unter diesen Umständen betrifft die Maßnahme nämlich tatsächlich **ALLE** Marktteilnehmer in gleicher Art und Weise mit der logischen Konsequenz, dass niemand bevorzugt und auch niemand benachteiligt werden kann – wie gesagt: es gilt ja für **ALLE**!

Schauen wir mal: Die Regelung, dass in Frankreich die Produkte im Handel grundsätzlich nicht unter ihrem Einkaufspreis veräußert werden dürfen, gilt zum einen für aus der EU importierte Waren – sie gilt zum anderen aber selbstverständlich auch für die nationalen (französischen) Produkte. Bei genauer Betrachtung wird durch dieses Verbot des »*vente à perte*« daher weder irgendjemand bevorzugt – insbesondere auch nicht die Hersteller/Verkäufer der französischen Produkte! – noch irgendjemand benachteiligt. Dass ausländische Warenhersteller wegen dieser Regelung möglicherweise ihre Produkte weniger gerne nach Frankreich exportieren, ist somit kein Fall von Art. 34 AEUV, sondern eine rein wirtschaftliche Entscheidung, die sich den Marktanforderungen des jeweiligen EU-Landes (hier: Frankreich) anpasst – woran sich aber eben auch die Franzosen selbst halten müssen. Es liegt mithin keine Form von Diskriminierung im grenzüberschreitenden EU-Warenverkehr vor (EuGH Slg.

1993, I-6097 Rz. 16 = NJW **1994**, 121 – *Keck*), was der EuGH übrigens zwei Jahre später für eine entsprechende belgische Regelung bestätigte, wonach der Verkauf mit lediglich »äußerst geringer Gewinnspanne« verboten war. Auch diese Regelung sei zulässig, da sie für alle Teilnehmer gelte und niemanden diskriminiere (→ EuGH NJW **1996**, 1735 – *Keck*).

So, jetzt wissen wir, worum es geht – und damit dieses gerade geschilderte Prinzip auch einen Namen bzw. eine juristisch klingende und für die Zukunft entsprechend verwendbare Benennung bekommt, führte der EuGH mit der ***Keck***-Entscheidung den Begriff der »**nichtdiskriminierenden Verkaufsmodalität**« in die Diskussion ein und stellte fest, dass vom Regelungsgehalt der *Dassonville*-Formel ab sofort besagte Verkaufsmodalitäten, die die Marktteilnehmer nicht diskriminieren, ausgeschlossen seien. Wörtlich heißt es im *Keck*-Urteil (EuGH Slg. **1993**, I-6097 Rz. 16):

> *»… Der Umstand, dass Unternehmen mit einer Verkaufstätigkeit in unterschiedlichen Mitgliedstaaten auch unterschiedlichen Rechtsvorschriften unterliegen, nach denen der Weiterverkauf zum Verlustpreis teils verboten, teils zulässig ist, schafft **keine** Diskriminierung, da die staatlichen Rechtsvorschriften für **jede Verkaufstätigkeit** im Staatsgebiet und **ungeachtet der Staatsangehörigkeit** der sie ausübenden Personen gelten … Nationale Rechtsvorschriften, die den Weiterverkauf zum Verlustpreis allgemein verbieten, bezwecken insbesondere keine Regelung des Warenverkehrs zwischen den Mitgliedstaaten. Zwar können solche Rechtsvorschriften das Volumen des Absatzes von Erzeugnissen aus anderen Mitgliedstaaten insoweit beschränken, als sie den Wirtschaftsteilnehmern eine Methode der Absatzförderung nehmen. Dies reicht jedoch nicht aus, um die in Rede stehenden Rechtsvorschriften als eine Maßnahme mit »gleicher Wirkung« wie eine mengenmäßige Einfuhrbeschränkung anzusehen … **Entgegen der bisherigen Rechtsprechung des EuGH** ist die Anwendung nationaler Bestimmungen, die lediglich bestimmte **Verkaufsmodalitäten** beschränken oder verbieten, auf Erzeugnisse aus anderen Mitgliedstaaten nicht geeignet, den Handel zwischen den Mitgliedstaaten im Sinne des Urteils ›Dassonville‹ unmittelbar oder mittelbar, tatsächlich oder potentiell zu behindern. Das gilt jedenfalls dann, wenn diese Bestimmungen für **alle betroffenen Wirtschaftsteilnehmer** gelten, die ihre Tätigkeit im Inland ausüben, und sofern sie den Absatz der inländischen Erzeugnisse und der Erzeugnisse aus anderen Mitgliedstaaten **rechtlich wie tatsächlich in der gleichen Weise berühren**. Sind diese Voraussetzungen erfüllt, so ist die Anwendung derartiger Regelungen auf den Verkauf von Erzeugnissen aus einem anderen Mitgliedstaat, die den von diesem Staat aufgestellten Bestimmungen entsprechen, nicht geeignet, den Marktzugang für diese Erzeugnisse mit diskriminierender Wirkung zu versperren oder stärker zu behindern, als sie dies für inländische Erzeugnisse tut. Diese Regelungen fallen daher **nicht** in den Anwendungsbereich der Sicherung des freien Warenverkehrs …«*

Also, das wollen wir bitte unbedingt beachten: Betrifft eine nationale Regelung lediglich die Modalitäten des Verkaufs oder Absatzes einer Ware und gilt diese Regelung tatsächlich und rechtlich für **alle** Marktteilnehmer **gleichermaßen** (= ausländische und inländische), liegt hierin keine Maßnahme »gleicher Wirkung« im Sinne des Art. 34 AEUV. Es fehlt dann nämlich an einer für Art. 34 AEUV stets notwendigen

Diskriminierung einzelner Marktteilnehmer und damit an einer Behinderung des grenzüberschreitenden Verkehrs. Man nimmt den Marktteilnehmern mit der Regelung zwar unter Umständen eine Methode zur Absatzförderung mit möglicherweise wirtschaftlich nachteiligen Folgen, die Regelung diskriminiert aber niemanden – und nur darauf kommt es im Ergebnis an. Die Schutzrichtung des Art. 34 AEUV liegt vor allem in der Vermeidung jeder Diskriminierung der Marktteilnehmer in der EU (EuGH Slg. **1993**, I-6097 Rz. 16 – *Keck*; vgl. auch *Schwarze/Becker* Art. 34 AEUV Rz. 47; *Herdegen* § 15 Rz. 11; *Streinz* Rz. 920; *Hobe/Fremuth* § 16 Rz. 20).

Merke: Der Begriff der »nichtdiskriminierenden Verkaufsmodalität« umfasst also sämtliche Regelungen, die sich von ihrer Zielsetzung her nicht auf den grenzüberschreitenden Verkehr, sondern lediglich auf die Art und Weise des Verkaufs und der Absatzmöglichkeiten der Produkte im Inland beziehen. Sie betreffen dabei aber nur die **allgemeinen**, auf dem jeweiligen nationalen Markt herrschenden Bedingungen, gelten für **alle** Marktteilnehmer **gleichermaßen** und sind insbesondere nicht auf bestimmte Produkteigenschaften, etwa die Zusammensetzung, Herstellung oder Aufmachung des Produkts bezogen (EuGH EU:C:**2016**:776 Rz. 24; EuGH Rs. C-456/10, EU:C:**2012**:241 Rz. 34; *Streinz* Rz. 918; *Hobe/Fremuth* § 16 Rz. 21; *Haratsch/Koenig/Pechstein* Rz. 924).

Achtung: Das, was da gerade im Kasten steht, müssen wir bitte sehr genau lesen – und auch nehmen. Denn nationale gesetzliche Regelungen, die sich auf das Produkt selbst beziehen, namentlich die Zusammensetzung, die Herstellung oder die Aufmachung des Produkts reglementieren, unterliegen nach allgemeiner Ansicht in der Wissenschaft und auch der Meinung des EuGH als »produktbezogen« sehr wohl dem Art. 34 AEUV und nicht der *Keck*-Formel – und sind mithin als Verstoß gegen Art. 34 AEUV unzulässig (EuGH EU:C:**2016**:776 Rz. 24; EuGH ECLI:EU:**C:2005**:307 Rz. 17; *Hobe/Fremuth* § 16 Rz. 21; *Herdegen* § 15 Rz. 11; *Streinz* Rz. 920). **Und**: Blöderweise ist die Abgrenzung zwischen einer diskriminierungsfreien Verkaufsmodalität nach der ***Keck***-Formel und einer unter Art. 34 AEUV zu subsumierenden »produktbezogenen Regelung« im gerade genannten Sinne wegen der Vielschichtigkeit der Materie leider ziemlich kompliziert, oft fließend bis verschwommen, füllt sehr viele Lehrbuch- und Kommentarseiten, ist zudem regelmäßig Gegenstand von EuGH-Urteilen (vgl. etwa EuGH EU:C:**2016**:776 Rz. 24; EuGH Rs. C-456/10, EU:C:**2012**:241 Rz. 34; EuGH Rs. C-531/07 EU:C:**2009**:276 Rz. 21; EuGH Slg. **2006** I-8135; EuGH ECLI:EU:**C:2005**:307 Rz. 17) – und deshalb logischerweise maximal taugliche Klausur- und Hausarbeitsmaterie. Wir verschaffen uns mal einen Überblick:

Der EuGH hat beispielsweise entschieden, dass eine nationale Vorschrift, wonach die **Verpackung** oder die **Etikettierung** eines Produkts geändert werden müssen (hier: Einführung des Dosenpfands in Deutschland), nicht als bloße Verkaufsmodalität unter die *Keck*-Formel fällt, sondern an Art. 34 AEUV zu messen ist, weil es zwar nicht um das Produkt oder dessen Bestandteile selbst geht, Produkt und Verpackung aber zwingend zusammengehören und die Verpackung als eine Form der Aufmachung den Zugang zum Markt erheblich beeinflussen kann (EuGH Rs. C-463/01 EU:C:**2004**:797 *Dosenpfand* Rz. 67). Gleiches gilt für eine nationale Regelung, wonach ein Likör nur eingeführt und als solcher verkauft werden darf, wenn er mindestens 25 % Alkoholgehalt hat. Obwohl diese Regelung alle Markteilnehmer gleichermaßen betrifft, stellt sie gleichwohl keine unproblematische Verkaufsmodalität im Sinne der *Keck*-Formel dar. Sie ist klassisch produktbezogen (Zusammensetzung!) und damit eine diskriminierende Maßnahme nach Art. 34 AEUV, da sie die Einfuhr von in anderen Ländern aufgrund eigener Vorschriften als »Likör« zugelassener Spirituosen auf dem nationalen Markt verhindert (EuGH Slg. **1979**, 649 – *Cassis de Dijon*). Ein grundsätzliches und allumfassendes Werbeverbot für alkoholische Getränke – ohne konkreten Produktbezug und für alle Marktteilnehmer geltend – kann nach Meinung des EuGH gleichwohl unter den freien Warenverkehr gemäß Art. 34 AEUV fallen und daher unzulässig sein, weil nämlich die Diskriminierung ausländischer Anbieter zumindest dadurch möglich erscheint, dass die inländischen Produkten der nationalen Bevölkerung auch ohne Werbung grundsätzlich besser bekannt sind und die ausländischen Anbieter daher nur schwerer einen Zugang zum nationalen Markt bekommen können (EuGH ECLI:EU:C:**2001**:135 *Gourmet International Products* Rz. 25). Ist das Werbeverbot für Alkohol hingegen nur auf das **Fernsehen** beschränkt und bleibt den Marktteilnehmern damit die Möglichkeit, andere Werbeplattformen zu nutzen, liegt nach Ansicht des EuGH in einem solchen nationalen TV-Werbeverbot eine Maßnahme im Sinne der *Keck*-Formel mit der Folge, dass Art. 34 AEUV nicht anwendbar ist (EuGH EuZW **1995**, 250 *E. Leclerc-Siplec*). Eine nationale – griechische – Regelung, die Supermärkten vorschreibt, sogenannte »Bake-off«-Backwaren (= vorgefertigte Backwaren, die eingeschweißt verkauft werden und anschließend nur noch erhitzt oder aufgebacken werden müssen) nur dann verkaufen zu dürfen, wenn die Supermärkte sämtliche Anforderungen einer klassischen Bäckerei (= Kneträume, Ofen, Auskühlräume usw.) vorweisen können, stellt wiederum ***keine*** Verkaufsmodalität im Sinne des *Keck*-Formel, sondern eine produktbezogene und damit diskriminierende Maßnahme nach Art. 34 AEUV dar. Sie betrifft zwar alle Marktteilnehmer und hat auch mit dem Produkt an sich erkennbar nichts zu tun, beeinträchtigt aber den Import von hauptsächlich in Supermärkten verkaufter ausländischer »Bake-off«-Ware erheblich (EuGH Slg. **2006** I-8135). Andererseits stellt eine nationale Regelung, die den Verkauf bestimmter Babynahrung ausschließlich den örtlichen Apotheken erlaubt, eine diskriminierungsfreie Verkaufsmodalität im Sinne der *Keck*-Formel dar mit der Folge, dass die Maßnahme nicht an Art. 34 AEUV zu messen und mithin zulässig ist, obwohl sie nur ein bestimmtes Produkt betrifft. Nach Meinung des EuGH wird durch diese Regelung der Marktzugang nicht behindert, sondern lediglich die Absatzmöglichkeit eingeschränkt, allerdings für alle Marktteilnehmer gleichermaßen (EuGH Slg. **1995**, I-1621 Rz. 11). Gleiches gilt übrigens für das in Italien (bis heute) geltende Verbot des öffentlichen Verkaufs von Tabakwaren, sofern man keine spezielle Zulassung als Tabakvertriebshändler besitzt. Auch dies stellt keine Beschränkung des freien Warenverkehrs im Sinne des Art. 34 AEUV dar, weil: *»… Die entsprechende Rechtsvorschrift bezieht sich nicht auf die Merkmale der Tabakerzeugnisse, sondern betrifft nur die* ***Modalitäten*** *des Einzelhandels mit Tabakwaren, denn sie verbietet deren Verkauf an den Verbraucher außerhalb der zugelassenen Läden. Der Umstand, dass die Regelung nur für ganz bestimmte Erzeugnisse (Tabakwaren) gilt und nicht* *für den Einzelhandel allgemein, kann an dieser Beurteilung nichts ändern. Außerdem gilt die Verpflichtung, die Tabakerzeugnisse ausschließlich von den zugelassenen Einzelhändlern vertreiben zu lassen, für* ***alle Wirtschaftsteilnehmer****, unabhängig vom Ursprung der fraglichen Erzeugnisse und berührt den Absatz der Erzeugnisse aus anderen Mitgliedstaaten daher nicht in anderer Weise als den der inländischen Erzeugnisse … Der Zugang zum nationalen Markt wird daher nicht behindert …*« (EuGH EuZW **1996**, 437).

Durchblick: Wer die Fälle gerade aufmerksam gelesen hat, dem wird aufgefallen sein, dass sich vor allem die Formulierung des stets zu gewährleistenden »Zugangs zum nationalen Markt« als entscheidender Umstand in jeder Entscheidung des EuGH wiederfindet. Der EuGH hat im Nachgang und zur Konkretisierung der *Keck*-Entscheidung dieses Zugangsrecht zum nationalen Markt (→ »**Marktzugangsrecht**«) neben der oben erwähnten Produktbezogenheit der jeweiligen Regelung inzwischen als entscheidungserhebliches Kriterium herausgearbeitet und dafür sehr viel Zustimmung und Beifall in der Literatur bekommen, die das nämlich schon seit langem gefordert hatte (vgl. etwa *Streinz* Rz. 920; *Schwarze/Becker* Art. 34 AEUV Rz. 49; *Haratsch/Koenig/Pechstein* Rz. 922; *Herdegen* § 15 Rz. 11; *Hobe/Fremuth* § 16 Rz. 21; *Dietz/Streinz* in EuR 2015, 50; *Brigola* in EuZW 2012, 248). Der EuGH orientiert sich damit nun (noch) enger am Sinn und Zweck des Art. 34 AEUV, der den diskriminierungsfreien Zugang zum jeweils nationalen Markt für alle Mitgliedsländer garantieren soll – und stellt nicht mehr ausschließlich auf die zuweilen extrem knifflige und im Übrigen auch oft willkürlich anmutende Abgrenzung zur »produktbezogenen Regelung« ab (vgl. etwa EuGH EU:C:**2016**:776 Rz. 24; EuGH Rs. C-456/10, EU:C:**2012**:241 Rz. 34; *Schwarze/Becker* Art. 34 AEUV Rz. 49; *Herdegen* § 15 Rz. 11). Daraus ergibt sich für uns folgender Merksatz:

Für die Abgrenzung zwischen einer nach dem EU-Recht zulässigen sogenannten »nichtdiskriminierenden Verkaufsmodalität« und einer demgegenüber von Art. 34 AEUV erfassten und damit unzulässigen »produktbezogenen Regelung« kommt es sowohl auf die Nähe der Regelung zum jeweiligen Produkt (= Zusammensetzung, Herstellung und Aufmachung des Produkts) als auch darauf an, inwieweit die Regelung den Zugang zum nationalen Markt behindert oder erschwert, also das »Marktzugangsrecht« beeinträchtigt (EuGH EU:C:**2016**:776 – *Doc Morris III*, Rz. 24; EuGH Rs. C-456/10 EU:C:**2012**:241 – *ANNETT* Rz. 34; *Streinz* Rz. 920; *Herdegen* § 15 Rz. 11; *Hobe/Fremuth* § 16 Rz. 22/23; *Schwarze/Becker* Art. 34 AEUV Rz. 49).

Um das Ganze möglichst souverän und sinnvoll in der Klausur darzustellen, wollen und werden wir uns bei Fällen rund um die Sicherung der Warenverkehrsfreiheit gemäß Art. 34 AEUV dann auch am EuGH und der herrschenden Meinung orientieren – und die machen das in drei Stufen, und zwar so:

1. Ausgangspunkt einer jeden Prüfung ist und bleibt **IMMER** die uns inzwischen bekannte *Dassonville*-Formel, wonach eine Maßnahme »gleiche Wirkung« im Sinne des Art. 34 AEUV hat, soweit sie den Handel in der Europäischen Union unmittelbar,

mittelbar, tatsächlich oder potentiell behindert. **Achtung**: Das MUSS (!) als Einstiegssatz in jede Abwägung im Rahmen des Art. 34 AEUV rein – bitte merken. **2.** Um eine uferlose Ausweitung des Anwendungsbereichs von Art. 34 AEUV nach der *Dassonville*-Formel zu verhindern, unterscheidet man im zweiten Schritt (seit der *Keck*-Entscheidung) unter Berücksichtigung von Sinn und Zweck des Art. 34 AEUV zwischen **diskriminierungsfreien Verkaufsmodalitäten**, die alle Marktteilnehmer tatsächlich und rechtlich in gleicher Weise berühren und daher nicht unter Art. 34 AEUV fallen, und sogenannten **produktbezogenen Regelungen**, die demgegenüber vom Schutzbereich des Art. 34 AEUV erfasst werden sollen. **3.** Maßgebliches Abgrenzungskriterium zwischen diskriminierungsfreier Verkaufsmodalität und produktbezogener Regelung ist im dritten Schritt schließlich die Frage, inwieweit die Regelung den Marktteilnehmern konkret den **Zugang** zum **nationalen Markt** erschwert oder ihn gar verhindert. Die Faustregel lautet, dass die Anwendbarkeit des Art. 34 AEUV umso näher liegt, je mehr die konkrete nationale Beschränkung einen produktbezogenen Charakter hat und in welchem Ausmaß sie den Teilnehmern den grenzüberschreitenden Zugang zum nationalen Markt damit erschwert oder verhindert (EuGH EU:C:**2016**:776 – *Doc Morris III*, Rz. 24; *Herdegen* § 15 Rz. 11; *Streinz* Rz. 920; *Hobe/Fremuth* § 16 Rz. 21).

Prüfen wir mal: In unserem Fall geht es um die Frage, ob die Herabsetzung der Ladenöffnungszeiten in Österreich von 21 Uhr auf 20 Uhr den freien Warenverkehr im Sinne des Art. 34 AEUV verletzt. C trägt vor, dass 30 % des Verkaufs seiner italienischen Esswaren bislang auf die Zeit zwischen 20 und 21 Uhr fallen. Insoweit käme eine Behinderung des freien Warenverkehrs dergestalt in Frage, dass italienische Produkte in Österreich zukünftig weniger nachgefragt und abgesetzt werden können. Da es sich hierbei nicht um eine mengenmäßige Einfuhrbeschränkung handelt, kommt nur die Variante der »gleichen Wirkung« gemäß Art. 34, 2. Alt. AEUV in Betracht. Nach der *Dassonville*-Formel hat eine Maßnahme gleiche Wirkung im Sinne des Art. 34 AEUV, soweit sie den grenzüberschreitenden Handel in der Europäischen Union unmittelbar, mittelbar, tatsächlich oder potentiell behindert. Da bei C mehr als 30 % des Absatzes italienischer Esswaren in Österreich auf die Zeit nach 20 Uhr fallen, ist es jedenfalls theoretisch möglich, dass sich mit der Herabsetzung der Öffnungszeiten der Absatz der italienischen Esswaren entsprechend verringert. Hierbei ist nach der benannten Formel zunächst unbeachtlich, dass die Verringerung lediglich möglich, aber noch nicht erwiesen ist, es genügt bereits die potentielle Behinderung. Schließlich spielt es keine Rolle, dass die mögliche Verringerung des Warenabsatzes nur eine mittelbare Folge der gesetzlichen Regelung darstellt, von dieser also nicht intendiert, sondern lediglich zum Schutz der im Einzelhandel beschäftigten Menschen erlassen worden ist. Auch eine solche mittelbare Folge kann für eine Verletzung des Art. 34 AEUV ausreichend sein kann.

Aber: Um eine uferlose Ausweitung des Art. 34 AEUV zu verhindern, bedarf es jedoch nach der *Keck*-Formel einer Einschränkung jedenfalls für solche Fallkonstellationen, in denen der Sinn und Zweck des Art. 34 AEUV in Form der Garantie des grenzüberschreitenden Warenverkehrs nicht betroffen ist. Der freie Warenverkehr ist namentlich nur dann gemäß Art. 34 AEUV verletzt, wenn eine Maßnahme eine diskriminierende Wirkung entfaltet und den Teilnehmern den Zugang zum nationalen Markt erschwert oder ihn verhindert. Insoweit ist zu unterscheiden zwischen nicht-diskriminierenden Verkaufsmodalitäten, die alle Marktteilnehmer rechtlich und tatsächlich gleichermaßen betreffen, und sogenannten produktbezogenen Maßnahmen, die das Produkt selbst, also Zusammensetzung, Herstellung und Aufmachung betreffen und den Zugang zum nationalen Markt in diskriminierender Art und Weise beschränken. Die Anwendbarkeit des Art. 34 AEUV ist dabei umso eher anzunehmen, je näher die konkrete nationale Beschränkung das Produkt selbst (→ Zusammensetzung, Herstellung oder Aufmachung) betrifft und dadurch den Teilnehmern der grenzüberschreitende Zugang zum nationalen Markt erschwert wird.

Im vorliegenden Fall hat Österreich die abendlichen Ladenöffnungszeiten um eine Stunde von 21 Uhr auf 20 Uhr verkürzt. Diese Regelung hat keinerlei Produktbezug im gerade erwähnten Sinne, sie betrifft namentlich weder die Zusammensetzung, Herstellung oder Aufmachung und stellt vielmehr eine klassische Verkaufsmodalität dar. Sie gilt zudem für alle Marktteilnehmer und Produkte gleichermaßen mit der Folge, dass jedenfalls insoweit eine Diskriminierung im grenzüberschreitenden Warenverkehr nicht erkennbar ist. Den italienischen Produkten wird der Zugang zum österreichischen Markt grundsätzlich nicht erschwert. Nach dem Sinn und Zweck des Art. 34 AEUV unterliegen nationale Regelungen über die Ladenöffnungszeiten daher auch nicht dem Gebot des freien Warenverkehrs in der EU.

Eine abweichende Beurteilung könnte sich daher nur noch aus dem Umstand ergeben, dass Italiener wegen ihrer abendlichen Ess- und Einkaufsgewohnheiten hauptsächlich erst nach 20 Uhr einkaufen und durch die neuen Öffnungszeiten daher möglicherweise mit einem Absatzverlust der italienischen Waren in Österreich zu rechnen ist. Dem ist jedoch entgegenzuhalten, dass es sich hierbei um eine Begebenheit handelt, die rein zufällig von der verkürzten Ladenöffnungszeit tangiert wird und zudem auch ungewiss bleibt; es erscheint ebenso möglich und durchaus wahrscheinlich, dass sich die Verkaufsgewohnheiten aufgrund der veränderten Ladenöffnungszeit anpassen. Andernfalls könnte man im Übrigen auch eine Verlängerung der Öffnungszeiten einfordern, wenn etwa zu erwarten wäre, dass bestimmte Bevölkerungsteile bestimmte Produkte später einkaufen. All dies aber sind zufällige und zudem ungewisse Auswirkungen der Regelung, die den Marktzugang der Teilnehmer an sich aber nicht tangieren, sondern lediglich die Modalitäten des Verkaufs und namentlich die Absatzchancen für das Produkt im Inland betreffen. Zufällige und ungewisse Auswirkungen einer reinen Verkaufsmodalität sowie zufällige Einschränkungen der Absatzchancen eines Produkts unterliegen aber nicht dem Art. 34 AEUV, da sie nicht geeignet sind, den freien Warenverkehr im Sinne einer Diskriminierung tatsächlich oder rechtlich zu behindern (EuGH ECLI:EU:C:**2005**:307 – *Burmanjer u.a.* Rz. 17; EuGH CLI:EU:C:**1994**:226 EuGH Slg. **1999**, I-6269; *Hobe/Fremuth* § 16 Rz. 21; *Schwarze/Becker* Art. 34 AEUV Rz. 41/74).

Zwischenergebnis: Die Ladenöffnungszeiten stellen somit lediglich eine Verkaufsmodalität ohne diskriminierende Wirkung dar, die zwar Auswirkungen auf die Absatzmöglichkeiten der Produkte haben können, den Zugang der Teilnehmer zum grenzüberschreitenden Markt im Sinne des Art. 34 AEUV aber nicht behindern.

Das Finale: So, und nach dieser ausführlichen Bearbeitung gönnen wir uns ganz zum Schluss und bitte entspannt zurückgelehnt noch den Originaltext der entsprechenden Entscheidung des EuGH vom **2. Juni 1994** zu der Frage, inwieweit Ladenöffnungszeiten als Maßnahmen im Sinne des Art. 34 AEUV – damals noch mit gleichem Wortlaut als Art. 30 EWG-Vertrag – angesehen werden können (EuGH C-69/93 ECLI:EU:C:**1994**:226 – *Punta Casa*). Wir werden dabei sehen, dass der EuGH genauso vorgeht, wie wir es oben gelernt haben, freilich – wie fast immer bei EuGH-Urteilen und gänzlich anders als etwa bei BVerfG-Entscheidungen – eher sparsam bis dürftig sowohl in der Formulierung als auch bei den Argumenten. Konkret ging es im Juni 1994 übrigens um die Frage, ob das von der damaligen italienischen Regierung verfügte Verbot, Supermärkte an Sonn- und Feiertagen zu öffnen, gegen Art. 34 AEUV verstößt. Hiergegen hatte sich ein Supermarktbetreiber aus *Capena* (→ Gemeinde ca. 40 km nordöstlich von *Rom*) gewehrt mit dem Hinweis, dass er – anders als die Einzelhändler – in seinem Supermarkt hauptsächlich aus der EU importierte Waren verkaufe und die Diskriminierung dieser Waren/Lieferanten darin liege, dass die Einzelhändler, die hauptsächlich nationale Produkte verkauften, nach wie vor an Sonn- und Feiertagen öffnen dürften, er aber nicht. Die Ladenöffnungszeiten seien daher eine mittelbare Diskriminierung ausländischer Erzeugnisse. Das sah der EuGH anders und erklärte:

> »… *Nach Artikel 30 EWG-Vertrag* (**heute**: Art. 34 AEUV) *sind alle mengenmäßigen Einfuhrbeschränkungen sowie alle Maßnahmen gleicher Wirkung zwischen den Mitgliedstaaten verboten. Nach ständiger Rechtsprechung ist jede Regelung, die geeignet ist, den innergemeinschaftlichen Handel* ***unmittelbar*** *oder* ***mittelbar, tatsächlich*** *oder* ***potentiell*** *zu behindern, als Maßnahme mit gleicher Wirkung wie eine mengenmäßige Beschränkung anzusehen (Urteil* ***Dassonville****, Slg. 1974, 837). Hingegen ist die Anwendung nationaler Bestimmungen, die bestimmte* ***Verkaufsmodalitäten*** *beschränken oder verbieten, auf Erzeugnisse aus anderen Mitgliedstaaten nicht geeignet, den Handel zwischen den Mitgliedstaaten im Sinne des Urteils Dassonville unmittelbar oder mittelbar, tatsächlich oder potentiell zu behindern, sofern diese Bestimmungen für* ***alle betroffenen Wirtschaftsteilnehmer*** *gelten, die ihre Tätigkeit im Inland ausüben, und sofern sie den Absatz der inländischen Erzeugnisse und der Erzeugnisse aus anderen Mitgliedstaaten rechtlich wie tatsächlich in der gleichen Weise berühren. Sind diese Voraussetzungen erfüllt, so ist die Anwendung derartiger Regelungen auf den Verkauf von Erzeugnissen aus einem anderen Mitgliedstaat, die den von diesem Staat aufgestellten Bestimmungen entsprechen, nicht geeignet, den Marktzugang für diese Erzeugnisse zu versperren oder stärker zu behindern, als sie dies für inländische Erzeugnisse tut. Diese Regelungen fallen daher* ***nicht*** *in den Anwendungsbereich von Artikel 30 EWG-Vertrag/Art. 34 AEUV (Urteil* ***Keck****, Slg. 1993, I-6097). Eine Regelung der vorliegenden Art betrifft die Umstände, unter denen die Waren an die Verbraucher verkauft werden können; somit sind die in dem letztgenannten Urteil aufgestellten Voraussetzungen erfüllt. Diese Regelung gilt ungeachtet des Ursprungs der betreffenden Erzeugnisse für alle betroffenen Wirtschaftsteilnehmer und berührt den Absatz der Erzeugnisse aus anderen Mit-*

> *gliedstaaten nicht in anderer Weise als den Absatz inländischer Erzeugnisse. Dem vorlegenden Gericht ist daher zu antworten, dass Artikel 30 EWG-Vertrag/Art. 34 AEUV keine Anwendung auf eine nationale Ladenschlussregelung findet, die für alle im Inland tätigen Wirtschaftsteilnehmer gilt und den Absatz der inländischen Erzeugnisse und der Erzeugnisse aus anderen Mitgliedstaaten rechtlich wie tatsächlich in der gleichen Weise berührt …«*

Also: Humorlos und eindeutig – Ladenöffnungszeiten sind sogenannte »Verkaufsmodalitäten«, betreffen alle Marktteilnehmer gleichermaßen und stellen daher auch keine von Art. 34 AEUV zu unterbindende Diskriminierung dar. Dass von den Ladenöffnungszeiten im konkreten Fall bestimmte ausländische Waren besonders betroffen sind, weil sie nachweislich vor allem in den Supermärkten und nicht im Einzelhandel veräußert werden, spielt für den EuGH keine entscheidungserhebliche Rolle. Ladenöffnungszeiten unterliegen nicht der Regelung des Art. 34 AEUV (ständige Rechtsprechung: EuGH ECLI:EU:C:**2014**:304; EuGH EU:C:**1996**:242 *Semeraro Casa Uno u.a.;* EuGH C-69/93 CLI:EU:C:**1994**:226 *Punto Casa*; EuGH DVBl **1995**, 33; *Schwarze/Becker* Art. 34 Rz. 74).

Ergebnis: Die Regelung im ÖZG, wonach die Ladenöffnungszeiten für alle »Lebensmittelverkaufsstellen« in Österreich von 21 Uhr auf 20 Uhr herabgesetzt werden, verstößt nicht gegen Art. 34 AEUV, da diese Regelung keinen Eingriff in den Schutzbereich des freien Warenverkehrs darstellt.

Gutachten

Das ÖZG verletzt das Verbot von Einfuhrbeschränkungen in der EU, wenn Art. 34 AEUV auf den vorliegenden Sachverhalt anwendbar ist und das ÖZG einen Eingriff in den Schutzbereich des Art. 34 AEUV darstellt, der nicht gerechtfertigt ist.

I. Die Anwendbarkeit des Art. 34 AEUV

Die Garantie des freien Warenverkehrs in der EU nach Art. 34 AEUV betrifft Waren, soweit diese nicht der Spezialregelung der Art. 38 ff. AEUV unterliegen. Gemäß Art. 38 Abs. 1 UAbs. 2 Satz 2 AEUV gehören hierzu landwirtschaftliche Erzeugnisse des Bodens, der Viehzucht und der Fischerei sowie die mit diesen in unmittelbarem Zusammenhang stehenden Erzeugnisse der ersten Verarbeitungsstufe. Ergänzende Aufzählungen finden sich im Anhang I zum AEUV. Der C veräußert in seinem Feinkostladen Nudeln, Wurst, Schinken, Käse, Kuchen und Soßen. Hierbei handelt es sich nicht um Waren der ersten, sondern der zweiten Verarbeitungsstufe im gerade genannten Sinne und auch nicht um im Anhang I zum AEUV benannte Waren. Dies hat zur Folge, dass Art. 34 AEUV nicht gemäß Art. 38 Abs. 3 AEUV von den Regelungen der Art. 39 ff. AEUV verdrängt wird. Eine das EU-Recht harmonisierende Maßnahme im Hinblick auf den hier zu entscheidenden Sachverhalt ist des Weiteren nicht ersichtlich. Der Art. 34 AEUV ist auf den vorliegenden Sachverhalt somit anwendbar.

II. Der Schutzbereich des Art. 34 AEUV

Bei den streitgegenständlichen Sachen muss es sich um Waren im Sinne des Art. 28 Abs. 2 AEUV handeln. Der Begriff der »Ware« ist in den europäischen Verträgen nicht legal definiert und umfasst nach allgemeiner Meinung alle körperlichen Gegenstände, die einen Geldwert haben und Gegenstand rechtmäßiger Handelsgeschäfte sein können. Des Weiteren muss es sich gemäß Art. 28 Abs. 2 AEUV entweder um eine Ware aus einem Mitgliedstaat der EU handeln oder aber um Waren aus dritten Ländern, die sich in den Mitgliedstaaten im freien Verkehr befinden. Schließlich ist eine sogenannte »grenzüberschreitende Dimension« erforderlich; der Warenverkehr muss demnach mindestens zwischen zwei Mitgliedstaaten betroffen sein. Der C meint, dass die Beschränkung der Ladenöffnungszeiten in Österreich eine Erschwernis des Verkaufs von Esswaren aus Italien auf dem österreichischen Markt bedeutet. Damit beruft sich C auf einen Verstoß gegen die Warenverkehrsfreiheit von Waren aus einem Mitgliedstaat im Sinne des Art. 28 Abs. 2 AEUV mit einer grenzüberschreitenden Dimension im gerade genannten Sinne. Der Schutzbereich des Art. 34 AEUV ist betroffen.

III. Der Eingriff in den Schutzbereich des Art. 34 AEUV

Gemäß Art. 34 AEUV sind mengenmäßige Einfuhrbeschränkungen sowie alle Maßnahmen gleicher Wirkung zwischen den Mitgliedstaaten verboten. Das neue ÖZG mit den auf 20 Uhr begrenzten Öffnungszeiten in Österreich müsste, um einen Eingriff in den Schutzbereich darstellen zu können, unter eine der beiden gerade genannten Varianten zu subsumieren sein.

1. Eine mengenmäßige Einfuhrbeschränkung im Sinne des Art. 34 AEUV liegt vor, wenn entweder die Einfuhr einer Ware vollständig verboten (Verbringungsverbot) oder die Einfuhr von Waren nach Menge, Wert oder Zeitraum begrenzt ist, die Einfuhr also nur in einem bestimmten Umfang gestattet wird (Kontingentierungsverbot). Mengenmäßige Einfuhrbeschränkung gemäß Art. 34 AEUV ist jede Maßnahme, die sich entweder als eine gänzliche oder aber teilweise Untersagung der Einfuhr, Ausfuhr oder Durchfuhr darstellt. Eine mengenmäßige Einfuhrbeschränkung im gerade genannten Sinne kommt vorliegend nicht in Betracht; Österreich untersagt weder ganz noch teilweise eine Einfuhr/Ausfuhr/Durchfuhr der italienischen Esswaren, sondern regelt mit dem ÖZG nur die Ladenöffnungszeiten neu.

2. Es könnte sich bei der Regelung der Ladenöffnungszeiten aber um eine »Maßnahme gleicher Wirkung« im Sinne des Art. 34 AEUV handeln. Nach der sogenannten *Dassonville*-Formel des EuGH hat eine Maßnahme gleiche Wirkung im Sinne des Art. 34 AEUV, soweit sie den Handel in der Europäischen Union unmittelbar, mittelbar, tatsächlich oder potentiell behindert.

a. Im vorliegenden Fall geht es um die Frage, ob die Herabsetzung der Ladenöffnungszeiten in Österreich von 21 Uhr auf 20 Uhr den freien Warenverkehr im Sinne des Art. 34 AEUV verletzt.C trägt wahrheitsgemäß vor, dass 30 % des Verkaufs seiner italienischen Esswaren bislang auf die Zeit zwischen 20 und 21 Uhr fallen. Insoweit käme eine Behinderung des freien Warenverkehrs dergestalt in Frage, dass italienische Produkte in Österreich zukünftig weniger nachgefragt und abgesetzt werden können. Da bei C mehr als 30 % des Absatzes italienischer Esswaren in Österreich auf die Zeit nach 20 Uhr fallen, ist es jedenfalls theoretisch möglich, dass sich mit der Herabsetzung der Öffnungszeiten der Absatz der italienischen Esswaren entsprechend verringert. Hierbei ist nach der benannten Formel zunächst unbeachtlich, dass die Verringerung lediglich möglich, aber noch nicht erwiesen ist, es genügt bereits die potentielle Behinderung. Schließlich spielt es keine Rolle, dass die mögliche Verringerung des Warenabsatzes nur eine mittelbare Folge der gesetzlichen Regelung darstellt, von dieser also nicht intendiert, sondern lediglich zum Schutz der im Einzelhandel beschäftigten Menschen erlassen worden ist. Auch eine solche mittelbare Folge kann für eine Verletzung des Art. 34 AEUV ausreichend sein.

b. Um eine uferlose Ausweitung des Art. 34 AEUV zu verhindern, bedarf es jedoch nach der sogenannten *Keck*-Formel einer Einschränkung jedenfalls für solche Fallkonstellationen, in denen der Sinn und Zweck des Art. 34 AEUV in Form der Garantie des grenzüberschreitenden Warenverkehrs nicht betroffen ist. Der freie Warenverkehr ist namentlich nur dann gemäß Art. 34 AEUV verletzt, wenn eine Maßnahme eine diskriminierende Wirkung entfaltet und den Teilnehmern den Zugang zum nationalen Markt erschwert oder ihn verhindert. Insoweit ist zu unterscheiden zwischen nichtdiskriminierenden Verkaufsmodalitäten, die alle Marktteilnehmer rechtlich und tatsächlich gleichermaßen betreffen, und sogenannten produktbezogenen Maßnahmen, die das Produkt selbst, also Zusammensetzung, Herstellung und Aufmachung betreffen und den Zugang zum nationalen Markt in diskriminierender Art und Weise beschränken. Die Anwendbarkeit des Art. 34 AEUV ist dabei umso eher anzunehmen, je näher die konkrete nationale Beschränkung das Produkt selbst, also Zusammensetzung, Herstellung oder Aufmachung des Produkts betrifft und dadurch den Teilnehmern der grenzüberschreitende Zugang zum nationalen Markt erschwert wird.

c. Im vorliegenden Fall hat Österreich die abendlichen Ladenöffnungszeiten um eine Stunde von 21 Uhr auf 20 Uhr verkürzt. Diese Regelung hat keinerlei Produktbezug im gerade erwähnten Sinne, sie betrifft namentlich weder die Zusammensetzung, Herstellung oder Aufmachung und stellt vielmehr eine klassische Verkaufsmodalität dar. Sie gilt zudem für alle Marktteilnehmer und Produkte gleichermaßen mit der Folge, dass jedenfalls insoweit eine Diskriminierung im grenzüberschreitenden Warenverkehr nicht erkennbar ist. Den italienischen Produkten wird der Zugang zum österreichischen Markt grundsätzlich nicht erschwert. Nach dem Sinn und Zweck des Art. 34 AEUV unterliegen nationale Regelungen über die Ladenöffnungszeiten daher auch nicht dem Gebot des freien Warenverkehrs in der EU.

d. Eine abweichende Beurteilung könnte sich daher nur noch aus dem Umstand ergeben, dass Italiener wegen ihrer abendlichen Ess- und Einkaufsgewohnheiten hauptsächlich erst nach 20 Uhr einkaufen und durch die neuen Öffnungszeiten daher möglicherweise mit einem Absatzverlust der italienischen Waren in Österreich zu rechnen ist. Dem ist jedoch entgegenzuhalten, dass es sich hierbei um eine Begebenheit handelt, die rein zufällig von der verkürzten Ladenöffnungszeit tangiert wird und zudem auch ungewiss bleibt; es erscheint ebenso möglich und durchaus wahrscheinlich, dass sich die Verkaufsgewohnheiten aufgrund der veränderten Ladenöffnungszeit anpassen. Andernfalls könnte man im Übrigen auch eine Verlängerung der Öffnungszeiten einfordern, wenn etwa zu erwarten wäre, dass bestimmte Bevölkerungsteile bestimmte Produkte später einkaufen. All dies aber sind zufällige und zudem ungewisse Auswirkungen der Regelung, die den Marktzugang der Teilnehmer an sich aber nicht tangieren, sondern lediglich die Modalitäten des Verkaufs und namentlich die Absatzchancen für das Produkt im Inland betreffen. Zufällige und ungewisse Auswirkungen einer reinen Verkaufsmodalität sowie zufällige Einschränkungen der Absatzchancen eines Produkts unterliegen aber nicht dem Art. 34 AEUV, da sie nicht geeignet sind, den freien Warenverkehr im Sinne einer Diskriminierung tatsächlich oder rechtlich zu behindern. Ladenöffnungszeiten sind demnach sogenannte »Verkaufsmodalitäten«, betreffen alle Marktteilnehmer gleichermaßen und stellen daher auch keine von Art. 34 AEUV zu unterbindende Diskriminierung dar. Ladenöffnungszeiten unterliegen nicht der Regelung des Art. 34 AEUV

Ergebnis: Die Ladenöffnungszeiten stellen somit lediglich eine Verkaufsmodalität ohne diskriminierende Wirkung dar, die zwar Auswirkungen auf die Absatzmöglichkeiten der Produkte haben können, den Zugang der Teilnehmer zum grenzüberschreitenden Markt im Sinne des Art. 34 AEUV aber nicht behindern. Es fehlt somit im vorliegenden Fall an einem Eingriff in den Schutzbereich des Art. 34 AEUV.

Fall 6

Le voilà: Le Cassis de Dijon!

Die Supermarktkette REWE (R) mit Sitz in Köln möchte den in Frankreich hergestellten Trauben-Likör *Cassis de Dijon* nach Deutschland importieren und in ihren Läden anbieten. Nach § 10 der deutschen »Branntweinverordnung« (BwVO) müssen Fruchtsaftliköre, wozu der *Cassis de Dijon* gehört, einen Alkoholgehalt von mindestens 25 % aufweisen, um in Deutschland als Likör verkauft werden zu dürfen. Da der *Cassis de Dijon* nur einen Alkoholgehalt von 20 % hat, verweigern die deutschen Behörden die Genehmigung für den Import und Absatz in Deutschland. R hält dies für einen Verstoß gegen den freien Warenverkehr in der EU, damit werde nämlich der Verkauf eines Produkts aus einem anderen EU-Land in Deutschland verhindert. Zudem dürfe – was der Wahrheit entspricht – der *Cassis de Dijon* in Frankreich nach dortigem Recht ohne Einschränkungen verkauft werden; es könne ja wohl nicht sein, dass für den Absatz des gleichen Produkts in den einzelnen Ländern der EU unterschiedliche Zulassungsvoraussetzungen gelten.

Frage: Verletzt § 10 BwVO den freien Warenverkehr in der EU? Es ist davon auszugehen, dass keine Harmonisierungsmaßnahmen gemäß Art. 114 ff. AEUV existieren.

Schwerpunkte: Die Warenverkehrsfreiheit gemäß Art. 34 AEUV; Rechtfertigungsgründe für Marktbeschränkungen in der EU; das Urteil *Cassis de Dijon* des EuGH.

Lösungsweg

Einstieg: Das da oben ist die Originalgeschichte des oberberühmten »Cassis de Dijon«-Falles des EuGH vom **20. Februar 1979**, der hochoffiziell übrigens »REWE-Zentral«-Fall heißt, aber unter der anderen, fraglos geschmeidigeren und erheblich merkbareren Bezeichnung europäische Rechtsgeschichte geschrieben hat (EuGH Slg. **1979**, 649 = NJW **1979**, 1766) und dessen Inhalt tatsächlich bis heute gilt. Das Ganze schauen wir uns gleich mal in aller Ruhe an und werden dabei, nachdem wir eine kleine Hürde im Schutzbereich des Art. 34 AEUV genommen haben, die möglichen **Rechtfertigungsgründe** für nationale Marktbeschränkungen in der EU kennenlernen. Hierbei – so viel schon vorneweg – unterscheidet man zwischen den sogenannten *geschriebenen* Rechtfertigungsgründen, die sich hauptsächlich in Art. 36 Satz 1 AEUV (aufschlagen!) finden, und den sogenannten *ungeschriebenen* Rechtfertigungsgründen, die sich – deshalb heißen die ja so! – logischerweise nicht in formellen Gesetzen niedergeschrieben finden und von der Rechtsprechung und Literatur entwickelt worden sind. Da es bei der dogmatischen Einordnung dieser beiden Arten von Rechtfertigungsgründen unterschiedliche Meinungen zu der Frage gibt, in welcher Reihenfolge und vor allem an welcher Stelle sie in der Fall-Lösung zu prüfen sind, werden wir hier ausnahmsweise mit den ***ungeschriebenen*** Rechtfertigungsgründen beginnen und die geschriebenen Rechtfertigungsgründe (→ Art. 36 Satz 1 AEUV) ausführlich im nächsten Fall behandeln. Das macht Sinn – versprochen.

Bevor wir aber richtig in die Lösung einsteigen, wollen und müssen wir mal für einen Augenblick etwas genauer darauf schauen und begreifen, worum es bei den Rechtfertigungsgründen für mögliche Einschränkungen des freien Warenverkehrs in der EU eigentlich geht: Wir wissen ja inzwischen, dass eines der Hauptanliegen der EU die Schaffung eines funktionierenden, zollfreien und einheitlichen Binnenmarktes/Wirtschaftsraumes ist (*Hobe/Fremuth* § 15 Rz. 2), was sogar sehr ausdrücklich in Art. 3 Abs. 3 EUV sowie in Art. 26 Abs. 1 und 2, 28 Abs. 1 AEUV drinsteht. Dadurch, dass alle EU-Staaten demnach quasi »barrierefrei« mit ihren Waren, Dienstleistungen und Personen (!) in sämtlichen Ländern am Markt aktiv sein können und sollen (lies: Art. 26 Abs. 2 AEUV!), eröffnen sich nicht nur sozial, sondern natürlich auch ökonomisch ganz enorme Freiräume und Dimensionen (*Hobe/Fremuth* § 16 Rz. 1). Erschaffen hat die EU bei genauer Betrachtung einen gemeinsamen und einheitlichen Wirtschaftsraum von aktuell 27 verschiedenen Staaten mit derzeit etwa 450 Millionen (!) Einwohnern, die alle ihre Waren, Dienstleistungen und sich selbst beliebig untereinander zirkulieren lassen und austauschen können und damit übrigens einen der größten Wirtschaftsräume der Welt bilden – wovon im Zweifel alle Beteiligten und vor allem natürlich die Konsumenten, aber auch die Beschäftigten am Arbeitsmarkt erheblich profitieren können (*Streinz* Rz. 818; *Hobe/Fremuth* § 16 Rz. 2). Die freie Zirkulation von Waren, Dienstleistungen und Personen innerhalb der EU wird daher auch zu Recht als eine »herausragende ökonomische und soziale Leistung« bezeichnet (*Herdegen* § 13 Rz. 1; *Hobe/Fremuth* § 16 Rz. 1; *Streinz* Rz. 46/819). **Achtung:** Das ist aber nur die EINE Seite der Medaille.

Auf der **anderen** Seite der Medaille »freier und einheitlicher Wirtschaftsraum EU« lauert nämlich für alle Staaten latent und damit jederzeit die Gefahr, dass die Wirtschaft im eigenen Land, also konkret die Unternehmen und/oder die dort beschäftigten Menschen mit dem eingeschlagenen Tempo und dem aktuellen Produktionsniveau in der EU nicht mithalten können. **Beispiel**: Wenn französische Weinbauern klimabegünstigt Rot- und Weißweine preiswert, schmackhaft und mit hoher Qualität herstellen und diese zum Beispiel in Österreich verkaufen, hat dies für die Weinbauern in Österreich unter Umständen erhebliche wirtschaftliche Konsequenzen, da die eigenen Weine weniger nachgefragt werden und daher deren Preise gesenkt werden müssen. **Oder**: Wenn ein deutscher Autobauer auf dem spanischen Markt tätig wird und dort die nationalen Autobauer verdrängt, kann das ein ganz erhebliches Problem für die spanische Automobilindustrie und deren Beschäftigte werden. **Oder**: Wenn ein niederländischer Bierbrauer leckeres Bier herstellt und damit etwa auf dem polnischen Markt aktiv und erfolgreich ist, kann dies für polnische Bierbrauer wirtschaftlich durchaus gefährlich werden, da sie die eigenen Produkte natürlich nicht mehr so gut oder nur mit weniger Gewinn absetzen können. **Oder**: Wenn ein schwedischer Möbelhersteller fast den gesamten europäischen Markt mit kostengünstigen Möbeln beliefert/überschwemmt, hat dies für die Möbelindustrie und deren Beschäftigte in den übrigen EU-Ländern im Zweifel gravierende Folgen und entsprechende Umsatzeinbußen zur Folge. **Oder auch**: Wenn ein dänischer Spielwarenhersteller mit einem mega-erfolgreichen Produkt (Lego!) am großen Markt der EU aktiv ist, kann das die Hersteller von ähnlichen Spielwaren in anderen Ländern der EU in erhebliche Absatzschwierigkeiten bringen. **Man sieht es**: Was für die Konsumenten in der EU wegen der maximalen Vielfalt und den im Zweifel niedrigen Preisen der Produkte uneingeschränkt und dauerhaft Vorteile bringt, kann für einzelne Länder bzw. für einzelne Wirtschaftszweige und deren Beschäftigte in den Ländern unter Umständen sehr nachteilig und sogar existenzbedrohend werden.

So, und wenn man sich das mal vor Augen führt – die zahlreichen Beispiele von eben sind beliebig fortsetzbar –, kann man verstehen und sogar irgendwie nachvollziehen, dass bei allen europäischen Gemeinsamkeiten und einem grundsätzlich wünschenswerten freien Wirtschaftsraum in der EU gleichwohl immer auch ein Bedürfnis der Mitgliedstaaten dahingehend besteht, protektionistische Maßnahmen im eigenen Land zu ergreifen, um die nationale Wirtschaft oder bestimmte Teile davon zu beschützen und inländische Produkte und Händler bevorzugt zu behandeln. Denn, wie gesehen: Die Konkurrenz ist groß! Erschwerend hinzu kommt schließlich, dass jedes Land in der EU selbstverständlich über eigene (Produkt-)Standards verfügt, beispielsweise im Hinblick auf Produktzusammensetzungen (Likör!), auf Herstellungsverfahren, auf den Gesundheitsschutz der Bevölkerung, auf kulturelle Besonderheiten, den Umweltschutz und damit etwa auch auf die Nachhaltigkeit der Wirtschaft und deren Produktion. All dies stellt in einem gänzlich freien Wirtschaftsraum, bei dem alle Teilnehmer jederzeit und überall am großen Markt aktiv sein dürfen, ein erhebliches Problem dar (*Hobe/Fremuth* § 16 Rz. 35; *Streinz* Rz. 819). Es existieren daher bis heute in den einzelnen Ländern der EU unzählige Sonderregelungen, die einerseits den nationalen Eigenheiten des jeweiligen Landes gerecht werden und diese schützen sollen (siehe soeben), andererseits damit aber offen oder versteckt den freien Zugang der übrigen Länder bzw. ausländischer Produkte zum jeweils nationalen Markt behindern – und damit logischerweise die nationalen Wirtschaftsräume entsprechend bevorzugen.

Und damit schließt sich auch der Kreis zu den **Rechtfertigungsgründen** für nationale Handelsbeschränkungen, um die es in unserem Fall ja eigentlich geht: Da, wie gesehen, ein gänzlich freier Wirtschaftsraum nicht nur und uneingeschränkt Vorteile mit sich bringt, muss es den einzelnen Staaten auch weiterhin erlaubt und möglich sein, auf nationale Besonderheiten Rücksicht zu nehmen und dementsprechend auch nationale Handelsbeschränkungen aussprechen zu dürfen (*Herdegen* § 15 Rz. 15; *Hobe/Fremuth* § 16 Rz. 35). Um das Ganze sinnvoll in den Griff zu bekommen, hat sich der europäische Gesetzgeber für ein **Regel-Ausnahme-Prinzip** entschieden: Hierbei sind zum einen die Regeln, also der grundsätzlich zu garantierende freie Wirtschaftsraum, in Art. 34 AEUV und Art. 35 AEUV verankert. Den Art. 34 AEUV (aufschlagen!) haben wir im letzten Fall ja auch schon kennengelernt, das war die Geschichte mit den »mengenmäßigen Einfuhrbeschränkungen« und vor allem den »Maßnahmen gleicher Wirkung«, die allesamt verboten sind, jedenfalls dann, wenn sie einen Anbieter in der EU bzw. eine ausländische Ware diskriminieren. Wir hatten gelernt, dass den Verkauf beschränkende Maßnahmen als sogenannte »**Verkaufsmodalitäten**« (= Art und Weise des Verkaufs eines Produkts) aber ausnahmsweise erlaubt sein können, wenn sie nicht auf das Produkt selbst bezogen sind, für ALLE Marktteilnehmer gleichermaßen gelten und daher auch niemanden diskriminieren (Beispiel: Ladenöffnungszeiten).

Nächster Schritt: Wir lesen – bitte! – Art. 36 Satz 1 AEUV (+ die Überschrift).

Also, da stehen sie, die **Ausnahmen** zu den Regeln der Art. 34 und Art. 35 AEUV.

Durchblick: Der Gesetzgeber hat natürlich gewusst und unter anderem in Art. 36 Satz 1 AEUV dokumentiert, dass man einem einzelnen Land auch bei einem einheitlichen Wirtschaftsraum wie der EU nicht sämtliche Kompetenzen im Hinblick auf den freien Warenverkehr nehmen darf. Man hat daher in Art. 36 Satz 1 AEUV die einzelnen Gründe bzw. Argumente für die Zulässigkeit (= Rechtfertigung) von nationalen Handelsbeschränkungen explizit aufgelistet. Genannt sind ausdrücklich und **abschließend**: Gründe der öffentlichen Sittlichkeit, der Ordnung und Sicherheit, des Schutzes der Gesundheit und des Lebens von Menschen, Tieren oder Pflanzen, des nationalen Kulturguts von künstlerischem, geschichtlichem oder archäologischem Wert oder des gewerblichen und kommerziellen Eigentums. All diese Gründe (aber auch nur diese!) können Beschränkungen des freien Handelsverkehrs als Ausnahme von der Regel des Art. 34 AEUV »rechtfertigen« (steht da wörtlich drin!). **Folge**: Es liegt dann zwar ein Eingriff in den freien Warenverkehr und damit den Schutzbereich des Art. 34 AEUV vor, dieser Eingriff ist aber ausnahmsweise zulässig, weil nämlich nach Art. 36 Satz 1 AEUV ***gerechtfertigt***. Wir merken uns bitte:

Regeln → Art. 34 AEUV und Art. 35 AEUV // **Ausnahmen** → Art. 36 Satz 1 AEUV

Problem: Die Auflistung der Rechtfertigungsgründe in Art. 36 Satz 1 AEUV klingt zwar beim ersten Lesen ziemlich umfangreich, ist es bei genauer Betrachtung aber leider überhaupt nicht (*Hobe/Fremuth* § 16 Rz. 43). So sieht man etwa schon an unserem kleinen Fall, dass die Einfuhrbeschränkung bzw. das aus der BwVO folgende Einfuhrverbot des *Cassis de Dijon* unter keinen der genannten Gründe auch nur rein theoretisch fallen *könnte*. Was soll das auch sein: Die Mindestpromillegrenze von 25 % für Likör als Einfuhrbeschränkung zum »Gesundheitsschutz der Menschen« in Deutschland? Oder als Schutz der »Ordnung und Sicherheit«? Oder als Schutz für ein »nationales Kulturgut« oder etwa der »Sittlichkeit«? Wir werden nicht nur an diesem Fall sehen, dass der Anwendungsbereich des Art. 36 Satz 1 AEUV mit seinen geschriebenen Rechtfertigungsgründen sehr überschaubar ist und infolgedessen noch andere Quellen für *ungeschriebene* Rechtfertigungsgründe von nationalen Handelsbeschränkungen notwendig waren – und übrigens bis heute auch sind. Diese Quellen gibt es, und sie haben tatsächlich alle ihren Ursprung hier bei unserer kleinen Geschichte um den *Cassis de Dijon* vom 20. Februar 1979.

Und das kam so: Wir haben im vorherigen Fall (eben schon mal kurz erwähnt – das war die Geschichte mit den Ladenöffnungszeiten) gelernt, dass der Art. 34 AEUV eine Diskriminierung im freien Warenverkehr der EU verhindern soll. Nach der berühmten und nach wie vor gültigen *Dassonville*-Formel liegt ein Verstoß gegen Art. 34 AEUV grundsätzlich immer schon dann vor, wenn die fragliche Regelung geeignet ist, den freien Warenverkehr unmittelbar, mittelbar, potentiell oder tatsächlich zu behindern (EuGH Slg. **1974**, 837). Und das wäre hier in unserem *Cassis*-Fall tatsächlich auch kein Problem gewesen, denn die Regelung in der BwVO ist zweifellos geeignet, diejenigen ausländischen Likörhersteller **tatsächlich** und **unmittelbar** zu benachteiligen, die, wie etwa in Frankreich üblich, Likör schon mit weniger als 25 % Alkoholgehalt in ihrem Land als solchen verkaufen dürfen. Da das in Deutschland wegen der Verordnung verboten war, die Ware sogar noch nicht mal eingeführt werden durfte, lag eine klassische Diskriminierung bzw. »Maßnahme gleicher Wirkung« im Sinne des Art. 34 AEUV nach der *Dassonville*-Formel vor (EuGH Slg. **1979**, 649).

> **Und**: An diesem Ergebnis würde übrigens auch die uns aus dem letzten Fall ebenfalls bekannte *Keck*-Formel, die es zum Zeitpunkt des *Cassis*-Falls aus dem Februar 1979 freilich noch gar nicht gab – das *Keck*-Urteil stammt vom November 1993 –, nichts ändern: Die Mindestpromillegrenze von 25 % betrifft nämlich die **Zusammensetzung** und/oder die **Herstellung** des Produkts mit der Folge, dass sie als klassische »produktbezogene Regelung« grundsätzlich diskriminierend im Sinne des Art. 34 AEUV ist und bleibt; sie wird unter Art. 34 AEUV subsumiert, und zwar unabhängig davon, dass die gesetzliche Einschränkung hier tatsächlich für alle Marktteilnehmer gleichermaßen gilt (EuGH NJW **1994**, 121 – *Keck*). Wir erinnern uns bitte: Nach der *Keck*-Formel fallen nur die sogenannten »Verkaufsmodalitäten«, die also ausschließlich die Art und Weise des Verkaufs/Vertriebs betreffen, aus dem Anwendungsbereich des Art. 34 AEUV heraus, sofern sie zudem für alle Marktteilnehmer, also unabhängig vom Herkunftsland gleichermaßen bzw. unterschiedslos gelten (z.B. Ladenöffnungszeiten, siehe oben).

Fazit: Unsere Regelung aus der BwVO stellt nach dem bisher Gesagten einen klaren Verstoß gegen Art. 34 AEUV dar, da sie diejenigen Marktteilnehmer benachteiligt, die in ihrem Land einen Likör schon mit weniger als 25 % Alkoholgehalt herstellen und vertreiben dürfen, in Deutschland daran aber gehindert werden. Und damit wäre unser Fall um de*n Cassis de Dijon* eigentlich auch ziemlich flott erledigt gewesen, zumal wir weiter oben ja auch schon gesagt haben, dass ein geschriebener Rechtfertigungsgrund aus Art. 36 Satz 1 AEUV im vorliegenden Fall erkennbar nicht in Betracht kommt. Die BwVO aus Deutschland war somit eigentlich relativ schmerzlos und eindeutig europarechtswidrig.

Und jetzt wird's interessant: Das Verfahren um den *Cassis de Dijon* vor dem EuGH war ein sogenanntes »Vorabentscheidungsverfahren« im Sinne des Art. 267 Abs. 2 AEUV (damals noch Art. 177 EWG-Vertrag), eingeleitet bzw. dem EuGH vorgelegt übrigens vom hessischen Finanzgericht in Kassel, vor dem es um steuerrechtliche und monopolistische Fragen im Zusammenhang mit der uns inzwischen bekannten *Branntweinverordnung* ging. Unter anderem sollte der EuGH nun bitte klären, inwieweit diese *Branntweinverordnung* vor dem Hintergrund des freien Warenverkehrs überhaupt gültig sein kann. Es war, wie gesehen, allerdings ziemlich offenkundig und wahrscheinlich, dass der EuGH die Verordnung mit der *Dassonville*-Formel kippen würde und vor allem, dass der Art. 36 Satz 1 AEUV hier keinerlei Rechtfertigungsgründe für die Mindestalkoholgrenze von 25 % für Likör in Deutschland anbot (siehe oben).

Aber dann: In dieser, aus deutscher Sicht eher misslichen Lage ergriff die deutsche Bundesregierung überraschend das Wort und namentlich ihr Recht zur Stellungnahme aus Art. 96 EuGH-VerfO in Verbindung mit Art. 23 Abs. 2 EuGH-Satzung. Nach den genannten Normen ist es unter anderem den vom Verfahren betroffenen Mitgliedstaaten bzw. deren Regierungen erlaubt, eine rechtliche und/oder tatsächliche Stellungnahme zum jeweiligen Fall vor dem EuGH abzugeben. Das wollte und tat die Bundesregierung dann auch, vor allem natürlich, um die »Branntweinverordnung« und damit auch die deutschen Likörhersteller vor ausländischen Konkurrenten zu schützen (= protektionistische Maßnahme zum Schutz der eigenen Wirtschaft!). Das, was die deutsche Bundesregierung dann allerdings zum Besten gab, war nicht nur ziemlich an den Haaren herbeigezogen bis unsinnig, sondern zum Glück und gerade deswegen offenbar genau der richtige Anlass für den EuGH, erstmalig Stellung dazu zu nehmen, welche Gründe **außerhalb** des Art. 36 Satz 1 AEUV noch als mögliche ungeschriebene Rechtfertigungen bzw. Einschränkungen des Art. 34 AEUV zumindest theoretisch möglich sind (→ EuGH NJW **1979**, 1766). Bevor wir da reinschauen, kommen hier erst mal die durchaus »interessanten« Argumente der deutschen Bundesregierung zur Rechtfertigung einer Mindestgrenze von 25 % Alkohol für Liköre in Deutschland, original zitiert aus der *Cassis*-Entscheidung des EuGH vom 20. Februar 1979, wobei zur Vermeidung von Irritationen noch erwähnt werden sollte, dass das gleich auftauchende Wort »Weingeist« früher als ein Synonym für trinkbaren Alkohol verwendet wurde – also dann:

> *»… Die Regierung der Bundesrepublik Deutschland, die in diesem Verfahren Erklärungen abgegeben hat, bringt mehrere Gesichtspunkte zur Rechtfertigung der Bestimmungen über den Mindestweingeistgehalt von alkoholischen Getränken vor, die sich auf den Schutz der* ***öffentlichen Gesundheit*** *und den Schutz der* ***Verbraucher vor unlauterem Wettbewerb*** *beziehen. Was den Schutz der öffentlichen Gesundheit angeht, behauptet die deutsche Regierung, die Festsetzung eines Mindestweingeistgehaltes im nationalen Recht soll die Überschwemmung des nationalen Markts mit Getränken, insbesondere mit solchen mäßigen Weingeistgehaltes verhindern, denn derartige Erzeugnisse könnten leichter zu einer Gewöhnung führen als Getränke mit höherem Wein-*

geistgehalt … Die deutsche Regierung trägt weiter vor, die Festsetzung eines Mindestweingeistgehaltes bei bestimmten Likören solle den Verbraucher vor ***unlauterem Wettbewerb*** *der Hersteller oder Händler alkoholischer Getränke schützen. Diese Argumentation stützt sich darauf, dass eine Verringerung des Alkoholgehaltes bei bestimmten Getränken diesen einen Wettbewerbsvorteil gegenüber Getränken mit höherem Alkoholgehalt verschaffen würde, da Weingeist aufgrund seiner* ***erheblichen Steuerbelastung*** *bei weitem der teuerste Bestandteil der Getränke sei. Wollte man ferner alkoholische Erzeugnisse zum freien Verkehr zulassen, wenn sie hinsichtlich ihres Weingeistgehaltes nur den Bestimmungen des Herstellungslandes (hier: Frankreich) entsprächen, so hätte dies, wie die deutsche Regierung meint, zur Folge, dass sich in der Europäischen Gemeinschaft als gemeinsamer Standard immer der* ***niedrigste*** *in einem Mitgliedstaat zulässige Weingeistgehalt durchsetzen würde, ja dass sogar alle einschlägigen Bestimmungen hinfällig würden, da die Regelung mehrerer Mitgliedstaaten überhaupt keinen Mindestweingeistgehalt kenne …«*

Also: Die deutsche Bundesregierung machte sich gar nicht erst die Mühe, auf die geschriebenen Rechtfertigungsgründe aus Art. 36 Satz 1 AEUV einzugehen, sondern benannte quasi »freihändig« völlig andere, vor allem nirgendwo in Gesetzen niedergeschriebene Argumente und Erwägungen. Insbesondere die »öffentliche Gesundheit« und der »Schutz vor unlauterem Wettbewerb« sollten als Rechtfertigungen für die nationale Handelsbeschränkung auf Likör herhalten. **Und**: Nach Ansicht der Bundesregierung sei schließlich auch nicht nachvollziehbar, dass einzelne Nationen (Deutschland) für ihre Produkte bestimmte Richtlinien aufstellen, diese aber von den abweichenden Richtlinien anderer Länder (Frankreich) einfach verdrängt werden können; in diesem Falle sei jegliche nationale Regelung in Zukunft sinnlos, denn es gelte in der EU am Ende immer nur die »niedrigste« Schwelle für die Zulassung eines Produkts (EuGH NJW **1979**, 1766). **Problem**: Das alles klingt im weitesten Sinne sogar irgendwie nachvollziehbar, hatte nur erkennbar mit Art. 36 Satz 1 AEUV und den dort abschließend beschriebenen Rechtfertigungsgründen rein gar nichts zu tun.

Was tun? Der EuGH nahm diesen freihändigen Vortrag der deutschen Bundesregierung als willkommenen Anlass, um erstmalig und ausdrücklich festzustellen, dass es – zumindest theoretisch – auch **außerhalb** des Art. 36 Satz 1 AEUV noch weitere, und zwar ungeschriebene (Rechtfertigungs-)Gründe geben kann, aus denen sich die Zulässigkeit einer nationalen Handelsbeschränkung ergibt. Wir schauen uns auch hier zunächst mal den knappen, aber enorm wichtigen Wortlaut der EuGH-Entscheidung an, den wir bitte sorgfältig lesen wollen:

»… In Ermangelung einer gemeinschaftlichen Regelung über die Herstellung und die Vermarktung von Weingeist ist es grundsätzlich Sache der Mitgliedsländer, alle die Herstellung und Vermarktung von alkoholischen Getränken betreffende Vorschriften für ihr eigenes Hoheitsgebiet selbst zu erlassen. Hemmnisse für den Binnenhandel, die sich aus den Unterschieden der nationalen Regelungen über die Vermarktung dieser Erzeugnisse ergeben, müssen allerdings nur hingenommen werden, soweit die nationalen Bestimmungen notwendig sind, um ***zwingenden Erfordernissen*** *gerecht zu werden. Dies* ***können insbesondere*** *Erforder-*

nisse einer wirksamen steuerrechtlichen Kontrolle, Erfordernisse des Schutzes der öffentlichen Gesundheit und Erfordernisse der Lauterkeit des Verbraucherschutzes sein ... Liegen solche zwingenden Erfordernisse im konkreten Fall vor, fällt die fragliche nationale Bestimmung ***nicht*** *unter das Verbot des Art. 34 AEUV ... Andernfalls gibt es indes keinen Grund dafür zu verhindern, das in einem Mitgliedsland rechtmäßig hergestellte und vertrieben Produkte auch in andere Ländern der Gemeinschaft einzuführen und zu vertreiben ...«*

Achtung: Diese Sätze enthalten **drei** fundamentale Botschaften:

1. Wenn es keine gemeinschaftlichen Regelungen in der EU über die Herstellung und/oder Vermarktung von bestimmten Produkten gibt, liegt die Befugnis hierfür grundsätzlich und allein bei den einzelnen **Mitgliedsländern**.

2. Machen die Länder von dieser Befugnis Gebrauch und erlassen entsprechende nationale Regelungen, dürfen damit nur dann Hemmnisse für den freien Warenverkehr in der EU errichtet werden, wenn es hierfür im jeweiligen Mitgliedsland »**zwingende Erfordernisse**« gibt: Dies können **insbesondere** (= **nicht** abschließende Aufzählung!) steuerliche Fragen, der Schutz der öffentlichen Gesundheit oder der Schutz vor unlauterem Wettbewerb sein. Liegen entsprechende »zwingende Erfordernisse« vor, fällt die jeweilige nationale Regelung trotz einer Handelsbeschränkung nicht unter das Verbot des Art. 34 AEUV.

3. Kann das jeweilige Mitgliedsland »**zwingende Erfordernisse**« im gerade benannten Sinne allerdings nicht nachweisen, stellt jede nationale Regelung, die die Herstellung und/oder Vermarktung eines Produkts für andere Marktteilnehmer einschränkt oder verbietet, ein mit Art. 34 AEUV unvereinbares Handelshemmnis dar und ist folglich unzulässig. Es bleibt dann bei dem **Grundsatz**: Jedes in einem EU-Land rechtmäßig hergestellte und vertriebene Produkt darf auch in jedes andere EU-Land eingeführt und dort vertrieben werden.

Das wollen wir uns bitte unbedingt einprägen. Diese Regeln gelten nämlich bis heute, wobei der letzte Satz im Kasten der mit Abstand wichtigste ist (bitte noch mal lesen!).

Nächster Schritt: Bevor wir den Fall gleich dann zum Ende bringen (der EuGH hat Deutschland übrigens – so viel schon mal vorneweg – das Vorliegen eines »zwingenden Erfordernisses« im Ergebnis nicht zugestanden), müssen wir noch eine kleine dogmatische Hürde überspringen. Wir haben das ganz zu Anfang der Lösung bereits erwähnt, es gibt nämlich unterschiedliche Meinungen dazu, wie und an welcher Stelle die *ungeschriebenen* Rechtfertigungsgründe – also das mit dem »zwingenden Erfordernis« von eben – in der Fallprüfung zu erwähnen und vor allem zu klären sind. Wir werden uns das Problem jetzt mal anschauen, das Ganze aber vergleichsweise kurzhalten, denn es ist – wie gesagt – nur eine Frage der Dogmatik/des Prüfungsaufbaus, nicht aber des materiellen Inhalts, der bleibt tatsächlich in der Sache unberührt. Leider aber findet sich die Thematik gleichwohl in sämtlichen Lehrbüchern erwähnt oder mindestens angedeutet, weswegen wir sie hier auch kurz klären müssen. Das zu lösende Problem ergibt sich dabei aus genau dem, was da eben im grauen Kasten stand. Und zwar:

> Vollkommen unstreitig werden die in Art. 36 Satz 1 AEUV ausdrücklich niedergeschriebenen Rechtfertigungsgründe erst und immer nur in der Lösung eines Falles relevant und geprüft, wenn vorher – positiv – ein Eingriff in den Schutzbereich des Art. 34 AEUV oder Art. 35 AEUV festgestellt worden ist (EuGH NJW **2016**, 621; EuGH C-108/09 Slg. **2010**, I-12213 – *Ker-Optika*; EuGH C-17/93 Slg. **1994**, I-3537 – *Van der Veldt*; *Haratsch/Koenig/Pechstein* Rz. 879; *Herdegen* § 15 Rz. 20; *Streinz* Rz. 937; *Hobe/Fremuth* § 16 Rz. 35/55). Dieser Eingriff kann dann unter Umständen und je nach Vortrag der betroffenen Parteien bzw. Länder durch die in Art. 36 Satz 1 AEUV genannten Gründe im klassischen Sinne »gerechtfertigt« und damit zulässig sein; das Wort »gerechtfertigt« steht sogar ausdrücklich in Art. 36 Satz 1 AEUV drin → vorletztes Wort des ersten Satzes. Der Standort der Prüfung des Art. 36 Satz 1 AEUV liegt damit stets **HINTER** der vorab zu beantwortenden Frage, inwieweit der Art. 34 AEUV oder der Art. 35 AEUV überhaupt einschlägig und verletzt sind (mit den inhaltlichen Voraussetzungen der geschriebenen Rechtfertigungsgründe des Art. 36 AEUV werden wir uns im nächsten Fall ausführlich beschäftigen).

So, und wenn wir jetzt gerade mal zurückblättern zum grauen Kasten von eben und dort sehr aufmerksam noch mal die **Nrn. 2 und 3** lesen (bitte!), ergibt sich bei genauem Hinsehen ziemlich Erstaunliches: Da steht nämlich, dass beim Vorliegen von zwingenden Erfordernissen für ein nationales Handelshemmnis die entsprechende Regelung *»nicht unter das Verbot des Art. 34 AEUV fällt«* (= O-Ton EuGH *Cassis de Dijon*, NJW **1979**, 1766). Von irgendeiner Form der »Rechtfertigung« durch die zwingenden Erfordernisse steht da kein einziges Wort; das Wort »Rechtfertigung« taucht tatsächlich in der gesamten *Cassis de Dijon*-Entscheidung überhaupt nicht auf.

Konsequenz: Man könnte – und so machen es diverse Autoren in der Wissenschaft (z.B. *Herdegen* § 15 Rz. 15) – die Botschaften aus der *Cassis de Dijon*-Entscheidung dogmatisch betrachtet auch so lesen, dass der EuGH gar keine neuen und außerhalb von Art. 36 Satz 1 AEUV stehende Rechtfertigungsgründe erfinden wollte. Es wäre vielmehr auch die Deutung möglich, dass der EuGH einfach nur den **Anwendungsbereich** des Art. 34 AEUV auf einer der Rechtfertigung vorgelagerten Ebene, und zwar mittels »immanenter Schranken« oder »negativer Tatbestandsmerkmale« weiter eingrenzen wollte. Denn, wie gesehen und gelesen, es gilt: Liegen bestimmte »zwingende Erfordernisse« für ein nationales Handelshemmnis vor, fällt nach der Entscheidung des EuGH *»die fragliche nationale Bestimmung nicht unter das Verbot des Art. 34 AEUV«* (**Wortlaut**: EuGH NJW **1979**, 1766).

Vorsicht: Diese Ansicht, wonach das mögliche Vorliegen von »zwingenden Erfordernissen« für nationale Handelshemmnisse als immanente Schranke oder negatives Tatbestandsmerkmal bereits die Anwendung des Art. 34 AEUV ausschließt, führt am Ende in der Sache zu keinem anderen Ergebnis, sie beeinflusst bzw. verändert immer nur den Prüfungsaufbau in der Klausur. Wer sich dem anschließt, muss nämlich bereits bei der Frage, ob ein **Eingriff** in den **Schutzbereich** des Art. 34 AEUV vorliegt (also auf Tatbestandsebene!), abklopfen, inwieweit die fragliche nationale Regelung durch »zwingende Erfordernisse« den Art. 34 AEUV ausschließt (so: *Herdegen* § 15 Rz. 15; *von der Groeben/Schwarze/Hatje/Müller-Graff* Art. 34 AEUV Rz. 183; *Schilling* in EuR 1994, 50; *Megret/De Cockborne* DR.CEE Bd. 1 233; *Dauses* in HdBEUWiR C.I. Rz. 108; *Smit/Herzog/Bouwer* LawECC Art. 30, 3001). Diese Lesart der *Cassis*-Entscheidung und die daraus folgenden Konsequenzen für den Fallaufbau sind durchaus vertretbar und werden bei Verwendung des entsprechenden Vokabulars in der Klausur (→ »immanente Schranke des Art. 34 AEUV« und/oder »negative Tatbestandsmerkmale des Art. 34 AEUV«) im Zweifel auch keine Minuspunkte, sondern vielleicht sogar Pluspunkte bringen, da es die Mindermeinung und zudem durchaus anspruchsvoll in der textlichen Darstellung ist – was manche Prüfer gerne sehen und, wenn es gelingt, entsprechend honorieren.

> **Aber**: Die überwiegende Meinung in der Literatur und auch die allermeisten deutschen Lehrbücher sind längst dazu übergegangen, die gerade geschilderte Problematik tatsächlich erst im Rahmen der **Rechtfertigungsgründe** zu klären, und zwar im Anschluss an die Prüfung der geschriebenen Rechtfertigungsgründe des Art. 36 Satz 1 AEUV. Und das Ganze auch nur dann, wenn diese geschriebenen Rechtfertigungsgründe im konkreten Fall nicht eingreifen, die ungeschriebenen Rechtfertigungsgründe haben bei genauer Betrachtung damit lediglich **subsidiären** Charakter (vgl. *Calliess/Ruffert/Kingreen* Art. 34–36 AEUV Rz. 84; *Streinz/Schroeder* Art. 34 AEUV Rz. 74; *Schwarze/Becker* Art. 34 AEUV Rz. 104; *Haratsch/Koenig/Pechstein* Rz. 946; *Hobe/Fremuth* § 16 Rz. 55; *Streinz* Rz. 930/937). Da inzwischen auch der EuGH diese Prüfungsreihenfolge – freilich ohne Anspruch auf Verbindlichkeit! – favorisiert (EuGH Slg. **2004**, I-11763 – *Radlberger*; EuGH Slg. **1989**, 229 – *Kommission/Deutschland*), kann und sollte man sich als KlausurbearbeiterIn dem auch entspannt anschließen. Das erleichtert im Übrigen die Darstellung insgesamt und garantiert vor allem eine klare Struktur in der Klausur bzw. Hausarbeit.

Daher: Wir wollen in unserem Buch hier ab sofort so vorgehen, dass wir die Problematik der »ungeschriebenen« Rechtfertigungsgründe tatsächlich auch erst bei der Rechtfertigung des Eingriffs, also **NACH** dem Tatbestand und auch nur dann ansprechen und klären, wenn keine geschriebenen Rechtfertigungsgründe aus Art. 36 Satz 1 AEUV eingreifen. Wir wissen jetzt, dass und warum es dazu auch eine andere Variante und Meinung gibt, erzählen das bitte und gerne auch der Prüfungskommission im mündlichen Staatsexamen, bevorzugen in der **geschriebenen** Klausur- oder Hausarbeitsaufgabe aber bitte den anderen Weg, mit dem wir jetzt auch – endlich! – in die eigentliche Lösung unseres Falles um den *Cassis de Dijon* einsteigen, der ja in Deutschland wegen seines zu niedrigen Alkoholgehaltes nach unseren bisherigen Erkenntnissen nicht verkauft werden darf, also dann:

Obersatz: Der § 10 der deutschen Branntweinverordnung (BwVO) mit dem dort normierten Mindestalkoholgehalt von 25 % für Liköre verletzt das Verbot von Einfuhrbeschränkungen in der EU, wenn Art. 34 AEUV auf den vorliegenden Sachverhalt anwendbar ist und die BwVO einen Eingriff in den Schutzbereich des Art. 34 AEUV darstellt, der nicht gerechtfertigt ist.

I. Die Anwendbarkeit des Art. 34 AEUV

Die Garantie des freien Warenverkehrs in der EU nach Art. 34 AEUV betrifft Waren, soweit diese nicht der Spezialregelung der Art. 38 ff. AEUV unterliegen. Gemäß Art. 38 Abs. 1 UAbs. 2 Satz 2 AEUV gehören hierzu landwirtschaftliche Erzeugnisse des Bodens, der Viehzucht und der Fischerei sowie die mit diesen in unmittelbarem Zusammenhang stehenden Erzeugnisse der ersten Verarbeitungsstufe. Ergänzende Aufzählungen finden sich zudem im Anhang I zum AEUV. Der hier zu prüfende § 10 BwVO betrifft ein alkoholisches Getränk aus verarbeiteten Trauben. Hierbei handelt es sich nicht um Waren der ersten, sondern der zweiten Verarbeitungsstufe im gerade genannten Sinne und auch nicht um im Anhang I zum AEUV benannte Waren. Dies hat zur Folge, dass Art. 34 AEUV nicht gemäß Art. 38 Abs. 3 AEUV von den Regelungen der Art. 39 ff. AEUV verdrängt wird. Eine das EU-Recht harmonisierende Maßnahme im Sinne der Art. 114 ff. AEUV liegt nach Auskunft des Sachverhaltes nicht vor.

Feinkost: Zum Zeitpunkt der *Cassis*-Entscheidung im Februar 1979 gab es tatsächlich keine entsprechenden Harmonisierungsmaßnahmen; das Problem eines Mindestalkoholgehaltes sowie der Aufmachung und Benennung bestimmter (hochprozentiger) Getränke war bis dahin auf europäischer Ebene in dieser Form noch nicht einheitlich geregelt. Erst stolze zehn Jahre nach der *Cassis*-Entscheidung hatte man sich endlich durchgerungen und am **29. Mai 1989** die »Verordnung zur Festlegung der allgemeinen Regeln für die Begriffsbestimmung, Bezeichnung und Aufmachung von Spirituosen« erlassen (VO 1567/89), die später durch die »**Spirituosenverordnung**« vom **15. Januar 2008** (VO EG 110/2008) ersetzt bzw. präzisiert wurde. Heute gibt es also durchaus entsprechende und im Übrigen ziemlich umfangreiche Harmonisierungsmaßnahmen – der Mindestalkoholgehalt von Likör liegt aktuell übrigens, falls das jemanden interessiert, bei schlappen 15 %, was sich aus Anhang II/Nr. 32 der europäischen »Spirituosenverordnung« ergibt.

Hier: Laut Sachverhaltshinweis dürfen wir davon ausgehen, dass es derzeit keine unseren Fall betreffenden Harmonisierungsmaßnahmen in der EU gibt.

ZE.: Der Art. 34 AEUV ist auf den vorliegenden Sachverhalt anwendbar.

II. Der Schutzbereich des Art. 34 AEUV

Definition: Bei den streitgegenständlichen Sachen muss es sich um Waren im Sinne des Art. 28 Abs. 2 AEUV handeln. Der Warenbegriff ist nicht legal definiert, umfasst nach allgemeiner Meinung aber alle körperlichen Gegenstände, die einen Geldwert haben und Gegenstand rechtmäßiger Handelsgeschäfte sein können (EuGH – C-65/05, Slg. **2006**, I-10341; EuGH – Rs. 7/68, Slg. **1968**, 633; *Schwarze/Terhechte* Art. 28 AEUV Rz. 18). Des Weiteren muss es sich gemäß Art. 28 Abs. 2 AEUV entweder um eine Ware aus einem Mitgliedstaat der EU handeln oder aber um Waren aus dritten Ländern, die sich in den Mitgliedstaaten im freien Verkehr befinden. Schließlich ist eine sogenannte »grenzüberschreitende Dimension« erforderlich; der Warenverkehr muss demnach mindestens zwischen zwei Mitgliedstaaten betroffen sein (EuGH Rs. C-267/91 Slg. **1993**, S-I-6097 – *Keck*; *Schwarze/Becker* Art. 34 AEUV Rz. 19; *Haratsch/Koenig/Pechstein* Rz. 908).

Diese Voraussetzungen sind vorliegend problemlos erfüllt: Traubenlikör hat einen Geldwert und kann auch Gegenstand rechtmäßiger Handelsgeschäfte sein. Die Ware stammt zudem aus einem EU-Mitgliedsland (Frankreich) und soll grenzüberschreitend nach Deutschland eingeführt und dort auch verkauft werden.

ZE.: Der Schutzbereich des Art. 34 AEUV ist betroffen.

III. Der Eingriff in den Schutzbereich des Art. 34 AEUV

Gemäß Art. 34 AEUV sind mengenmäßige Einfuhrbeschränkungen sowie alle Maßnahmen gleicher Wirkung zwischen den Mitgliedstaaten verboten. Die Branntweinverordnung müsste, um einen Eingriff in den Schutzbereich darstellen zu können, unter eine der beiden gerade genannten Varianten zu subsumieren sein.

1. Eine mengenmäßige Einfuhrbeschränkung im Sinne des Art. 34 AEUV liegt nach allgemeiner Ansicht vor, wenn entweder die Einfuhr einer Ware vollständig verboten (»Verbringungsverbot«) oder die Einfuhr von Waren nach Menge, Wert oder Zeitraum begrenzt ist, die Einfuhr also nur in einem bestimmten **Umfang** gestattet wird (»Kontingentierungsverbot«, vgl. EuGH EuZW **2007**, 401; EuGH Rs. 34/79 – Slg. **1979**, 3795; EuGH Rs. 2/73 – Slg. **1973**, 865; *Hobe/Fremuth* § 16 Rz. 11; *Streinz* Rz. 915; *Schwarze/Becker* Art. 34 AEUV Rz. 33).

ZE.: Eine mengenmäßige Einfuhrbeschränkung im gerade genannten Sinne kommt vorliegend nicht in Betracht. Deutschland legt mit der BwVO lediglich fest, unter welchen Umständen alkoholische Getränke in Deutschland als Likör verkauft werden dürfen.

2. Es könnte sich bei der Regelung der BwVO aber um eine Maßnahme gleicher Wirkung im Sinne des Art. 34 AEUV handeln.

a. Erster Prüfungsmaßstab zur Bestimmung des Merkmals »Maßnahme gleicher Wirkung« im Sinne des Art. 34 AEUV ist die sogenannte *Dassonville*-Formel.

Definition: Nach der *Dassonville*-Formel hat eine Maßnahme gleiche Wirkung im Sinne des Art. 34 AEUV, soweit sie den Handel in der Europäischen Union unmittelbar, mittelbar, tatsächlich oder potentiell behindert (EuGH NJW **1975**, 515 – *Dassonville*; vgl. auch *Hobe/Fremuth* § 16 Rz. 13; *Schwarze/Becker* Art. 34 AEUV Rz. 37; *Streinz* Rz. 916).

Hier: Die deutsche BwVO schreibt für die Einfuhr und den Verkauf eines Likörs in Deutschland einen Mindestalkoholgehalt von 25 % vor. Der französische *Cassis de Dijon* verfügt lediglich über einen Alkoholgehalt von 20 % und darf aus diesem Grund jedenfalls in Deutschland nicht vertrieben werden. Die BwVO behindert damit mittelbar den Handel eines Produkts in der Europäischen Union und stellt nach der *Dassonville*-Formel mithin eine Maßnahme »gleicher Wirkung« im Sinne des Art. 34 AEUV dar.

b. Etwas anderes könnte sich aber aus der Anwendung der Keck-Formel des EuGH ergeben. Hiernach gilt:

Definition: Betrifft eine nationale Regelung die Modalitäten des Verkaufs oder Absatzes einer Ware und gilt diese Regelung tatsächlich und rechtlich für **alle** Marktteilnehmer **gleichermaßen** (= ausländische und inländische), liegt hierin keine Maßnahme »gleicher Wirkung« im Sinne des Art. 34 AEUV. Es fehlt in diesem Fall an einer für Art. 34 AEUV notwendigen Diskriminierung einzelner Marktteilnehmer und damit an einer Behinderung des grenzüberschreitenden Verkehrs. Man nimmt den Marktteilnehmern mit der Regelung zwar unter Umständen eine Methode zur Absatzförderung mit möglicherweise wirtschaftlich nachteiligen Folgen, die Regelung diskriminiert aber niemanden. Betrifft eine Maßnahme hingegen das Produkt selbst, also die Herstellung, Zusammensetzung oder Aufmachung, ist die Maßnahme demnach »produktbezogen«, unterliegt sie der Regelung des Art. 34 AEUV (EuGH Slg. **1993**, I-6097 Rz. 16 – *Keck; Schwarze/Becker* Art. 34 AEUV Rz. 47; *Herdegen* § 15 Rz. 11; *Streinz* Rz. 920; *Hobe/Fremuth* § 16 Rz. 20).

Hier: Die Festlegung eines Mindestalkoholgehalts als Zulässigkeitsvoraussetzung für den Verkauf und die Einfuhr eines Getränks betrifft die Herstellung und Zusammensetzung des Produkts und nicht die Verkaufsmodalität. Die Maßnahme ist daher als »produktbezogen« zu bezeichnen und stellt folglich auch nach der *Keck*-Formel des EuGH einen Eingriff in den Schutzbereich des Art. 34 AEUV dar.

Achtung: An dieser Stelle – also nach dem Abklopfen der beiden Formeln *Dassonville* und *Keck* – wäre jetzt übrigens der Platz in der Klausur, an dem die oben erwähnte Mindermeinung das Problem der »ungeschriebenen Rechtfertigungsgründe« diskutieren möchte und müsste. Bei dieser Ansicht trägt das Ganze dann allerdings eine andere Bezeichnung, und zwar entweder »immanente Schranke des Art. 34 AEUV« oder aber »negatives Tatbestandsmerkmal des Art. 34 AEUV«. Denn wir sind im Moment ja immer noch auf der Tatbestandsebene des Art. 34 AEUV – und vor allem eben noch nicht in der Rechtswidrigkeit angekommen (vgl. etwa *Herdegen* § 15 Rz. 15; *von der Groeben/Schwarze/Hatje/Müller-Graff* Art. 34 AEUV Rz. 183; *Schilling* in EuR 1994, 50; *Megret/De Cockborne* DR.CEE Bd. 1 233).

Da wir uns weiter oben aber für den anderen Weg entschieden haben, können wir nunmehr folgendes Zwischenergebnis festhalten:

<u>ZE.</u>: Der § 10 BwVO mit seinem festgelegten Mindestalkoholgehalt von 25 % für Likör in Deutschland stellt als »Maßnahme gleicher Wirkung« einen Eingriff in den Schutzbereich des Art. 34 AEUV dar (EuGH NJW **1979**, 1766 – *Cassis de Dijon*).

IV. Rechtswidrigkeit des Eingriffs in den Schutzbereich des Art. 34 AEUV

Die Regelung der BwVO ist allerdings nur dann als unzulässiger Eingriff in den Schutzbereich zu bewerten, wenn keine Rechtfertigungsgründe vorliegen. Im Rahmen einer möglichen Rechtfertigung kommen sowohl geschriebene als auch ungeschriebene Rechtfertigungsgründe in Betracht.

1. Die **geschriebenen** Rechtfertigungsgründe → Art. 36 Satz 1 AEUV

Wir machen es kurz: Wir haben weiter oben ja schon gesehen und auch festgestellt, dass im vorliegenden Fall keine der in Art. 36 Satz 1 AEUV genannten »Ausnahmen« vorliegt, es also an einer Rechtfertigung jedenfalls nach dem Wortlaut des Art. 36 Satz 1 AEUV mangelt. Mit diesen geschriebenen Rechtfertigungsgründen aus Art. 36 Satz 1 AEUV, die der EuGH übrigens gerne als »Gründe des Allgemeininteresses« bezeichnet (EuGH Slg. **2007**, I-7467 – *Kommission/Niederlande;* EuGH Slg. **2004** I-1559 – *Kommission/Italien*), werden wir uns ausführlich im nächsten Fall befassen und wollen an dieser Stelle daher bitte auch nur kurz auf zwei Dinge achten: Grundsätzlich wird Art. 36 Satz 1 AEUV, weil er eine bzw. **DIE** Beschränkung des (der EU heiligen) freien Warenverkehrs legalisiert, vom EuGH sehr restriktiv, also extrem eng ausgelegt. Die Warenverkehrsfreiheit in der EU stellt nach allgemeiner Ansicht nämlich »die zentrale Freiheit« oder auch »das Kernstück zur Verwirklichung eines gemeinsamen Binnenmarktes« im Sinne des Art. 26 Abs. 2 AEUV dar und bedarf daher auch eines besonderen Schutzes durch die Gesetze und Institutionen der EU (EuGH Slg. **1991**, I-1361 – *Kommission/Griechenland;* EuGH Slg. **1981**, 1625 – *Ursprungsangabe für Souvenirs; Schwarze/Becker* Art. 36 AEUV Rz. 1; *Hobe/Fremuth* § 16 Rz. 37; *Herdegen* § 15 Rz. 18; *Haratsch/Koenig/Pechstein* Rz. 884). Unter anderem deshalb müssen die einzelnen, in Art. 36 Satz 1 AEUV abschließend aufgelisteten Rechtfertigungsgründe für nationale Handelsbeschränkungen vom jeweiligen Land sehr dezidiert und keinesfalls bloß »ins »Blaue hinein« behauptet, sondern vielmehr detailliert und mit **wissenschaftlichen Erkenntnissen** (!) nachgewiesen werden. Nur unter diesen strengen Voraussetzungen bzw. Umständen gestattet das Gesetz in Art. 36 Satz 1 AEUV eine

Einschränkung des freien Warenverkehrs (EuGH NJW **2016**, 3771 – *DocMorris III;* EuGH NJW **2016**, 621 – *The Scotch Whisky Association*) – und diese strengen Regeln werden gleich auch für die ungeschriebenen Rechtfertigungsgründe gelten. Merken.

> Und daraus folgt dann auch der zweite und vorläufig letzte Punkt, der für unseren Fall hier, jedenfalls ein kleines bisschen von Bedeutung ist und daher eine Erwähnung lohnt: Wenn in Art. 36 Satz 1 AEUV die Rede ist von »Schutz der Gesundheit und des Lebens von Menschen, Tieren oder Pflanzen« als mögliche Rechtfertigung einer nationalen Handelsbeschränkung, ist damit gemeint, dass die Gefahr für die gerade genannten Rechtsgüter immer von der **Ware selbst** ausgehen muss. Man darf nur dann eine Handelsbeschränkung aussprechen, wenn das fragliche Produkt wissenschaftlich erwiesen **ursächlich** für eine Gesundheits- oder Lebensgefahr für Menschen, Tiere oder Pflanzen sein könnte – der Nachweis eines konkreten Schadenseintritts ist logischerweise nicht zumutbar und demnach auch nicht erforderlich (EuGH Slg. **2004**, I-3751 – *Kommission/Deutschland;* EuGH Slg. **2004**, I-1559 – *Kommission/Italien;* EuGH Slg. **2003**, I-14887 – *Doc Morris; Calliess/Ruffert/Kingreen* Art. 34–36 AEUV Rz. 199; *Schwarze/Becker* Art. 36 AEUV Rz. 14). Der EuGH gestattet den Mitgliedsländern in Bezug auf den Schutz von Bevölkerung, Tieren und Pflanzen zwar durchaus einen eigenen Beurteilungsspielraum, da es grundsätzlich die Angelegenheit der einzelnen Länder ist und auch bleiben soll, auf welchem Niveau sie den Gesundheitsschutz national ansiedeln möchten (EuGH EuZW **2017**, 895 – *Medisanus;* EuGH EuZW **2010**, 578 – *Perez/Consejeria;* EuGH Slg. **1981**, 409 – *Kaasfabriek Eyssen BV*). Allerdings müssen sämtliche Maßnahmen, wie sich aus Art. 36 Satz 2 AEUV ergibt, immer und zwingend auch verhältnismäßig sein, was unter anderem bedeutet, dass eine Handelsbeschränkung zum Schutz der Gesundheit und des Lebens nur zu genau diesem Zweck erlassen worden ist und vor allem nicht auch dahinterstehende, andere Ziele damit verfolgt werden; zudem muss – wie gesagt – die Gefahr immer von dem Produkt selbst ausgehen und mit wissenschaftlichen Erkenntnissen erwiesen sein (EuGH Slg. **2008**, I-4475 – *Nationale Road van Dierenkwekers;* EuGH Slg. **1993**, I-2701 – *Kommission/Italien; Schwarze/Becker* Art. 36 AEUV Rz. 14).

In unserem Fall mit der Mindestalkoholgrenze von 25 % für Likör hätte eine Berufung auf einen dadurch intendierten »Schutz der Gesundheit von Menschen« im Sinne des Art. 36 Satz 1 AEUV nach dem gerade Gesagten offenkundig keinen Erfolg gehabt. Denn Deutschland wollte mit dieser Regelung faktisch darauf bestehen, dass der Likör in Deutschland nur mit möglichst **HOHEM** (= besonders gesundheitsschädlichem!) Alkoholgehalt verkauft wird. Das tatsächlich von der Regierung vorgebrachte Argument, man wolle hiermit die Gesellschaft/Volksgesundheit vor niedrigprozentigen Alkoholika schützen, da die ja angeblich eher abhängig machten, geht ebenso fehl: Wie eben im eingerückten Text gesagt, muss die behauptete Gesundheitsgefahr von dem **Produkt selbst** ausgehen; die deutsche Regierung behauptete aber, dass bei einer Änderung oder gar einem Wegfall der Branntweinverordnung die Gefahr vor allem darin bestehe, den Markt und damit die Bevölkerung mit niedrigprozentigem Alkohol zu überfluten. Denn davon werde man angeblich eher abhängig (= behauptete Gefahr für die Volksgesundheit). Das war und ist nun leider nicht nur in der Sache kompletter Unsinn, zudem eine reine Behauptung und betraf bei genauer Betrachtung auch gar nicht das eigentliche Produkt selbst, also den *Cassis de Dijon* – denn von DEM ging ja gar keine Gefahr aus. Eine unmittelbar kausale und wissenschaftlich erwiesene Verbindung zwischen der behaupteten Gesundheitsgefahr und dem fraglichen Produkt bestand somit selbst nach dem Vortrag der deutschen Regierung nicht.

ZE.: Eine erfolgreiche Berufung auf einen geschriebenen Rechtfertigungsgrund aus Art. 36 Satz 1 AEUV kommt vorliegend nicht in Betracht.

2. Die **ungeschriebenen** Rechtfertigungsgründe

So, jetzt aber: Wie oben umfangreich erörtert, erlaubt der EuGH neben der Berufung auf die geschriebenen Rechtfertigungsgründe des Art. 36 Satz 1 AEUV seit der *Cassis de Dijon*-Entscheidung aus dem Februar 1979 nationale Handelsbeschränkungen auch aufgrund ungeschriebener (Rechtfertigungs-)Gründe, die beim EuGH dann »**zwingende Erfordernisse**« heißen (EuGH Slg. **1979**, 649 = NJW **1979**, 1766) – und in der Klausur auch bitte und unbedingt (!) so auch benannt werden. Zwingende Erfordernisse im gerade genannten Sinne können insbesondere sein: Erfordernisse einer wirksamen steuerrechtlichen Kontrolle, Erfordernisse des Schutzes der öffentlichen Gesundheit und Erfordernisse der Lauterkeit des Verbraucherschutzes. Liegen solche zwingenden Erfordernisse im konkreten Fall vor, fällt die fragliche nationale Bestimmung nicht unter das Verbot des Art. 34 AEUV (EuGH a.a.O.).

> **Achtung**: Diese dezidierte Auflistung der möglichen Rechtfertigungsgründe stammt wortwörtlich aus der *Cassis*-Entscheidung, für die alleine sie gedacht waren, weil die deutsche Regierung sich auch nur auf diese Gründe bzw. Argumente berufen hatte. Die Aufzählung ist allerdings keinesfalls abschließend, was man – Achtung: Wortspiel! – insbesondere aus dem vom EuGH gewählten Wort »insbesondere« schließt. Seit der *Cassis*-Entscheidung hat der EuGH weitere und vielfältige ungeschriebene Rechtfertigungsgründe für nationale Handelsbeschränkungen, die sich nicht in Art. 36 Satz 1 AEUV finden oder dort subsumiert werden können, erfunden und zugelassen: Den **Umweltschutz** (EuGH EuZW **2001**, 242 – *PreussenElektra*), den Schutz von **Arbeitnehmerrechten** (EuGH EuR **2003**, 1037 – *Überseering*), die Sicherheit des **Straßenverkehrs** (EuGH Slg. **2007**, I-2473 – *Kommission/Finnland*), die **Verbrechensbekämpfung** (EuGH Slg. **2008**, I-2245 – *Kommission/Portugal*), den Schutz des **geistigen Eigentums** (EuGH EuZW **2012**, 466 – *Football Association Premier League*), die Aufrechterhaltung der **Medienvielfalt** (EuGH Slg. **1997**, I-3689 – *Familiapress*) oder auch allgemein den Schutz der **Sozialordnung** (EuGH Slg. **1994**, I-1039 – *Schindler*).

All diese Gründe, die in den Lehrbüchern übrigens gerne allgemein und abstrakt formuliert wahlweise als »zwingende Interessen des Allgemeinwohls« (*Schwarze/Becker* Art. 36 AEUV Rz. 35), als »Allgemeinwohlbelange« (*Streinz* Rz. 875) oder auch als »zwingende Gemeinwohlinteressen« (*Haratsch/Koenig/Pechstein* Rz. 945) bezeichnet und zusammengefasst werden, können eine Handelsbeschränkung, die tatbestandlich unter Art. 34 AEUV fällt, nach Meinung des EuGH rechtfertigen. Wie oben erwähnt, ist – ebenso wie bei den geschriebenen Rechtfertigungsgründen – allerdings zum einen stets auf eine streng **restriktive Auslegung** bzw. Anwendung der benannten Gründe zu achten. Wir hatten das ja jetzt schon mehrfach erwähnt: Der freie Warenverkehr in der EU ist **DAS** Heiligtum schlechthin und darf nur unter sehr engen Voraussetzungen beschränkt werden (EuGH Slg. **1991**, I-1361 – *Kommission/Griechenland*; EuGH Slg. **1981**, 1625 – *Ursprungsangabe für Souvenir*). Und schließlich gilt zum andern auch bei den ungeschriebenen Rechtfertigungsgründen immer der aus Art. 36 Satz 2 AEUV zu folgernde Verhältnismäßigkeitsgrundsatz ebenso wie das dort verankerte Diskriminierungs- und Verschleierungsverbot, sofern es nicht schon sowieso vom allgemeinen Verhältnismäßigkeitsgrundsatz erfasst wird (EuGH Slg. **2009**, I-518 – *Kommission/Italien*; *Herdegen* § 15 Rz. 20; *Hobe/Fremuth* § 16 Rz. 51/55; *Calliess/Ruffert/Kingreen* Art. 34–36 AEUV Rz. 88; *Schwarze/Becker* Art. 36 AEUV Rz. 64; *Haratsch/Koenig/Pechstein* Rz. 941; *Streinz* Rz. 872). In Anlehnung an die klassische Grundrechtsdogmatik aus dem deutschen Recht wird dies übrigens gerne auch als »Schranken-Schranke« bezeichnet (vgl. etwa *Hobe/Fremuth* § 16 Rz. 55 oder *Calliess/Ruffert/Kingreen* Art. 34–36 AEUV Rz. 87).

Zum Fall: Bei unserer Geschichte um den *Cassis de Dijon* hatten wir die geschriebenen Rechtfertigungsgründe des Art. 36 Satz 1 AEUV weiter oben ja bereits aussortiert; es kam zur Rechtfertigung der 25 % Mindestalkoholgrenze für Likör keiner der genannten Gründe aus Art. 36 Satz 1 AEUV ernsthaft in Frage.

Wir konzentrieren uns daher abschließend jetzt noch auf die ungeschriebenen Rechtfertigungsgründe, also die bereits zitierten sogenannten »**zwingenden Erfordernisse**«, nach denen laut EuGH eine nationale Handelsbeschränkung ausnahmsweise wirksam und zulässig sein kann. Kurze Wiederholung – wie oben erwähnt, kommen als Rechtfertigungsgründe für die Mindestalkoholgrenze namentlich in Betracht: die steuerlichen Erfordernisse, der Schutz der öffentlichen Gesundheit vor niedrigprozentigem Alkohol und der Schutz vor unlauterem Wettbewerb. Was der EuGH der deutschen Bundesregierung insoweit dann zu sagen hatte, schauen wir zum Abschluss des Falles jetzt wieder im Originalton an, wobei wir auch die Einleitung der Argumentation noch mal mitnehmen wollen, da sich damit das schöne Gesamtbild der Entscheidung besser einprägen kann (EuGH Slg. **1979**, 649 = NJW **1979**, 1766):

> *»... In Ermangelung einer gemeinschaftlichen Regelung über die Herstellung und die Vermarktung von Weingeist ist es grundsätzlich Sache der Mitgliedsländer, alle die Herstellung und Vermarktung von alkoholischen Getränken betreffende Vorschriften für ihr Hoheitsgebiet selbst zu erlassen. Hemmnisse für den Binnenhandel, die sich aus den Unterschieden der nationalen Regelungen über die Vermarktung dieser Erzeugnisse ergeben, müssen allerdings nur hingenommen werden, soweit die nationalen Bestimmungen notwendig sind, um* ***zwingenden Erfordernissen*** *gerecht zu werden. Dies können* ***insbesondere*** *Erfordernisse einer wirksamen steuerrechtlichen Kontrolle, Erfordernisse des Schutzes der öffentlichen Gesundheit und Erfordernisse der Lauterkeit des Verbraucherschutzes sein ... Liegen solche zwingenden Erfordernisse vor, fällt die fragliche nationale Bestimmung* ***nicht*** *unter das Verbot des Art. 34 AEUV ... Die Regierung der Bundesrepublik Deutschland beruft sich auf den*

*Schutz der **öffentlichen Gesundheit** und den Schutz der **Verbraucher vor unlauterem Wettbewerb** beziehen. Was den Schutz der öffentlichen Gesundheit angeht, behauptet die deutsche Regierung, die Festsetzung eines Mindestweingeistgehaltes soll die Überschwemmung des nationalen Markts mit Getränken, insbesondere mit solchen mäßigen Weingeistgehaltes verhindern, denn derartige Erzeugnisse könnten leichter zu einer Gewöhnung führen als Getränke mit höherem Weingeistgehalt … Die deutsche Regierung trägt weiter vor, die Festsetzung eines Mindestweingeistgehaltes bei bestimmten Likören solle den Verbraucher vor **unlauterem Wettbewerb** der Hersteller oder Händler alkoholischer Getränke schützen …«*

So, und jetzt wird's interessant, denn der EuGH kannte sich offenbar nicht nur auf dem deutschen Alkohol-Markt bestens aus, sondern war auch über die hiesigen Trinkgewohnheiten umfassend informiert. Wörtlich heißt es:

*»… Solche Erwägung der deutschen Bundesregierung sind **nicht stichhaltig**. Dem Verbraucher steht auf dem deutschen Markt ein äußerst umfangreiches Angebot unterschiedlicher Erzeugnisse mit geringem und mittlerem Alkoholgehalt zur Verfügung und überdies wird ein erheblicher Teil der auf dem deutschen Markt frei gehandelten Getränke mit hohem Alkoholgehalt üblicherweise verdünnt genossen … Auch die Berufung auf den Schutz vor unlauterem Wettbewerb der Hersteller oder Händler alkoholischer Getränke ist **nicht stichhaltig**. Diese Argumentation stützt sich darauf, dass eine Verringerung des Alkoholgehaltes bei bestimmten Getränken diesen einen Wettbewerbsvorteil gegenüber Getränken mit höherem Alkoholgehalt verschaffen würde, da Weingeist aufgrund seiner **erheblichen Steuerbelastung** bei weitem der teuerste Bestandteil der Getränke sei. Wollte man ferner alkoholische Erzeugnisse zum freien Verkehr zulassen, wenn sie hinsichtlich ihres Weingeistgehaltes nur den Bestimmungen des Herstellungslandes entsprächen, so hätte dies, wie die deutsche Regierung meint, zur Folge, dass sich in der Europäischen Gemeinschaft als gemeinsamer Standard immer der **niedrigste** in einem Mitgliedstaat zulässige Weingeistgehalt durchsetzen würde, ja dass sogar alle einschlägigen Bestimmungen hinfällig würden, da die Regelung mehrerer Mitgliedstaaten überhaupt keinen Mindestweingeistgehalt kenne. Wie die Kommission zu Recht ausführt, kann die Festsetzung von Grenzwerten beim Weingeistgehalt von Getränken der Standardisierung von Erzeugnissen und ihrer Kennzeichnung im Interesse einer größeren Transparenz des Handels und der Angebote an die Verbraucher dienen. Andererseits muss man jedoch nicht so weit gehen, die zwingende Festsetzung eines Mindestweingeistgehaltes in diesem Bereich als wesentliche Garantie eines lauteren Handelsverkehrs zu betrachten, denn die angemessene Unterrichtung der Käufer lässt sich ohne Schwierigkeiten dadurch erreichen, dass man die Angabe von Herkunft und Alkoholgehalt auf der Verpackung des Erzeugnisses vorschreibt …*

*… Nach alledem verfolgen die Bestimmungen über den Mindestweingeistgehalt alkoholischer Getränke **kein** im allgemeinen Interesse liegendes Ziel, das den Erfordernissen des freien Warenverkehrs, der eine der Grundlagen der Gemeinschaft darstellt, vorginge. Praktisch sichern solche Bestimmungen vor allem den Getränken mit hohem Alkoholanteil einen Vorteil, indem sie Erzeugnisse anderer Mitgliedstaaten, die diese Voraussetzungen nicht erfüllen, vom nationalen Markt ausschließen. Daher stellt es ein mit Art. 34 AEUV unvereinbares Handelshemmnis dar, wenn ein Mitgliedstaat durch Rechtsvorschriften einseitig einen Mindestwein-*

geistgehalt als Voraussetzung für die Verkehrsfähigkeit alkoholischer Getränke festlegt. Es gibt somit ***keinen stichhaltigen Grund*** *dafür, zu verhindern, dass in einem Mitgliedstaat rechtmäßig hergestellte und in den Verkehr gebrachte alkoholische Getränke in andere Mitgliedsländer eingeführt werden. Dem Absatz dieser Erzeugnisse kann kein gesetzliches Verbot des Vertriebs von Getränken entgegengehalten werden, die einen geringeren Weingeistgehalt haben, als im nationalen Recht vorgeschrieben ist. Abschließend ist dem vorlegenden Gericht damit zu antworten, dass auch die Festsetzung eines Mindestweingeistgehaltes für Trinkbranntweine im Recht eines Mitgliedslandes unter das Art. 34 AEUV enthaltene Verbot fällt, wenn es sich um die Einfuhr von in einem anderen Staat rechtmäßig hergestellten und in den Verkehr gebrachten Produkt handelt …«*

Also: Der Mindestalkoholgehalt von 25 % für Liköre in Deutschland stellt eine Handelsbeschränkung im Sinne des Art. 34 AEUV dar und ist NICHT durch »zwingende Erfordernisse« gerechtfertigt. Da andere (ungeschriebene) Rechtfertigungsgründe nicht mehr in Betracht kamen, bleibt es bei dem weiter oben festgestellten Eingriff in den Schutzbereich des Art. 34 AEUV mit der Folge, dass die entsprechende Regelung in der deutschen Branntweinverordnung rechtswidrig ist.

Ergebnis: Der § 10 BwVO verstößt gegen Art. 34 AEUV.

Schlussworte

Das war – zugegebenermaßen – eine ganze Menge Stoff, wir sind jetzt tatsächlich schon bei stolzen 18 Seiten Text allein für diesen Fall. Damit bei dieser ziemlichen Masse an Informationen die wesentlichen Botschaften rund um den *Cassis de Dijon* auch wirklich im Gedächtnis bleiben, kommen hier zur finalen Wiederholung – und ganz ausnahmsweise! – noch mal in maximal komprimierter Form die Kernsätze. Bitte lesen – und dann ist auch gut. Also:

1. Nationale Handelsbeschränkungen, die unter Art. 34 AEUV oder Art. 35 AEUV fallen, können unter bestimmten Voraussetzungen gerechtfertigt und damit ausnahmsweise zulässig sein. Das Gesetz normiert in Art. 36 Satz 1 AEUV die möglichen **geschriebenen** Rechtfertigungsgründe. Da der durch die Art. 34 und Art. 35 AEUV geschützte freie Handel zu den wichtigsten (heiligen!) Grundpfeilern der EU gehört, sollen Beschränkungen nur unter sehr strengen Voraussetzungen gerechtfertigt und damit erlaubt sein. Dies hat zur Folge, dass die in Art. 36 Satz 1 AEUV genannten Rechtfertigungsgründe streng und vor allem restriktiv auszulegen sind.

2. Kann eine nationale Handelsbeschränkung nicht durch Art. 36 Satz 1 AEUV gerechtfertigt werden, folgt im nächsten und letzten Prüfungsschritt die Frage nach den (nur **subsidiär** anzuwendenden) sogenannten **ungeschriebenen** Rechtfertigungsgründen. Die Existenz und Zulässigkeit dieser ungeschriebenen Rechtfertigungsgründe sind inzwischen unstreitig und gehen zurück auf die Entscheidung des EuGH um den *Cassis de Dijon* vom 20. Februar 1979. In dieser Entscheidung erfand der EuGH das Merkmal der »**zwingenden Erfordernisse**«, das bitte in der Klausur unbedingt auch in dieser Formulierung erwähnt wird (!) – und nach dem eine nicht durch Art. 36 Satz 1 AEUV gerechtfertigte Handelsbeschränkung ausnahmsweise doch noch gerechtfertigt und damit zulässig sein kann, eben dann, wenn besagte »zwingende Erfordernisse« von Seiten des betroffenen Mitgliedslandes vorgetragen und (wissenschaftlich) nachgewiesen werden. Im Fall *Cassis de Dijon* verneinte der EuGH im Ergebnis zwar das Vorliegen der »zwingenden Erfordernisse«, schuf aber die theoretische Grundlage für **außerhalb** von Art. 36 Satz 1 AEUV liegende Rechtfertigungen einer nationalen Handelsbeschränkung. Zudem legte der EuGH die seitdem gültige Grundregel fest, dass – sollten keine zwingenden Erfordernisse vorliegen – alle in einem EU-Land rechtmäßig hergestellten und vertriebenen Waren auch in jedem anderen EU-Land vertrieben werden dürfen. In den Folgejahren hat der EuGH auf der Grundlage der *Cassis*-Entscheidung vielfältige weitere »zwingende Erfordernisse« und damit ungeschriebene Rechtfertigungsgründe anerkannt (etwa den Umweltschutz, den Schutz von Arbeitnehmerrechten oder der Medienvielfalt), was deshalb ging und weiterhin geht, weil die Aufzählung in der *Cassis*-Entscheidung nicht abschließend war (»insbesondere«).

3. Als Luxusinformation wollen wir uns bitte abschließend merken, dass einige Autoren in der Wissenschaft die ungeschriebenen Rechtfertigungsgründe dogmatisch anders als die herrschende Meinung begreifen und auch prüfen, nämlich als »immanente Schranken des Art. 34 AEUV« oder sogar als »negative Tatbestandsmerkmale des Art. 34 AEUV«, und zwar deshalb, weil in der Cassis-Entscheidung tatsächlich kein einziges Wort von »Rechtfertigung« steht. Da die herrschende Meinung in der Literatur und sogar der EuGH inzwischen aber dazu übergegangen sind, die »zwingenden Erfordernisse« allein in der **Rechtswidrigkeit** zu prüfen und auch entsprechend als »ungeschriebene Rechtfertigungsgründe« zu benennen, machen wir das in der schriftlichen Prüfungsaufgabe bitte auch so – oder aber wir sind ziemlich schlau, machen es anders, müssen die Darstellung in der Klausur oder Hausarbeit und die entsprechenden Begrifflichkeiten (»immanente Schranken« oder »negative Tatbestandsmerkmale« des Art. 34 AEUV) dann aber auch wirklich beherrschen und unfallfrei in der Klausur einbauen können (→ dann unter Umständen sogar: Sonderpunkte).

Alles klar!?

Gutachten

Der § 10 der deutschen Branntweinverordnung (BwVO) mit dem dort normierten Mindestalkoholgehalt von 25 % für Liköre verletzt das Verbot von Einfuhrbeschränkungen in der EU, wenn der Art. 34 AEUV auf den vorliegenden Sachverhalt anwendbar ist und die BwVO einen Eingriff in den Schutzbereich des Art. 34 AEUV darstellt, der nicht gerechtfertigt ist.

I. Die Anwendbarkeit des Art. 34 AEUV

Art. 34 AEUV müsste vorliegend anwendbar sein. Die Garantie des freien Warenverkehrs in der EU nach Art. 34 AEUV betrifft Waren, soweit diese nicht der Spezialregelung der Art. 38 ff. AEUV unterliegen. Gemäß Art. 38 Abs. 1 UAbs. 2 Satz 2 AEUV gehören hierzu landwirtschaftliche Erzeugnisse des Bodens, der Viehzucht und der Fischerei sowie die mit diesen in unmittelbarem Zusammenhang stehenden Erzeugnisse der ersten Verarbeitungsstufe. Ergänzende Aufzählungen finden sich zudem im Anhang I zum AEUV. Der hier zu prüfende § 10 BwVO betrifft ein alkoholisches Getränk aus verarbeiteten Trauben. Hierbei handelt es sich nicht um Waren der ersten, sondern der zweiten Verarbeitungsstufe im gerade genannten Sinne und auch nicht um im Anhang I zum AEUV benannte Waren. Dies hat zur Folge, dass Art. 34 AEUV nicht gemäß Art. 38 Abs. 3 AEUV von den Regelungen der Art. 39 ff. AEUV verdrängt wird. Eine das EU-Recht harmonisierende Maßnahme im Sinne der Art. 114 ff. AEUV liegt nach Auskunft des Sachverhaltes nicht vor. Laut Sachverhaltshinweis existieren derzeit keine den Fall betreffenden Harmonisierungsmaßnahmen in der EU. Der Art. 34 AEUV ist auf den vorliegenden Sachverhalt anwendbar.

II. Der Schutzbereich des Art. 34 AEUV

Bei den streitgegenständlichen Sachen muss es sich um Waren im Sinne des Art. 28 Abs. 2 AEUV handeln. Der Warenbegriff ist nicht legal definiert, umfasst aber alle körperlichen Gegenstände, die einen Geldwert haben und Gegenstand rechtmäßiger Handelsgeschäfte sein können. Des Weiteren muss es sich gemäß Art. 28 Abs. 2 AEUV entweder um eine Ware aus einem Mitgliedstaat der EU handeln oder aber um Waren aus dritten Ländern, die sich in den Mitgliedstaaten im freien Verkehr befinden. Schließlich ist eine grenzüberschreitende Dimension erforderlich; der Warenverkehr muss demnach mindestens zwischen zwei Mitgliedstaaten betroffen sein. Im Hinblick auf den Warenbegriff ist festzustellen, dass Traubenlikör einen Geldwert und auch Gegenstand rechtmäßiger Handelsgeschäfte sein kann. Die Ware stammt zudem aus einem EU-Mitgliedsland (Frankreich) und soll grenzüberschreitend nach Deutschland eingeführt und dort auch verkauft werden. Der Schutzbereich des Art. 34 AEUV ist somit betroffen.

III. Der Eingriff in den Schutzbereich des Art. 34 AEUV

Gemäß Art. 34 AEUV sind mengenmäßige Einfuhrbeschränkungen sowie alle Maßnahmen gleicher Wirkung zwischen den Mitgliedstaaten verboten. Die Branntweinverordnung müsste, um einen Eingriff in den Schutzbereich darstellen zu können, unter eine der beiden gerade genannten Varianten zu subsumieren sein.

1. Eine mengenmäßige Einfuhrbeschränkung im Sinne des Art. 34 AEUV liegt nach allgemeiner Ansicht vor, wenn entweder die Einfuhr einer Ware vollständig verboten (Verbringungsverbot) oder die Einfuhr von Waren nach Menge, Wert oder Zeitraum begrenzt ist, die Einfuhr also nur in einem bestimmten Umfang gestattet wird (Kontingentierungsverbot). Deutschland legt mit der BwVO lediglich fest, unter welchen Umständen alkoholische Getränke in Deutschland als Likör verkauft werden dürfen. Eine mengenmäßige Einfuhrbeschränkung im gerade genannten Sinne kommt somit vorliegend nicht in Betracht.

2. Es könnte sich bei der Regelung der BwVO aber um eine Maßnahme gleicher Wirkung im Sinne des Art. 34 AEUV handeln.

a. Erster Prüfungsmaßstab zur Bestimmung des Merkmals »Maßnahme gleicher Wirkung« im Sinne des Art. 34 AEUV ist die sogenannte Dassonville-Formel. Nach der Dassonville-Formel hat eine Maßnahme gleiche Wirkung im Sinne des Art. 34 AEUV, soweit sie den Handel in der Europäischen Union unmittelbar, mittelbar, tatsächlich oder potentiell behindert. Die deutsche BwVO schreibt für die Einfuhr und den Verkauf eines Likörs in Deutschland einen Mindestalkoholgehalt von 25 % vor. Der französische Cassis de Dijon verfügt lediglich über einen Alkoholgehalt von 20 % und darf aus diesem Grund jedenfalls in Deutschland nicht vertrieben werden. Die BwVO behindert damit den Handel eines Produkts in der Europäischen Union und stellt nach der Dassonville-Formel mithin eine Maßnahme »gleicher Wirkung« im Sinne des Art. 34 AEUV dar.

b. Etwas anderes könnte sich aber aus der Anwendung der Keck-Formel des EuGH ergeben. Betrifft eine nationale Regelung die Modalitäten des Verkaufs oder Absatzes einer Ware und gilt diese Regelung tatsächlich und rechtlich für alle Marktteilnehmer gleichermaßen (ausländische und inländische), liegt hierin keine Maßnahme »gleicher Wirkung« im Sinne des Art. 34 AEUV. Es fehlt in diesem Fall an einer für Art. 34 AEUV notwendigen Diskriminierung einzelner Marktteilnehmer und damit an einer Behinderung des grenzüberschreitenden Verkehrs. Man nimmt den Marktteilnehmern mit der Regelung zwar unter Umständen eine Methode zur Absatzförderung mit möglicherweise wirtschaftlich nachteiligen Folgen, die Regelung diskriminiert aber niemanden. Betrifft eine Maßnahme hingegen das Produkt selbst, also die Herstellung, Zusammensetzung oder Aufmachung, ist die Maßnahme demnach »produktbezogen«, unterliegt sie der Regelung des Art. 34 AEUV. Die Festlegung eines Mindestalkoholgehalts als Zulässigkeitsvoraussetzung für den Verkauf und die Einfuhr eines Getränks betrifft die Herstellung und Zusammensetzung des Produkts und nicht die Verkaufsmodalität. Die Maßnahme ist daher als »produktbezogen« zu bezeichnen und stellt folglich auch nach der Keck-Formel des EuGH einen Eingriff in den Schutzbereich des Art. 34 AEUV dar. Der § 10 BwVO mit seinem festgelegten Mindestalkoholgehalt von 25 % für Likör in Deutschland stellt als »Maßnahme gleicher Wirkung« einen Eingriff in den Schutzbereich des Art. 34 AEUV dar.

IV. Rechtswidrigkeit des Eingriffs in den Schutzbereich des Art. 34 AEUV

Die Regelung der BwVO ist allerdings nur als unzulässiger Eingriff in den Schutzbereich zu bewerten, wenn keine Rechtfertigungsgründe vorliegen. Im Rahmen einer möglichen Rechtfertigung kommen sowohl geschriebene als auch ungeschriebene Rechtfertigungsgründe in Betracht.

1. Im vorliegenden Fall betreffend die Mindestalkoholgrenze von 25 % für Likör kommt lediglich der »Schutz der Gesundheit von Menschen« im Sinne des geschriebenen Rechtfertigungsgrundes aus Art. 36 Satz 1 AEUV in Betracht. Allerdings wollte Deutschland mit dieser Regelung faktisch lediglich darauf bestehen, dass der Likör in Deutschland mit möglichst hohem und damit logischerweise besonders gesundheitsschädlichem Alkoholgehalt verkauft wird. Der Schutz der Gesundheit von Menschen im Sinne des Art. 36 Satz 1 AEUV hätte somit nur bei einer gegenteiligen Regelung relevant werden können. Eine erfolgreiche Berufung auf einen geschriebenen Rechtfertigungsgrund aus Art. 36 Satz 1 AEUV kommt daher vorliegend nicht in Frage.

2. Neben der Berufung auf die geschriebenen Rechtfertigungsgründe aus Art. 36 Satz 1 AEUV gibt es aber auch die Möglichkeit, nationale Handelsbeschränkungen aufgrund ungeschriebener Rechtfertigungsgründe auszusprechen; erforderlich sind dafür sogenannte »zwingende Erfordernisse«. Zwingende Erfordernisse im gerade genannten Sinne können insbesondere Erfordernisse einer wirksamen steuerrechtlichen Kontrolle, Erfordernisse des Schutzes der öffentlichen Gesundheit und Erfordernisse der Lauterkeit des Verbraucherschutzes sein. Liegen solche zwingenden Erfordernisse im konkreten Fall vor, fällt die fragliche nationale Bestimmung nicht unter das Verbot des Art. 34 AEUV. Insoweit gilt im vorliegenden Fall Folgendes: Hemmnisse für den Binnenhandel, die sich aus den Unterschieden der nationalen Regelungen über die Vermarktung dieser Erzeugnisse ergeben, müssen nur hingenommen werden, soweit die nationalen Bestimmungen notwendig sind, um den genannten zwingenden Erfordernissen gerecht zu werden. Dies erscheint vorliegend indessen fraglich.

a. Die Festsetzung eines Mindestalkoholgehaltes schützt unter keinen Umständen die öffentliche Gesundheit der Verbraucher. Des Weiteren gibt es keinen Anlass anzunehmen, sie verhindere die Überschwemmung des nationalen Markts mit alkoholischen Getränken, insbesondere solche mit mäßigem Alkoholgehalt. Dem Verbraucher steht auf dem deutschen Markt ein umfangreiches Angebot unterschiedlicher Erzeugnisse mit geringem und mittlerem Alkoholgehalt zur Verfügung und überdies wird ein erheblicher Teil der auf dem deutschen Markt frei gehandelten Getränke mit hohem Alkoholgehalt üblicherweise verdünnt genossen. Es ist nicht erkennbar oder nachzuvollziehen, dass und warum die Festlegung eines Mindestalkoholgehaltes für Likör diesen Zustand signifikant verändern sollte.

b. Auch der Schutz vor unlauterem Wettbewerb der Hersteller oder Händler alkoholischer Getränke durch die hier streitige Maßnahme erscheint fragwürdig. Die Festsetzung von Grenzwerten beim Alkoholgehalt von Getränken mag zwar der Standardisierung von Erzeugnissen und ihrer Kennzeichnung im Interesse einer größeren Transparenz des Handels und der Angebote an die Verbraucher dienen. Andererseits kann jedoch nicht so weit gegangen werden, die zwingende Festsetzung eines Mindestalkoholgehaltes in diesem Bereich als wesentliche Garantie eines lauteren Handelsverkehrs zu betrachten. Die angemessene Unterrichtung der Käufer lässt sich ohne Schwierigkeiten dadurch erreichen, dass man die Angabe von Herkunft und Alkoholgehalt auf der Verpackung des Erzeugnisses vorschreibt.

c. Nach dem Gesagten verfolgen die Bestimmungen über den Alkoholgehalt von Likör kein im allgemeinen Interesse liegendes Ziel, das den Erfordernissen des freien Warenverkehrs, der eine der Grundlagen der Gemeinschaft darstellt, vorginge. Praktisch sichern solche Bestimmungen vor allem den Getränken mit hohem Alkoholanteil einen Vorteil, indem sie Erzeugnisse anderer Mitgliedstaaten, die diese Voraussetzungen nicht erfüllen, vom nationalen Markt ausschließen. Daher stellt es ein mit Art. 34 AEUV unvereinbares Handelshemmnis dar, wenn ein Mitgliedstaat durch Rechtsvorschriften einseitig einen Mindestalkoholgehalt als Voraussetzung für die Verkehrsfähigkeit alkoholischer Getränke festlegt. Es gibt somit keinen stichhaltigen Grund dafür, zu verhindern, dass in einem Mitgliedstaat rechtmäßig hergestellte und in den Verkehr gebrachte alkoholische Getränke in andere Mitgliedsländer eingeführt werden. Dem Absatz dieser Erzeugnisse kann kein gesetzliches Verbot des Vertriebs von Getränken entgegengehalten werden, die einen geringeren Alkoholgehalt haben, als im nationalen Recht vorgeschrieben ist. Abschließend ist daher festzustellen, dass auch die Festsetzung eines Mindestalkoholgehaltes für Liköre im Recht eines Mitgliedslandes unter das Art. 34 AEUV enthaltene Verbot fällt, wenn es sich um die Einfuhr von in einem anderen Staat rechtmäßig hergestellten und in den Verkehr gebrachten Produktes handelt.

Zwischenergebnis: Der Mindestalkoholgehalt von 25 % für Liköre in Deutschland stellt eine Handelsbeschränkung im Sinne des Art. 34 AEUV dar und ist nicht durch »zwingende Erfordernisse« gerechtfertigt. Da andere (ungeschriebene) Rechtfertigungsgründe nicht mehr in Betracht kommen, bleibt es bei dem weiter oben festgestellten Eingriff in den Schutzbereich des Art. 34 AEUV mit der Folge, dass die entsprechende Regelung in der deutschen Branntweinverordnung rechtswidrig ist.

Ergebnis: Der § 10 BwVO verstößt gegen Art. 34 AEUV.

Fall 7

Gute Besserung!

Deutschland hat sein Arzneimittelrecht geändert. Nach § 78 Abs. 1 des *Arzneimittelgesetzes* (AMG) soll die in Deutschland gültige Festpreisbindung für verschreibungspflichtige Medikamente ab sofort auch für aus dem Ausland eingeführte verschreibungspflichtige Medikamente gelten. Die *Deutsche Parkinson Vereinigung* (DPV), die an der Nervenkrankheit »Parkinson« leidende Menschen unterstützt und vertritt, hält dies für eine Verletzung europäischen Rechts, da die neue Regelung ausländische Anbieter von verschreibungspflichtigen Medikamenten benachteilige. Die DPV hatte einige Monate zuvor mit der in den Niederlanden ansässigen Versandapotheke *DocMorris* eine Vergünstigung für Parkinson-Medikamente ausgehandelt, nach der ein verbilligter Bezug der in Deutschland wegen der Festpreisbindung andernfalls teureren Medikamente möglich war. Durch die Neuregelung des § 78 Abs. 1 AMG ist diese Vergünstigung nun gesetzeswidrig und verboten. Nach Meinung der DPV verstößt § 78 Abs. 1 AMG damit aber gegen Art. 34 AEUV und sei auch nicht durch eine der Ausnahmen des Art. 36 Satz 1 AEUV gerechtfertigt. Die deutsche Bundesregierung behauptet hingegen, die Festpreisbindung garantiere eine sichere und qualitativ hohe Arzneimittelversorgung in Deutschland, beuge zudem einem ruinösen Preiswettbewerb vor und verhindere auch ein Aussterben der ländlichen Apotheken. Entsprechende statistische Daten existierten zwar noch nicht, die Gefahren lägen indes auf der Hand. Schließlich sei es kranken Patienten auch nicht zuzumuten, im Internet erst nach der »günstigsten« Apotheke suchen zu müssen.

Frage: Verletzt § 78 Abs. 1 AMG den freien Warenverkehr in der EU?

Schwerpunkte: Geschriebene Rechtfertigungsgründe aus Art. 36 Satz 1 AEUV; der Schutzbereich des Art. 34 AEUV; Festpreisregelungen als Handelsbeschränkungen; Diskriminierungsverbote und der Verhältnismäßigkeitsgrundsatz.

Lösungsweg

Einstieg: Da oben steht die Originalfassung der berühmten Geschichte um die niederländische Versandapotheke *DocMorris,* die seit mittlerweile gut zwei Jahrzehnten vor allem die deutschen Apotheken in Atem hält und mit gleich mehreren Aufsehen erregenden EuGH-Urteilen fester Bestandteil der europäischen Rechtsprechung ist.

Unser Fall ist die dritte der sogenannten »DocMorris-Entscheidungen« des EuGH vom 19. Oktober 2016 (EuGH NJW **2016**, 3771 – *Deutsche Parkinson Vereinigung*), die in der Literatur übrigens auch »DocMorris III«, im Original aber wie gerade in der Klammer ersichtlich bezeichnet wird. Der Fall wird uns gleich mit Art. 36 Satz 1 AEUV näher vertraut machen und enthält mehrere Rechtssätze und Prinzipien, die eine erfolgreiche Klausurbearbeitung der Rechtfertigungen für Handelsbeschränkungen aus Art. 36 Satz 1 AEUV erheblich erleichtern. Zudem taucht das Ding deshalb auch relativ großflächig sowohl in den einschlägigen Lehrbüchern und Kommentaren als auch in der übrigen Literatur auf (vgl. *Schwarze/Becker* Art. 34 AEUV Rz. 65; *Hobe/Fremuth* § 16 Rz. 40; *Herdegen* § 15 Rz. 23; *Streinz* Rz. 879/920; *Drexel* in EuZW 2019, 533; *Ogorek* in JA 2017, 798; *Rixen* EuR 2017, 744; *Henssler/Kleen/Riegler* in EuZW 2017, 723) – weshalb auch wir uns natürlich damit hier beschäftigen müssen.

So, und damit wir die gestellte Problematik mit den Festpreisen für Arzneimittel auch vollständig erfassen und begreifen können, brauchen wir zunächst ein paar Informationen darüber, wie das in unserem Land eigentlich mit dem Verkauf von Medikamenten funktioniert. Für unsere Zwecke reichen bei dieser durchaus komplizierten Materie zum Glück die groben Zusammenhänge, wir können es deshalb auch vergleichsweise kurzmachen, also: Man unterscheidet in Deutschland und auch in den meisten anderen europäischen Ländern zwischen verschreibungspflichtigen (= rezeptpflichtigen) und nicht verschreibungspflichtigen (= rezeptfreien) Medikamenten. Problematisch und damit hier erwähnenswert sind dabei vor allem der Verkauf und Vertrieb der **verschreibungspflichtigen Medikamente** – die nicht verschreibungspflichtigen Medikamente unterliegen seit dem Jahr 2004 nur noch wenigen Reglementierungen, können und werden demnach am deutschen und am europäischen Markt frei verhandelt und vertrieben, und zwar sowohl von Vor-Ort-Apotheken als auch im Versandhandel. Das alles ist rechtlich betrachtet nicht (mehr) problematisch und spielt in der Praxis und demnach auch in der juristischen Ausbildung keine wesentliche Rolle. Ziemlich interessant und rechtlich umstritten sind demgegenüber die Regeln für die **verschreibungspflichtigen** Medikamente, für die in Deutschland nämlich bis heute eine sogenannte »Festpreisbindung« gilt: Festpreisbindung bedeutet in diesem Zusammenhang, dass jedes rezeptpflichtige Medikament in jeder deutschen Apotheke (egal, ob vor Ort oder im Versand) überall das Gleiche kosten muss. Der Preis setzt sich dabei wie folgt zusammen: Zunächst darf der Hersteller des Medikaments (= Pharmaunternehmer) den Verkaufspreis seines Produkts frei bestimmen, also nach eigenen Vorstellungen bzw. nach eigener wirtschaftlicher Kalkulation festlegen. Auf diesen »Herstellerabgabepreis« darf die das Medikament später an die Kunden verkaufende Apotheke nun zunächst einen »Festzuschlag« von **3 %** hinzuaddieren, des Weiteren einen »Apotheken-Pauschalbetrag« von **8,35 Euro** pro Verpackung, zudem weitere **21 Cent** zur »Sicherstellung des Notdienstes« sowie von der Summe all dessen schließlich die gesetzliche Mehrwertsteuer von aktuell **19 %**. Ein Beispiel: Der Hersteller des rezeptpflichtigen Antidepressivums »JuraMed« legt als Verkaufspreis **50 Euro** pro Packung fest. Die Apotheken in Deutschland kaufen zu diesem Preis also das Medikament beim Hersteller ein. Anschließend addieren sie 3 % des Einkaufspreises hinzu (= 1,50 Euro), dann noch mal 8,35 Euro, schließlich weitere 21 Cent und rechnen auf die Summe all dessen

(= 60,06 Euro) noch 19 % Umsatzsteuer drauf (60,06 Euro x 19 % = 11,41 Euro). Am Ende verkauft die Apotheke das Medikament, das sie für 50 Euro eingekauft hat, für **71,47 Euro** (= 60,06 + 11,41) an den »Endverbraucher«. Nicht unüblich ist schließlich, dass zwischen dem Hersteller bzw. Pharmaunternehmen und der Apotheke noch ein Großhändler agiert, der dann seinerseits auch noch mal mittels diverser Zuschläge Geld an den Medikamenten bzw. deren Weiterleitung vom Hersteller zur Apotheke verdient.

Diese ganzen Regeln zum Zustandekommen der Preise von rezeptpflichtigen Medikamenten stehen extrem detailliert und tatsächlich noch deutlich umfangreicher in den §§ 3 ff. der »**Arzneimittelpreisverordnung**«. Hierbei handelt es sich um eine Rechtsverordnung im Sinne des Art. 80 Abs. 1 GG, die auf der Grundlage des oben im Sachverhalt erwähnten § 78 Abs. 1 AMG vom Bundeswirtschaftsministerium erlassen und regelmäßig aktualisiert wird. Die deutschen Apothekenverkaufspreise liegen übrigens laut dem »Arzneimittelverordnungsreport«, der jährlich und wissenschaftlich die Medikamentenpreise in Europa vergleicht, unter anderem wegen der eben aufgezeigten Regeln aus der Arzneimittelpreisverordnung seit vielen Jahren im europäischen Vergleich am ziemlich oberen Rand (und werden daher zuweilen sogar als »überteuert« gerügt). Letzte Information: Die verschreibungspflichtigen Medikamente werden natürlich nicht von den Käufern/Kunden in den Apotheken selbst bezahlt, sondern abzüglich der vom Käufer vor Ort zu entrichtenden sogenannten »Rezeptgebühr« von den **Krankenversicherungen** getragen. Die Apotheke übergibt das Medikament an den Käufer/Kunden, behält das Rezept aber ein und holt sich den Kaufpreis für das Medikament anschließend bei der Krankenkasse des Käufers. Logisch: Die Krankenversicherungen zahlen damit zwar de facto den Kaufpreis des Medikaments an die Apotheken, finanzieren sich selbst aber – wie im Prinzip jede Versicherung – durch die Beiträge ihrer Mitglieder, sodass über diesen Umweg die Kostenlast der Medikamente letztlich doch bei der Gesamtheit der Versicherten = den Käufern der Medikamente verbleibt.

Zusammenfassung: In Deutschland existiert eine gesetzlich vorgeschriebene sogenannte »Festpreisbindung« für verschreibungspflichtige Medikamente. Jedes rezeptpflichtige Medikament kostet in Deutschland daher in jeder Apotheke – vor Ort oder Versandapotheke – den gleichen Preis. Der Preis setzt sich zusammen aus der (freihändig bestimmten) Vorgabe des Herstellers = Pharmaunternehmens sowie aus mehreren Zuschlägen, die von der verkaufenden Apotheke erhoben werden dürfen. Der Apothekenverkaufspreis der rezeptpflichtigen Medikamente ist damit für alle Apotheken gesetzlich festgelegt, jederzeit berechenbar und kann weder von den Käufern noch von den Apotheken beim Verkauf verhandelt werden. Die verschreibungspflichtigen Medikamente werden abzüglich der von den Käufern vor Ort zu zahlenden »Rezeptgebühr« (= Betrag zwischen 5 und 10 Euro) von den Krankenversicherungen getragen bzw. bezahlt. Die Krankenkassen selbst finanzieren sich aber – wie alle Versicherungen – durch die Beiträge ihrer Mitglieder, weswegen die Kostenlast der Medikamente letztlich von der Gesamtheit der Versicherten = den Käufer der Medikamente getragen wird.

So, und jetzt wird's interessant: In dieser streng geregelten, dafür aber weitestgehend heilen und für die meisten Beteiligten ertragreichen Welt der Festpreisbindung für verschreibungspflichtige Medikamente tauchte zu Beginn des Jahrtausends vor gut 20 Jahren und quasi aus dem Nichts die niederländische Versandapotheke *DocMorris* auf. Gegründet von einem niederländischen Apotheker und einem deutschen Geschäftsmann, siedelte sich *DocMorris* etwa 15 km entfernt von *Aachen* an der deutsch-niederländischen Grenze in der kleinen niederländischen Stadt *Heerlen* an, um von dort aus Medikamente nach Deutschland zu verkaufen bzw. zu liefern. Der rechtliche Konflikt mit den deutschen Behörden und Apotheken war dabei absehbar bis vorprogrammiert (und vermutlich sogar beabsichtigt), denn zur damaligen Zeit um die Jahrtausendwende war nach deutschem Recht jeglicher Versand von Medikamenten innerhalb von und auch nach Deutschland gesetzlich ausdrücklich verboten. Die Firma *DocMorris* wusste das selbstverständlich, kam aber auf die durchaus clevere Idee, sich zur Legalisierung ihres Geschäftsmodells auf die europäische Warenverkehrsfreiheit zu berufen. Und damit sind endlich auch wir im Thema, es ging nämlich danach Schlag auf Schlag:

➔ Am **11. Dezember 2003** stellte der EuGH im ersten »DocMorris-Urteil« fest, dass der grenzüberschreitende Versand von Arzneimitteln in der EU wegen des in Art. 34 AEUV garantierten freien Warenverkehrs grundsätzlich erlaubt sein muss und die entsprechende deutsche Regelung rechtswidrig sei. **Aber**: Der EuGH ließ eine Ausnahme (→ Art. 36 Satz 1 AEUV) zu und bestätigte aus Gründen des Gesundheitsschutzes, der behördlichen Kontrollmöglichkeiten sowie der in Deutschland geltenden Preisbindung von verschreibungspflichtigen Arzneimitteln (siehe oben!) das Verbot des Versandes von eben jenen **verschreibungspflichtigen** Medikamenten nach Deutschland, da dieses Verbot aus den genannten Erwägungen ausnahmsweise gerechtfertigt sei (EuGH Slg. **2003** I-14887-15012 = NJW **2004**, 131 – *DocMorris*). Konsequenz: Der Versand von **nicht verschreibungspflichtigen** Medikamenten nach Deutschland ist seit dem 11. Dezember 2003 grundsätzlich zulässig.

➔ Zum **1. Januar 2004**, also nur drei Wochen nach dem gerade genannten Urteil des EuGH, trat in Deutschland dann das »Gesetz zur Modernisierung der gesetzlichen Krankenversicherung« (BGBl. 2003 I, S. 2190) in Kraft, wonach unter anderem die Bestellung bzw. der Versand von Medikamenten jeder Art und auch aus dem Ausland (!) durch eine entsprechende Änderung des »Apothekengesetzes« ausdrücklich legalisiert wurde. Voraussetzung war allerdings, dass die verschickten Medikamente in Deutschland behördlich und offiziell zugelassen sind und die ausländischen Versandapotheken entweder im eigenen Land eine Präsenzapotheke betreiben oder aber deutschen Gesundheitsstandards entsprechen, was deutsche Behörden selbst festlegen dürfen (und was aktuell übrigens nur für Island, die Niederlande, Schweden und Tschechien gilt). Diese neuen gesetzlichen Regeln bestätigte das OLG Frankfurt mit rechtskräftigem Urteil vom **28. Juni 2007** und sprach damit die verbindliche Rechtmäßigkeit des Versandes von Medikamenten aller Arten – rezeptfreie und rezeptpflichtige! – unter anderem aus den Niederlanden nach Deutschland durch *DocMorris* aus (OLG Frankfurt MMR **2008**, 113). Konsequenzen: Seit dem 1. Januar 2004 ist der Versandhandel mit Medikamenten in Deutschland grundsätzlich erlaubt, und seit dem 28. Juni 2007 ist es ausländischen Versandapotheken zudem gestattet, unter den oben genannten Voraussetzungen auch Medikamente aus dem Ausland nach Deutschland zu verschicken, und zwar sowohl rezeptfreie als auch rezeptpflichtige Arzneimittel.

➔ Der letzte und entscheidende Schritt: Nachdem nun klar war, dass Versandapotheken ab sofort auch verschreibungspflichtige Medikamente von Holland aus nach Deutschland schicken durften (siehe soeben), musste der deutsche Gesetzgeber zum Schutz der nationalen deutschen Apotheken natürlich handeln, denn die Festpreisbindung galt bislang nur für die deutschen Apotheken bzw. deren Medikamente. Deutschland änderte daher am **19. Oktober 2012** sein Arzneimittelgesetz (AMG) und fügte in § 78 Abs. 1 AMG einen Passus ein, wonach die Preisbindung ab sofort auch für aus dem Ausland eingeführte Medikamente gelten solle (BGBl. 2012, Seite 2192) – also genau unser Fall von oben aus der Sachverhaltsschilderung. Konsequenz: Es dürfen nach dem neuen § 78 Abs. 1 AMG nun zwar sowohl rezeptfreie als auch rezeptpflichtige Medikamente nach Deutschland verschickt werden, allerdings unterliegen seit dem 19. Oktober 2012 diese rezeptpflichtigen Arzneimittel auch der (deutschen) Festpreisbindung.

Mit dieser neuen gesetzlichen Regelung war also jetzt – scheinbar – alles abgesichert und die deutschen Apotheken mussten vor allem keine Sorge mehr haben, von einem Mitbewerber aus den Niederlanden oder aus einem anderen Land bei verschreibungspflichtigen Arzneimitteln »unterboten« zu werden.

Und dann kam die *Deutsche Parkinson Vereinigung* (DPV) ins Spiel:

Die hatte nämlich einige Zeit vor dieser Gesetzesänderung vom 19. Oktober 2012 mit *DocMorris* ein Bonussystem entwickelt, wonach deutsche Parkinson-Patienten, die regelmäßig ein bestimmtes verschreibungspflichtiges Medikament zur Linderung der Parkinson-Krankheit bei *DocMorris* bestellten, eine finanzielle Vergünstigung (einen »Bonus«) erhalten sollten. Faktisch war die Festpreisbindung, die nach deutschem Recht jetzt für alle Medikamente galt, durch dieses Bonussystem unterlaufen bzw. verletzt: *DocMorris* verkaufte das entsprechende Medikament beim Vorliegen bestimmter Voraussetzungen an die Parkinson-Patienten in Deutschland günstiger als es auf dem deutschen Markt offiziell erhältlich war. Spätestens seit der Gesetzesänderung vom 19. Oktober 2012 stellte dies aber einen Verstoß gegen deutsches Recht dar.

Durchblick: Dass ausländische Versandapotheken die verschreibungspflichtigen Medikamente (bis heute!) günstiger als deutsche Apotheken verkaufen (können), erklärt sich damit, dass ausländische Apotheken – anders als die deutschen Kollegen – mit den Pharmaunternehmen beim Ankauf der Medikamente tatsächlich unbegrenzt Rabatte aushandeln und die Medikamente damit schon deutlich günstiger einkaufen können. Deutsche Apotheken dürfen bei verschreibungspflichtigen Medikamenten nur Rabatte oder Vergünstigungen bis maximal 5 % des Herstellerpreises annehmen. Des Weiteren liegt die gesetzliche Mehrwertsteuer auf Medikamente in Deutschland bei stolzen 19 %, in Holland aber beispielsweise nur bei 6 %. *DocMorris* kann die Medikamente also – wenn sie gut verhandeln – nicht nur deutlich günstiger einkaufen, sondern muss beim späteren Verkauf an die Kunden auch keine 19 %, sondern nur 6 % Mehrwertsteuer aufrechnen. Für die deutschen Apotheken ist das bei genauer Betrachtung eine ziemlich missliche Lage.

Die »Zentrale zur Bekämpfung des unlauteren Wettbewerbs« (ZBUW) erhob daher auch umgehend eine Unterlassungsklage gegen die DPV vor dem Landgericht in Düsseldorf, das der Klage auch tatsächlich stattgab. Die hiergegen von der DPV eingelegte Berufung vor dem OLG Düsseldorf brachte den Fall schließlich zum EuGH. Das OLG Düsseldorf (MDR **2015**, 1194) hielt die deutsche Regelung zur Festpreisbindung auch für aus dem Ausland eingeführte Arzneimittel nämlich für einen Verstoß gegen europäisches Recht und legte den Fall deshalb zur Vorabentscheidung dem EuGH vor (→ Art. 267 Abs. 2 AEUV).

So, und nach dieser langen, aber notwendigen Vorrede steigen wir an genau **DIESER** Stelle in den Fall ein – und sind ab jetzt auch brav schulmäßig unterwegs, also:

Obersatz: Der § 78 Abs. 1 AMG mit der darin verankerten Festpreisbindung für verschreibungspflichtige und aus dem Ausland eingeführte Medikamente verletzt die Warenverkehrsfreiheit in der EU, wenn Art. 34 AEUV auf diesen Sachverhalt anwendbar ist und ein Eingriff in den Schutzbereich des Art. 34 AEUV vorliegt, der nicht ausnahmsweise gerechtfertigt ist.

I. Die Anwendbarkeit des Art. 34 AEUV

Die Garantie des freien Warenverkehrs nach Art. 34 AEUV betrifft alle Waren im Sinne des Art. 28 AEUV, soweit diese nicht der Spezialregelung der Art. 38 ff. AEUV unterliegen. Medikamente sind keine Erzeugnisse der Landwirtschaft oder Fischerei gemäß den Art. 38 ff. AEUV mit der Folge, dass die Vorschrift des Art. 34 AEUV auf die vorliegende Konstellation anwendbar ist. Eine das EU-Recht harmonisierende Maßnahme im Sinne der Art. 114 ff. AEUV ist des Weiteren nicht ersichtlich.

ZE.: Der Art. 34 AEUV ist auf den vorliegenden Sachverhalt anwendbar.

II. Der Schutzbereich des Art. 34 AEUV

Bei den streitgegenständlichen Sachen muss es sich um Waren im Sinne des Art. 28 Abs. 2 AEUV handeln. Der Warenbegriff ist nicht legal definiert, umfasst nach allgemeiner Meinung aber alle körperlichen Gegenstände, die einen Geldwert haben und Gegenstand rechtmäßiger Handelsgeschäfte sein können (EuGH – C-65/05, Slg. **2006**, I-10341; EuGH – Rs. 7/68, Slg. **1968**, 633; *Schwarze/Terhechte* Art. 28 AEUV Rz. 18). Des Weiteren muss es sich gemäß Art. 28 Abs. 2 AEUV entweder um eine Ware aus einem Mitgliedstaat der EU handeln oder aber um Waren aus dritten Ländern, die sich in den Mitgliedstaaten im freien Verkehr befinden. Schließlich ist eine sogenannte »grenzüberschreitende Dimension« erforderlich; der Warenverkehr muss demnach mindestens zwischen zwei Mitgliedstaaten betroffen sein (EuGH Rs. C-267/91 Slg. **1993**, S-I-6097 – *Keck; Schwarze/Becker* Art. 34 AEUV Rz. 19; *Haratsch/Koenig/Pechstein* Rz. 908). Die genannten Voraussetzungen sind vorliegend erfüllt: Medikamente haben einen Geldwert und können auch Gegenstand rechtmäßiger Handelsgeschäfte sein. Die streitgegenständlichen Waren stammen zudem aus einem EU-Mitgliedsland (Holland) und sollen grenzüberschreitend nach Deutschland eingeführt und dort auch verkauft werden.

ZE.: Der Schutzbereich des Art. 34 AEUV ist betroffen.

III. Der Eingriff in den Schutzbereich des Art. 34 AEUV

Gemäß Art. 34 AEUV sind mengenmäßige Einfuhrbeschränkungen sowie alle Maßnahmen gleicher Wirkung zwischen den Mitgliedstaaten verboten. Der § 78 Abs. 1 AMG müsste, um einen Eingriff in den Schutzbereich darstellen zu können, unter eine der beiden genannten Varianten zu subsumieren sein.

1. Eine mengenmäßige Einfuhrbeschränkung im Sinne des Art. 34 AEUV liegt nach allgemeiner Ansicht vor, wenn entweder die Einfuhr einer Ware vollständig verboten (»Verbringungsverbot«) oder die Einfuhr von Waren nach Menge, Wert oder Zeitraum begrenzt ist, die Einfuhr also nur in einem bestimmten **Umfang** gestattet wird (»Kontingentierungsverbot«, vgl. EuGH EuZW **2007**, 401; EuGH Rs. 34/79 – Slg. **1979**, 3795; EuGH Rs. 2/73 – Slg. **1973**, 865; *Hobe/Fremuth* § 16 Rz. 11; *Streinz* Rz. 915; *Schwarze/Becker* Art. 34 AEUV Rz. 33).

ZE.: Eine mengenmäßige Einfuhrbeschränkung im gerade genannten Sinne kommt vorliegend nicht in Betracht. Deutschland legt mit dem § 78 Abs. 1 AMG lediglich fest, unter welchen Umständen bzw. zu welchen Preisen verschreibungspflichtige Arzneimittel in Deutschland verkauft werden dürfen.

2. Es könnte sich bei der Regelung des AMG aber um eine »Maßnahme gleicher Wirkung« im Sinne des Art. 34 AEUV handeln.

a. Erster Prüfungsmaßstab zur Bestimmung des Merkmals »Maßnahme gleicher Wirkung« im Sinne des Art. 34 AEUV ist die sogenannte *Dassonville*-Formel.

> **Definition**: Nach der *Dassonville*-Formel hat eine Maßnahme gleiche Wirkung im Sinne des Art. 34 AEUV, soweit sie den Handel in der Europäischen Union unmittelbar, mittelbar, tatsächlich oder potentiell behindert (EuGH NJW **1975**, 515 – *Dassonville*; vgl. auch *Schwarze/Becker* Art. 34 AEUV Rz. 37; *Streinz* Rz. 916).

Hier: In Betracht kommt eine **potentielle** Behinderung des freien Warenverkehrs durch die Regelung in § 78 Abs. 1 AMG, und zwar unter folgenden Gesichtspunkten: Wir haben weiter oben in der Lösung schon erwähnt und gesehen, dass der EuGH bereits im Jahr 2003 den bis dahin in Deutschland verbotenen Versandhandel von Arzneimitteln als europarechtskonform bestätigt und legalisiert hat (→ EuGH C-322/01, EU:C:**2003**:664 – *Deutscher Apothekerverband).* Die Begründung von 2003 zauberte der EuGH nun wieder aus dem Hut und erklärte Folgendes (EuGH NJW **2016**, 3771 – *Deutsche Parkinson Vereinigung*):

»… Der Gerichtshof hat zum deutschen Verbot des Versandhandels mit Arzneimitteln, deren Abgabe ausschließlich Apotheken im Inland vorbehalten ist, im Jahr 2003 bereits entschieden, dass ein solches Verbot außerhalb Deutschlands ansässige Apotheken ***stärker*** *als Apotheken in Deutschland beeinträchtigt. Auch wenn das Verbot den inländischen Apotheken unstreitig ein zusätzliches oder alternatives Mittel des Zugangs zum deutschen Markt der Endverbraucher von Arzneimitteln nimmt, bleibt ihnen doch die Möglichkeit, Arzneimittel in ihren Apotheken zu verkaufen. Dagegen könnte für Apotheken, die nicht im deutschen Hoheitsgebiet ansässig sind, im* ***Internet*** *ein probates* ***Mittel*** *liegen, das für den* ***unmittelbaren Zugang*** *zu diesem Markt eher geeignet ist … Im vorliegenden Fall ist festzustellen, dass traditionelle Apotheken grundsätzlich besser als Versandapotheken in der Lage sind, Patienten durch ihr Personal vor Ort individuell zu beraten und eine Notfallversorgung mit Arzneimitteln sicherzustellen. Da Versandapotheken mit ihrem eingeschränkten Leistungsangebot eine solche Versorgung nicht angemessen ersetzen können, ist davon auszugehen, dass vor allem der* ***Preiswettbewerb*** *für sie ein* ***wichtigerer Wettbewerbsfaktor*** *sein kann als für traditionelle Apotheken, weil es von ihm abhängt, ob sie einen unmittelbaren Zugang zum deutschen Markt finden und auf diesem konkurrenzfähig bleiben … Aus diesem Grund und da der Versandhandel für einen unmittelbaren Zugang zum deutschen Markt für in anderen Mitgliedstaaten ansässige Apotheken ein wichtigeres Mittel als für in Deutschland ansässige Apotheken bzw. sogar das* ***einzige Mittel*** *ist, berührt die im Ausgangsverfahren in Rede stehende nationale Regelung die Abgabe nationaler Arzneimittel und die Abgabe von Arzneimitteln aus anderen Mitgliedstaaten nicht in gleicher Weise …«*

Das Fazit des EuGH:

»… Nach alledem ist festzustellen, dass sich die Festlegung einheitlicher Abgabepreise, wie sie in der deutschen Regelung vorgesehen ist, auf in einem anderen Mitgliedstaat als der Bundesrepublik Deutschland ansässige Apotheken ***stärker*** *auswirkt als auf im deutschen Ho-*

heitsgebiet ansässige Apotheken. Dadurch könnte der Marktzugang für Erzeugnisse aus anderen Mitgliedstaaten stärker behindert werden als für inländische Erzeugnisse ...«

Also: Der EuGH ordnet den **Preiswettbewerb** für den Marktzugang ausländischer Apotheken als entscheidenden Faktor ein, dessen Austragung dann nicht mehr gewährleistet sei, wenn alle Apotheken bei den verschreibungspflichtigen Medikamenten die gleichen Preise verlangen müssen. Unter diesen Umständen seien die ausländischen Apotheken benachteiligt, denn ihnen steht dieser Preiswettbewerb letztlich als einziges Mittel zur Verfügung, um überhaupt einen vernünftigen Zugang zum deutschen Markt zu bekommen und dort in Konkurrenz zu den nationalen Apotheken zu treten. Namentlich haben sie **keine** Möglichkeit, die Kunden vor Ort durch geschultes Personal fachkundig zu beraten und etwa eine Notfallversorgung zu gewährleisten – was den deutschen Apotheken einen unzulässigen Wettbewerbsvorteil bringen könnte. **Daher**: Die deutsche Regelung der Festpreisbindung behindert ***potentiell*** den Zugang und die Wettbewerbsfähigkeit der ausländischen Mitbewerber am deutschen Markt mit der Folge, dass jedenfalls nach der *Dassonville*-Formel ein Verstoß gegen Art. 34 AEUV vorliegt (EuGH NJW **2016**, 3771 – *Deutsche Parkinson Vereinigung*).

b. Etwas anderes könnte sich aber aus der Anwendung der *Keck*-Formel des EuGH ergeben. Hiernach gilt:

Definition: Betrifft eine nationale Regelung lediglich die **Modalitäten** des Verkaufs oder des Absatzes einer Ware und gilt diese Regelung tatsächlich und rechtlich für **alle** Marktteilnehmer **gleichermaßen** (= ausländische und inländische), liegt hierin keine Maßnahme »gleicher Wirkung« im Sinne des Art. 34 AEUV. Es fehlt in diesem Fall regelmäßig an einer für Art. 34 AEUV notwendigen Diskriminierung einzelner Marktteilnehmer und damit an einer Behinderung des grenzüberschreitenden Verkehrs. Man nimmt den Marktteilnehmern mit der Regelung zwar unter Umständen eine Methode zur Absatzförderung mit möglicherweise wirtschaftlich nachteiligen Folgen, die Regelung diskriminiert aber niemanden (EuGH Slg. **1993**, I-6097 Rz. 16 – *Keck; Schwarze/Becker* Art. 34 AEUV Rz. 47; *Herdegen* § 15 Rz. 11; *Streinz* Rz. 920; *Hobe/Fremuth* § 16 Rz. 20).

Hier: Grundsätzlich stellen Regelungen, die den Preis einer Ware betreffen und für alle Marktteilnehmer gleichermaßen gelten, sogenannte »Verkaufsmodalitäten« im eben genannten Sinne dar, die nach der *Keck*-Formel nicht der Vorschrift des Art. 34 AEUV unterliegen, sondern als unterschiedslose und diskriminierungsfreie Maßnahme unbedenklich erfolgen dürfen (EuGH Slg. **1993**, I-6097 Rz. 16 – *Keck; Schwarze/Becker* Art. 34 AEUV Rz. 63; *Herdegen* § 15 Rz. 11; *Streinz* Rz. 937). **Aber**: Das gilt nach der benannten Definition immer nur dann, wenn die konkrete nationale Preisbindung auch tatsächlich/faktisch keinerlei Auswirkung auf den **Marktzugang** der jeweiligen Teilnehmer hat. Eine rein rechtlich betrachtet unterschiedslose Maßnahme wie eine allgemeingültige Festpreis- oder Mindestpreisbindung wird trotzdem zur

»Maßnahme gleicher Wirkung« im Sinne des Art. 34 AEUV, wenn die tatsächlichen Auswirkungen der Preisbindung im konkreten Fall aufgrund anderer Umstände zu einer Behinderung einzelner Marktteilnehmer führen (unstreitig: EuGH NJW **2016**, 3771 – *Deutsche Parkinson Vereinigung; Schwarze/Becker* Art. 34 AEUV Rz. 65; *Streinz* Rz. 937; *Herdegen* § 15 Rz. 11; *Hobe/Fremuth* § 16 Rz. 21).

Und genau so liegt der Fall hier: Zwar gilt die Festpreisbindung für rezeptpflichtige Medikamente rechtlich betrachtet für alle Teilnehmer des Marktes unterschiedslos. Indes behindert sie – wie oben bereits erläutert – im konkreten Fall die ausländischen Marktteilnehmer deshalb, weil der Preiswettbewerb das einzige Mittel ist, mit dem die Mitbewerber den freien Zugang zum nationalen Markt realisieren können. Anders als die nationalen Bewerber/Apotheken können die auswärtigen Apotheken insbesondere keine Vor-Ort-Beratung vornehmen und auch keinen Notdienst installieren (siehe oben). Dieser Umstand macht den Preiswettbewerb zum einzigen Mittel des effektiven Marktzuganges für die übrigen (ausländischen) Bewerber mit der Folge, dass Festpreise eine Behinderung des Marktzugangs darstellen und folglich nicht als unterschiedslose und diskriminierungsfreie Verkaufsmodalität unter die *Keck*-Formel zu subsumieren sind (EuGH NJW **2016**, 3771 – *Deutsche Parkinson Vereinigung;* vgl. auch *Schwarze/Becker* Art. 34 AEUV Rz. 65; *Streinz* Rz. 937; *Herdegen* § 15 Rz. 11).

<u>ZE.</u>: Auch nach der *Keck*-Formel stellt die vorliegende Festpreisbindung für verschreibungspflichtige Arzneimittel aus Art. 78 Abs. 1 AMG eine »Maßnahme gleicher Wirkung« im Sinne des Art. 34 AEUV und damit einen Eingriff in den Schutzbereich der genannten Norm dar.

IV. Rechtswidrigkeit des Eingriffs in den Schutzbereich des Art. 34 AEUV

Die Regelung des § 78 Abs. 1 AMG ist allerdings nur dann als unzulässiger Eingriff in den Schutzbereich des Art. 34 AEUV zu bewerten, wenn keine Rechtfertigungsgründe vorliegen. Im Rahmen einer möglichen Rechtfertigung kommen sowohl geschriebene als auch ungeschriebene Rechtfertigungsgründe in Betracht.

Zur Erinnerung: Wir hatten im vorherigen Fall gelernt, dass es für eine an sich gegen Art. 34 AEUV verstoßende nationale Handelsbeschränkung **ausnahmsweise** eine Rechtfertigung geben kann, und dass die entsprechenden Rechtfertigungsgründe entweder ausdrücklich in Art. 36 Satz 1 AEUV drinstehen oder aber als »zwingendes Erfordernis des Allgemeinwohls« in Betracht kommen können (vgl. insoweit Fall Nr. 6 vorne sowie EuGH Slg. **1979**, 649 – *Cassis de Dijon*). Obwohl die Dogmatik in der Literatur insoweit ein kleines bisschen umstritten ist, hatten wir des Weiteren gelernt und für unser Buch entschieden, zunächst die **geschriebenen** Rechtfertigungsgründe aus Art. 36 Satz 1 AEUV zu prüfen und die ungeschriebenen Rechtfertigungsgründe nach der EuGH Rechtsprechung lediglich subsidiär, also nachrangig in Betracht zu ziehen. Ungeschriebene Rechtfertigungsgründe aus »zwingenden Gründen des Allgemeinwohls« kommen somit immer nur dann in Frage, wenn Art. 36 Satz 1 AEUV in seinem Schutzbereich nicht einschlägig ist

(EuGH Slg. **2004**, I-11763 – *Radlberger*; EuGH Slg. **1989**, 229 – *Kommission/Deutschland; Streinz/Schroeder* Art. 34 AEUV Rz. 74; *Schwarze/Becker* Art. 34 AEUV Rz. 104; *Haratsch/Koenig/Pechstein* Rz. 946; *Hobe/Fremuth* § 16 Rz. 55).

So, und wenn wir uns daran halten wollen (und das wollen wir!), beginnen wir den vorliegenden Fall konsequenterweise mit den in Art. 36 Satz 1 AEUV ausdrücklich niedergeschriebenen Rechtfertigungsgründen für Handelsbeschränkungen im Sinne des Art. 34 AEUV.

1. Die geschriebenen Rechtfertigungsgründe → Art. 36 Satz 1 AEUV

Einstieg: Von den in Art. 36 Satz 1 AEUV angebotenen Rechtfertigungsgründen (aufschlagen!) kommt für die hier vorliegende Regelung über die verschreibungspflichtigen Medikamente logischerweise nur der Schutz der **Gesundheit** und des **Lebens** von Menschen in Betracht. Im Hinblick auf diesen Rechtfertigungsgrund hat der EuGH zwei grundsätzliche Regeln schon vor vielen Jahren fest- und klargestellt, die bis heute gelten. Wörtlich heißt es in einer Entscheidung aus dem Jahr 1975:

»*... Unter den in Art. 36 EWGV (*heute gleichlautend Art. 36 AEUV*) geschützten Gütern und Interessen nehmen die Gesundheit und das Leben von Menschen den unbedingt höchsten Rang ein; es ist Sache der Mitgliedsländer, in den durch die europäischen Verträge gesetzten Grenzen selbst zu bestimmen, in welchem Umfang sie deren Schutz gewährleisten wollen ...*« (EuGH Slg. **1976**, 613 – *De Peijper*).

Also: Der Schutz von Leben und Gesundheit von Menschen steht an erster Stelle und damit auf dem höchsten Rang der Prioritätenliste des Art. 36 Satz 1 AEUV; ihm kommt uneingeschränkte und vorrangige Bedeutung zu, was angesichts der benannten Rechtsgüter auch kaum verwunderlich ist. Das Leben und die Gesundheit stehen auch in unserer (deutschen) Rechtsgüterpyramide unstrittig an oberster Stelle. Handelsbeschränkungen zum Schutz von Menschenleben oder der Gesundheit der eigenen Bevölkerung sind demnach nicht nur grundsätzlich möglich, sondern sollen nach dem Willen des EuGH zudem mit besonderer Sorgfalt behandelt werden. **Und:** Es bleibt den Mitgliedsländern selbst vorbehalten, darüber zu entscheiden, in welcher Form, in welcher Intensität und auch mit welchen Maßnahmen sie das Leben und die Gesundheit ihrer Bevölkerung schützen wollen, sprich: Das nationale Niveau des Gesundheitsschutzes muss nicht in jedem Land gleich hoch/niedrig liegen, die einzelnen Mitgliedsländer bestimmen dies vielmehr selbst, ihnen steht insbesondere ein eigener und im Zweifel **umfassender Wertungsspielraum** zu (EuGH EuZW **2017**, 895 – *Medisanus*; EuGH C-198/14 ECLI:EU:C:**2015**:751 –*Visnapuu*; EuGH Slg. **1976**, 613 – *De Peijper*; vgl. etwa auch *Hobe/Fremuth* § 16 Rz. 39; *Haratsch/Koenig/Pechstein* Rz. 935).

Achtung: Was im ersten Moment ziemlich liberal und vor allem danach klingt, dass jedes Land nach Belieben nationale Handelsbeschränkungen unter dem Vorwand des Gesundheitsschutzes der eigenen Bevölkerung erfinden kann, erdet der EuGH an anderer Stelle dann aber drastisch ein, und zwar mit zwei wichtigen Einschränkungen: Zum einen steht jeder Rechtfertigungsgrund aus Art. 36 Satz 1 AEUV unter dem strengen Vorbehalt des **Art. 36 Satz 2 AEUV** (aufschlagen!). Der EuGH und die herrschende Meinung in der Wissenschaft sehen in Art. 36 Satz 2 AEUV nicht nur das dort fixierte Diskriminierungsverbot, sondern vor allem auch die Pflicht zur Einhaltung des **Verhältnismäßigkeitsgrundsatzes**, also der Verpflichtung nachzuweisen, dass die konkrete Handelsbeschränkung auch tatsächlich geeignet und erforderlich ist sowie »in einem angemessenen Verhältnis zum verfolgten Zweck« steht (EuGH NJW **2016**, 621 – *Scotch Whisky Association/The Lord Advocate;* EuGH Slg. **2002**, I-2965 – *Kommission/Italien; Streinz* Rz. 877; *Haratsch/Koenig/Pechstein* Rz. 935; *Herdegen* § 15 Rz. 20; *Schwarze/Becker* Art. 36 AEUV Rz. 64). Des Weiteren – und das ist die zweite hohe Hürde – verlangt der EuGH von den Mitgliedsländern im Hinblick auf die Einhaltung des Verhältnismäßigkeitsgrundsatzes ausdrücklich und zwingend das Beibringen von »genauen Angaben und entsprechenden statistischen Daten« mit möglichst wissenschaftlichen Erkenntnissen (EuGH NJW **2016**, 3771 – *Deutsche Parkinson Vereinigung;* EuGH NJW **2016**, 621- *Scotch Whisky Association/The Lord Advocate;* EuGH Slg. **2004,** I-2641 – *Leichtle*)**.** Der betroffene Staat muss also fundiert und logisch nachvollziehbar nachweisen, dass die jeweilige Handelsbeschränkung auch tatsächlich geeignet ist, das Leben und/oder die Gesundheit der nationalen Bevölkerung zu schützen. Schlichte, inhaltsleere oder logisch nicht nachvollziehbare Behauptungen, die namentlich keinerlei wissenschaftliche Substanz und zudem keine objektiv messbaren Erkenntnisse beinhalten, sind daher ungeeignet und genügen insbesondere nicht, um die Einhaltung des Verhältnismäßigkeitsgrundsatzes nachzuweisen. Dem jeweiligen Mitgliedsland obliegt im Hinblick auf die Eignung der Maßnahme damit eine strenge **Beweislast** (EuGH NJW **2016**, 3771 – *Deutsche Parkinson Vereinigung;* EuGH NJW **2016**, 621 – *Scotch Whisky Association/The Lord Advocate; Schwarze/Becker* Art. 36 AEUV Rz. 76; *Haratsch/Koenig/Pechstein* Rz. 882).

Wir merken uns: Grundsätzlich gewährt der EuGH den Mitgliedsländern im Hinblick auf das Niveau des Gesundheitsschutzes seiner Bevölkerung im Sinne des Art. 36 Satz 1 AEUV einen eigenen und umfassenden Wertungsspielraum. Jedes Land kann dieses Niveau demnach selbst und auch bestimmen, welche konkreten Maßnahmen (Handelsbeschränkungen) es zum Erreichen dieses Niveaus ergreifen möchte. Das Gegengewicht zu diesem umfassenden Wertungsspielraum der Mitgliedsländer in Bezug auf den Gesundheitsschutz der eigenen Bevölkerung liegt aber zum einen im **Diskriminierungsverbot** des Art. 36 Satz 2 AEUV und dem in Art. 36 Satz 2 AEUV auch enthaltenen und stets zu beachtenden **Verhältnismäßigkeitsgrundsatz**. Die konkrete Maßnahme (Handelsbeschränkung) muss also geeignet und erforderlich sein sowie in einem angemessenen Verhältnis zum verfolgten Zweck, nämlich dem Gesundheitsschutz der Bevölkerung, stehen. Schließlich verlangt der EuGH zum Nachweis der Einhaltung des Verhältnismäßigkeitsgrundsatzes die Vorlage genauer Angaben und entsprechender statistischer Daten, und zwar möglichst mit fundierten wissenschaftlichen Erkenntnissen. Bloße Behauptungen (quasi »ins Blaue hinein«) reichen nach Meinung des EuGH nicht aus. Den Mitgliedsländern obliegt insoweit vielmehr eine strenge **Beweislast,** damit der freie Warenverkehr in der EU nicht beliebig und unter dem Vorwand eines Rechtfertigungsgrundes aus Art. 36 Satz 1 AEUV eingeschränkt wird (EuGH NJW **2016**, 3771 – *Deutsche Parkinson Vereinigung;* vgl. etwa auch *Streinz* Rz. 877; *Schwarze/Becker* Art. 36 AEUV Rz. 76).

Prüfen wir mal: In unserem Fall geht es um die Frage, ob die in § 78 Abs. 1 AMG normierte Festpreisbindung für aus dem Ausland eingeführte verschreibungspflichtige Arzneimittel dem Schutz der Gesundheit und/oder des Lebens der Bevölkerung in Deutschland dienen kann. Wir haben gerade gesehen, dass jedem Land insoweit zunächst mal ein umfassender und eigener Wertungsspielraum zusteht. Die deutsche Bundesregierung, die in diesem Verfahren selbstverständlich auch Stellung beziehen musste und wollte, trug insoweit – ausdrücklich unterstützt übrigens von der schwedischen Regierung – scheinbar durchschlagende und sehr interessante Argumente vor. Sie sind oben im Sachverhalt schon kurz angeklungen, wir schauen uns mal den Originaltext aus der Entscheidung des EuGH an (EuGH NJW **2016**, 3771 – *Deutsche Parkinson Vereinigung*):

> *»... Die deutsche und die schwedische Regierung machen geltend, dass das Preisbindungssystem, das für die Abgabe rezeptpflichtiger Arzneimittel gilt, zur Gewährleistung einer* ***sicheren*** *und* ***qualitativ hochwertigen Arzneimittelversorgung*** *der deutschen Bevölkerung gerechtfertigt sei. Insbesondere soll dieses System nach dem Vortrag der deutschen Regierung sicherstellen, dass sich die Versandapotheken keinen* ***ruinösen Preiswettbewerb*** *liefern, der zu einem Verschwinden der traditionellen Apotheken insbesondere in ländlichen oder dünn besiedelten Gebieten führe, bei denen es sich um die für sie weniger attraktiven Standorte handele. Nur traditionelle Apotheken aber könnten eine sichere und qualitativ hochwertige Arzneimittelversorgung insbesondere in Notfällen, eine individuelle Beratung und eine wirksame Kontrolle der abgegebenen Arzneimittel gewährleisten. Des Weiteren dürfe sich ein Patient, der sich in einem gesundheitlich geschwächten Zustand befinde, nicht veranlasst sehen, erst eine* ***Marktanalyse*** *durchzuführen, um die Apotheke zu ermitteln, die das gesuchte Arzneimittel zum günstigsten Preis anbiete ...«*

Also: Zur Rettung der Festpreise für verschreibungspflichtige Medikamente sollte herhalten, dass andernfalls eine »sichere und qualitativ hochwertige« Versorgung der deutschen Bevölkerung nicht mehr gewährleistet ist, weil sich nämlich die Versandapotheken angeblich einen »ruinösen Preiswettbewerb« liefern würden. Außerdem und deswegen müssten dann aus den dünn besiedelten Gebieten in Deutschland wahrscheinlich die Apotheken komplett verschwinden und damit sei auch die Versorgung der ländlichen Bevölkerung nicht mehr gewährleistet. Schließlich sei kranken Menschen ja auch nicht zumutbar, im Internet nach dem günstigsten Angebot zu suchen. **Problem**: Das liest sich nicht nur schon auf den ersten Blick reichlich vage, im Zweifel unlogisch und an den Haaren herbeigezogen; blöderweise konnte die deutsche Regierung für diese Erklärungen im vorliegenden Verfahren auch KEINERLEI Nachweise (woher auch?), geschweige denn statistische Daten oder wissenschaftliche

Erkenntnisse vorlegen. Es waren schlicht und ergreifend: bloße und als solche leider gut erkennbare: **Behauptungen**.

Und für die gab es dann vom EuGH die ziemlich erwartbaren Ohrfeigen, die sich freilich nicht nur auf die (Schein-)Argumente der Bundesregierung, sondern zudem auf das gesamte deutsche Gesundheitssystem und namentlich die im europäischen Vergleich dramatisch hohen Preise für Medikamente in Deutschland bezogen. Auch hier gönnen wir uns zum Schluss den Wortlaut der vermutlich auch deswegen berühmt gewordenen Entscheidung des EuGH vom 19. Oktober 2016 – bitte sehr:

»... Grundsätzlich fällt das Ziel der Gewährleistung einer flächendeckenden, sicheren und qualitativ hochwertigen Arzneimittelversorgung unter Art. 36 Satz 1 AEUV und kann daher auch eine Rechtfertigung für entsprechende Maßnahmen darstellen. Allerdings lässt sich eine Regelung, die den in Art. 34 und 35 AEUV garantierten freien Warenverkehr beschränkt, nur mit Erfolg rechtfertigen, wenn sie auch ***geeignet*** *ist, die Verwirklichung des verfolgten legitimen Ziels zu gewährleisten, und nicht über das hinausgeht, was zur Erreichung dieses Ziels erforderlich ist. Es obliegt den nationalen Behörden, die dafür* ***erforderlichen Beweise*** *in jedem Einzelfall beizubringen. Die Rechtfertigungsgründe, auf die sich ein Mitgliedstaat beruft, müssen daher von einer Untersuchung zur Geeignetheit und Verhältnismäßigkeit sowie von* ***genauen wissenschaftlichen Angaben*** *zur Stützung seines Vorbringens begleitet sein. Das untersuchende Gericht muss, wenn es eine nationale Regelung darauf prüft, ob sie zum Schutz der Gesundheit und des Lebens von Menschen nach Art. 36 AEUV gerechtfertigt ist, mit Hilfe* ***statistischer Daten*** *objektiv prüfen können, ob die von dem betreffenden Mitgliedstaat vorgelegten Beweise bei verständiger Würdigung die Einschätzung erlauben, dass die gewählten Mittel zur Verwirklichung der verfolgten Ziele geeignet sind, und ob es möglich ist, diese Ziele durch Maßnahmen zu erreichen, die den freien Warenverkehr weniger einschränken ...«*

Zwischenergebnis: Das vorgegebene Ziel einer flächendeckenden, sicheren und qualitativ hochwertigen Versorgung mit Medikamenten lässt sich grundsätzlich zwar unter den Gesundheitsschutz des Art. 36 Satz 1 AEUV subsumieren. Allerdings – und das wussten wir ja auch schon (siehe oben) – braucht man für eine solche Rechtfertigung über Art. 36 Satz 1 AEUV immer genaue, wissenschaftlich fundierte Argumente und/oder entsprechende Daten, da nur unter diesen Umständen eine nachvollziehbare Beschränkung des in den Art. 34 und 35 AEUV garantierten freien Warenverkehrs erfolgen kann. Bloße Behauptungen genügen daher grundsätzlich nicht, da andernfalls die uferlose Einschränkung des freien Warenverkehrs unter dem Vorwand eines Rechtfertigungsgrundes aus Art. 36 Satz 1 AEUV droht. So, und genau deshalb wurde es jetzt auch ungemütlich:

»... Mit den vorgebrachten, rein ***allgemeinen gehaltenen*** *Aussagen hat die deutsche Regierung in* ***keiner Weise*** *dargetan, inwiefern durch die Festlegung einheitlicher Preise für verschreibungspflichtige Arzneimittel eine bessere geografische Verteilung der traditionellen Apotheken in Deutschland sichergestellt werden kann.* ***Ganz im Gegenteil****: Einige Unterlagen legen vielmehr nahe, dass mehr Preiswettbewerb unter den Apotheken die gleichmäßige*

Versorgung mit Arzneimitteln dadurch ***fördern*** *würde, dass Anreize zur Niederlassung in Gegenden gesetzt würden, in denen wegen der geringeren Zahl an Apotheken höhere Preise verlangt werden könnten …* ***Entgegen dem Vorbringen der deutschen Regierung*** *liegen des Weiteren keinerlei Belege dafür vor, dass sich die Versandapotheken ohne eine Regelung wie die hier in Rede stehende einen Preiswettbewerb liefern könnten, so dass wichtige Leistungen wie die Notfallversorgung in Deutschland nicht mehr zu gewährleisten wären, weil sich die Zahl der Präsenzapotheken in der Folge verringern würde. Insoweit ist vielmehr und ausdrücklich auf bestehende andere* ***Wettbewerbsfaktoren*** *als den Preis selbst hinzuweisen, die den traditionellen Apotheken zur Verfügung stehen und ermöglichen können, im Wettbewerb mit dem Versandhandel auf dem deutschen Markt konkurrenzfähig zu bleiben; in Betracht kommt eine Vor-Ort-Versorgung, entsprechende Betreuung und persönliche Beratung in den Apotheken sowie ein funktionsfähiger Notdienst; all dies spricht eher dafür, dass ländliche Apotheken gerade* ***keine*** *Nachteile erleiden oder schließen müssen … Zum Vorbringen der deutschen Regierung, dass sich der Patient, der sich in einem geschwächten Zustand befinde, nicht veranlasst sehen dürfe, erst eine Marktanalyse durchzuführen, um die Apotheke zu ermitteln, die das gesuchte Arzneimittel zum günstigsten Preis anbiete, ist schließlich auf Folgendes hinzuweisen: Das Bestehen einer tatsächlichen Gefahr für die menschliche Gesundheit ist* ***nicht*** *anhand* ***allgemeiner Überlegungen****, sondern auf der Grundlage von relevanten wissenschaftlichen Untersuchungen zu beurteilen. Die insoweit vorgetragenen, sehr allgemeinen Überlegungen reichen zum Nachweis der tatsächlichen Gefahr für die menschliche Gesundheit, die sich angeblich daraus ergeben soll, dass der Verbraucher versuchen kann, sich zu einem geringeren Preis mit verschreibungspflichtigen Arzneimitteln zu versorgen, in keiner Weise aus …«*

Und ganz zum Schluss wird es dann aus deutscher Sicht richtig unangenehm:

»… Im Übrigen ist in Übereinstimmung mit der niederländischen Regierung ausdrücklich festzustellen, dass im vorliegenden Fall ein Preiswettbewerb den Patienten tatsächlich eher ***Vorteile*** *bringen könnte, da er es ermöglichen würde, verschreibungspflichtige Arzneimittel in Deutschland zu günstigeren Preisen anzubieten, als sie derzeit von diesem Mitgliedstaat festgelegt werden.* ***Wie der Gerichtshof bereits entschieden hat, verlangt nämlich ein wirksamer Schutz der Gesundheit und des Lebens von Menschen unter anderem, dass Arzneimittel auch zu angemessenen Preisen verkauft werden*** *…«*

Fazit des EuGH:

»… Die hier fragliche Regelung erweist sich daher nach alledem als ***nicht geeignet****, die von der deutschen Regierung vorgegebenen Ziele zu erreichen, und kann deshalb nicht als durch die Verwirklichung dieser Ziele gerechtfertigt angesehen werden. Der Art. 36 Satz 1 AEUV ist vielmehr dahingehend auszulegen, dass eine nationale Regelung, die vorsieht, dass für verschreibungspflichtige Humanarzneimittel einheitliche Apothekenabgabepreise festgesetzt werden, nicht mit dem Schutz der Gesundheit und des Lebens von Menschen im Sinne dieses Artikels gerechtfertigt werden kann, da sie* ***nicht geeignet*** *ist, die angestrebten Ziele zu erreichen und damit den Grundsatz der Verhältnismäßigkeit verletzt …«*

Ergebnis: Im vorliegenden Fall versagte der EuGH somit die Rechtfertigung nach Art. 36 Satz 1 AEUV, kippte damit die Festpreisbindung aus § 78 Abs. 1 AMG für aus dem Ausland eingeführte rezeptpflichtige Medikamente nach Deutschland und erlaubte sich zum Schluss sogar den Hinweis, dass in Deutschland die Medikamentenpreise seiner Ansicht nach unangemessen hoch seien (EuGH NJW **2016**, 3771 – *Deutsche Parkinson Vereinigung*). Mit der vorliegenden Begründung und der Berufung auf die Missachtung des Verhältnismäßigkeitsgrundsatzes schieden übrigens neben den geschriebenen Rechtfertigungsgründen aus Art. 36 Satz 1 AEUV logischerweise auch die ungeschriebenen Rechtfertigungsgründe als Prüfungsmaßstab aus. Diese kommen wegen ihrer Subsidiarität bekanntlich nur dann noch in Betracht, wenn keiner der in Art. 36 Satz 1 AEUV genannten Gründe betroffen ist (*Streinz/Schroeder* Art. 34 AEUV Rz. 74; *Schwarze/Becker* Art. 34 AEUV Rz. 104; *Haratsch/Koenig/Pechstein* Rz. 946; *Hobe/Fremuth* § 16 Rz. 55; *Streinz* Rz. 930/937). Unser Fall hier scheitert aber nicht daran, sondern – wie gesehen – letztlich an der Verhältnismäßigkeit der Maßnahme; für ungeschriebene Rechtfertigungsgründe ist in solchen Fällen kein Raum (mehr).

Kurzes Schlusswort

DocMorris und auch die anderen Versandapotheken dürfen also nach der EuGH-Entscheidung aus dem Oktober 2016 weiterhin verschreibungspflichtige Medikamente günstiger nach Deutschland schicken bzw. verkaufen, als sie hierzulande erhältlich sind. In Deutschland gilt – auch im innerdeutschen Versandhandel – nach wie vor die besagte Festpreisbindung für rezeptpflichtige Arzneimittel aus dem AMG und der »Arzneimittelpreisverordnung«, was bei genauer Betrachtung durchaus verwundern kann: Tatsächlich und (europa-)rechtlich werden durch diese Festpreisbindung die knapp 19.000 deutschen Apotheken – ca. 3000 davon betreiben auch einen Versandhandel in Deutschland – gegenüber den europäischen Mitbewerbern benachteiligt. Warum hiergegen bis heute noch niemand geklagt oder warum der deutsche Gesetzgeber nicht von sich aus diesen Zustand verändert hat, erscheint für den neutralen Beobachter nicht nachvollziehbar (möglicherweise stecken andere Interessen der am System beteiligten Parteien dahinter). Im Jahr 2017 wurde der »*Referentenentwurf eines Gesetzes zum Verbot des Versandhandels mit verschreibungspflichtigen Arzneimitteln*« (zu finden unter diesem Titel auf der Internetseite des Gesundheitsministeriums) ohne Begründung zurückgezogen bzw. nicht ins Gesetzgebungsverfahren eingebracht. Der Versand von rezeptpflichtigen Medikamenten ist übrigens in den meisten europäischen Ländern gesetzlich bis heute verboten: neben Deutschland erlauben lediglich Dänemark, Finnland, Holland und Schweden (und die inzwischen ausgetretenen Briten) einen solchen Handel. Der EuGH – und das zum Schluss – hat übrigens im Juli 2021 eine Regelung im ungarischen Recht für zulässig erklärt, wonach ein Mitgliedstaat Hürden dahingehend errichten kann, dass ein nationales (ungarisches) Unternehmen nichtrezeptpflichtige Medikamente nur unter besonderen Bedingungen im Ausland vertreiben darf, selbst wenn der andere Staat bereits eine Genehmigung erteilt hat (EuGH vom 8. Juli **2021** – AZ 2021, Nr. 28, 3 oder ABl EU **2021**, Nr. C 338, 8).

Gutachten

Der § 78 Abs. 1 AMG mit der darin verankerten Festpreisbindung für verschreibungspflichtige und aus dem Ausland eingeführte Medikamente verletzt die Warenverkehrsfreiheit in der EU, wenn Art. 34 AEUV auf diesen Sachverhalt anwendbar ist und ein Eingriff in den Schutzbereich des Art. 34 AEUV vorliegt, der nicht ausnahmsweise gerechtfertigt ist.

I. Anwendbarkeit des Art. 34 AEUV

Die Garantie des freien Warenverkehrs nach Art. 34 AEUV betrifft alle Waren im Sinne des Art. 28 AEUV, soweit diese nicht der Spezialregelung der Art. 38 ff. AEUV unterliegen. Medikamente sind keine Erzeugnisse der Landwirtschaft oder Fischerei gemäß den Art. 38 ff. AEUV mit der Folge, dass die Vorschrift des Art. 34 AEUV auf die vorliegende Konstellation anwendbar ist. Eine das EU-Recht harmonisierende Maßnahme im Sinne der Art. 114 ff. AEUV ist des Weiteren nicht ersichtlich. Der Art. 34 AEUV ist auf den vorliegenden Sachverhalt anwendbar.

II. Schutzbereich des Art. 34 AEUV

Bei den streitgegenständlichen Sachen muss es sich um Waren im Sinne des Art. 28 Abs. 2 AEUV handeln. Der Warenbegriff ist nicht legal definiert, umfasst aber alle körperlichen Gegenstände, die einen Geldwert haben und Gegenstand rechtmäßiger Handelsgeschäfte sein können. Medikamente haben einen Geldwert und können auch Gegenstand rechtmäßiger Handelsgeschäfte sein. Des Weiteren muss es sich gemäß Art. 28 Abs. 2 AEUV entweder um eine Ware aus einem Mitgliedstaat der EU handeln oder aber um Waren aus dritten Ländern, die sich in den Mitgliedstaaten im freien Verkehr befinden. Schließlich ist eine sogenannte grenzüberschreitende Dimension erforderlich; der Warenverkehr muss demnach mindestens zwischen zwei Mitgliedstaaten betroffen sein. Die streitgegenständlichen Waren stammen aus einem EU-Mitgliedsland (Holland) und sollen grenzüberschreitend nach Deutschland eingeführt und dort auch verkauft werden. Der Schutzbereich des Art. 34 AEUV ist betroffen.

III. Eingriff in den Schutzbereich

Gemäß Art. 34 AEUV sind mengenmäßige Einfuhrbeschränkungen sowie alle Maßnahmen gleicher Wirkung zwischen den Mitgliedstaaten verboten. Der § 78 Abs. 1 AMG müsste, um einen Eingriff in den Schutzbereich darstellen zu können, unter eine der beiden genannten Varianten zu subsumieren sein.

1. Eine mengenmäßige Einfuhrbeschränkung im Sinne des Art. 34 AEUV liegt nach allgemeiner Ansicht vor, wenn entweder die Einfuhr einer Ware vollständig verboten (Verbringungsverbot) oder die Einfuhr von Waren nach Menge, Wert oder Zeitraum begrenzt ist, die Einfuhr also nur in einem bestimmten Umfang gestattet wird (Kontingentierungsverbot). Eine mengenmäßige Einfuhrbeschränkung im gerade genannten Sinne kommt vorliegend nicht in Betracht. Deutschland legt mit dem § 78 Abs. 1 AMG lediglich fest, unter welchen Umständen bzw. zu welchen Preisen verschreibungspflichtige Arzneimittel in Deutschland verkauft werden dürfen.

2. Es könnte sich bei der Regelung des AMG aber um eine »Maßnahme gleicher Wirkung« im Sinne des Art. 34 AEUV handeln.

a. Erster Prüfungsmaßstab zur Bestimmung des Merkmals »Maßnahme gleicher Wirkung« im Sinne des Art. 34 AEUV ist die sogenannte Dassonville-Formel. Nach der Dassonville-Formel hat eine Maßnahme gleiche Wirkung im Sinne des Art. 34 AEUV, wenn sie den Handel in der Europäischen Union unmittelbar, mittelbar, tatsächlich oder potentiell behindert. In Betracht kommt eine potentielle Behinderung des freien Warenverkehrs durch die Regelung in § 78 Abs. 1 AMG. Dies ergibt sich aus folgenden Erwägungen. Auch wenn das Verbot den inländischen Apotheken ein zusätzliches oder alternatives Mittel des Zugangs zum deutschen Markt der Endverbraucher von Arzneimitteln nimmt, bleibt den inländischen Apotheken die Möglichkeit, Arzneimittel in ihren Apotheken zu verkaufen. Dagegen könnte für Apotheken, die nicht im deutschen Hoheitsgebiet ansässig sind, im Internet ein probates Mittel liegen, das für den unmittelbaren Zugang zu diesem Markt eher geeignet ist. Traditionelle Apotheken sind grundsätzlich besser als Versandapotheken in der Lage, Patienten durch ihr Personal vor Ort individuell zu beraten und eine Notfallversorgung mit Arzneimitteln sicherzustellen. Da Versandapotheken mit ihrem eingeschränkten Leistungsangebot eine solche Versorgung nicht angemessen ersetzen können, ist davon auszugehen, dass vor allem der Preiswettbewerb für sie ein wichtigerer Wettbewerbsfaktor sein kann als für traditionelle Apotheken, weil es von ihm abhängt, ob sie einen unmittelbaren Zugang zum deutschen Markt finden und auf diesem konkurrenzfähig bleiben. Aus diesem Grund und da der Versandhandel für einen unmittelbaren Zugang zum deutschen Markt für in anderen Mitgliedstaaten ansässige Apotheken ein wichtigeres Mittel als für in Deutschland ansässige Apotheken bzw. sogar das einzige Mittel ist, berührt die hier in Rede stehende nationale Regelung die Abgabe nationaler Arzneimittel und die Abgabe von Arzneimitteln aus anderen Mitgliedstaaten nicht in gleicher Weise. Das in der Norm ausgesprochene Verbot betrifft außerhalb Deutschlands ansässige Apotheken stärker als Apotheken in Deutschland. Es ist daher festzustellen, dass sich die Festlegung einheitlicher Abgabepreise, wie sie in der deutschen Regelung vorgesehen ist, auf in einem anderen Mitgliedstaat als der Bundesrepublik Deutschland ansässige Apotheken stärker auswirkt als auf im deutschen Hoheitsgebiet ansässige Apotheken. Dadurch könnte der Marktzugang für Erzeugnisse aus anderen Mitgliedstaaten stärker behindert werden als für inländische Erzeugnisse. Eine potentielle Behinderung im Sinne der Dassonville-Formel ist daher nicht auszuschließen mit der Folge, dass ein Verstoß gegen Art. 34 AEUV vorliegt.

b. Etwas anderes könnte sich aber aus der Anwendung der Keck-Formel ergeben. Betrifft eine nationale Regelung lediglich die Modalitäten des Verkaufs oder des Absatzes einer Ware und gilt diese Regelung tatsächlich und rechtlich für alle Marktteilnehmer gleichermaßen (ausländische und inländische), liegt hierin keine Maßnahme »gleicher Wirkung« im Sinne des Art. 34 AEUV. Es fehlt in diesem Fall regelmäßig an einer für den Art. 34 AEUV notwendigen Diskriminierung einzelner Marktteilnehmer und damit an einer Behinderung des grenzüberschreitenden Verkehrs. Man nimmt den Marktteilnehmern mit der Regelung zwar unter Umständen eine Methode zur Absatzförderung mit möglicherweise wirtschaftlich nachteiligen Folgen, die Regelung diskriminiert aber niemanden.

Grundsätzlich stellen Regelungen, die den Preis einer Ware betreffen und für alle Marktteilnehmer gleichermaßen gelten, sogenannte »Verkaufsmodalitäten« im eben genannten Sinne dar, die nach der Keck-Formel nicht der Vorschrift des Art. 34 AEUV unterliegen, sondern als unterschiedslose und diskriminierungsfreie Maßnahme unbedenklich erfolgen dürfen. Das gilt nach der benannten Definition aber immer nur dann, wenn die konkrete nationale Preisbindung auch faktisch keinerlei Auswirkung auf den Marktzugang der jeweiligen Teilnehmer hat. Eine rein rechtlich betrachtet unterschiedslose Maßnahme wie eine allgemeingültige Festpreis- oder Mindestpreisbindung wird trotzdem zur »Maßnahme gleicher Wirkung« im Sinne des Art. 34 AEUV, wenn die tatsächlichen Auswirkungen der Preisbindung im konkreten Fall aufgrund anderer Umstände zu einer Behinderung einzelner Marktteilnehmer führen.

c. Unter Berücksichtigung dessen ergibt sich nunmehr Folgendes: Zwar gilt die Festpreisbindung für rezeptpflichtige Medikamente rechtlich betrachtet für alle Teilnehmer des Marktes unterschiedslos. Indes behindert sie – wie vorstehend erläutert – im konkreten Fall die ausländischen Marktteilnehmer deshalb, weil der Preiswettbewerb das einzige Mittel ist, mit dem die Mitbewerber den freien Zugang zum nationalen Markt realisieren können. Anders als die nationalen Bewerber können die auswärtigen Apotheken insbesondere keine Vor-Ort-Beratung vornehmen und auch keinen Notdienst installieren. Dieser Umstand macht den Preiswettbewerb zum einzigen Mittel des effektiven Marktzuganges für die übrigen (ausländischen) Bewerber mit der Folge, dass Festpreise eine Behinderung des Marktzugangs darstellen und daher nicht als unterschiedslose und diskriminierungsfreie Verkaufsmodalität unter die Keck-Formel zu subsumieren sind. Auch nach der Keck-Formel stellt die vorliegende Festpreisbindung für verschreibungspflichtige Arzneimittel aus Art. 78 Abs. 1 AMG eine »Maßnahme gleicher Wirkung« im Sinne des Art. 34 AEUV und damit einen Eingriff in den Schutzbereich der genannten Norm dar.

IV. Rechtswidrigkeit des Eingriffs

Die Regelung des § 78 Abs. 1 AMG ist aber nur dann als unzulässiger Eingriff in den Schutzbereich des Art. 34 AEUV zu bewerten, wenn keine Rechtfertigungsgründe vorliegen. Im Rahmen einer möglichen Rechtfertigung kommen sowohl geschriebene als auch ungeschriebene Rechtfertigungsgründe in Betracht.

1. Von den in Art. 36 Satz 1 AEUV angebotenen Rechtfertigungsgründen kommt für die hier vorliegende Regelung über die verschreibungspflichtigen Medikamente nur der Schutz der Gesundheit und des Lebens von Menschen in Frage. Im Hinblick auf diesen Rechtfertigungsgrund ist zunächst zu beachten, dass unter den in Art. 36 AEUV geschützten Gütern und Interessen die Gesundheit und das Leben von Menschen den unbedingt höchsten Rang einnehmen. Es ist Sache der Mitgliedsländer, in den durch die europäischen Verträge gesetzten Grenzen selbst zu bestimmen, in welchem Umfang sie deren Schutz gewährleisten wollen. Handelsbeschränkungen zum Schutz von Menschenleben oder der Gesundheit der eigenen Bevölkerung sind demnach nicht nur grundsätzlich möglich, sondern sollen zudem mit besonderer Sorgfalt behandelt werden. Es bleibt den Mitgliedsländern allerdings stets selbst vorbehalten, darüber zu entscheiden, in welcher Form, in welcher Intensität und auch mit welchen Maßnahmen sie das Leben und die Gesundheit ihrer Bevölkerung schützen wollen. Das nationale Niveau des Gesundheitsschutzes muss nicht in jedem Land gleich hoch oder niedrig liegen, den einzelnen Mitgliedsländern steht insbesondere ein eigener und im Zweifel umfassender Wertungsspielraum zu.

Im vorliegenden Fall ist somit zu klären, ob die in § 78 Abs. 1 AMG normierte Festpreisbindung für aus dem Ausland eingeführte verschreibungspflichtige Arzneimittel dem Schutz der Gesundheit und/oder des Lebens der Bevölkerung in Deutschland dienen kann. Insoweit ist zunächst – wie von der deutschen Bundesregierung vorgetragen – in Ansatz zu bringen, dass das Preisbindungssystem, das für die Abgabe rezeptpflichtiger Arzneimittel gilt, zur Gewährleistung einer sicheren und qualitativ hochwertigen Arzneimittelversorgung der deutschen Bevölkerung dienlich sein könnte. Insbesondere könnte ein solches System sicherstellen, dass sich die Versandapotheken keinen ruinösen Preiswettbewerb liefern, der möglicherweise zu einem Verschwinden der traditionellen Apotheken insbesondere in ländlichen oder dünn besiedelten Gebieten führen könnte, da es sich hierbei um weniger attraktive Standorte handelt. Nur traditionelle Apotheken aber könnten eine sichere und qualitativ hochwertige Arzneimittelversorgung insbesondere in Notfällen, eine individuelle Beratung und eine wirksame Kontrolle der abgegebenen Arzneimittel gewährleisten. Schließlich sei es einem kranken Patienten nicht zuzumuten, erst eine Marktanalyse im Internet durchzuführen, um die Apotheke zu ermitteln, die das gesuchte Arzneimittel zum günstigsten Preis anbietet. Aus den genannten Erwägungen könnte eine Rechtfertigung der Preisbindung resultieren.

Diesen Argumenten kann im Ergebnis allerdings nicht gefolgt werden. Grundsätzlich fällt zwar die Gewährleistung einer flächendeckenden, sicheren und qualitativ hochwertigen Arzneimittelversorgung unter Art. 36 Satz 1 AEUV und kann daher auch eine Rechtfertigung für entsprechende Maßnahmen darstellen. Allerdings lässt sich eine Regelung, die den in Art. 34 und 35 AEUV garantierten freien Warenverkehr beschränkt, nur mit Erfolg rechtfertigen, wenn sie auch geeignet ist, die Verwirklichung des verfolgten legitimen Ziels zu gewährleisten, und nicht über das hinausgeht, was zur Erreichung dieses Ziels erforderlich ist. Die Maßnahme muss namentlich verhältnismäßig sein.

Im Hinblick darauf obliegt es allerdings den nationalen Behörden, die dafür erforderlichen Beweise in jedem Einzelfall beizubringen. Die Rechtfertigungsgründe, auf die sich ein Mitgliedstaat beruft, müssen daher von einer Untersuchung zur Geeignetheit und Verhältnismäßigkeit sowie von genauen wissenschaftlichen Angaben zur Stützung seines Vorbringens begleitet sein. Schlichte Behauptungen oder Vermutungen reichen dafür nicht aus. Das untersuchende Gericht muss, wenn es eine nationale Regelung darauf prüft, ob sie zum Schutz der Gesundheit und des Lebens von Menschen nach Art. 36 AEUV gerechtfertigt ist, mit Hilfe statistischer Daten objektiv prüfen können, ob die von dem betreffenden Mitgliedstaat vorgelegten Beweise bei verständiger Würdigung die Einschätzung erlauben, dass die gewählten Mittel zur Verwirklichung der verfolgten Ziele geeignet sind. Zudem muss es auch prüfen können, ob es möglich ist, diese Ziele durch Maßnahmen zu erreichen, die den freien Warenverkehr weniger einschränken. Mit den vorgebrachten, rein allgemein gehaltenen Aussagen hat die deutsche Regierung in keiner Weise substantiiert dargetan, inwiefern durch die Festlegung einheitlicher Preise für verschreibungspflichtige Arzneimittel eine bessere geografische

Verteilung der traditionellen Apotheken in Deutschland sichergestellt werden kann. Entgegen dem Vorbringen der deutschen Regierung liegen des Weiteren keinerlei Belege dafür vor, dass sich die Versandapotheken ohne eine Regelung wie die hier in Rede stehende einen Preiswettbewerb liefern könnten, so dass wichtige Leistungen wie die Notfallversorgung in Deutschland nicht mehr zu gewährleisten wären, weil sich die Zahl der Präsenzapotheken in der Folge verringern würde. Insoweit ist vielmehr und ausdrücklich auf bestehende andere Wettbewerbsfaktoren als den Preis selbst hinzuweisen, die den traditionellen Apotheken zur Verfügung stehen und ermöglichen können, im Wettbewerb mit dem Versandhandel auf dem deutschen Markt konkurrenzfähig zu bleiben. In Betracht kommt eine Vor-Ort-Versorgung, entsprechende Betreuung und persönliche Beratung in den Apotheken sowie ein funktionsfähiger Notdienst; all dies spricht eher dafür, dass ländliche Apotheken gerade keine Nachteile erleiden oder schließen müssen. Im Übrigen ist ausdrücklich festzustellen, dass im vorliegenden Fall ein Preiswettbewerb den Patienten tatsächlich eher Vorteile bringen könnte, da er es ermöglichen würde, verschreibungspflichtige Arzneimittel in Deutschland zu günstigeren Preisen anzubieten, als sie ansonsten festgelegt werden. Zum Vorbringen der deutschen Regierung, dass es einem kranken Patienten nicht zugemutet werden könne, erst eine Marktanalyse im Internet durchzuführen, um die Apotheke zu ermitteln, die das gesuchte Arzneimittel zum günstigsten Preis anbiete, ist schließlich auf Folgendes hinzuweisen: Das Bestehen einer tatsächlichen Gefahr für die menschliche Gesundheit ist nicht anhand allgemeiner Überlegungen, sondern auf der Grundlage von relevanten wissenschaftlichen Untersuchungen zu beurteilen. Die insoweit vorgetragenen, sehr allgemeinen Überlegungen reichen zum Nachweis der tatsächlichen Gefahr für die menschliche Gesundheit, die sich angeblich daraus ergeben soll, dass der Verbraucher versuchen kann, sich zu einem geringeren Preis mit verschreibungspflichtigen Arzneimitteln zu versorgen, in keiner Weise aus.

Die hier fragliche Regelung erweist sich daher nach alledem als nicht geeignet, die von der deutschen Regierung vorgegebenen Ziele zu erreichen, und kann deshalb nicht als durch die Verwirklichung dieser Ziele gerechtfertigt angesehen werden. Der Art. 36 Satz 1 AEUV ist vielmehr dahingehend auszulegen, dass eine nationale Regelung, die vorsieht, dass für verschreibungspflichtige Humanarzneimittel einheitliche Apothekenabgabepreise festgesetzt werden, nicht mit dem Schutz der Gesundheit und des Lebens von Menschen im Sinne dieses Artikels gerechtfertigt werden kann, da sie nicht geeignet ist, die angestrebten Ziele zu erreichen und damit den Grundsatz der Verhältnismäßigkeit verletzt.

Ergebnis: Es fehlt mithin an einer Rechtfertigung nach Art. 36 Satz 1 AEUV mit der Folge, dass der § 78 Abs. 1 AMG gegen Art. 34 AEUV verstößt.

Fall 8

Herr Pésla sucht das Recht

Der polnische Rechtsstudent *Krysztof Pésla* (P) hat neben seinem Studium an der Universität Poznán im Rahmen einer deutsch-polnischen Juristenausbildung auch drei Jahre in Frankfurt/Oder studiert und die akademischen Grade »*Master and Bachelor of German and Polish Law*« erworben. Nachdem P in Polen die erste juristische Staatsprüfung abgelegt hat, bewirbt er sich anschließend in Mecklenburg-Vorpommern um die Zulassung zum deutschen juristischen Vorbereitungsdienst (»Referendariat«). Die zuständige Landesjustizverwaltung (L) in Schwerin weist P indes ab und beruft sich auf § 112a Abs. 1 des »Deutschen Richtergesetzes« (DRiG): Danach wird die Zulassung zum Referendariat nur erteilt, wenn die Rechtskenntnisse des ausländischen Bewerbers denen entsprechen, die in Deutschland durch das Ablegen des Examens bescheinigt werden. Den polnischen Hochabschluss und die Diplome der Universität Frankfurt/Oder erkennt L nach eingehender Prüfung nicht als Nachweise gleichwertiger Kenntnisse deutschen Rechts an. L weist P aber auf § 112a Abs. 3 DRiG hin, wonach er eine Eignungsprüfung machen und den Nachweis der Kenntnisse durch die Teilnahme an den deutschen Examensklausuren in den Pflichtfächern erbringen kann. P meint, es sei ihm nicht zumutbar, Examensklausuren im deutschen Recht und in deutscher Sprache zu schreiben. Die Regelung des § 112a Abs. 3 DRiG diskriminiere ausländische Bewerber sowie deren Hochschulabschluss und verstoße gegen die Arbeitnehmerfreizügigkeit. Die Zulassungsanforderungen müssten gesenkt und dem im Ausland erlernten Recht angepasst werden, andernfalls liefe Art. 45 AEUV leer.

Frage: Verstößt der § 112a DRiG gegen Art. 45 AEUV?

Schwerpunkte: Die Arbeitnehmerfreizügigkeit aus Art. 45 AEUV; Schutzbereich der Norm; der Begriff des »Arbeitnehmers«; Ausschluss nach Art. 45 Abs. 4 AEUV.

Lösungsweg

Einstieg: So, der offenbar ziemlich fleißige *Krysztof Pésla* aus Poznán (= Posen), dessen Geschichte sich genau so, wie sie da oben steht, im Jahr 2008 zugetragen hat, erhob gegen den ablehnenden Bescheid der Landesjustizverwaltung zunächst Klage vor dem Verwaltungsgericht (VG) in Schwerin auf Zulassung zum Referendariat. Da das VG sich nicht sicher war, ob das Vorgehen der Behörde europarechtlich in Ordnung geht und vor allem, ob der § 112a DRiG wirklich rechtens ist, landete der Fall anschließend vor dem EuGH, der am **10. Dezember 2009** zur Einstellung von ausländischen Bewerbern mit Hochschulabschluss in den deutschen Vorbereitungsdienst umfangreich und inhaltlich durchaus überraschend Stellung bezog (EuGH NJW **2010**, 137). Das sehen wir uns gleich mal in Ruhe an und werden dabei nicht nur die rechtlichen Schwierigkeiten rund um den Zugang ausländischer Studierender zum deutschen Rechtsreferendariat, sondern vor allen Dingen eine ganze Menge zum Art. 45 AEUV und der dort verankerten Arbeitnehmerfreizügigkeit lernen. Unter anderem geht es um die enorm prüfungstaugliche und zudem maximal praxisrelevante Frage, ob und unter welchen Voraussetzungen eigentlich Ausbildungsnachweise bzw. Hochschulabschlüsse, die man im eigenen Land erworben hat, innerhalb der EU anerkannt werden (müssen).

Und damit wir das alles auch vernünftig hinbekommen und in unserem Fall von Anfang an den Überblick behalten, schauen wir als Erstes noch mal kurz, nach welchen Regeln ausländische Bewerber zur Juristen- bzw. Rechtsreferendarausbildung in Deutschland zugelassen werden. Es gelten folgende Prinzipien: Die Zulassung ausländischer Hochschulabsolventen zum deutschen Rechtsreferendariat wird gemäß § 112a Abs. 1 und 2 DRiG erteilt, wenn die Prüfung des Kandidaten ergibt, dass er/sie neben dem zwingend vorzulegenden ausländischen Jura-Diplom zudem über »**gleichwertige Kenntnisse und Fähigkeiten**« im Hinblick auf das deutsche Recht verfügt – die Kenntnisse und Fähigkeiten müssen namentlich denen entsprechen, die nach deutschem Ausbildungsrecht (§ 5 Abs. 1 DRiG) von den Kandidaten im Examen verlangt werden. Bei der Beurteilung dieser **Gleichwertigkeit** der Rechtskenntnisse des ausländischen Bewerbers werden gemäß § 112a Abs. 2 Satz 1 DRiG nicht nur das ausländische Jura-Diplom, sondern auch mögliche weitere Leistungsnachweise und mögliche Berufserfahrungen des Bewerbers einbezogen. Hält die Behörde nach umfassender Prüfung des Kandidaten das Vorliegen entsprechender bzw. gleichwertiger Rechtskenntnisse für erwiesen, hat diese Bewertung gemäß § 112a Abs. 6 DRiG die gleiche Wirkung wie ein bestandenes erstes deutsches Staatsexamen (!) – und die Behörde erteilt auch die Zulassung zum deutschen Referendariat. Ergibt die Prüfung der Umstände allerdings, dass der Kandidat nach Meinung der Behörde **NICHT** über gleichwertige Kenntnisse und Fähigkeiten in Bezug auf das deutsche Recht verfügt, kann er/sie auf Antrag eine sogenannte »Eignungsprüfung« ablegen. Diese Eignungsprüfung besteht gemäß § 112a Abs. 3 Satz 1 DRiG darin, an den deutschen Examensklausuren in den drei Hauptfächern (in deutscher Sprache) teilzunehmen und diese Klausuren zu bestehen. **Und**: Gemäß § 112a Abs. 3 Satz 2 DRiG kann die Behörde die Prüfung hierbei aber auf das Fach beschränken, in dem die gleichwertigen Kenntnisse ihrer Meinung nach nicht vorhanden sind – **Beispiel**: Der Bewerber kann gleichwertige Kenntnisse im BGB sowie im Staats- und Verwaltungsrecht nachweisen und muss daher nur die Klausur im deutschen **Strafrecht** schreiben. Zuständig für diesen gesamten Prüfungsvorgang sind gemäß § 112a Abs. 7 DRiG die jeweiligen Landesjustizverwaltungen, also die Prüfungsämter der einzelnen Bundesländer.

Unser Hauptdarsteller *Krysztof Pésla* hat sich nun offenbar ziemlich reingehauen im Studium und nicht nur sein erstes Staatsexamen in Polen erfolgreich abgelegt, sondern parallel dazu auch noch in Deutschland Jura studiert und sogar zwei akademische Grade erlangt. Er hat somit neben dem ausländischen Hochschulabschluss zwei offizielle Zusatzqualifikationen erworben und auch drei Jahre in Deutschland Jura studiert. Nach Meinung des Prüfungsamtes in Schwerin reicht das aber trotzdem nicht aus, um die Zulassung zum Referendariat zu erhalten, P soll gleichwohl noch die Examensklausuren in Deutschland schreiben, was, wie wir seit eben wissen, jedenfalls formal-rechtlich durch die entsprechende Regelung in § 112a Abs. 2 und 3 DRiG legitimiert ist.

Problem: Es stellt sich natürlich die Frage, ob diese strenge Regelung des DRiG den durch Art. 45 Abs. 1 und 2 AEUV gestellten Anforderungen an die Arbeitnehmerfreizügigkeit in der EU standhält. Der Hochschulabschluss des P aus Polen genügt der Behörde offenbar nicht, um damit auch in Deutschland zum Referendariat zugelassen zu werden. Und damit stehen wir ganz nebenbei auch schon vor der enorm wichtigen Frage, inwieweit national erworbene Ausbildungsnachweise, Diplome oder Hochschulabschlüsse grundsätzlich auch in anderen Ländern der EU gelten können oder sogar müssen. **Problem**: Die von Art. 45 Abs. 1 AEUV garantierte Freizügigkeit aller ArbeitnehmerInnen in der EU liefe bei genauer Betrachtung tendenziell leer, wenn man einen im eigenen Land erworbenen Ausbildungsnachweis, ein Diplom oder einen Hochschulabschluss nicht auch in einem anderen Land der EU verwerten bzw. vorlegen und im entsprechenden Beruf arbeiten könnte.

Ansatz: Damit das, was da im grauen Kasten steht, vermieden wird, hat die EU in Bezug auf die sogenannten »reglementierten Berufe« (= Berufe, deren Ausübung einen staatlichen Ausbildungsnachweis erfordert) in den vergangenen Jahren in Ausführung des Art. 46 und des Art. 53 AEUV mehrere Harmonisierungsmaßnahmen erlassen, insbesondere die Richtlinie RL-2005/36/EG vom 7. September 2005 über die »Anerkennung von Berufsqualifikationen« sowie die diese Richtlinie modifizierende Richtlinie RL-2013/55/EU vom 20. November 2013. In diesen Richtlinien finden sich die Voraussetzungen, unter denen die Mitgliedstaaten im EU-Ausland erworbene Ausbildungsnachweise gegenseitig anerkennen (vgl. Art. 1 RL-2005/36/EG). Grob zusammengefasst gilt hiernach Folgendes:

- ➔ Für Berufe, bei denen die Mindestanforderungen an die Ausbildung europarechtlich bereits harmonisiert sind, gilt eine automatische Anerkennung der Diplome im gesamten europäischen Raum. Dazu zählen: Allgemeinärzte, Zahnärzte, Fachärzte, Tierärzte, Krankenpfleger, Hebammen, Apotheker und Architekten. Wer ein entsprechendes Diplom/einen Hochschulabschluss in seinem Land erworben hat, kann unter Vorlage dieses Abschlusses in jedem anderen Land der EU im jeweiligen Beruf arbeiten (vgl. Art. 10 RL-2005/36/EG).

→ Für die Berufe im Handel, der Industrie und im Handwerk, bei denen die Mindestanforderungen an die jeweilige Ausbildung (noch) nicht harmonisiert sind, sehen die Richtlinien ein System vor, wonach – eine entsprechende berufliche Ausbildung mit Abschluss im eigenen Land immer vorausgesetzt – die erworbene **Berufserfahrung** anerkannt wird und die Befugnis zur Ausübung im »fremden« Land legitimieren kann. **Beispiel**: Wer im eigenen Land **sechs Jahre** als selbstständiger Schuster mit entsprechendem Ausbildungsnachweis gearbeitet hat, kann danach in jedem anderen Land der EU ebenfalls als selbstständiger Schuster tätig werden. Gleiches gilt etwa für Kfz-Meister mit eigener Werkstatt und alle Formen von zertifizierten Tätigkeiten im Baugewerbe. Es gibt für weitere Berufe zudem auch kürzere Fristen: Wer etwa im Schiffsbau tätig ist, benötig eine **fünfjährige** Berufserfahrung, um mit seinem nationalen Abschluss auch in anderen Ländern der EU anerkannt zu werden. Eine **dreijährige** Frist gilt beispielsweise für Berufe im Großhandel (außer: Medikamente!) oder für die Tätigkeiten als Vermittler/Makler.

→ Schließlich gibt es für die nicht unter die ersten beiden Varianten fallenden Berufe ein abgestuftes System der Zulassung, das zum Teil dem Ermessen der nationalen Behörden überlassen wird, allerdings unter dem Vorbehalt des Art. 13 RL 2005/36/EG steht, wonach die Zulassungen grundsätzlich zu erteilen sind, wenn ein ausländischer **Befähigungsnachweis** für den entsprechenden Beruf vorliegt und die Ausbildungen, was zunächst vermutet wird, **vergleichbar** sind. Von diesem Grundsatz gibt es in Art. 14 RL 2005/36/EG aber diverse Ausnahmetatbestände, etwa wenn die Ausbildung eines Landes zeitlich deutlich unter der Ausbildungsdauer des Landes liegt, in dem der Bewerber tätig werden möchte – oder die Ausbildungen unterschiedliche inhaltliche Schwerpunkte hatten. Unter diesen Umständen kann das jeweilige Land eine entsprechende Zusatzausbildung, unter Umständen sogar ein eigenes (Zusatz-)Studium fordern, wobei der Bewerber gemäß Art. 14 Abs. 2 RL 2005/36/EG stets die Wahl haben muss zwischen einem »Anpassungslehrgang« (= zusätzliche Ausbildung/Studium) oder einer sogenannten »Eignungsprüfung« (= punktuelle Prüfung bestimmter Kenntnisse). **Achtung**: Es gilt bei alldem aber immer – wie oben erwähnt – der aus Art. 13 RL 2005/36/EG und aus Art. 45 AEUV folgende Grundsatz: Wer einen offiziellen behördlichen Befähigungsnachweis für den entsprechenden Beruf aus dem eigenen Land vorlegen kann, hat grundsätzlich einen Anspruch auf Zulassung zum gleichen Beruf im europäischen Ausland, soweit die Ausbildungen als »gleichwertig« zu betrachten sind. Der Art. 45 AEUV begründet, wenn ein nationaler Ausbildungsnachweis vorliegt, sogar einen **einklagbaren** (!) Rechtsanspruch gegen die nationalen Behörden auf Prüfung der Gleichwertigkeit der Berufsausbildungen (EuGH NJW **1991**, 2073 – *Vlasso-*

> *poulou;* EuGH ECLI:EU:C:**1987**:442 – *Heylens; Hobe/Fremuth* § 18 Rz. 40; *Schwarze/Schneider/Wunderlich* Art. 45 AEUV Rz. 69). Merken.

So, dies – und noch ***sehr*** viel mehr – ist maximal detailliert und extrem umfangreich in den beiden Richtlinien aus den Jahren 2005 und 2013 geregelt, von deren Inhalt wir uns deshalb gerade auch nur die allergröbsten Einteilungen angesehen haben. Insgesamt betreffen diese Richtlinien die Ausbildung und Ausübung von sage und schreibe 800 verschiedenen »reglementierten« Berufen.

Für uns hier wird es jetzt deshalb besonders interessant, weil bei 800 Berufen erstaunlicherweise nur für eine ***einzige*** Berufssparte sehr spezielle Sondervorschriften gelten, und die betreffen – man ahnt es – tatsächlich die **Juristen.** Das Ganze steht in Art. 14 Abs. 3 der Richtlinie 2005/36/EG, wo es nämlich heißt:

> »... Abweichend ... von Absatz 2 kann der Aufnahmemitgliedstaat bei Berufen, deren Ausübung eine **genaue Kenntnis** des **einzelstaatlichen Rechts** erfordert und bei denen Beratung und/oder der Beistand in Bezug auf das einzelstaatliche Recht ein wesentlicher und beständiger Teil der Berufsausübung ist, entweder einen **Anpassungslehrgang** oder eine **Eignungsprüfung** vorschreiben ...«

Durchblick: Während bei der Ausbildung und Ausübung ungefähr aller Berufe der Welt eine Standardisierung prinzipiell möglich ist, ist das nur bei Juristen leider (oder zum Glück) anders. Die Juristen lernen nämlich in ihrer Ausbildung nur die jeweils nationale Rechtsordnung kennen und anwenden, und die nationalen Rechtsordnungen sind tatsächlich in jedem Land der EU (und der Welt!) unterschiedlich, woraus folgt, dass die juristische Ausbildung für die Absolventen zunächst mal – ohne Zusatzausbildung – nur im eigenen Land beruflich verwertbar ist.

> Während die oben schon mal erwähnten Schuster nach allgemeingültiger Handwerkskunst einen Stiefelabsatz in jedem Land der Welt weitestgehend identisch reparieren – und Ärzte auf der ganzen Welt identischen Regeln bei der Behandlung eines gebrochenen Beins folgen – und Hebammen auf der ganzen Welt die Kinder auf die gleiche Art und Weise auf die Welt bringen – und Kaufleute auf der ganzen Welt nach weitestgehend gleichen Regeln mit Waren handeln – und Lehrer auf der ganzen Welt nach gleichen Regeln Mathematik lehren, können ***Juristen*** nur in ihrem **eigenen Land** mit ihren speziellen Rechtskenntnissen und Fähigkeiten offiziell als Jurist oder Juristin arbeiten – und sonst blöderweise nirgendwo. Wenn man nämlich in Polen oder Holland oder Portugal oder Finnland nationales Recht studiert hat, kann man schon rein denklogisch nicht einfach unter Vorlage des Examens in Kroatien oder Frankreich als Richterin oder Richter arbeiten – wie sollte das auch gehen? Und selbst mit exzellenten Kenntnissen der deutschen Strafprozessordnung kann man in Rom garantiert nicht als Staatsanwalt oder Staatsanwältin arbeiten. In Rom gilt natürlich: italienisches Recht!

Die Juristerei ist damit tatsächlich der einzige Beruf der Welt, bei dem man in der Ausbildung etwas lernt (→ Kenntnisse der **nationalen** Rechtsordnung), was man grundsätzlich auch nur im eigenen Land in einem staatlich anerkannten, den Hochschulabschluss voraussetzenden Beruf verwenden kann. Ein Hochschulabschluss in Rechtswissenschaften hat somit bei genauer Betrachtung im (europäischen) Ausland keinerlei Wert, denn, wie gesagt, man hat natürlich nur Kenntnisse der jeweils nationalen Rechtsordnung erworben und entsprechend nachgewiesen. Der Zugang zu einem juristischen Beruf in einem anderen Land ist somit an sich ausgeschlossen.

Problem: Der Art. 45 Abs. 1 AEUV garantiert die uneingeschränkte Freizügigkeit der Arbeitnehmer in der EU – und das gilt natürlich auch für Juristen. Oder?

Und an genau dieser Stelle steigen wir jetzt in den Fall um den armen Herrn *Pésla* (P) aus Posen ein und wollen uns fragen, ob die Forderung des Prüfungsamtes, der P solle doch bitte zum Nachweis seiner Kenntnisse des deutschen Rechts die deutschen Examensklausuren bestehen (→ § 112a Abs. 3 DRiG), sich mit Art. 45 AEUV verträgt; P rügt ja ausdrücklich die Europarechtswidrigkeit dieses § 112a DRiG und will zumindest ein Absenken der Prüfungsanforderungen erreichen. Schauen wir mal:

Obersatz: Die Vorschrift des § 112a DRiG stellt einen Verstoß gegen Art. 45 AEUV dar, wenn Art. 45 AEUV auf den vorliegenden Sachverhalt anwendbar ist, ein Eingriff in den Schutzbereich vorliegt, der schließlich nicht gerechtfertigt sein darf.

1. Die Anwendbarkeit des Art. 45 AEUV

Wie bei allen Grundfreiheiten ist auch Art. 45 AEUV nur anwendbar, wenn das zu lösende Problem bzw. der zu lösende Sachverhalt nicht bereits auf europäischer Ebene einheitlich – harmonisch – durch eine sekundärrechtliche Harmonisierungsmaßnahme im Sinne des Art. 46 AEUV geregelt ist (*Hobe/Fremuth* § 17 Rz. 40). In unserem Fall wäre Art. 45 AEUV daher unanwendbar, wenn die EU in Ausführung des Art. 46 AEUV schon Rechtsetzungsakte (Richtlinien oder Verordnungen) erlassen hat, die die Anerkennung von juristischen Hochschulabschlüssen bzw. die Zulassung zum juristischen Vorbereitungsdienst im europäischen Ausland betreffen und den vorliegenden Fall abschließend regeln. Wir haben oben gesehen, dass es auf europäischer Ebene in Ausführung der Rechtsetzungsbefugnisse aus Art. 46 AEUV zwar Richtlinien zur Anerkennung von Diplomen innerhalb der EU gibt. Allerdings fehlt es an konkreten Harmonisierungsmaßnahmen in Bezug auf die Zulassung zum juristischen Vorbereitungsdienst und namentlich der Anerkennung von Jura-Diplomen. Die Kenntnisse der jeweiligen Rechtsordnungen der Mitgliedsländer sind – in der Natur der Sache begründet – einer Standardisierung oder Vereinheitlichung grundsätzlich auch nicht zugänglich. Der Art. 14 Abs. 3 der RL 2005/36/EG schreibt daher für Berufe, die »genaue Kenntnisse des einzelstaatlichen Rechts« erfordern, lediglich vor, dass der aufnehmende Staat neben der Vorlage des nationalen Diploms eine Eignungsprüfung oder einen Anpassungslehrgang vorschreiben kann, sofern die Behörde das

Vorliegen »gleichwertiger Kenntnisse« nicht anerkennt. Die weiteren Einzelheiten im Hinblick auf die Eignungsprüfung oder den Anpassungslehrgang überlässt der europäische Gesetzgeber dem nationalen Recht bzw. den nationalen Behörden. Dies hat zur Folge, dass die Frage, ob die vom DRiG gewählten Anforderungen an die Zulassung zum Referendariat an Art. 45 AEUV zu messen sind, europarechtlich nicht einheitlich geregelt wurde (EuGH NJW **2010**, 137 – *Pésla*). Die vorliegende Fallkonstellation liegt mithin im Anwendungsbereich des Art. 45 AEUV.

2. Der Schutzbereich des Art. 45 AEUV

a) Der persönliche Schutzbereich

Definition: Inhaber der Grundfreiheit aus Art. 45 Abs. 1 AEUV kann nur sein, wer Arbeitnehmer und zudem Unionsbürger ist (EuGH Slg. **2005**, I-2421 – *Kranemann*; EuGH Slg. **1986**, I-2121 – *Lawrie-Blum; Herdegen* § 16 Rz. 3).

aa) Der Arbeitnehmerbegriff

Wichtig ist insoweit zunächst, den europäischen Arbeitnehmerbegriff nicht mit der Definition aus dem jeweils nationalen Arbeitsrecht zu verwechseln oder diesen zu verwenden. In Ermangelung einer Definition im geschriebenen europäischen Recht, hat der EuGH – um den Anwendungsbereich des Art. 45 AEUV möglichst weit zu fassen – in ständiger Rechtsprechung einen sehr **weiten** Arbeitnehmerbegriff geprägt. Dieser unterscheidet sich deutlich etwa von dem im deutschen Recht verwendeten Arbeitnehmerbegriff und umfasst beispielsweise auch die Beamten.

Definition: »Arbeitnehmer« im Sinne des Art. 45 AEUV ist, wer während einer bestimmten Zeit für einen anderen nach dessen Weisungen Leistungen erbringt, für die er als Gegenleistung eine Vergütung erhält (EuGH Slg. **2008**, I-5939 – *Racanelli*; EuGH NJW **2005**, 1481 – *Kranemann; Hobe/Fremuth* § 17 Rz. 3; *Schwarze/Schneider/Wunderlich* Art. 45 AEUV Rz. 10).

Durchblick: Wir haben in unserem Buch ja schon mehrfach gesagt und festgestellt, dass eines der Heiligtümer der europäischen Idee der freie Binnenmarkt ist, zu dem neben dem freien Warenverkehr, der in Art. 34 und 35 AEUV garantiert wird, vor allem auch die Arbeitnehmerfreizügigkeit aus Art. 45 AEUV gehört (*Streinz* Rz. 938). Um diese »Mobilitätsgarantie« der ArbeitnehmerInnen in der EU nicht unnötig zu behindern, bedient sich der EuGH seit Jahrzehnten einer sehr extensiven Auslegung des Arbeitnehmerbegriffs (*Herdegen* § 16 Rz. 3). So gehören neben den »üblichen« ArbeitnehmerInnen wie Arbeitern und Angestellten in der Privatwirtschaft zudem Beamte und auch Beamte auf Widerruf zum Arbeitnehmerbegriff des Art. 45 AEUV. Unerheblich bleibt insoweit, dass Beamte nach öffentlich-rechtlichem Status eingestellt werden und auch keine »Gegenleistung« erhalten, sondern für ihre Treue zum

Vater- oder Mutterland und zur Wahrung ihrer Unabhängigkeit lediglich *besoldet* werden bzw. als Beamte auf Widerruf eine sogenannte »Unterhaltshilfe« in Empfang nehmen (EuGH NJW **2005**, 1481 – *Kranemann;* EuGH ECLI:EU:C:**1986**:284 – *Lawrie-Blum*). Das alles spielt nach der Rechtsprechung des EuGH keine Rolle, da es allein darauf ankomme, dass der erbrachten Leistung ein rein wirtschaftlicher Wert zukomme. Beamte und auch Beamte auf Widerruf sind daher »Arbeitnehmer« im Sinne des Art. 45 AEUV und können sich grundsätzlich auf die Rechte aus Art. 45 Abs. 1 und 2 AEUV berufen. Im Zuge dessen hat der EuGH dann auch konsequent die **Ausbildungszeit** unter Art. 45 AEUV subsumiert, sofern die Ableistung eines zur Ausbildung gehörenden Referendariats zwingendes Durchgangsstadium für das Erreichen des Abschlusses der gesamten Berufsausbildung gehört – wie etwa bei Lehrern oder Juristen (EuGH NJW **2010**, 137 – *Pesla;* EuGH ECLI:EU:C:**1986**:284 – *Lawrie-Blum).* Die Frage, ob **Studierende** unter Art. 45 AEUV fallen, löst sich wie folgt: Wegen der grundsätzlich für alle Personen geltenden Gleichbehandlungs- und Freizügigkeitsrechte aus Art. 21 AEUV in Verbindung mit Art. 18 AEUV ist ein Rückgriff auf Art. 45 AEUV nur ausnahmsweise notwendig. Für solche Fälle hat der EuGH entschieden, dass Studierende mangels Entgeltlichkeit den Art. 45 AEUV grundsätzlich **nicht** in Anspruch nehmen können, es sei denn, zwischen einer früheren beruflichen Tätigkeit und dem anschließend ergriffenen Studium besteht ein inhaltlicher Zusammenhang (EuGH Slg. **1992**, I-1027 – *Raulin;* EuGH Slg. **1988**, 3161 – *Lair;* vgl. auch *Schwarze/Schneider/Wunderlich* Art. 45 AEUV Rz. 16; *Herdegen* § 16 Rz. 3).

Beachte noch: Das arbeitnehmertypische Merkmal der »Weisungsgebundenheit« aus der Definition von oben grenzt die Arbeitnehmerfreizügigkeit des Art. 45 AEUV von der nur für Selbstständige geltenden **Niederlassungsfreiheit** des Art. 49 AEUV (aufschlagen!) ab. Dem logisch folgend, stehen sich die Art. 45 AEUV und Art. 49 AEUV in einem sogenannten »Ausschließlichkeitsverhältnis« gegenüber, man kann sich als betroffene Person somit entweder nur auf Art. 45 AEUV oder aber auf Art. 49 AEUV berufen, um entsprechende Rechte geltend zu machen (EuGH ECLI:EU:C:**2014**:2185 – *Haralambidis;* EuGH Slg. **1995**, I-4165 – *Gebhard;* EuGH Slg. **1992**, I-3351 – *Ramrath; Calliess/Ruffert/Brechmann* Art. 45 AEUV Rz. 14). Als Abgrenzungskriterien dienen etwa das jeweils übernommene unternehmerische Risiko bei der Beschäftigung oder die »Fremdbestimmtheit«, in deren Rahmen man beispielsweise klären muss, ob die betroffene Person ihre Arbeitszeit frei bestimmen kann, wie die Urlaubstage geregelt sind oder auch, inwieweit Weisungen fremder Personen im Hinblick auf die konkrete Tätigkeit zu befolgen sind (EuGH ECLI:EU:C:**2015**:455 – *Balkaya;* EuGH Slg. **1996**, 3089 – *Asscher; Schwarze/Schneider/Wunderlich* Art. 45 AEUV Rz. 14).

bb) Die Unionsbürgerschaft

Zweite Voraussetzung für die Berufung auf Art. 45 AEUV ist neben der Arbeitnehmereigenschaft die **Unionsbürgerschaft** (→ § 9 Satz 2 EUV). Personen aus sogenannten »Drittstaaten« oder staatenlose Menschen können sich nicht auf Art. 45 AEUV berufen (EuGH Slg. **1984**, 2631 – *Maede*; EuGH Slg. **1976**, 1185 – *Watson; Hobe Fremuth* § 17 Rz. 4). Ausnahmen gelten aber dann, wenn mit den Drittstaaten sogenannte »Assoziierungsabkommen« geschlossen worden sind, so wie etwa mit der Schweiz oder der Türkei, wonach bei Vorlage einer gültigen Aufenthaltserlaubnis eine Arbeitserlaubnis erteilt wird (vgl. Beschluss des Assoziierungsrates EWG/Türkei vom 19.09.1980 – ARB 1/80 sowie das Abkommen betreffend die Schweiz vom 01.06.2002 – ABl. 2002 L 114/6).

Wichtig: Wissen und merken sollte man sich in diesem Zusammenhang allerdings unbedingt, dass die Freizügigkeitsregelungen aus Art. 45 AEUV nicht nur für die Arbeitnehmer selbst, sondern auch für deren **Familienangehörigen** gelten, und zwar selbst dann, wenn diese Angehörigen keine Arbeitnehmer und/oder gar keine Unionsbürger sind (instruktiv: *Hobe/Fremuth* § 17 Rz. 28 ff. oder *Herdegen* § 16 Rz. 16 ff.) Dies folgt allerdings nicht aus Art. 45 AEUV selbst, ergibt sich aber als ein aus Art. 45 AEUV »abgeleitetes Recht« sowie aus diversen sekundärrechtlichen Regelungen, namentlich der Richtlinie »RL 2004/38« vom 29. April 2004 sowie Art. 10 der Verordnung »VO Nr. 492/11« vom 5. April 2011. Hiernach gilt: Familienangehörige gerader Linie des Arbeitnehmers/der Arbeitnehmerin (= Ehegatten, eingetragene LebenspartnerInnen sowie Kinder und Eltern, sofern Letztgenannten Unterhalt gewährt wird) dürfen in Anlehnung an Art. 45 Abs. 3 AEUV nicht nur in das entsprechende EU-Land mit einreisen, sondern sich dort auch unbegrenzt aufhalten, frei bewegen und eine Beschäftigung ergreifen. Kinder des Arbeitnehmers/der Arbeitnehmerin haben zudem ein Zugangsrecht zu allen nationalen Bildungseinrichtungen unter den gleichen Bedingungen wie die Staatsangehörigen. Der Hintergrund dieser Regelungen liegt auf der Hand: Die von Art. 45 Abs. 1 AEUV garantierte Freizügigkeit aller arbeitenden Menschen in der EU würde massiv behindert, unter Umständen sogar ganz verhindert, wenn der Aufnahmestaat sich weigern könnte, die Familienangehörigen des Arbeitnehmers aufzunehmen und/oder ihnen den Zugang zum Arbeitsmarkt und zum Bildungssystem verweigern könnte (EuGH EuZW **2002**, 761 – *Baumbast;* EuGH Slg. **1985**, 1873 – *ONEM; Schwarze/Schneider/Wunderlich* Art. 45 AEUV Rz. 105). **Beispiel**: Eine griechische Ärztin aus Athen bewirbt sich auf eine ausgeschriebene Stelle an der Universität in Stockholm. Diese Stelle wird die Ärztin aus Athen selbstverständlich nur deshalb erwägen und vielleicht sogar annehmen wollen, weil durch die oben benannten Regelungen von vorneherein sichergestellt ist, dass sie auch ihren Mann und ihre drei minderjährigen Kinder nach Schweden mitnehmen darf – und der Mann und die Kinder dort auch ohne administrative Schwierigkeiten arbeiten und zur Schule gehen können. Die Freizügigkeit aus Art. 45 AEUV umfasst aus genau **diesem** Grund nicht nur die arbeitende Person selbst, sondern auch ihre Familienangehörigen, was in der EU sekundärrechtlich durch die Richtlinie »RL 2004/38« sowie Art. 10 der Verordnung »VO Nr. 492/11« sichergestellt ist (*Hobe/Fremuth* § 17 Rz. 28 ff.). Merken.

b) Der sachliche Schutzbereich des Art. 45 AEUV

Die Regelungen über den sachlichen Schutzbereich betreffen – immer ausgehend von einem sogenannten »grenzüberschreitenden Sachverhalt« – die aus der Freizügigkeit konkret erwachsenen Rechte, und die stehen glücklicherweise im Gesetz drin, nämlich in Art. 45 Abs. 2 und 3 AEUV (aufschlagen!). Wer also seinen Wohnsitz in einem anderen Land der EU hat als in dem Land, in dem er zukünftig arbeiten möchte, kann sich dabei auf folgende Rechte berufen (EuGH Slg. **1979**, 1129 – *Saunders*):

➔ Gemäß **Art. 45 Abs. 2 AEUV** umfasst die Arbeitnehmerfreizügigkeit die Abschaffung jeder auf der Staatsangehörigkeit beruhenden unterschiedlichen Behandlung der Arbeitnehmer der Mitgliedstaaten in Bezug auf Beschäftigung, Entlohnung und sonstige Arbeitsbedingungen. Die herrschende Meinung und der EuGH lesen in diese Norm sowohl einen absoluten **Gleichbehandlungsanspruch** als auch ein den Art. 18 AEUV konkretisierendes und diesem daher vorgehendes **Diskriminierungsverbot** (EuGH EuZW **2017**, 350 – *Eschenbrenner;* EuGH EU:C:**2013**:411 – *Giersch;* EuGH Slg. **2002**, I-10981 – *Oteiza Olazabal; Schwarze/Schneider/Wunderlich* Art. 45 AEUV Rz. 34; *Streinz* Rz. 939; *Calliess/Ruffert/Brechmann* Art. 45 AEUV Rz. 46; *Herdegen* § 16 Rz. 4; *Hobe/Fremuth* § 17 Rz. 17).

➔ Gemäß **Art. 45 Abs. 3 lit. a AEUV** dürfen sich Arbeitnehmer auf eine Stelle in der EU **bewerben**, was übrigens nach Art. 45 Abs. 3 lit. c AEUV auch das Recht umfasst, für diese Bewerbung in das Land zu reisen, andernfalls würde das Recht aus Art. 45 Abs. 3 lit. b AEUV (aufschlagen!) nämlich keinen Sinn ergeben. Wie soll man sich in einem Land aufhalten, wenn man nicht einreisen darf?

➔ Ziemlich interessant ist schließlich noch die Kombination der beiden letzten Buchstaben von Abs. 3 des Art. 45 AEUV, denn daraus ergibt sich nicht nur das selbstverständliche Recht zur Ausübung einer Beschäftigung und zum Aufenthalt im jeweiligen Land (siehe oben), sondern auch die grundsätzliche Befugnis, selbst nach **Beendigung** der Beschäftigung im jeweiligen Land zu verbleiben. Dieses sogenannte »Verbleiberecht« (auch »Daueraufenthaltsrecht«) folgt für die EU-Arbeitnehmer zudem aus Art. 16 der Richtlinie 2004/38/EG vom 29. April 2004, wo es nämlich heißt:

> **(1)** Jeder Unionsbürger, der sich rechtmäßig **fünf Jahre** lang ununterbrochen im Aufnahmemitgliedstaat aufgehalten hat, hat das Recht, sich dort auf Dauer aufzuhalten …
>
> **(2)** Absatz 1 gilt auch für **Familienangehörige**, die nicht die Staatsangehörigkeit eines Mitgliedstaats besitzen und die sich rechtmäßig fünf Jahre lang ununterbrochen mit dem Unionsbürger im Aufnahmemitgliedstaat aufgehalten haben.
>
> **(3)** …
>
> **(4)** Wenn das Recht auf Daueraufenthalt erworben wurde, führt nur die Abwesenheit vom Aufnahmemitgliedstaat, die **zwei aufeinander folgende Jahre** überschreitet, zu seinem Verlust.

Also: Nach fünf Jahren rechtmäßigen Aufenthaltes im jeweiligen EU-Land entsteht das Daueraufenthaltsrecht, das abgekoppelt vom jeweiligen Arbeitsplatz existiert, also auch nach Beendigung des Arbeitsverhältnisses ausgeübt werden kann, und das auch für die Familienangehörigen gilt. Dahinter steckt natürlich die nachvollziehbare Idee und Absicht, jemandem, der nach fünf Jahren am gleichen Ort dort auch seinen Lebensmittelpunkt hat, dieses soziale Gefüge nicht wieder zu entziehen (*von der Groeben/Schwarze/Hatje/Kreuschitz* Art. 45 AEUV Rz. 56; *Schwarze/Schneider/Wunderlich* Art. 45 AEUV Rz. 92/93).

Zwischenstand: Wir haben jetzt gesehen, dass die Regelungen über die Arbeitnehmerfreizügigkeit in Art. 45 AEUV doch deutlich umfangreicher sind, als es auf den ersten Blick scheint. Zum einen gehören etwa selbst Beamte zum Arbeitnehmerbegriff und auch Teile der Berufsausbildung können unter Umständen von Art. 45 AEUV erfasst sein. Des Weiteren gilt die Freizügigkeit auch für Familienangehörige – jedenfalls gerader Linie nach oben und unten (= Kinder und Eltern) – und ermöglicht auch diesen Personen nicht nur die Einreise und den Aufenthalt, sondern gewährt ihnen zudem den unbeschränkten Zugang zum Arbeitsmarkt und dem Bildungssystem. Und ganz am Ende haben wir sogar gesehen, dass man nach fünf Jahren rechtmäßigen Aufenthaltes im »fremden« Land sogar dauerhaft bleiben darf, selbst wenn der Arbeitsplatz inzwischen verlorengegangen ist. Das alles folgt deshalb aus Art. 45 AEUV sowie den entsprechenden sekundärrechtlichen EU-Richtlinien und Verordnungen, weil nur unter den gerade geschilderten Bedingungen die Arbeitnehmerfreizügigkeit in der Realität für die betroffenen Personen zumutbar und erstrebenswert ist. Wir erinnern uns bitte an unsere Ärztin aus Athen, die gerne in Stockholm arbeiten möchte. Das macht sie natürlich nur, wenn sie ihren Mann und die Kinder mitnehmen darf und die dort auch einer Beschäftigung nachgehen können. Und wenn die Familie dann nach fünf Jahren in Stockholm einen neuen Lebensmittelpunkt mit vielen sozialen Kontakten hat und dort bleiben möchte, darf sie das, auch wenn die Ärztin ihren Job verlieren sollte. Das **ALLES** gehört zu Art. 45 AEUV. Merken.

Nächster Schritt: Bevor wir gleich zu den problematischen Fragen unseres Falles um den von der Behörde abgewiesenen P kommen, können wir demnach festhalten, dass P sich grundsätzlich sowohl im persönlichen als auch im sachlichen Schutzbereich des Art. 45 Abs. 1 und 2 AEUV befindet. Rechtsreferendare werden eingestellt als »Beamte auf Widerruf«, die, wie eben gesehen, unter den Art. 45 AEUV subsumiert werden. Die entsprechende **Bewerbung** des P fällt gemäß Art. 45 Abs. 3 lit. a AEUV ausdrücklich in den Schutzbereich der Norm. P ist zudem fraglos Unionsbürger (siehe § 9 Satz 2 EUV) und der stets erforderliche grenzüberschreitende Bezug liegt auch vor, P möchte als polnischer Staatsbürger mit Wohnsitz in Poznán nach Deutschland kommen und dort arbeiten.

<u>**ZE.**</u>: Sowohl der persönliche als auch der sachliche Schutzbereich des Art. 45 AEUV ist vom vorliegenden Sachverhalt betroffen.

Problem: Was ist eigentlich mit Art. 45 Abs. 4 AEUV?

Nach Art. 45 Abs. 4 AEUV (aufschlagen!) findet Art. 45 AEUV keine Anwendung auf die Beschäftigung in der öffentlichen Verwaltung. Und es fragt sich natürlich, ob die Tätigkeiten eines Rechtsreferendars unter diese sogenannte »Bereichsausnahme« fallen, vor allem deshalb, weil Referendare unter anderem eine sechsmonatige »Verwaltungsstation« in der öffentlichen (= staatlichen) Verwaltung absolvieren müssen und zudem auch mindestens ein halbes Jahr bei einem Gericht oder einer Staatsanwaltschaft tätig sind.

Ansatz: Trotz der grundsätzlich geltenden Freizügigkeit der Arbeitnehmer in der EU gestattet das Gesetz mit der Bereichsausnahme des Art. 45 Abs. 4 AEUV jedem Staat das Ausschließen einer ganz bestimmten Berufsgruppe, nämlich derjenigen in der öffentlichen Verwaltung. Dahinter steckt die Idee, bestimmte Stellen tatsächlich nur »eigenen« Staatsangehörigen zu übertragen, jedenfalls dann, wenn diese Stellen ein Verhältnis der besonderen Verbundenheit des Stelleninhabers zum Staat sowie die Gegenseitigkeit von Rechten und Pflichten begründet, die dem engen Band der Staatsangehörigkeit zugrunde liegen (wörtlich: EuGH ECLI:EU:C:**2014**:2185 – *Iraklis Haralambidis*; EuGH Slg. **1980**, 3881 – *Kommission/Belgien*). **Vorsicht**: Diese Einschränkung des Anwendungsbereichs von Art. 45 Abs. 1 und 2 AEUV darf man allerdings keinesfalls wortwörtlich nehmen und jede Tätigkeit im öffentlichen Dienst bzw. der öffentlichen Verwaltung darunter subsumieren. Da Art. 45 Abs. 4 AEUV die der EU immer und jederzeit heilige Arbeitnehmerfreizügigkeit durchaus erheblich einschränken könnte, legen der EuGH und die herrschende Meinung den Begriff der »öffentlichen Verwaltung« europarechtlich einheitlich und vor allem extrem ***eng*** aus, um ihn damit auf das zu begrenzen, was zur Wahrung der Interessen der Mitgliedstaaten unbedingt erforderlich ist. Es gilt daher die folgende Definition:

> Die Bereichsausnahme des Art. 45 Abs. 4 AEUV nimmt nur diejenigen Stellen vom Anwendungsbereich der Freizügigkeitsbestimmungen aus, die eine unmittelbare oder mittelbare Teilnahme an der Ausübung stattlicher Befugnisse und an der Wahrnehmung solcher Aufgaben mit sich bringen, die auf die Wahrung der allgemeinen Belange des Staates oder anderer öffentlicher Körperschaften gerichtet sind und eine **Loyalität** zum Staat voraussetzen (EuGH ECLI:EU:C:**2014**:2185 – *Iraklis Haralambidis*; EuGH Slg. **1996**, I-3285 – *Kommission/Griechenland; Hobe/Fremuth* § 17 Rz. 26*)*. Die Ausnahme des Art. 45 Abs. 4 AEUV gilt daher **nicht** für Stellen, die zwar dem Staat oder anderen öffentlichen Einrichtungen zuzuordnen sind, jedoch keine Mitwirkung bei der Erfüllung von Aufgaben mit sich bringen, die zur öffentlichen Verwaltung im eigentlichen Sinne gehören und daher auch keine **Loyalitätspflicht** gegenüber dem Staat tangieren (EuGH NJW **2010**, 137 – *Pésla*; EuGH Slg. **1980**, 3881 – *Kommission/Belgien; Herdegen* § 16 Rz. 14; *Schwarze/Schneider/Wunderlich* Art. 45 AEUV Rz. 135*)*.

Durchblick: Mit dieser durchaus allgemein gehaltenen Definition wird sichergestellt, dass allein die Beschäftigung in einem öffentlich-rechtlichen Beschäftigungsverhältnis nicht ausreicht, um von der Bereichsausnahme des Art. 45 Abs. 4 AEUV betroffen zu sein. Erforderlich ist vielmehr eine hoheitliche Tätigkeit im engeren Sinne, der eine bestimmte Loyalitätspflicht gegenüber dem Staat innewohnt, wie es klassischerweise in den Bereichen der **Justiz**, der **Polizei**, des **Militärs** und der **Steuerverwaltung** der Fall ist (instruktiv: *Hobe/Fremuth* § 17 Rz. 26; *Schwarze/Schneider/Wunderlich* Art. 45 AEUV Rz. 138). So fallen unstreitig Richter und Staatsanwälte sowie Polizeibeamte und auch Soldaten, die ihren Beruf im eigenen Land ausüben, unter Art. 45 Abs. 4 AEUV und können sich folglich im EU-Ausland **nicht** unter Hinweis auf die Freizügigkeit bewerben und dann dort arbeiten (*Streinz* Rz. 945); insoweit dürfen die Staaten Grenzen setzen und ausländische Bewerber wegen Art. 45 Abs. 4 AEUV abweisen. Deutschland hat der engen Auslegung des Art. 45 Abs. 4 AEUV übrigens unter anderem dadurch Rechnung getragen, dass allen Staatsangehörigen der EU gemäß § 7 Abs. 1 BeamtStG und § 7 Abs. 1 BBG inzwischen der Zugang zum Beamtenstatus eröffnet ist, sofern die sonstigen allgemeinen Voraussetzungen vorliegen.

Zum Fall: Unser Herr *Pésla* bewirbt sich um eine Stelle als Rechtsreferendar. Nach dem, was wir gerade gelernt haben, gehört die Justiz unstreitig zu den Bereichen, die unter Art. 45 Abs. 4 AEUV fallen sollen, da bei der Arbeit etwa als Richter oder Richterin (= richtet im Auftrag des Staates!) und Staatsanwalt oder Staatsanwältin (= klagt an im Namen des Staates!) eine besondere Loyalitätspflicht gegenüber dem Staatsapparat und dessen Rechtsordnung besteht mit der Folge, dass an sich auch der Referendar unter diese Regelung fallen müsste.

Nein. Das sieht der EuGH im Ergebnis tatsächlich anders und gibt den **Rechtsreferendaren** – und einige Jahre vorher auch schon den ebenfalls als Beamte auf Widerruf eingestellten **Lehramtsreferendaren** – das Recht, sich trotz Art. 45 Abs. 4 AEUV auf die Freizügigkeit der Arbeitnehmer in der EU zu berufen. Die Begründung dafür schauen wir uns jetzt mal etwas näher an, gönnen uns an dieser Stelle den Wortlaut des EuGH und beginnen mit einer jungen Dame aus England, nämlich der rechtshistorisch inzwischen berühmt gewordenen *Miss Deborah Lawrie-Blum*, die im Jahr 1984, nachdem sie das deutsche Lehramtsstudium an der Universität in Freiburg/Breisgau erfolgreich abgeschlossen hatte, Lehrerin in Baden-Württemberg werden wollte, aber von der zuständigen Behörde unter Hinweis auf ihre Staatsangehörigkeit wegen Art. 45 Abs. 4 AEUV (damals Art. 48 Abs. 4 EWG-Vertrag) abgewiesen wurde. Die hierzu ergangene Entscheidung des EuGH vom **7. Juli 1987** bildet die Grundlage sämtlicher weiteren Entscheidungen zum Thema – hier kommen die erhellenden Ausführungen des EuGH zu den Lehramtsreferendaren (EuGH ECLI:EU:C:**1986**:284 – *Lawrie-Blum)*:

> *»... Die Klägerin trägt vor, eine Tätigkeit falle nur unter Art. 48 Abs. 4 EWG-Vertrag, wenn sie die Ausübung hoheitlicher Befugnisse mit sich bringe und zur Wahrung der allgemeinen Belange des Staates beitrage. Die Tätigkeit des Lehrers und erst Recht des Studienreferendars sei jedoch **nicht** mit der Ausübung hoheitlicher Befugnisse verbunden. Nach Auffassung des*

beklagten Landes übt der Referendar bei seiner Tätigkeit hingegen sehr wohl hoheitliche Befugnisse aus, indem er den Unterricht gestalte, die Schüler benote und an der Entscheidung über ihre Versetzung beteiligt sei. Jedenfalls trage seine Tätigkeit zur ***Wahrung*** *der* ***allgemeinen Belange*** *des* ***Staates*** *bei, zu denen das Schulwesen gehöre. Dies allein rechtfertige bereits die Anwendung des Art. 48 Abs. 4 EWG-Vertrag. … Für die Entscheidung dieser Frage ist zunächst darauf hinzuweisen, dass Art. 48 Abs. 4 EWG-Vertrag als Ausnahme vom Grundprinzip der Freizügigkeit und der Nichtdiskriminierung der Arbeitnehmer* ***eng*** *und dergestalt* ***auszulegen*** *ist, dass sich seine Tragweite nur darauf beschränkt, was zur Wahrung der Interessen die diese Bestimmung den Mitgliedstaaten zu schützen* ***erlaubt*** *und* ***unbedingt erforderlich*** *ist. Wie der Gerichtshof bereits ausgeführt hat, kann der Zugang zu einigen Stellen nicht schon deshalb eingeschränkt werden, weil in einem bestimmten Mitgliedstaat die Personen, die diese Stelle annehmen können, in das* ***Beamtenverhältnis*** *berufen werden. Würde man nämlich die Anwendung des Art. 48 Abs. 4 EWG-Vertrag von der Rechtsnatur des Verhältnisses zwischen dem Arbeitnehmer und der Verwaltung abhängig machen, so gäbe man damit den Mitgliedstaaten die Möglichkeit, nach Belieben die Stellen zu bestimmen, die unter diese Ausnahmeregelung fallen. Unter der Beschäftigung in der öffentlichen Verwaltung im Sinne des Art. 48 Abs. 4 EWG-Vertrag sind nur diejenigen Stellen zu verstehen, die eine* ***unmittelbare*** *oder* ***mittelbare Teilnahme*** *an der Ausübung der hoheitlicher Befugnisse und an der Wahrnehmung solcher Aufgaben mit sich bringen, die auf der Wahrung* ***allgemeiner Belange*** *des Staates oder anderer öffentlicher Körperschaften gerichtet sind und die deshalb ein Verhältnis* ***besonderer Verbundenheit*** *des jeweiligen Stelleninhabers zum* ***Staat*** *sowie die Gegenseitigkeit von Rechten und Pflichten voraussetzen, die dem loyalen* ***Band*** *der* ***Staatsangehörigkeit*** *zugrunde liegen. Ausgenommen sind nur Stellen, die in Anbetracht der mit ihnen verbundenen Aufgaben und Verantwortlichkeiten die Merkmale der spezifischen Tätigkeiten der Verwaltung auf den genannten Gebieten aufweisen. Diese Voraussetzungen liegen im Falle des Studienreferendariats nicht vor, auch wenn der Referendar damit betraut ist, die die Schüler erheblich tangierenden Entscheidungen zu treffen. Das Lehramtsreferendariat fällt mithin nicht unter Art. 48 Abs. 4 EWG-Vertrag …«*

Also: Eher sparsam in der Begründung, aber klar in der Sache. Lehramtsreferendare fallen nicht unter Art. 45 Abs. 4 AEUV, da ihnen die besondere und enge Verbundenheit zum Staat fehlt. Sie arbeiten zwar an einer staatlichen Stelle und im staatlichen Auftrag, üben aber keine spezifischen Tätigkeiten mit besonderer Loyalitätspflicht gegenüber dem Staat aus. **Und, wichtig**: Der Umstand, dass eine Stelle bzw. eine Ausbildung nach nationalem Recht im Beamtenstatus enden soll und die Bewerber als Beamte auf Widerruf eingestellt werden, reicht für sich betrachtet auch nicht aus und bleibt sogar komplett unerheblich, denn andernfalls könnte ein Staat durch (einfache) Klassifizierung einer Tätigkeit in den Beamtenstatus die Bereichsausnahmen des Art. 45 Abs. 4 AEUV nach Belieben in Gang setzen. Merken.

So, und nachdem das schon mal klar war, kamen 20 Jahre später auch die Rechtsreferendare dran. Mit Urteil vom **17. März 2005** (EuGH NJW **2005**, 1481 – *Kranemann*) stellte der EuGH zum ersten Mal fest, dass Rechtsreferendare in jedem Falle als »Arbeitnehmer« im Sinne des Art. 45 Abs. 1 AEUV anzusehen seien und daher auch grundsätzlich das Recht hätten, sich auf diese Norm und die Arbeitnehmerfreizügigkeit zu berufen. Geklagt hatte Herr *Kranemann* aus Aachen in Nordrhein-Westfalen, der als Rechtsreferendar seine sechsmonatige Wahlstation in einer privatrechtlichen Anwaltskanzlei in London verbrachte. Herr *Kranemann* wollte unter Berufung auf Art. 45 Abs. 1 AEUV durchsetzen, dass das Land NRW ihm bitte auch die Reisekosten für die Fahrten nach London und zurück erstattet, während die Landesjustizverwaltung NRW darauf beharrte, nur die Reisekosten innerhalb Deutschlands zu begleichen. Der EuGH gab Herrn *Kranemann* am Ende Recht, stellte im Zuge dessen aber nicht nur – wie erwähnt – erstmalig fest, dass Rechtsreferendare »Arbeitnehmer« im Sinne des Art. 45 Abs. 1 AEUV sind, sondern auch, dass,

> »*… die Anwendung von Artikel 45 des Vertrages nicht auf der Grundlage der in Absatz 4 dieses Artikels für die Beschäftigung in der öffentlichen Verwaltung vorgesehenen Ausnahme ausgeschlossen werden kann. Soweit der Referendar wie im vorliegenden Fall einen Teil seines Vorbereitungsdienstes außerhalb des staatlichen Bereiches absolviert, genügt insoweit schon die Feststellung, dass der Begriff der Beschäftigung in der öffentlichen Verwaltung* ***nicht*** *die Beschäftigung im Dienst einer natürlichen oder juristischen Person des Privatrechts umfasst, unabhängig von den Aufgaben, die der Beschäftigte zu erfüllen hat (EuGH Slg.* ***2001****, I-4363, Kommission/Italien) …*«

Also: In diesem Fall musste der EuGH, weil es konkret lediglich um die Wahlstation des Referendars in einer privaten Anwaltskanzlei in London ging, den Begriff der »öffentlichen Verwaltung« aus Art. 45 Abs. 4 AEUV nicht näher bestimmen. Der EuGH begnügte sich mit den gerade zitierten Sätzen, wonach der Begriff der Beschäftigung in der öffentlichen Verwaltung jedenfalls nicht die Beschäftigung im Dienst einer natürlichen oder juristischen Person des Privatrechts umfasst, und zwar unabhängig von den Aufgaben, die der Beschäftigte zu erfüllen hat (EuGH NJW **2005**, 1481 – *Kranemann*).

Und dann kam im Jahr 2008 schließlich unser Herr *Pésla* ins Spiel, dem es im Unterschied zu Herrn *Kranemann* ja um die Zulassung zum **gesamten** Referendariat, also logischerweise auch um die Stationen in der Verwaltung und bei Gericht ging. Die entscheidende Frage war demnach, ob möglicherweise unter diesen Umständen die Anwendung des Art. 45 Abs. 4 AEUV angezeigt und die Arbeitnehmerfreizügigkeit damit für Rechtsreferendare ausgeschlossen ist.

Nein.

Der EuGH nahm Bezug auf das Urteil *Kranemann* und stellte Folgendes fest:

> »*… Der Art. 45 Abs. 1 und 2 AEUV findet hier Anwendung und ist vor allem auch* ***nicht*** *durch Art. 45 Abs. 4 AEUV ausgeschlossen. Hierzu hat der Gerichtshof in der Sache Kranemann bereits entschieden, dass* ***Rechtsreferendare****, da sie eine tatsächliche und echte Tätigkeit im Lohn- und Gehaltsverhältnis ausüben, als* ***Arbeitnehmer*** *im Sinne von Art. 45 AEUV anzusehen sind (EuGH C-109/04). Die Anwendung der Vorschrift des Art. 45 Abs. 1 AEUV kann nicht auf der Grundlage der Ausnahme ausgeschlossen werden, die in Art. 45 Abs. 4 EG für die Beschäftigung in der öffentlichen Verwaltung vorgesehen ist. Zum einen genügt nämlich, soweit der Referendar einen Teil seines Vorbereitungsdienstes außerhalb des staatlichen Bereichs absolviert, die Feststellung aus der Rechtssache Kranemann, dass der Be-*

griff Beschäftigung in der öffentlichen Verwaltung ***nicht*** *die Beschäftigung im Dienst einer natürlichen oder juristischen Person des Privatrechts umfasst, unabhängig von den Aufgaben, die der Beschäftigte zu erfüllen hat (EuGH C-109/04). Es ist aber zudem festzuhalten, dass, wie die deutsche Regierung hervorgehoben hat, Referendare, soweit sie einen Teil ihrer Ausbildung bei einem ordentlichen Zivilgericht, bei einer Verwaltungsbehörde und bei der Staatsanwaltschaft oder einem Strafgericht ableisten, nach den* ***Weisungen*** *und unter der* ***Aufsicht eines Ausbilders*** *tätig sind. Daher fällt die Tätigkeit eines Rechtsreferendars nicht unter die Ausnahme des Art. 45 Abs. 4 AEUV, da diese nicht für Stellen gilt, die zwar dem Staat oder anderen öffentlich-rechtlichen Einrichtungen zuzuordnen sind, jedoch keine alleinige Mitwirkung bei der Erfüllung von Aufgaben mit sich bringen, die zur öffentlichen Verwaltung im eigentlichen Sinne gehören. Aus diesem Grund fällt die Tätigkeit eines* ***Rechtsreferendars****, selbst wenn sie im staatlichen Bereich ausgeübt wird,* ***nicht*** *unter die Ausnahmeregelung des Art. 45 Abs. 4 AEUV …«*

Zwischenergebnis: Rechtsreferendare fallen demnach, und zwar unabhängig von der konkreten Tätigkeit, grundsätzlich nicht unter die Bereichsausnahme der »Beschäftigung in der öffentlichen Verwaltung« im Sinne des Art. 45 Abs. 4 AEUV und können sich folglich auf die Freizügigkeit der Arbeitnehmer aus Art. 45 Abs. 1 und 2 AEUV berufen (EuGH NJW **2010**, 137 – *Pésla*).

Letzter Schritt: Damit sind wir allerdings leider noch nicht am Ende – das Interessanteste kommt ehrlicherweise nämlich erst jetzt. Wir haben zwar bis hierhin ziemlich umfassend geprüft und festgestellt, dass Rechtsreferendare sich grundsätzlich auf Art. 45 Abs. 1 AEUV berufen, demnach auch Inhaber des Rechts auf Arbeitnehmerfreizügigkeit in der EU sein können. Die alles entscheidende Frage für unseren Herrn *Pésla* lautet nun aber: Welche Auswirkungen hat eigentlich der Art. 45 Abs. 1 AEUV auf das DRiG, aufgrund dessen die Landesjustizverwaltung in Schwerin dem P ja vorschreibt, zum Nachweis deutscher Rechtskenntnisse die deutschen Examensklausuren nachzuschreiben? Oder anders: Erzwingt Art. 45 Abs. 1 AEUV eine Auslegung des DRiG dergestalt, dass GAR KEINE oder zumindest NIEDRIGERE Anforderungen an die Zulassung ausländischer Kandidaten zum deutschen Referendariat gestellt werden müssen? **Wiederholung**: Bislang ist es so, dass nach dem DRiG ausländische Bewerber mit Jura-Hochschulabschluss, die keine »gleichwertigen Kenntnisse« des deutschen Rechts nachweisen können, die deutschen Examensklausuren in deutscher Sprache (nach-)schreiben müssen, gegebenenfalls auch nur in einem einzelnen Fach. **Frage**: Vertragen sich diese Anforderungen mit der Arbeitnehmerfreizügigkeit?

Gedankenspiel: Bevor die Lösung verraten wird, mögen sich die Leserin und der Leser bitte gerade mal selbst befragen, wie sie das Ganze entscheiden würden. Die Frage ist knifflig und die Antwort hat unter Umständen fundamentale Auswirkungen: Auf der einen Seite steht die Freizügigkeit aus Art. 45 Abs. 1 AEUV, die – wie wir inzwischen wissen – mit Ausnahme des sehr begrenzten Anwendungsbereichs des Art. 45 Abs. 4 AEUV für **ALLE** Berufe gilt, und somit natürlich auch für Juristen. Auf der anderen Seite steht das nachvollziehbare Bedürfnis des Staates, nur diejenigen Personen in die Justizberufe zu lassen, die über examinierte Kenntnisse der nationalen Rechtsordnung verfügen. **Frage**: Was kann man unter diesen Umständen von einem ausländischen Bewerber, der in seinem Land schon ein Studium absolviert und einen Hochschulabschluss erworben hat, noch verlangen? Sollten die Anforderungen des oben zitierten DRiG tatsächlich rechtens sein, hätte ein ausländischer Bewerber faktisch kaum Chancen, in Deutschland in den juristischen Vorbereitungsdienst und damit später in einen klassischen juristischen Beruf zu gelangen. Das Bestehen der deutschen Examensklausuren gelingt im Schnitt schon hierzulande nur 65–70 % der angetretenen KandidatInnen, die vorher aber viele Jahre das nationale Recht studiert haben und die Sprache beherrschen. Kann es unter Berücksichtigung des Art. 45 AEUV wirklich sein, dass man von einem ausländischen Kandidaten das Bestehen dieser Klausuren verlangen und ihm ansonsten den Zugang zum nationalen (Juristen-)Markt endgültig verweigern darf?

Es kann.

Der EuGH (EuGH NJW **2010**, 137 – *Pésla*) verweigerte Herrn *Pésla* am Ende die Unterstützung, urteilte dieses Mal der Bedeutung der Sache angemessen ausführlich – und zudem auch ziemlich weise. Wir gönnen uns auch hier den Wortlaut der Entscheidung (und haben übrigens die im Urteil zitierten Artikel aus dem EG-Vertrag, der bis zum 30. November 2009 galt, hier an den danach geltenden und gleichlautenden AEUV angepasst). Also dann:

> *»… Zunächst ist darauf hinzuweisen, dass die Mitgliedstaaten, solange es an einer Harmonisierung der Bedingungen für den Zugang zu einem Beruf fehlt, alleine festlegen können, welche Kenntnisse und Fähigkeiten zur Ausübung dieses Berufs notwendig sind, und dass sie die Vorlage eines Diploms verlangen können, in dem diese Kenntnisse und Fähigkeiten bescheinigt werden. Jedoch setzt das europäische Recht der Ausübung dieser Befugnis insoweit Grenzen, als die hierzu ergangenen nationalen Rechtsvorschriften **keine ungerechtfertigte Behinderung** der tatsächlichen Ausübung der durch Art. 45 AEUV garantierte Grundfreiheit darstellen dürfen. Nationale Qualifikationsvoraussetzungen dürfen daher die in einem anderen Mitgliedstaat bereits erworbenen Kenntnisse und Fähigkeiten nicht gänzlich unberücksichtigt lassen. Die Behörden müssen die berufliche Qualifikation des Betroffenen in der Weise berücksichtigen, dass sie die in seinen Diplomen, Prüfungszeugnissen und sonstigen Befähigungsnachweisen bescheinigte Qualifikation und seine einschlägige Berufserfahrung mit der nach nationalem Recht verlangten beruflichen Qualifikation **vergleichen** … Diese Beurteilung der **Gleichwertigkeit** eines ausländischen Diploms muss ausschließlich danach erfolgen, welches Maß an Kenntnissen und Fähigkeiten dieses Diplom unter Berücksichtigung von Art und Dauer des Studiums und der praktischen Ausbildung, auf die es sich bezieht, bei seinem Besitzer **vermuten** lässt. Führt diese vergleichende Prüfung zu der Feststellung, dass die durch das ausländische Diplom bescheinigten Kenntnisse und Fähigkeiten den nach den nationalen Rechtsvorschriften verlangten entsprechen, so hat der Mitgliedstaat **anzuerkennen**, dass dieses Diplom die in diesen Vorschriften aufgestellten Voraussetzungen erfüllt. Ergibt der Vergleich hingegen, dass diese Kenntnisse und Fähigkeiten einander nicht oder nur teilweise entsprechen, so kann der Aufnahmemitgliedstaat von dem Betroffenen im*

> *Rahmen einer **Eignungsprüfung** den Nachweis verlangen, dass er die fehlenden Kenntnisse und Fähigkeiten erworben hat …«*

Und dann wird der EuGH sogar persönlich:

> *»… Herr Peśla macht geltend, dass, wenn man eine nationale Bestimmung wie § 112a Abs. 1 und 2 DRiG in Einklang mit Art. 45 AEUV anwenden wolle, hauptsächlich die im Herkunftsmitgliedstaat – hier in der Republik Polen – erworbenen Kenntnisse und Qualifikationen berücksichtigt werden müssten und erst **subsidiär** diejenigen, die im Recht des Aufnahmemitgliedstaats – hier der Bundesrepublik Deutschland – erworben worden seien. Wären die Kenntnisse und Fähigkeiten im deutschen Recht der Maßstab für den vorzunehmenden Vergleich, könnte ein ausländisches Diplom die Anforderungen nie erfüllen, da in den anderen Mitgliedstaaten im Allgemeinen kein deutsches Recht unterrichtet werde. Daher würden junge Juristen, die in einem anderen Mitgliedstaat als Deutschland Qualifikationen erworben hätten, in der Praxis von der Freizügigkeit **ausgeschlossen** … Diese Argumentation von Herrn Pésla beruht auf einem **falschen Verständnis** … Anders als Herr Peśla geltend macht, sind die Kenntnisse, die durch das in einem anderen Mitgliedstaat verliehene Diplom bescheinigt werden, vornehmlich am Maßstab der beruflichen Qualifikation zu prüfen, die im **Aufnahmemitgliedstaat** verlangt wird. **Würde man, wie Herr Pésla geltend macht, im Rahmen der vergleichenden Prüfung den Kenntnissen Vorrang einräumen, die der Bewerber in seinem eigenen Mitgliedstaat erworben hat, würde dies in äußerster Konsequenz bedeuten, dass ein Bewerber ohne jede Kenntnis des deutschen Rechts und der deutschen Sprache in den deutschen Vorbereitungsdienst eintreten könnte.** Selbst wenn das Studium des Rechts eines Mitgliedstaats nach dem Ausbildungsniveau und dem zeitlichen Ausbildungsaufwand mit dem Studium des Landes vergleichbar ist, in dem der Bewerber arbeiten möchte, führt dies daher nicht zu einer Verpflichtung, im Rahmen der vergleichenden Prüfung den Kenntnissen des anderen Landes den Vorrang einzuräumen …«*

<u>**ZE.**</u>: Aus Art. 45 AEUV folgt nicht, dass der aufnehmende Staat den ausländischen Jura-Hochschulabschluss als einzige Zulassungsvoraussetzung zum Referendariat grundsätzlich anerkennen muss. Der Art. 45 AEUV erfordert aber – falls der Aufnahmestaat Zweifel an den Kenntnissen des Bewerbers hat – eine Vergleichsprüfung, bei der sowohl der Hochschulabschluss als auch weitere Qualifikationen zu berücksichtigen sind. Maßstab der Prüfung ist aber stets das Recht des **Aufnahmestaates**. Ergibt die Prüfung eine Vergleichbarkeit, ist die Zulassung zu erteilen; falls nicht, darf der Aufnahmestaat eine Eignungsprüfung durchführen lassen, am Maßstab des nationalen Rechts.

Letzte Frage: Besteht zumindest ein Anspruch auf Absenken dieser Anforderungen?

Nein. Noch mal der EuGH im Wortlaut:

> *»… Die praktische Wirksamkeit des Art. 45 AEUV verlangt im Übrigen auch **nicht**, dass für den Zugang zu einer beruflichen Tätigkeit in einem Mitgliedstaat **niedrigere** Anforderungen gestellt werden, als sie normalerweise für Staatsangehörige dieses Mitgliedstaats gelten. Der Mitgliedstaat ist wie oben erläutert berechtigt, im Rahmen der Vergleichsprüfung vom Be-*

troffenen den Nachweis zu verlangen, dass er die fehlenden Kenntnisse und Fähigkeiten erworben hat … Von einem Rechtsreferendar wird von Beginn des Vorbereitungsdienstes an erwartet, dass er seinen Ausbilder unterstützt und unter dessen Anleitung praktische Tätigkeiten ausübt. Hierfür kann es als ***unerlässlich*** *angesehen werden, dass der Referendar, bevor er seine juristischen Fähigkeiten im Rahmen solcher Tätigkeiten in die Praxis umsetzt, über den* ***gleichen Stand*** *an Kenntnissen des deutschen Rechts verfügt, der durch die Pflichtfachprüfung des ersten juristischen Staatsexamens bescheinigt wird. Jedenfalls erscheint es insbesondere angesichts des fortschreitenden Charakters des Ausbildungsprozesses* ***sehr schwierig****, sich in der vorgesehenen Zeit die Kenntnisse anzueignen, die notwendig sind, um mit einer begründeten Aussicht auf Erfolg die zweite juristische Staatsprüfung ablegen zu können.* ***Die Tatsache, dass ein Aufnahmemitgliedstaat im Rahmen der Vergleichsprüfung auch Kenntnisse berücksichtigen muss, die nur teilweise denjenigen entsprechen, die durch die fachliche Qualifikation bescheinigt werden, die nach seinen nationalen Rechtsvorschriften vorausgesetzt wird, und zwar auf andere Weise als durch Prüfungen, die der Verleihung dieser Qualifikation vorausgehen, trägt bereits zur Erleichterung der in Art. 45 AEUV vorgesehenen Freizügigkeit bei*** *…«*

Und zum Schluss eine Klarstellung zur teilweisen Anerkennung:

»… Ergibt der Vergleich zwischen der Qualifikation des Bewerbers und den verlangten Kenntnissen nur eine ***teilweise*** *Entsprechung, ist der Aufnahmemitgliedstaat nicht unbedingt berechtigt, in allen diesen Fällen unabhängig vom mehr oder weniger weiten Umfang der festgestellten Teilkenntnisse zu verlangen, dass Eignungsprüfungen gleichen Umfangs abgelegt werden. Der Aufnahmestaat hat dann die* ***Möglichkeit*** *zu schaffen, die Kenntnisse nur* ***punktuell*** *und* ***aufgeschlüsselt*** *in den fraglichen Bereichen zu überprüfen und die übrigen Kenntnisse anzuerkennen …*

… Nach alledem ist somit festzustellen, dass Art. 45 AEUV dahin auszulegen ist, dass er ***nicht*** *vorschreibt, niedrigere Anforderungen an die juristischen Kenntnisse des Bewerbers zu stellen als diejenigen, die mit der Qualifikation bescheinigt werden, die in diesem Mitgliedstaat für den Zugang zu diesem praktischen Ausbildungsabschnitt verlangt wird. Jedoch steht Art. 45 AEUV einer Lockerung der Anforderungen grundsätzlich offen, und die Möglichkeit einer* ***teilweisen Anerkennung*** *von Kenntnissen, die durch vom Betroffenen nachgewiesene Qualifikationen bescheinigt werden darf, in der Praxis nicht lediglich fiktiv bleiben, sondern muss gesetzlich möglich sein. Diesen Anforderungen wird das hier zu prüfende DRiG gerecht und verstößt mithin nicht gegen Art. 45 AEUV …«*

Ergebnis: Art. 45 Abs. 1 und 2 AEUV schreiben für die Zulassung zum juristischen Vorbereitungsdienst **nicht** vor, dass ausländische Hochschulabschlüsse per se als gleichwertig anerkannt werden und die Zulassung – wie bei deutschen Hochschulabschlüssen – erzwingen. Die Behörden dürfen vielmehr eine **vergleichende** Prüfung vornehmen, in deren Rahmen sowohl der ausländische Hochschulabschluss als auch weitere Zusatzabschlüsse Berücksichtigung finden müssen. Ergibt die vergleichende Prüfung aller Umstände und Prüfungsleistungen, dass die Kenntnisse und Fähigkeiten des Bewerbers nicht »vergleichbar« sind, kann die Behörde eine umfängliche Eignungsprüfung anordnen. Ergibt die Prüfung der Vergleichbarkeit hingegen, dass die Fähigkeiten und Kenntnisse nur **teilweise** vergleichbar sind, darf die Behörde keine komplette, sondern nur eine punktuelle Eignungsprüfung anordnen. Das DRiG erfüllt diese Voraussetzungen und verstößt mithin nicht gegen Art. 45 AEUV.

Kurzer Nachtrag

Das sind zugegebenermaßen ganz schön stramme Anforderungen, die der deutsche Staat an ausländische BewerberInnen für die Zulassung zum Rechtsreferendariat stellt. Nur schwer vorstellbar, dass man als ausländischer Hochschulabsolvent mit einem (ausländischen) Studium der Rechtswissenschaften mal eben so imstande ist, deutsche Jura-Examensklausuren (auf Deutsch!) zu bestehen, sollte das Prüfungsamt tatsächlich die Gleichwertigkeit der Rechtskenntnisse nicht anerkennen. Auf der anderen Seite haben wir aber auch gesehen, dass es für diese Anforderungen nicht nur den Segen des EuGH, sondern durchaus nachvollziehbare Argumente gibt: Wer im deutschen Rechtssystem aktiv (mit-)arbeiten möchte, sollte nicht nur die Landessprache in groben Zügen beherrschen, sondern logischerweise auch die Gesetze kennen, mit denen er/sie ja umgehen muss. Zwei Dinge sind freilich insoweit noch erwähnenswert und sollten den BewerberInnen gleichwohl Hoffnung machen: Zum einen ist man gegen die ablehnende Entscheidung des Prüfungsamtes natürlich nicht rechtelos. Da die Ablehnung der Zulassung einen **Verwaltungsakt** darstellt, ist hiergegen die Klage vor dem Verwaltungsgericht (VG) möglich mit der Folge, dass das VG die Rechtmäßigkeit der Ablehnung überprüfen kann. Es liegt somit keinesfalls allein im »Goodwill« der Behörde, ob sie einen ausländischen Kandidaten zulässt oder nicht. Zum anderen sind die deutschen Prüfungsämter mit der Vergabe der Zulassung in der Realität offenbar auch deutlich weniger streng und inhaltlich sogar erheblich gnädiger als man vermuten könnte. Zum Nachweis dessen kommt hier jetzt noch ein schönes und für ausländische BewerberInnen durchaus Mut machendes Schlusswort aus der *Pésla*-Entscheidung des EuGH (dort ganz am Ende bei Rz. 63).

»*... In der Praxis werden in Deutschland im Rahmen der Prüfung der Kenntnisse und Fähigkeiten nach § 112a Abs. 1 DRiG offenbar und tatsächlich geringere Anforderungen gestellt als im ersten deutschen Staatsexamen. Aus den Akten ergibt sich nämlich, dass ein Bewerber aus einem anderen Mitgliedstaat im Gegensatz zu dem Inhaber eines rechtswissenschaftlichen Diploms, der sein Studium in Deutschland absolviert hat, beispielsweise weder die Prüfungen in den Schwerpunktbereichen noch die mündlichen Prüfungen abzulegen braucht ...*« (EuGH NJW **2010**, 137 – *Pésla*).

Immerhin.

Gutachten

Die Vorschrift des § 112a DRiG stellt einen Verstoß gegen Art. 45 AEUV dar, wenn Art. 45 AEUV auf den vorliegenden Sachverhalt anwendbar ist, ein Eingriff in den Schutzbereich vorliegt, der auch nicht gerechtfertigt ist.

I. Anwendbarkeit des Art. 45 AEUV

Art. 45 AEUV ist nur anwendbar, wenn der zu lösende Sachverhalt auf europäischer Ebene nicht einheitlich durch eine sekundärrechtliche Harmonisierungsmaßnahme im Sinne des Art. 46 AEUV geregelt ist. Im Hinblick auf die Zulassung zum juristischen Vorbereitungsdienst und namentlich der Anerkennung von Jura-Diplomen fehlt es an konkreten Harmonisierungsmaßnahmen. Die Kenntnisse der jeweiligen Rechtsordnungen der Mitgliedsländer sind – in der Natur der Sache begründet – einer Standardisierung oder Vereinheitlichung grundsätzlich nicht zugänglich. Der Art. 14 Abs. 3 der RL 2005/36/EG schreibt daher für Berufe, die genaue Kenntnisse des einzelstaatlichen Rechts erfordern, lediglich vor, dass der aufnehmende Staat neben der Vorlage des nationalen Diploms eine Eignungsprüfung oder einen Anpassungslehrgang vorschreiben kann, sofern die Behörde das Vorliegen gleichwertiger Kenntnisse nicht anerkennt. Die weiteren Einzelheiten im Hinblick auf die Eignungsprüfung oder den Anpassungslehrgang überlässt der europäische Gesetzgeber dem nationalen Recht bzw. den nationalen Behörden. Dies hat zur Folge, dass die Frage, ob die vom DRiG gewählten Anforderungen an die Zulassung zum Referendariat an Art. 45 AEUV zu messen sind, europarechtlich nicht einheitlich geregelt wurde. Die vorliegende Fallkonstellation liegt mithin im Anwendungsbereich des Art. 45 AEUV.

II. Schutzbereich des Art. 45 AEUV

1. Der persönliche Schutzbereich

Inhaber der Grundfreiheit aus Art. 45 Abs. 1 AEUV kann nur sein, wer Arbeitnehmer und zudem Unionsbürger ist. Arbeitnehmer im Sinne des Art. 45 AEUV ist, wer während einer bestimmten Zeit für einen anderen nach dessen Weisungen Leistungen erbringt, für die er als Gegenleistung eine Vergütung erhält. Aufgrund extensiver Auslegung des Arbeitnehmerbegriffs zwecks Förderung des Binnenmarktes, fällt auch die Ausbildungszeit grundsätzlich unter den Arbeitnehmerbegriff. Im Zuge dessen fallen Personen unter Art. 45 AEUV, sofern die Ableistung eines zur Ausbildung gehörenden Referendariats zwingendes Durchgangsstadium für das Erreichen des Abschlusses der gesamten Berufsausbildung gehört – wie etwa bei Lehrern oder Juristen. P unterliegt mithin dem persönlichen Schutzbereich des Art. 45 AEUV. P ist als polnischer Staatsbürger gemäß Art. 9 Satz 2 EUV fraglos Unionsbürger.

2. Der sachliche Schutzbereich

P müsste als angehender Rechtsreferendar, der aus Polen stammend in Deutschland seine Ausbildung fortsetzen möchte, auch dem sachlichen Schutzbereich des Art. 45 AEUV unterliegen. Wer seinen Wohnsitz in einem anderen Land der EU hat als in dem Land, in dem er zukünftig arbeiten möchte, kann sich nach Art. 45 AEUV auf folgende Rechte berufen: Gemäß Art. 45 Abs. 2 AEUV umfasst die Arbeitnehmerfreizügigkeit die Abschaffung jeder auf der Staatsangehörigkeit beruhenden unterschiedlichen Behandlung der Arbeitnehmer der Mitgliedstaaten in Bezug auf Beschäftigung, Entlohnung und sonstige Arbeitsbedingungen. Die herrschende Meinung und der EuGH lesen in diese Norm sowohl einen absoluten Gleichbehandlungsanspruch als auch ein den Art. 18 AEUV konkretisierendes und diesem daher vorgehendes Diskriminierungsverbot. Gemäß Art. 45 Abs. 3 lit. a AEUV dürfen sich Arbeitnehmer des Weiteren auf eine Stelle in der EU bewerben, was nach Art. 45 Abs. 3 lit. c AEUV auch das Recht umfasst, für diese Bewerbung in das Land zu reisen. Im vorliegenden Fall kann somit festgestellt werden, dass P durch seine Bewerbung gemäß Art. 45 Abs. 3 lit. a AEUV ausdrücklich in den Schutzbereich der Norm fällt. Der zudem stets erforderliche grenzüberschreitende Bezug liegt vor, P möchte als polnischer Staatsbürger mit Wohnsitz in Poznán nach Deutschland kommen und dort arbeiten. Sowohl der persönliche als auch der sachliche Schutzbereich des Art. 45 AEUV sind vom vorliegenden Sachverhalt betroffen.

3. Bereichsausnahme des Art. 45 Abs. 4 AEUV

Etwas anderes könnte sich jedoch aus Art. 45 Abs. 4 AEUV ergeben. Nach Art. 45 Abs. 4 AEUV findet Art. 45 AEUV grundsätzlich keine Anwendung auf die Beschäftigung in der öffentlichen Verwaltung. Es fragt sich, ob die Tätigkeiten eines Rechtsreferendars unter diese sogenannte Bereichsausnahme fallen. Dies ist insbesondere deshalb fraglich, weil Referendare unter anderem eine sechsmonatige Verwaltungsstation in der öffentlichen (staatlichen) Verwaltung absolvieren müssen und zudem auch mindestens ein halbes Jahr bei einem Gericht oder bei einer Staatsanwaltschaft tätig sind.

Da Art. 45 Abs. 4 AEUV die Arbeitnehmerfreizügigkeit erheblich einschränken könnte, ist der Begriff der »öffentlichen Verwaltung« europarechtlich eng auszulegen, um ihn damit auf das zu begrenzen, was zur Wahrung der Interessen der Mitgliedstaaten unbedingt erforderlich ist. Die Bereichsausnahme des Art. 45 Abs. 4 AEUV nimmt nur diejenigen Stellen vom Anwendungsbereich der Freizügigkeitsbestimmungen aus, die eine unmittelbare oder mittelbare Teilnahme an der Ausübung staatlicher Befugnisse und an der Wahrnehmung solcher Aufgaben mit sich bringen und die auf die Wahrung der allgemeinen Belange des Staates oder anderer öffentlicher Körperschaften gerichtet sind und eine Loyalität zum Staat voraussetzen. Erforderlich ist insbesondere eine hoheitliche Tätigkeit im engeren Sinne, der eine bestimmte Loyalitätspflicht gegenüber dem Staat innewohnt, wie es klassischerweise in den Bereichen der Justiz, der Polizei, des Militärs und der Steuerverwaltung der Fall ist. So fallen unstreitig Richter und Staatsanwälte sowie Polizeibeamte und auch Soldaten, die ihren Beruf im eigenen Land ausüben, unter Art. 45 Abs. 4 AEUV und können sich folglich im EU-Ausland nicht unter Hinweis auf die Freizügigkeit bewerben und dann dort arbeiten; insoweit dürfen die Staaten Grenzen setzen und ausländische Bewerber wegen Art. 45 Abs. 4 AEUV abweisen.

P bewirbt sich um eine Stelle als Rechtsreferendar. Da die Justiz zu den Bereichen gehört, die unter Art. 45 Abs. 4 AEUV fallen sollen, da bei der Arbeit etwa als Richter und oder Staatsanwalt eine besondere Loyalitätspflicht gegenüber dem Staatsapparat und dessen Rechtsordnung besteht, müssten daher prinzipiell auch Referendare, die als Beamte auf Widerruf eingestellt werden, unter diese Regelung zu subsumieren sein.

Insoweit erscheint jedoch eine differenzierte Betrachtungsweise tunlich. Wie bereits erwähnt, muss Art. 45 Abs. 4 AEUV als Ausnahme vom Grundprinzip der Freizügigkeit und der Nichtdiskriminierung der Arbeitnehmer zwar eng und dergestalt ausgelegt werden, dass sich seine Tragweite nur darauf beschränkt, was zur Wahrung der Interessen, die diese Bestimmung den Mitgliedstaaten zu schützen erlaubt und unbedingt erforderlich ist. Allein der Umstand, dass die Personen später möglicherweise ins Beamtenverhältnis berufen werden, genügt hierfür allerdings noch nicht. Andernfalls könnte ein Staat durch einfache Klassifizierung einer Tätigkeit in den Beamtenstatus die Bereichsausnahmen des Art. 45 Abs. 4 AEUV nach Belieben in Gang setzen. Die Anwendung des Art. 45 Abs. 1 AEUV kann für Referendare zudem nicht auf der Grundlage der Ausnahme ausgeschlossen werden, die in Art. 45 Abs. 4 EG für die Beschäftigung in der öffentlichen Verwaltung vorgesehen ist. Zum einen genügt, soweit der Referendar einen Teil seines Vorbereitungsdienstes außerhalb des staatlichen Bereichs absolviert, bereits die Feststellung, dass der Begriff »Beschäftigung in der öffentlichen Verwaltung« nicht die Beschäftigung im Dienst einer natürlichen oder juristischen Person des Privatrechts umfasst, unabhängig von den Aufgaben, die der Beschäftigte zu erfüllen hat. Erheblich ist zudem, dass Referendare, soweit sie einen bestimmten Teil ihrer Ausbildung bei einem ordentlichen Zivilgericht, bei einer Verwaltungsbehörde und bei der Staatsanwaltschaft oder einem Strafgericht ableisten, die Referendare dort stets nach den Weisungen und unter der Aufsicht eines Ausbilders tätig sind. Eine unmittelbare Übertragung staatlicher Gewalt mit entsprechendem Loyalitätszwang besteht mithin nicht. Die Ausnahmevorschrift des Art. 45 Abs. 4 AEUV gilt insbesondere nicht für Stellen, die zwar dem Staat oder anderen öffentlichrechtlichen Einrichtungen zuzuordnen sind, jedoch keine alleinige Mitwirkung bei der Erfüllung von Aufgaben mit sich bringen, die zur öffentlichen Verwaltung im eigentlichen Sinne gehören. Rechtsreferendare sind hiervon dementsprechend ausgenommen. Aus diesem Grund fällt die Tätigkeit eines Rechtsreferendars, selbst wenn sie im staatlichen Bereich ausgeübt wird, nicht unter die Ausnahmeregelung des Art. 45 Abs. 4 AEUV. Rechtsreferendare können sich folglich auf die Freizügigkeit der Arbeitnehmer aus Art. 45 Abs. 1 und 2 AEUV berufen.

4. Rechtsfolge

a. Es fragt sich abschließend, welche Auswirkungen der somit anwendbare Art. 45 Abs. 1 AEUV auf die Wirksamkeit der Regeln des DRiG hat. Nach dem DRiG müssen ausländische Bewerber mit Jura-Hochschulabschluss, die keine gleichwertigen Kenntnisse des deutschen Rechts nachweisen können, die deutschen Examensklausuren in deutscher Sprache schreiben, gegebenenfalls nur in einem einzelnen Fach. Zu prüfen ist, ob Art. 45 Abs. 1 AEUV, wie von P vorgetragen, eine Auslegung des DRiG dergestalt erzwingt, dass gar keine oder zumindest niedrigere Anforderungen an die Zulassung ausländischer Kandidaten zum deutschen Referendariat gestellt werden müssen.

b. Im Hinblick auf das grundsätzliche Erfordernis von Prüfungsnachweisen ist zunächst Folgendes zu beachten: Mitgliedstaaten dürfen, solange es an einer Harmonisierung der Bedingungen für den Zugang zu einem Beruf fehlt, autonom festlegen, welche Kenntnisse und Fähigkeiten zur Ausübung dieses Berufs notwendig sind. Sie können daher die Vorlage eines Diploms verlangen, in dem diese Kenntnisse und Fähigkeiten bescheinigt werden. Nationale Qualifikationsvoraussetzungen dürfen wegen der Regelung des Art. 45 Abs. 1 AEUV die in einem anderen Mitgliedstaat bereits erworbenen Kenntnisse und Fähigkeiten allerdings nicht gänzlich unberücksichtigt lassen. Die Behörden müssen die berufliche Qualifikation des Betroffenen in der Weise berücksichtigen, dass sie die in seinen Diplomen, Prüfungszeugnissen und sonstigen Befähigungsnachweisen bescheinigte Qualifikation und seine einschlägige Berufserfahrung mit der nach nationalem Recht verlangten beruflichen Qualifikation vergleichen. Diese Beurteilung der Gleichwertigkeit eines ausländischen Diploms muss ausschließlich danach erfolgen, welches Maß an Kenntnissen und Fähigkeiten dieses Diplom unter Berücksichtigung von Art und Dauer des Studiums und der praktischen Ausbildung, auf die es sich bezieht, bei seinem Besitzer vermuten lässt. Führt diese vergleichende Prüfung zu der Feststellung, dass die durch das ausländische Diplom bescheinigten Kenntnisse und Fähigkeiten den nach den nationalen Rechtsvorschriften verlangten entsprechen, so hat der Mitgliedstaat anzuerkennen, dass dieses Diplom die in diesen Vorschriften aufgestellten Voraussetzungen erfüllt. Ergibt der Vergleich hingegen, dass diese Kenntnisse und Fähigkeiten einander nicht oder nur teilweise entsprechen, so kann der Aufnahmemitgliedstaat von dem Betroffenen im Rahmen einer Eignungsprüfung den Nachweis verlangen, dass er die fehlenden Kenntnisse und Fähigkeiten erworben hat. Insoweit erfüllt das DRiG die Vorgaben aus Art. 45 AEUV.

c. Fraglich ist schließlich, anhand welcher Maßstäbe die vom Bewerber bisher in seinem Heimatland erworbenen Kenntnisse zu beurteilen sind. Kenntnisse, die durch das in einem anderen Mitgliedstaat verliehene Diplom bescheinigt werden, sind vornehmlich und grundsätzlich am Maßstab der beruflichen Qualifikation zu prüfen, die im Aufnahmemitgliedstaat verlangt wird. Würde man im Rahmen der vergleichenden Prüfung den Kenntnissen Vorrang einräumen, die der Bewerber in seinem eigenen Mitgliedstaat erworben hat, würde dies in äußerster Konsequenz bedeuten, dass ein Bewerber ohne jede Kenntnis des deutschen Rechts und der deutschen Sprache in den deutschen Vorbereitungsdienst eintreten könnte. Selbst wenn das Studium des Rechts eines Mitgliedstaats nach dem Ausbildungsniveau und dem zeitlichen Ausbildungsaufwand mit dem Studium des Landes vergleichbar ist, in dem der Bewerber arbeiten möchte, führt dies daher nicht zu einer Verpflichtung, im Rahmen der vergleichenden Prüfung den Kenntnissen des anderen Landes den Vorrang einzuräumen. Aus Art. 45 AEUV folgt deshalb nicht, dass der aufnehmende Staat den ausländischen Jura-Hochschulabschluss als einzige Zulassungsvoraussetzung zum Referendariat grundsätzlich anerkennen muss. Art. 45 AEUV erfordert aber, falls der aufnehmende Staat Zweifel an den Kenntnissen des Bewerbers hat, eine Vergleichsprüfung, bei der sowohl der Hochschulabschluss als auch weitere Qualifikationen zu berücksichtigen sind. Maßstab der Prüfung ist aber stets das Recht des Aufnahmestaates. Ergibt die Prüfung eine Vergleichbarkeit, ist die Zulassung zu erteilen; falls nicht, darf der Aufnahmestaat eine Eignungsprüfung durchführen lassen, am Maßstab des nationalen Rechts.

d. Die praktische Wirksamkeit des Art. 45 AEUV verlangt schließlich auch nicht, dass für den Zugang zu einer beruflichen Tätigkeit in einem Mitgliedstaat niedrigere Anforderungen gestellt werden, als sie normalerweise für Staatsangehörige dieses Mitgliedstaats gelten. Der Mitgliedstaat ist berechtigt, im Rahmen der Vergleichsprüfung vom Betroffenen den Nachweis zu verlangen, dass er die fehlenden Kenntnisse und Fähigkeiten erworben hat. Von einem Rechtsreferendar wird von Beginn des Vorbereitungsdienstes an erwartet, dass er seinen Ausbilder unterstützt und unter dessen Anleitung praktische Tätigkeiten ausübt. Hierfür kann es als unerlässlich angesehen werden, dass der Referendar, bevor er seine juristischen Fähigkeiten im Rahmen solcher Tätigkeiten in die Praxis umsetzt, über den gleichen Stand an Kenntnissen des deutschen Rechts verfügt, der durch die Pflichtfachprüfung des ersten juristischen Staatsexamens bescheinigt wird. Jedenfalls erscheint es insbesondere angesichts des fortschreitenden Charakters des Ausbildungsprozesses sehr schwierig, sich in der vorgesehenen Zeit die Kenntnisse anzueignen, die notwendig sind, um mit einer begründeten Aussicht auf Erfolg die zweite juristische Staatsprüfung ablegen zu können. Die Tatsache, dass ein Aufnahmemitgliedstaat im Rahmen der Vergleichsprüfung auch Kenntnisse berücksichtigen muss, die nur teilweise denjenigen entsprechen, die durch die fachliche Qualifikation bescheinigt werden, die nach seinen nationalen Rechtsvorschriften vorausgesetzt wird, und zwar auf andere Weise als durch Prüfungen, die der Verleihung dieser Qualifikation vorausgehen, trägt bereits zur Erleichterung der in Art. 45 AEUV vorgesehenen Freizügigkeit bei.

e. Nach alledem ist somit festzustellen, dass Art. 45 AEUV dahingehend ausgelegt werden muss, dass er nicht vorschreibt, niedrigere Anforderungen an die juristischen Kenntnisse des Bewerbers zu stellen als diejenigen, die mit der Qualifikation bescheinigt werden, die in diesem Mitgliedstaat für den Zugang zu diesem praktischen Ausbildungsabschnitt verlangt wird. Jedoch steht der Art. 45 AEUV einer Lockerung der Anforderungen grundsätzlich offen; die Möglichkeit einer teilweisen Anerkennung von Kenntnissen, die durch vom Betroffenen nachgewiesene Qualifikationen bescheinigt werden, darf in der Praxis nicht lediglich fiktiv bleiben, sondern muss gesetzlich möglich sein. Auch diesen Anforderungen wird das hier zu prüfende DRiG gerecht und verstößt mithin nicht gegen Art. 45 AEUV.

Ergebnis: Art. 45 Abs. 1 und 2 AEUV schreiben für die Zulassung zum juristischen Vorbereitungsdienst nicht vor, dass ausländische Hochschulabschlüsse per se als gleichwertig anerkannt werden und die Zulassung – wie bei deutschen Hochschulabschlüssen – erzwingen. Die Behörden dürfen vielmehr eine vergleichende Prüfung vornehmen, in deren Rahmen sowohl der ausländische Hochschulabschluss als auch weitere Zusatzabschlüsse Berücksichtigung finden müssen. Ergibt die vergleichende Prüfung aller Umstände und Prüfungsleistungen, dass die Kenntnisse und Fähigkeiten des Bewerbers nicht vergleichbar sind, kann die Behörde eine umfängliche Eignungsprüfung anordnen. Ergibt die Prüfung der Vergleichbarkeit hingegen, dass die Fähigkeiten und Kenntnisse nur teilweise vergleichbar sind, darf die Behörde keine komplette, sondern nur eine punktuelle Eignungsprüfung anordnen. Das DRiG erfüllt diese genannten Voraussetzungen und verstößt daher nicht gegen Art. 45 AEUV.

Fall 9

Olivier will nur spielen

Der 18-jährige Jugendfußballer *Olivier Bernard* (B) aus Paris unterschreibt beim französischen Fußballverein *Olympique Lyon* (L) einen Vertrag, wonach B bei L in den kommenden zwei Jahren zum Berufsfußballer ausgebildet und anschließend in die Profimannschaft des L, die in der ersten französischen Liga spielt, aufgenommen werden soll. Der Vertrag enthält zudem eine Klausel, wonach B, sollte er nach Ablauf der zweijährigen Ausbildungszeit nicht bei L, sondern bei einem anderen Verein einen Profivertrag unterschreiben, zum Schadensersatz gegenüber L verpflichtet ist. Diese Klausel entspricht wortgetreu dem Reglement des französischen und des europäischen Fußballverbandes (»UEFA«) und soll dem ausbildenden Verein für den Fall, dass der Spieler abwandert, eine finanzielle Ausbildungsentschädigung sichern. Nach Ablauf der zwei Jahre, in denen B von L in dessen Nachwuchsmannschaften erfolgreich ausgebildet wurde und vertragsgemäß auch eine monatliche Ausbildungsvergütung von 1.000 Euro erhalten hat, verweigert B die Unterschrift unter den von L vorgelegten Profivertrag. B unterschreibt stattdessen einen höher dotierten Vertrag bei *Real Madrid.* L verklagt B daraufhin auf Zahlung von 800.000 Euro Schadensersatz; dies entspricht dem Honorar, das B von L für das erste Jahr als Profispieler in der französischen Liga erhalten hätte. B will nicht zahlen und meint, die Schadensersatzklausel im Vertrag und die entsprechenden Regelungen der Fußballverbände erschwerten die freie Wahl des Arbeitsplatzes in der EU, verstießen gegen Art. 45 AEUV und seien daher nichtig. Er schulde dem L nichts.

Frage: Stimmt das?

> **Schwerpunkte**: Die »Drittwirkung« von Grundfreiheiten; die Arbeitnehmerfreizügigkeit aus Art. 45 AEUV im privatrechtlichen Bereich; Rechtfertigungen.

Lösungsweg

Achtung: Die rechtliche Einordnung und Abwicklung des internationalen Profisports und dort vor allem des Profifußballs gehört mit zum Kniffligsten, was der Art. 45 AEUV und die Arbeitnehmerfreizügigkeit in der EU zu bieten haben. Die Problematik rund um die Spielberechtigungen und Ablösepraktiken der Vereine ist bis heute nämlich in weiten Teilen umstritten bis ungeklärt, deshalb auch regelmäßig Gegenstand von Entscheidungen des EuGH sowie diverser nationaler Gerichte, weswegen das Ganze schließlich auch umfangreich in sämtlichen Lehrbüchern und Kommentaren zum AEUV auftaucht (vgl. etwa *Calliess/Ruffert/Brechmann* Art. 45 AEUV Rz. 49 ff.; *Streinz* Rz. 835/947; *Haratsch/Koenig/Pechstein* Rz. 967 ff.; *Herdegen* § 16 Rz. 10–12; *Hobe/Fremuth* § 17 Rz. 17 ff.; *Schwarze/Simm* Art. 165 AEUV Rz. 11 und etwa auch das *Alpmann*-Skript bei Rz. 487). Unser Fall um den Fußballer *Olivier Bernard* aus Frankreich behandelt die ziemlich praxisrelevante Thematik der Ausbildungsentschädigung als mögliche Beschränkung der Arbeitnehmerfreizügigkeit aus Art. 45 AEUV – und lag dem EuGH leicht abgewandelt am **16. März 2010** auf Vorlage des Arbeitsgerichts Lyon im Vorabentscheidungsverfahren gemäß Art. 267 Abs. 2 AEUV vor (EuGH NJW **2010**, 1733 – *Olympique Lyonnais*). Das schauen wir uns gleich mal in Ruhe an und werden dabei die zentralen Fragen im Zusammenhang mit Art. 45 AEUV und vor allem natürlich auch die **Antworten** darauf kennenlernen.

Der Vollständigkeit halber nehmen wir insoweit zunächst aber bitte noch kurz zur Kenntnis, dass der Fall im Original tatsächlich zwischen den beiden Vereinen *Olympique Lyon* und ***Newcastle United*** (→ England) spielte, die um den Kollegen *Bernard* stritten, der von Frankreich aus nach England wechseln wollte. Da die Briten ja inzwischen aus der EU ausgetreten sind und die europarechtlichen Normen unter anderem des AEUV daher auch keine Anwendung (mehr) finden würden, haben wir die ganze Sache aufs europäische Festland verlegt, lassen Herrn *Bernard* nach Spanien zu *Real Madrid* wechseln (da wollen ja angeblich eh alle hin) und haben auch die geforderte Schadenssumme bzw. das Jahresgehalt von Herrn *Bernard* ein bisschen nach oben korrigiert. Im Original waren es nur knapp 55.000 Euro; dafür zieht sich heute ein Profifußballer in den europäischen Spitzenligen allerdings nicht mal mehr die Jacke aus, daher bei uns deutlich wirklichkeitsnäher: 800.000 Euro Jahresgehalt. Schließlich war Herr *Bernard* im Original nicht 18, sondern erst 16 Jahre alt, als seine Eltern für ihn den hier fraglichen Vertrag bei *Olympique Lyon* unterschrieben. Um uns den Umweg über die Minderjährigkeit zu ersparen (darauf kommt es im Ergebnis nicht an), haben wir zur Vereinfachung auch dies angepasst und Herrn *Bernard* bei uns die Volljährigkeit gegönnt. In der Sache ändert sich durch diese Veränderungen freilich nichts – versprochen.

Ansatz: Zum Einstieg müssen wir uns als Erstes wie immer mal einen groben Überblick darüber verschaffen, worum es in diesem Fall (europarechtlich) eigentlich geht. Der Verein L will von unserem Spieler B ja 800.000 Euro Schadensersatz, weil B zwar von L zwei Jahre lang zum Berufsfußballer ausgebildet wurde, jetzt aber doch lieber bei *Real Madrid* die große Kohle verdienen möchte. **Problem**: In dem natürlich auch von B unterschriebenen Vertrag steht drin, dass B in diesem Falle zum Schadensersatz verpflichtet sein soll. Dass dieser Vertrag zwischen B und L und die daraus resultierende Schadensersatzpflicht irgendwas mit Art. 45 AEUV und der Arbeitnehmerfreizügigkeit zu tun haben soll, erschließt sich im ersten Moment freilich kaum. Denn Art. 45 AEUV ist eine klassische **öffentlich-rechtliche** Norm (→ **Grundfreiheit**!), deren Adressaten grundsätzlich nur die Mitgliedstaaten der EU sind. Grundfreiheiten binden an sich immer nur die jeweiligen Staaten und ihre Behörden, nicht aber Privatrechtssubjekte (*Haratsch/Koenig/Pechstein* Rz. 869; *Streinz* Rz. 822). Unter anderem deshalb müssen wir gleich mal klären, inwieweit Grundfreiheiten überhaupt ins **Privatrecht** durchdringen können. Des Weiteren ist sogar vorher schon unklar, ob unser aufstrebender Herr *Bernard* überhaupt als »**Arbeitnehmer**« im Sinne des Art. 45 AEUV angesehen werden kann und die benannte Norm möglicherweise schon deshalb in seiner Anwendung ausscheidet oder zumindest eingeschränkt ist. Und schließlich tauchen in diesem Fall – quasi um die Ecke und durchaus überraschend – ganz hinten auch noch die Regeln des Falles um den französischen Traubenlikör »Cassis de Dijon« auf (vgl. weiter oben Fall Nr. 6) und werden auch in diesem Fall hier eine nicht unerhebliche Rolle spielen – was im Übrigen einer der vielen Gründe ist, warum die Geschichten rund um die Diskriminierungen im Profisport durchaus knifflig daherkommen und daher auch als Prüfungsthema ziemlich beliebt sind.

Der Reihe nach: Zunächst brauchen wir ein paar Informationen in Sachen Profisport bzw. Profifußball, die das Verständnis der gesamten Problematik erleichtern. Wir haben ja eben schon erwähnt, dass es unter anderem darum geht, ob Art. 45 AEUV auch ins **Privatrecht** hineinwirkt – B hat mit L einen rein **privatrechtlichen Vertrag** geschlossen. Dieser privatrechtliche Vertrag nimmt zwar, wie uns der Sachverhalt verrät, konkreten Bezug zu den Vorgaben des nationalen und auch des internationalen (europäischen) Fußballverbandes und entspricht sogar wortgleich deren Vorgaben; allerdings sind die Verbände bzw. Organisationen des Profisports ebenfalls rein **privatrechtlicher** Natur. Interessanterweise sind die gesamte Organisation und die Durchführung des internationalen und übrigens auch des jeweils nationalen Profifußballs keine öffentlich-rechtlichen Angelegenheiten, sondern basieren allein und ausschließlich auf privatrechtlichen Regelungen. So haben etwa die »UEFA« (= europäischer Fußballverband) und auch die »FIFA« (= Weltfußballverband) nichts, aber auch **GAR NICHTS** mit staatlichen Behörden und/oder öffentlichem Recht zu tun und sind demnach auch keine Körperschaften des öffentlichen Rechts, sondern rein privatrechtliche Konstruktionen. Bei der UEFA und auch bei der FIFA handelt es sich tatsächlich um – Achtung! – »gemeinnützige Vereine«, die dem Schweizer Privatrecht, und zwar den Art. 60 ff. des »Schweizerischen Zivilgesetzbuches« unterliegen. Die Reglements dieser privatrechtlichen Verbände binden gleichwohl alle ihre Mitglieder (= die nationalen Fußballverbände), denn die nationalen Fußballverbände unterzeichnen beim Eintritt in den jeweiligen internationalen Verband entsprechende Zustimmungs- bzw. Unterwerfungserklärungen. Die Abwicklung rechtlicher Probleme im nationalen und internationalen Profisport erfolgt im Streitfall daher auch immer vor besonderen **Schieds-** oder aber nationalen **Zivilgerichten**. Der jeweilige Staat und seine Behörden halten sich aus der gesamten Profisportbranche rechtlich betrachtet damit komplett raus, da es sich beim Profisport – wie gesagt – um keine öffentlich-rechtliche Materie handelt. Merken.

Womit wir dann auch bei unserem ersten Problem angekommen wären: Der B will den in einem privatrechtlich geschlossenen Vertrag begründeten Schadensersatz nicht zahlen und beruft sich dafür auf die europäischen (= öffentlich-rechtlichen)

Grundfreiheiten. Diese Grundfreiheiten schützen die Bürger von ihrer ursprünglichen Idee her aber – wie oben erwähnt – ausschließlich vor **staatlichen Maßnahmen**. Die in Art. 45 garantierte Arbeitnehmerfreizügigkeit bindet nach allgemeiner Meinung daher auch nur den Staat und seine Behörden, nicht aber private Rechtssubjekte (EuGH EU:C:**2005**:449 – *Alliance for natural health; Herdegen* § 14 Rz. 11; *Hobe/Fremuth* § 16 Rz. 33; *Schwarze/Becker* Art. 34 AEUV Rz. 11) mit der Folge, dass eine Berufung des B auf Art. 45 AEUV mangels Betroffenheit des Schutzbereichs schon per se ausgeschlossen ist oder jedenfalls ausgeschlossen scheint.

Zwischenstand: Die Privatperson B hat mit einem anderen Privatrechtssubjekt (→ Fußballverein L) einen Vertrag geschlossen, aus dem L verpflichtet ist, den B in den kommenden zwei Jahren zum Profifußballer auszubilden und ihm eine monatliche Ausbildungsvergütung zu zahlen. B wiederum hat sich verpflichtet, nicht nur fleißig gegen den Ball zu treten, sondern Schadensersatz für den Fall zu leisten, dass er nach Ablauf der zwei Jahre bei seinem Ausbildungsverein keinen Anschlussvertrag unterschreibt. Eine solche Vereinbarung ist privatrechtlich übrigens unbedenklich, obwohl diese Schadensersatzpflicht – zumindest versteckt bzw. mittelbar – eine Art Kontrahierungszwang begründen könnte. Da B dies mit seiner Unterschrift absegnet, diverse Vorteile in Anspruch nimmt und eine unangemessene Benachteiligung des B nicht erkennbar ist, ist eine solche Vereinbarung rein privatrechtlich aber problemlos wirksam (EuGH NJW **2010**, 1377 – *Olympique Lyonnais*). Da es sich im vorliegenden Fall somit um eine wirksame privatrechtliche Vereinbarung handelt, kommt die Anwendung der Grundfreiheiten als öffentlichrechtliche Normen, die grundsätzlich nur den Staat binden sollen, von der Idee her eigentlich nicht in Betracht.

Nächster Schritt: Dass der Art. 45 AEUV am Ende trotz des rein privatrechtlichen Charakters der Vereinbarung gleichwohl eine Rolle spielen kann und wird, liegt an dem Folgenden: Bei genauer Betrachtung geht es im vorliegenden Fall um die Regelung von **Arbeitsbedingungen**, namentlich um die Modalitäten der Ausbildung und der späteren Übernahme des Auszubildenden in den »Betrieb«, in dem er seine Ausbildung genossen hat. Die Bedingungen eines Arbeitsverhältnisses werden in der Praxis herkömmlicherweise allerdings nicht nur durch den Staat in Form von Gesetzen, sondern auch in (Einzel-)Arbeitsverträgen und zudem durch **privatrechtliche Kollektivvereinbarungen** geregelt. Die bekannteste davon ist: der **Tarifvertrag**. In einem Tarifvertrag einigen sich ein Arbeitgeberverband und die entsprechende Arbeitnehmervertretung (= Gewerkschaft) auf alle möglichen Arbeitsbedingungen, die anschließend für die betroffenen Arbeitgeber und Arbeitnehmer gelten. Häufig erfassen Tarifverträge tausende, manchmal sogar zehntausende Menschen bzw. ArbeitnehmerInnen. Diese privatrechtlichen Kollektivvereinbarungen wirken für die Beteiligten faktisch wie Gesetze, auch wenn sie rein formal betrachtet keine solchen sind (lies: § 4 Abs. 1 TVG). Da Art. 45 AEUV wegen seines Charakters als öffentlichrechtliche Grundfreiheit, die immer nur den **Staat** verpflichtet, weder auf Einzelarbeitsverträge noch auf privatrechtliche Kollektivvereinbarungen anwendbar wäre (siehe oben), stellt sich die Frage, ob man als Staat bzw. als Gesetzgeber den Parteien eines Arbeits- oder Tarifvertrages gleichwohl die alleinige Hoheit über diese Verträge überlässt. Oder aber, ob man die Grundfreiheiten und ihre Garantien vielleicht doch und möglicherweise über einen »Umweg« einfließen lassen kann, um auf diese Art etwaige Diskriminierungen zu unterbinden.

Lösung – Teil 1: Um diesem Problem zumindest teilweise gerecht zu werden, hat die EU (damals noch »EWG«) schon am **15. Oktober 1968** (!) die »Verordnung über die Freizügigkeit der Arbeitnehmer in der Gemeinschaft« erlassen (→ VO Nr. 1612/68), in der unter Art. 7 Abs. 4 folgender Passus stand:

> »… Alle Bestimmungen in Tarif- oder Einzelarbeitsverträgen oder sonstigen Kollektivvereinbarungen betreffend den Zugang zur Beschäftigung, die Entlohnung und sonstige Arbeits- und Kündigungsbedingungen sind von Rechts wegen nichtig, soweit sie für Arbeitnehmer, die Staatsangehörige anderer Mitgliedstaaten sind, diskriminierende Bedingungen vorsehen oder zulassen …«

Damit war durch geschriebenes europäisches Sekundärrecht schon im Jahr 1968 ausdrücklich klargestellt, dass Diskriminierungen aufgrund der Staatsangehörigkeit in den klassischen arbeitsrechtlichen Kollektivvereinbarungen und auch in den (privatrechtlichen) Einzelarbeitsverträgen grundsätzlich verboten sind (*Hobe/Fremuth* § 17 Rz. 20/21) – der gerade zitierte Wortlaut des Art. 7 Abs. 4 der Verordnung gilt übrigens in identischer Form bis heute, die Verordnung heißt inzwischen aber »Verordnung über die Freizügigkeit der Arbeitnehmer in der Union«, wird regelmäßig aktualisiert – die heute gültige Fassung stammt vom **5. April 2011** (→ VO EU 492/2011).

Blöderweise erwähnt und betrifft diese Verordnung nach wie vor aber nicht die Satzungen der nationalen und internationalen Sportverbände, die diese aufgrund ihrer Verbandsautonomie erlassen dürfen. Zudem handelt es sich bei diesen autonomen Verbandsnormen in aller Regel auch nicht um Tarifverträge oder sonstige vergleichbare Kollektivvereinbarungen im gerade genannten Sinne, sondern – wie gesagt – nur um verbandsinterne Vorschriften, denen sich die Mitglieder durch Eintritt in den Verband unterworfen haben (siehe oben). Die Frage lautet daher: Gilt die gerade genannte Verordnung auch für die Sportverbände und ihre Statuten und Satzungen oder kann andernfalls zumindest der Art. 45 AEUV auf solche Regelungen entsprechend angewendet werden, um diskriminierende Regelungen zu unterbinden?

Lösung – Teil 2: Der EuGH hat in der berühmten und durchaus skurrilen »*Walrave-Koch*-Entscheidung« vom **12. Dezember 1974** erstmalig und grundlegend entschieden, dass die Grundfreiheiten der EU auf die Satzungen von privatrechtlich organisierten Sportverbänden unter bestimmten Voraussetzungen entsprechende Anwendung finden können (→ EuGH NJW **1975**, 1093 – *Walrave und Koch*). Folgendes hatte sich zugetragen:

In den Statuten des Radsportweltverbandes (UCI) gab es eine Regelung, die die sogenannten »Steher-Rennen« betraf: Steher-Rennen sind Bahnradrennen, bei denen ein Rennradfahrer von einem vorausfahrenden Motorrad, dem sogenannten »Schrittmacher«, begleitet wird (**Tipp**: am besten mal gerade im digitalen Endgerät ein Bild von einem »Steher-Rennen« ansehen). Der Schrittmacher bestimmt mit seinem Motorrad das Tempo und der Rennradfahrer fährt dicht dahinter im Windschatten. Rennrad und Motorrad sind dabei mechanisch nicht fest verbunden, hinten am Motorrad befindet sich aber eine Art *Rolle*, an der der Rennradfahrer mit seinem Vorderrad im Falle des direkten Kontaktes »gegenrollen« kann. Die Kunst der Disziplin besteht darin, dass der Schrittmacher und »sein« Radfahrer so gut aufeinander eingespielt sind, dass der Schrittmacher immer erkennt, wie schnell er mit dem Motorrad fahren kann, ohne dass sein Radfahrer abreißen lassen muss bzw. »von der Rolle ist« (**DAHER** kommt tatsächlich die Redewendung »Von-der-Rolle-sein«). Rennradfahrer und Schrittmacher bilden ein **Team** bzw. eine Mannschaft. Bei einem Rennen treten mehrere Teams gegeneinander an und es gewinnt das Team, das nach einer bestimmten Distanz (etwa 50 km) als erstes **gemeinsam** ins Ziel kommt. Der Begriff des »Stehers« stammt schließlich nicht daher, dass der Schrittmacher auf seinem Motorrad tatsächlich aufrecht steht und seinem Fahrer damit Windschatten gibt, sondern bezieht sich auf den Rennradfahrer und ist vom englischen Wort *stay* (= bleiben bzw. **dranbleiben**) abgeleitet.

Und jetzt kommt's: Im Vorfeld der Bahnrad-Weltmeisterschaft von 1973 im nordspanischen *San Sebastian* erließ der Radsportweltverband (UCI) eine Regelung, nach der der Schrittmacher und sein Rennradradfahrer die **gleiche Staatsangehörigkeit** besitzen mussten, um an offiziellen Wettkämpfen teilnehmen zu dürfen. Vorher war es möglich, dass etwa ein niederländischer Schrittmacher und ein deutscher Rennradfahrer als Team bei den deutschen Meisterschaften teilnehmen konnten. Der niederländische Schrittmacher wurde dann mit seinem deutschen Radfahrer unter Umständen: »**Deutscher Meister**«. Eine solche Kombination wollte die UCI für die anstehende Weltmeisterschaft nun aber verbieten. Hiergegen erhoben die beiden niederländischen Profi-Schrittmacher *Bruno Walrave* und *Norbert Koch* umgehend Klage und schufen damit, ohne es zu ahnen, die Grundlage für die seitdem geltende Rechtsprechung des EuGH zur Anwendung des Art. 45 AEUV (damals: Art. 48 EWG-Vertrag) auf Satzungen von Sportverbänden.

Beachte: Da die Herren *Walrave* und *Koch* ihr Geld als »Profi-Schrittmacher« verdienten und folglich damit ihrem **Beruf/Broterwerb** nachgingen, handelte es sich bei der Satzung des Radsportweltverbandes in Bezug auf die Staatsangehörigkeit von Fahrer und Schrittmacher um die Festlegung von **Arbeitsbedingungen**. Die fragliche Bestimmung hatte die gleiche Wirkung wie eine arbeitsrechtliche Kollektivvereinbarung, da sie ja ab sofort für ALLE Schrittmacher und Rennradfahrer beim Steher-Rennen galt und vorschrieb, dass man als »Schrittmacher« seinen Beruf nur noch gemeinsam mit einem Menschen gleicher Nationalität ausüben konnte.

Dass das nicht ging und vor allem diskriminierende Wirkung hatte, lag auf der Hand. Der EuGH nutzte daher auch die Gunst der Stunde und beantwortete in seinem Urteil im Dezember 1974 gleich **zwei** fundamentale Fragen in Bezug auf Art. 45 AEUV (Art. 48 EWG-Vertrag), und zwar:

1. Frage: Können sportliche Betätigungen überhaupt unter Art. 45 AEUV fallen?

Antwort: Ja, sie können, aber nur dann, wenn sie

> *»… einen Teil des* ***Wirtschaftslebens*** *im Sinne der europäischen Verträge ausmachen. Lässt sich eine solche sportliche Betätigung also als* ***entgeltliche Arbeits- oder Dienstleistung*** *kennzeichnen, so gelten für sie, je nach Lage des Einzelfalles, die besonderen Vorschriften der Art. 48 ff. EWG-Vertrag (= Art. 45 ff. AEUV). Diese Artikel konkretisieren den allgemeinen Schutz vor Diskriminierung und verbieten jede unterschiedliche Behandlung aufgrund der Staatsangehörigkeit … Anders kann es sich aber dann verhalten, wenn es um die Aufstellung von Wettkampfmannschaften in Form von* ***Nationalmannschaften*** *geht. Denn bei der Bildung dieser Mannschaften geht es in der Regel ausschließlich um sportliche und* ***nicht*** *um wirtschaftliche Interessen … In einem solchen Falle stünden die Regeln der europäischen Verträge zur Arbeitnehmerfreizügigkeit nicht zur Verfügung. Es ist letztlich aber Sache des einzelstaatlichen Gerichts, anhand der gerade vorgestellten Regeln im Einzelnen zu bestimmen, ob die fragliche sportliche Tätigkeit dem einen oder dem anderen Bereich zuzuordnen ist …«*

2. Frage: Verhindert der privatrechtliche Charakter einer kollektivrechtlichen Regelung von Arbeitsbedingungen – hier: im Bereich des Sports – die Anwendung von Art. 45 AEUV?

Antwort: Nein, denn:

> *»… Das Verbot der unterschiedlichen Behandlung aufgrund der Staatsangehörigkeit gilt nicht nur für Akte der staatlichen Behörden, sondern erstreckt sich auf sonstige Maßnahmen, die eine* ***kollektive Regelung*** *im* ***Arbeits****- und* ***Dienstleistungsbereich*** *enthalten. Denn die Beseitigung der Hindernisse für den freien Personen- und Dienstleistungsverkehr – eines der wesentlichen Ziele der europäischen Gemeinschaft – wäre gefährdet, wenn die Beseitigung der staatlichen Schranken dadurch in ihrer Wirkung wieder aufgehoben würde, dass privatrechtliche Vereinigungen oder Einrichtungen, etwa des Sports, Kraft ihrer rechtlichen Autonomie derartige Hindernisse errichten. Da im Übrigen Arbeitsbedingungen je nach Mitgliedstaat einer Regelung durch Gesetze und Verordnungen oder durch Verträge und sonstige Rechtsgeschäfte, die von Privatpersonen geschlossen oder vorgenommen werden, unterliegen, bestünde bei einer Beschränkung auf staatliche Maßnahmen die Gefahr, dass das fragliche Verbot nicht einheitlich angewendet wird …* ***Es steht daher außer Frage, dass der Art. 48 EWG-Vertrag (= Art. 45 AEUV), der für unselbstständige Erwerbstätigkeiten die Abschaffung jeder auf der Staatsangehörigkeit beruhenden unterschiedlichen Behandlung vorschreibt, gleichermaßen Verträge und sonstige Vereinbarungen umfasst, die nicht von staatlichen Stellen herrühren … Diesem Prinzip logisch folgend, bestimmt auch Art. 7 Abs. 4 der Verordnung Nr. 1612/68, dass das Diskriminierungsverbot auch für Einzelarbeitsverträge und sonstige Kollektivvereinbarungen gilt … Daher kann und muss der einzelstaatliche Richter bei der Prüfung der Gültigkeit und Wirkung***

der Satzung eines Sportverbandes auch die Freizügigkeitsregelungen der europäischen Verträge nach den hier dargelegten Grundsätzen berücksichtigen ... « (→ EuGH NJW **1975**, 1093 – *Walrave und Koch*)

Also: Das wollen wir uns bitte unbedingt merken. Zum einen kann auch die sportliche Betätigung unter Art. 45 AEUV fallen, und zwar dann, wenn sie Teil des Wirtschaftslebens ist und als entgeltliche Dienst- oder Arbeitsleistung angesehen werden kann – was im Zweifel für den heutigen Profifußballsport und auch diverse andere Sportarten (z.B. Tennis, Handball, Eishockey, Basketball, Radsport) uneingeschränkt bejaht werden kann. Zum anderen sind die Regeln, die die jeweiligen nationalen und internationalen Sportverbände aufgrund ihrer Satzungsautonomie rein privatrechtlich aufstellen, auch an europäischem Recht und namentlich den Grundfreiheiten des AEUV (→ Art. 45 AEUV!) zu messen, jedenfalls dann, wenn sie (kollektive) Regelungen der Arbeitsbedingungen ihrer Mitglieder zum Gegenstand haben (EuGH NJW **1975**, 1093 – *Walrave und Koch*). Im Hinblick auf die klassischen Einzelarbeitsverträge und die Tarifverträge steht dies bereits seit 1968 ausdrücklich in der oben genannten Verordnung (= europäisches Sekundärrecht), für alle übrigen privatrechtlichen Normen, die ebenfalls Arbeitsbedingungen betreffen und regeln, wird dies durch die Anwendung des Art. 45 AEUV gewährleistet.

Achtung: Diese Auswirkungen des Art. 45 AEUV auch auf privatrechtliche Vertragsverhältnisse bzw. die privatrechtlichen Vorschriften nennt man herkömmlicherweise »Drittwirkung« der Grundfreiheiten (*Haratsch/Koenig/Pechstein* Rz. 968; *Hobe/Fremuth* § 17 Rz. 20; *Streinz* Rz. 882; *Schwarze/Schneider/Wunderlich* Art. 45 AEUV Rz. 39). »Drittwirkung« bedeutet in diesem Zusammenhang, dass sich die Grundfreiheiten, die ja eigentlich nur das Verhältnis zwischen **Staat** und **Bürger** betreffen, ausnahmsweise auch auf andere (»dritte«) Rechtssubjekte in einem Privatrechtsverhältnis auswirken und diese verpflichten können. Der EuGH übrigens erwähnt den Begriff der Drittwirkung in seinen Entscheidungen gleichwohl grundsätzlich nicht, sondern spricht nur davon, dass (siehe oben) die Grundfreiheiten »*gleichermaßen auch Einzelarbeitsverträge und Kollektivvereinbarungen umfassen können*« oder sogar noch pauschaler: »*Das Diskriminierungsverbot des Art. 45 AEUV gilt auch für Privatpersonen*« (wörtlich: EuGH Slg. **2000**, I-4176 – *Angonese*). Der clevere Klausurbearbeiter und natürlich auch die clevere Klausurbearbeiterin erwähnen bitte trotzdem und **unbedingt** (!) das Wort »Drittwirkung« im Lösungstext, wie gesagt, darunter firmiert die Problematik in den Lehrbüchern und Kommentaren und das steht folglich so auch auf dem Lösungsblatt des Korrektors (*Herdegen* § 16 Rz. 10; *Hobe/Fremuth* § 17 Rz. 20; *Streinz* Rz. 882). Merken.

Nächster Schritt: Mit den Erkenntnissen aus der *Walrave-Koch*-Entscheidung im Rücken kam es gut 20 Jahre später am **15. Dezember 1995** dann zu dem für den Sport mit weitem Abstand folgenreichsten Urteil, das der EuGH seit seiner Gründung (→ 18. April 1951) und bis heute gefällt hat. Die Rechtssache des belgischen Fußballers *Jean-Marc Bosman* erschütterte die bis dahin heile Welt der internationalen Fußballverbände sowie vor allem deren Transfersystem und die Ausländerbegrenzungen (EuGH NJW **1996**, 505 – *Bosman*). Es ging auch in diesem Fall wieder um die Arbeitnehmerfreizügigkeit in der EU, dieses Mal allerdings – und deshalb ist das auch für uns hier von Bedeutung – um die Frage, unter welchen Bedingungen ein Profispieler eigentlich seinen Verein (= seinen Arbeitsplatz!) wechseln und sich einem anderen Verein anschließen darf. Bis zum *Bosman*-Urteil im Dezember 1995 galten hierfür über viele Jahrzehnte tatsächlich die folgenden Regeln:

> Nach den Satzungen der nationalen Fußballverbände, die dem Reglement sowohl der UEFA als auch der FIFA entsprachen, duften Spieler nach Ablauf ihrer Vertragslaufzeit den jeweiligen Verein nur verlassen, wenn der neue Verein dem abgebenden Verein eine (frei verhandelbare) »**Ablösesumme**« zahlte. Kam es zu keiner Einigung zwischen den Vereinen, konnte der abgebende Verein den Spieler offiziell »sperren« lassen und damit verhindern, dass er bei einem anderen Verein als Profi tätig wird und dort sein Geld verdienen kann. Man brauchte als Spieler zum Vereinswechsel somit immer eine sogenannte »Freigabe«. **Und**: Des Weiteren war in den Statuten verankert, dass jeder Verein in Europa bei seinen Meisterschaftsspielen nur maximal **drei Ausländer** gleichzeitig einsetzen dufte; zwei weitere Ausländer waren nur dann erlaubt, wenn diese bereits fünf Jahre im jeweiligen Land als Spieler tätig waren (sogenannte »3+2-Regel«). Jeder Spieler, der bei einem Verein in Europa einen Vertrag unterschrieb, unterwarf sich mit seiner Unterschrift den gerade genannten Bedingungen.

Mit diesen Regeln verdienten die Vereine über Jahrzehnte hinweg teilweise aberwitzige (Ablöse-)Summen und hatten die Spieler, die einmal einen Vertrag bei einem Verein unterzeichnet hatten, faktisch und rechtlich in der Hand. Wenn es einem Verein gelungen war, einen Spieler vertraglich zu verpflichten, konnte man als Verein auch nach Ablauf der Vertragslaufzeit unter Umständen noch enorme Ablösesummen erzielen. Der Spieler, um den ja eigentlich ging, sah davon im Zweifel übrigens keinen Cent; die Regelung bevorteilte allein und an sich ohne nachvollziehbaren Grund die Vereine. Zudem waren die Plätze für ausländische Spieler rar gesät, da pro Mannschaft ja immer nur drei ausländische Akteure zugelassen waren. Der Wechsel zu einem ausländischen Verein war für einen Spieler daher auch besonders riskant und tendenziell unattraktiv, da man ja nie wusste, ob der Verein vielleicht noch andere ausländische Spieler dazu verpflichten würde. Für die Spieler (= Arbeitnehmer!) insgesamt somit eine extrem missliche Lage, die nur deshalb bestand und bestehen konnte, weil die mächtigen nationalen und internationalen Fußballverbände als eine Art »Gesetzgeber« die Macht über die entsprechenden verbandsinternen Vorschriften in den Händen hielten. Erstaunlicherweise wagte sich gleichwohl über viele Jahrzehnte kein einziger Spieler, trotz der im europäischen Recht schon lange garantierten Arbeitnehmerfreizügigkeit gerichtlich gegen die Transfer- und Ausländerregelungen der Fußballverbände vorzugehen.

Durchblick: Nach dem, was wir aus dem Fall der Herren *Walrave* und *Koch* aus dem Jahr 1974 wissen, konnte und würde eine solche Regelung unter Berücksichtigung der Grundfreiheiten der EU eigentlich keinesfalls einer gerichtlichen Überprüfung standhalten. Wenn der Wechsel des Arbeitsplatzes (!) davon abhängt, ob sich der alte und der neue Arbeitgeber über eine »Ablöse« einigen (!?), und man andernfalls für die Ausübung seines Berufs vom alten Arbeitgeber »gesperrt« werden kann, schreit dies – jedenfalls bei einem grenzüberschreitenden Bezug bzw. Vereinswechsel – geradezu nach einem Verstoß mindestens gegen Art. 45 AEUV. Gleiches gilt für die Ausländerbegrenzung: Wenn ein ausländischer Spieler, weil bereits drei Ausländer im Team sind, nicht eingesetzt und damit an der Ausübung seines Berufs gehindert werden darf, diskriminiert dies ziemlich offensichtlich die ausländischen Spieler im Vergleich zu den nicht ausländischen Spielern, denn die dürfen ja unbegrenzt eingesetzt werden und ihrem Beruf nachgehen. Vermutlich nicht nur gefühlt, ein ziemlich klarer und für jeden erkennbarer Verstoß gegen Art. 45 Abs. 2 AEUV (aufschlagen!).

Und genau so kam es dann auch – angestoßen von dem oben bereits erwähnten und inzwischen berühmten belgischen Fußballprofi ***Jean-Marc Bosman***. Der spielte nämlich im Jahre 1990 beim *FC Lüttich* in der ersten belgischen Liga. Als sein Vertrag dort ausgelaufen war und der *FC Lüttich* dem Herrn *Bosman* keinen attraktiven neuen Vertrag anbot, wollte Herr *Bosman* den Verein wechseln und in Frankreich in der 2. Liga bei *US Dünkirchen* spielen. Blöderweise konnten sich die beiden Vereine aber nicht auf eine »Ablöse« einigen und der *FC Lüttich* verweigerte daher unter Berufung auf die Statuten des belgischen Fußballverbands (siehe oben) die notwendige »Freigabe« für einen neuen Verein. Das wollte sich Herr *Bosman* (zum Glück) nicht bieten lassen und erhob Klage vor dem »*Tribunal de première instance Liège*« (= Amtsgericht Lüttich), das den Fall anschließend dem EuGH vorlegte, der nun darüber entscheiden musste, ob die Transfer- und Ausländerregeln (siehe oben) mit den europäischen Grundfreiheiten vereinbar sind.

Wir haben es eben ja schon angedeutet und können es deshalb jetzt auch kurzmachen. Der EuGH kippte unter Berufung auf Art. 45 AEUV (damals gleichlautend noch Art. 48 EWG-Vertrag) geradezu spektakulär das komplette Transfersystem des europäischen Fußballs und auch die Ausländerklausel – und stellte Folgendes fest:

1. Der Art. 45 AEUV steht der Anwendung von durch privatrechtliche Sportverbände aufgestellten Regeln entgegen, nach denen ein Berufsfußballspieler, der Staatsangehöriger eines Mitgliedstaats ist, bei Ablauf des Vertrages, der ihn an einen Verein bindet, nur dann von einem Verein eines anderen Mitgliedstaats beschäftigt werden kann, wenn dieser dem bisherigen Verein eine Transfer-, Ausbildungs- oder Förderungsentschädigung (»Ablöse«) gezahlt hat.

2. Der Art. 45 AEUV steht des Weiteren auch der Anwendung von durch privatrechtliche Sportverbände aufgestellten Regeln entgegen, nach denen die Fußballvereine bei den Spielen der von diesen Verbänden veranstalteten Wettkämpfe nur eine begrenzte Anzahl von Berufsspielern, die Staatsangehörige anderer Mitgliedstaaten sind, aufstellen können (EuGH NJW **1996**, 505 – *Bosman*).

Den Zustand, den wir heute aus der Fußball-Bundesliga sowie aus allen europäischen Fußball-Ligen und natürlich auch von allen anderen Sportarten kennen (und für komplett selbstverständlich halten!), verdanken wir alleine **DIESEM** Urteil aus dem Jahr 1995 – und damit Herrn *Bosman*. Mannschaften können heute beliebig viele EU-Ausländer einsetzen und Ablösesummen werden nur noch gezahlt, wenn Spieler aus noch laufenden Verträgen »herausgekauft« werden sollen. Andernfalls sind die Spieler am Ende ihres Vertrages bzw. der Vertragslaufzeit – so wie jeder Arbeitnehmer und jede Arbeitnehmerin – selbstverständlich »ablösefrei« und können zu dem Verein (= Arbeitgeber) ihrer Wahl wechseln. Sämtliche Beschränkungen, die vorher galten, hatten diskriminierende Wirkung und verstießen geradezu offenkundig gegen Art. 45 AEUV (Art. 48 EWG-Vertrag).

Jetzt zu unserem Fall: Mit diesem Wissen schauen wir mal auf unsere Geschichte um Herrn *Bernard* und können schon mal festhalten, dass sich unser Sportskamerad als angehender Profifußballer grundsätzlich auf Art. 45 AEUV berufen darf. Er ist zwar »nur« ein Sportler, verrichtet aber als Profifußballer eine Tätigkeit, die fraglos und heutzutage mehr denn je zum Wirtschaftsleben gehört und Gegenstand einer entgeltlichen Dienst- und Arbeitsleistung ist. Zudem regelt die fragliche Vertragsklausel, aus der er zum Schadensersatz verpflichtet sein soll, seine Arbeitsbedingungen, sie betrifft sowohl die Ausbildung als auch den späteren Eintritt in das Arbeitsverhältnis als Profifußballer. Da die Klausel ihn mindestens mittelbar darin beschränkt, seinen Arbeitsplatz frei zu wählen und diesen etwa auch zu wechseln (er soll **Schadensersatz** leisten, wenn er nicht bei seinem Arbeitgeber bleibt!), müsste man eigentlich von einem klaren Verstoß gegen Art. 45 AEUV ausgehen können.

Nein – ganz so einfach ist es am Ende natürlich doch nicht, sonst würde der Fall hier ja auch nicht stehen.

Jetzt kommt, wie weiter oben schon mal kurz erwähnt, tatsächlich der französische Traubenlikör »Cassis de Dijon« aus unserem Fall Nr. 6 weiter vorne im Buch bzw. die dort gewonnenen Erkenntnisse ins Spiel (EuGH NJW **1979,** 1766 – *REWE-Zentral*). Bei den ganzen Überlegungen rund um Art. 45 AEUV haben wir bislang **einen** Aspekt nämlich interessanterweise komplett außer Acht gelassen. Es geht um die Frage, ob die Einschränkung der Arbeitnehmerfreizügigkeit des B, die wir tatbestandlich gerade ja umfangreich und eindeutig festgestellt haben, nicht möglicherweise doch noch ***gerechtfertigt*** ist.

Ansatz: Ebenso wie die Grundrechte in unserem Grundgesetz bestehen auch die Grundfreiheiten aus dem AEUV keinesfalls unbeschränkt. Einschränkungen der Grundfreiheiten können namentlich ***gerechtfertigt*** sein, was zwar nach dem Willen des europäischen Gesetzgebers den Ausnahmefall darstellen soll, aber gleichwohl immer möglich sein muss (*Haratsch/Koenig/Pechstein* Rz. 879). So kann etwa die Warenverkehrsfreiheit aus Art. 34 AEUV durch die in Art. 36 Satz 1 AEUV benannten Gründe (aufschlagen!) ausnahmsweise gerechtfertigt sein (*Herdegen* § 15 Rz. 13). Und: Neben diesen im Gesetz ausdrücklich benannten Rechtfertigungsgründen gibt es seit der »Cassis de Dijon«-Entscheidung des EuGH vom Februar 1979 bei sämtlichen Grundfreiheiten zusätzlich noch die Möglichkeit, die sogenannten »ungeschriebenen Rechtfertigungsgründe« anzuführen, und zwar in Form von »zwingenden Erfordernissen« – etwa solchen des Allgemeinwohls (EuGH NJW **1979,** 1766 – *REWE-Zentral*).

Daher: Auch der hier fragliche Art. 45 AEUV gilt nicht uneingeschränkt. Neben seinen Tatbestandsvoraussetzungen gestattet Abs. 3 der Norm ausweislich seines **Einleitungssatzes** (aufschlagen!) bei genauem Hinsehen zum einen eine Rechtfertigung für die Beschränkung der Arbeitnehmerfreizügigkeit »aus Gründen der öffentlichen Ordnung, Sicherheit und Gesundheit«. Da solche Gründe in den hier vorliegenden Konstellationen rund um den Profisport offensichtlich nicht zum Tragen kamen, aktivierten die Beteiligten unseres Falles (und übrigens auch die internationalen Fußballverbände in der Sache *Bosman*) in ihrer Not nun den Rechtsgedanken der *Cassis*-Entscheidung, um »zwingende Gründe des Allgemeinwohls« vorzubringen, die angeblich die Einschränkungen der Arbeitnehmer und namentlich unseres Herrn *Bernard* aus Lyon durch die Schadensersatzklausel in seinem Ausbildungsvertrag rechtfertigen sollten.

Um feststellen zu können, ob durch die Schadensersatzklausel im Vertrag des B tatsächlich auch eine **rechtswidrige** Diskriminierung im Sinne des Art. 45 AEUV vorliegt, müssen wir uns demnach mal anschauen und prüfen, ob es hierfür nicht möglicherweise einen ungeschriebenen Rechtfertigungsgrund gab: Der Verein L hatte unseren B ja immerhin zwei Jahre auf eigene Kosten als Profifußballer ausgebildet, dem B dafür sogar monatlich noch eine Ausbildungsvergütung in Höhe von 1.000 Euro gezahlt – und sich vermutlich genau ***deswegen*** auch vertraglich zusichern lassen, dass dieser Aufwand und diese Kosten sich am Ende wieder »einspielen« werden, und zwar im wahrsten Sinne des Wortes, nämlich durch den Abschluss eines Profivertrages mit B. **Frage**: Kann es unter all diesen Umständen wirklich sein, dass B sich jetzt unter Berufung auf Art. 45 AEUV (fertig und von L teuer ausgebildet) aus dem Staub macht, bei *Real Madrid* die ganz große Kohle verdient, *Real Madrid* durch seine bei L erlernte Spielkunst möglicherweise viele Siege und damit hohe Umsätze einbringt – und der L tatsächlich komplett leer ausgeht?

So, genau das klären wir gleich und wollen an dieser Stelle jetzt der Ordnung halber noch **schul-** bzw. **klausurmäßig** in die Lösung des Falles einsteigen. Da wir das Allermeiste in der durchaus langen Vorrede ja schon angesprochen bzw. erledigt haben, fassen wir uns angemessen kurz, klopfen die Tatbestandsvoraussetzungen rasch und brav ab – und widmen uns am Ende noch den möglichen Rechtfertigungsgründen.

Also: Kann der (Ausbildungs-)Verein L von B Schadensersatz (800.000 Euro) verlangen, weil B nach den zwei Jahren Ausbildung nicht bei L, sondern bei *Real Madrid* einen Profivertrag unterschrieben hat? Laut Vertrag zwischen L und B sollte dieses Verhalten des B die Pflicht zu Schadensersatzzahlungen zugunsten des L auslösen.

Obersatz: Der Anspruch des L gegen B auf Zahlung von 800.000 Euro Schadensersatz ist begründet, wenn die entsprechende vertragliche Absprache zwischen B und L wirksam ist und namentlich nicht gegen die Arbeitnehmerfreizügigkeit aus Art. 45 AEUV verstößt.

Zweifel an der privatrechtlichen Wirksamkeit des vorliegenden Vertrages zwischen L und B bestehen nicht. L hat sich zur Ausbildung des B und zur Zahlung einer Ausbildungsvergütung verpflichtet, B soll Schadensersatz zahlen, wenn er keinen Anschlussvertrag unterzeichnet. Ein Anspruch des L gegen B auf Schadensersatz wäre demnach aus dieser vertraglichen Absprache begründet, B hat bei L keinen Anschlussvertrag unterschrieben, sondern bei *Real Madrid*. Es fragt sich jedoch, ob die vertragliche Klausel, wonach B Schadensersatz leisten muss, sollte er keinen Anschlussvertrag bei L unterzeichnen, möglicherweise gegen europäisches Recht verstößt und folglich nichtig ist. In Betracht kommt eine Verletzung der Arbeitnehmerfreizügigkeit aus Art. 45 AEUV.

I. Die Anwendbarkeit des Art. 45 AEUV

Wie bei allen Grundfreiheiten, gilt auch für die Arbeitnehmerfreizügigkeit aus Art. 45 AEUV die Regel, dass die Anwendung der Norm nur eröffnet ist, sofern es für das zu lösende Problem in Ausführung des Art. 46 AEUV keine sekundärrechtlichen Harmonisierungsmaßnahmen auf europäischer Ebene gibt. Was europäisch bereits einheitlich geregelt ist, bedarf keines Rückgriffes mehr auf die Grundfreiheiten (EuGH Slg. **2007,** I-2749 – *Danfoss; Haratsch/Koenig/Pechstein* Rz. 863; *Hobe/Fremuth* § 17 Rz. 40). Es existiert zwar die Verordnung (EU 492/2011) vom 5. April 2011, nach deren Art. 7 Abs. 4 alle Bestimmungen in Tarif- oder Einzelarbeitsverträgen oder sonstigen Kollektivvereinbarungen betreffend den Zugang zur Beschäftigung, die Entlohnung und sonstige Arbeits- und Kündigungsbedingungen nichtig sind, soweit sie für Arbeitnehmer, die Staatsangehörige anderer Mitgliedstaaten sind, diskriminierende Bedingungen vorsehen oder zulassen. Im Hinblick auf den Profisport sind entsprechende Harmonisierungsmaßnahmen auf europäischer Ebene, die die hier fragliche Situation abschließend regeln, allerdings nicht ersichtlich mit der Folge, dass Art. 45 AEUV auf den vorliegenden Sachverhalt grundsätzlich anwendbar ist.

II. Der Schutzbereich des Art. 45 Abs. 1 AEUV

1. Persönlicher Schutzbereich

Der persönliche Schutzbereich des Art. 45 Abs. 1 AEUV ist eröffnet, wenn es sich bei B um einen Unionsbürger und zudem um einen Arbeitnehmer im Sinne der Norm handelt (*Herdegen* § 16 Rz. 3). B stammt aus Paris, ist folglich Franzose und damit fraglos Unionsbürger (lies: § 9 Satz 2 EUV). Im Hinblick auf die Arbeitnehmereigenschaft des angehenden Berufsfußballers B ist festzuhalten, dass der Schutzbereich des Art. 45 AEUV Profisportler umfasst, wenn ihre Tätigkeit zum Wirtschaftsleben gehören und einer entgeltlichen Dienst- oder Arbeitsleistung entsprechen (EuGH NJW **2010**, 1733 – *Olympique Lyonnais;* EuGH NJW **1996**, 505 – *Bosman*). Profifußballspieler sind Teil einer dem Wirtschaftsleben zugehörigen Branche, deren Mitglieder mit ihrer sportlichen Betätigung eine entgeltliche Arbeitsleistung erbringen. Es handelt sich insbesondere nicht um den nur dem Freizeitbereich zuzuordnenden Bereich des Sports (EuGH NJW **1996**, 505 – *Bosman; Streinz* Rz. 822).

ZE.: Der persönliche Schutzbereich des Art. 45 Abs. 1 AEUV ist betroffen.

2. Sachlicher Schutzbereich

Der sachliche Schutzbereich des Art. 45 AEUV ist eröffnet, wenn die fragliche Regelung einen der in Art. 45 Abs. 3 AEUV benannten Bereiche tangiert (*Hobe/Fremuth* § 17 Rz. 7 ff.). Im vorliegenden Fall geht es um die Pflicht zum Schadensersatz, wenn B im Anschluss an seine Ausbildung einen Profivertrag bei einem anderen Verein unterzeichnet. Diese Regelung ist potentiell geeignet, den B daran zu hindern, sich bei einem anderen Verein in der EU zu bewerben und betrifft demnach jedenfalls die Vorschrift des Art. 45 Abs. 3 lit. a AEUV (EuGH NJW **2010**, 1733 – *Olympique Lyonnais*).

ZE.: Der sachliche Schutzbereich des Art. 45 AEUV ist betroffen.

3. Grenzüberschreitender Bezug + Bereichsausnahme → Art. 45 Abs. 4

Der für die Anwendung der Grundfreiheiten stets erforderliche grenzüberschreitende Bezug ist vorliegend gegeben. B streitet sich zwar mit seinem inländischen Verein L um eine mögliche Schadensersatzpflicht, allerdings geht es inhaltlich um einen Wechsel des Arbeitsplatzes zwischen Frankreich und Spanien, beide Länder sind Mitglieder der Europäischen Gemeinschaft. Schließlich findet die Bereichsausnahme des Art. 45 Abs. 4 AEUV keine Anwendung, B möchte nicht in der öffentlichen Verwaltung arbeiten.

III. Eingriff in den Schutzbereich

1. Ein Eingriff in den Schutzbereich des Art. 45 AEUV liegt vor, wenn die fragliche Regelung den B aufgrund seiner Staatsangehörigkeit diskriminiert oder aber eine anderweitige Beschränkung seines in Art. 45 AEUV garantierten Rechts auf Freizügigkeit darstellt (*Schwarze/Schneider/Wunderlich* Art. 45 AEUV Rz. 34). Die Eingriffsqualität der Klausel könnte aber schon deshalb fraglich sein, weil es sich bei der Klausel, die als Beschränkung der Freizügigkeit vorliegend allein in Frage kommt, um eine rein **privatrechtliche Absprache** zwischen den Beteiligten handelt. Gemäß der Schutzrichtung der Grundfreiheiten sollen grundsätzlich nur beschränkende und diskriminierende Maßnahmen eines **Staates** und seiner Behörden verhindert werden.

Aber: Wie oben erörtert, unterliegen sämtliche Regelungen in privatrechtlich geschlossenen Tarifverträgen oder Einzelarbeitsverträgen bereits der Regelung des Art. 7 Abs. 4 der Verordnung VO EU 492/2011 vom 5. April 2011 und verbieten somit in diesem Bereich durch europäisches Sekundärrecht jede Form der Diskriminierung aufgrund der Staatsangehörigkeit. Zum anderen unterliegen nach ständiger Rechtsprechung des EuGH auch alle anderen, von der genannten Verordnung nicht erfassten und von Privatrechtssubjekten in einem Arbeitsverhältnis ausgesprochenen Diskriminierungen der Regelung des Art. 45 AEUV (EuGH NJW **2010**, 1377 – *Olympique Lyonnais;* EuGH Slg. **2000**, I-4139 – *Angonese*; EuGH NJW **1996**, 505 – *Bosman;* EuGH NJW **1975** – *Walrave, Koch*). Dahinter steckt die Erkenntnis, dass Arbeitsbedingungen herkömmlicherweise nicht nur durch (staatliche) Gesetze, sondern auch und vor allem durch privatrechtliche Vereinbarungen geregelt werden. Der Zugriff der Grundfreiheiten auf mögliche Diskriminierung im Arbeitsleben würde verhindert, wenn privatrechtlich ausgehandelte Arbeitsbedingungen von der Anwendung der Grundfreiheiten an sich ausgeschlossen wären (EuGH NJW **1975** – *Walrave, Koch*; *Schwarze/Schneider/Wunderlich* Art. 45 AEUV Rz. 39). Die Grundfreiheiten wirken daher auch in privatrechtlich vereinbarte Arbeitsbedingungen – sofern diese nicht vom europäischen Sekundärrecht erfasst werden – hinein, und zwar mittels einer sogenannten »Drittwirkung« (*Streinz* Rz. 882; *Schwarze/Schneider/Wunderlich* Art. 45 AEUV Rz. 39; *Hobe/Fremuth* § 17 Rz. 20; *Haratsch/Koenig/Pechstein* Rz. 968). Die Reglements der privatrechtlich organisierten nationalen und der internationalen Sportverbände können daher auch dann Eingriffe in den Schutzbereich des Art. 45 AEUV darstellen, wenn sie die Arbeitsbedingungen der Mitglieder/Sportler betreffen und hierin entweder Diskriminierungen aufgrund der Staatsangehörigkeit oder sonstige Beschränkungen der Arbeitnehmerfreizügigkeit innerhalb der EU liegen (EuGH NJW **2010**, 1377 – *Olympique Lyonnais;* EuGH NJW **1995**, 505 – *Bosman*; EuGH NJW **1975** – *Walrave, Koch; Herdegen* § 16 Rz. 10; *Calliess/Ruffert/Brechmann* Art. 45 AEUV Rz. 49; *Schwarze/Schneider/Wunderlich* Art. 45 AEUV Rz. 39).

<u>**ZE.**</u>: Im vorliegenden Fall wird die Eingriffsqualität der Klausel nicht schon dadurch gehindert, dass es sich sowohl bei der vertraglichen Absprache zwischen B und L als auch bei den entsprechenden Reglements der nationalen und internationalen Fußballverbände um rein privatrechtliche Vorgänge handelt. Da die Klausel die Bedingungen für einen Wechsel des Arbeitsplatzes des B betreffen, unterliegen sie den Verboten und Regeln des Art. 45 AEUV.

2. Es müsste sich des Weiteren bei der Vertragsklausel entweder um eine Diskriminierung aufgrund der Staatsangehörigkeit des B oder aber um eine sonstige Beschränkung der in Art. 45 AEUV garantierten Rechte des B handeln. Da die Klausel auf die Staatsangehörigkeit des B keinen Bezug nimmt und somit davon unabhängig betrachtet werden kann, kommt nur eine sonstige Beschränkung der Arbeitnehmerfreizügigkeit in Betracht.

> **Durchblick**: Dass neben den in Art. 45 Abs. 2 AEUV ausdrücklich benannten Diskriminierungen aufgrund der Staatsangehörigkeit auch bloße **Beschränkungen** der Freizügigkeit unter Art. 45 Abs. 2 AEUV fallen können, stammt in dieser Form aus der uns inzwischen ja bekannten *Bosman*-Entscheidung des EuGH (EuGH NJW **1995**, 505 – *Bosman*), wo es nämlich heißt:
>
> *»... Wie der Gerichtshof wiederholt ausgeführt hat, stellt die Freizügigkeit der Arbeitnehmer einen der* ***fundamentalen Grundsätze*** *der Gemeinschaft dar. Der Gerichtshof hat ferner die Ansicht vertreten, dass sämtliche Vertragsbestimmungen über die Freizügigkeit den Gemeinschaftsangehörigen die Ausübung jeder Art von Berufstätigkeit im Gebiet der Gemeinschaft erleichtern sollen und Maßnahmen entgegenstehen, die die Gemeinschaftsangehörigen* ***benachteiligen*** *könnten, wenn sie im Gebiet eines anderen Mitgliedstaats eine wirtschaftliche Tätigkeit ausüben wollen. In diesem Zusammenhang haben die Staatsangehörigen der Mitgliedstaaten insbesondere das unmittelbar aus dem Vertrag abgeleitete Recht, ihr Herkunftsland zu verlassen, um sich zur Ausübung einer wirtschaftlichen Tätigkeit in das Gebiet eines anderen Mitgliedstaats zu begeben und sich dort aufzuhalten ...* ***Bestimmungen, die einen Staatsangehörigen eines Mitgliedstaats daran hindern oder davon abhalten, sein Herkunftsland zu verlassen, um von seinem Recht auf Freizügigkeit Gebrauch zu machen, stellen Beeinträchtigungen dieser Freiheit dar, auch wenn sie unabhängig von der Staatsangehörigkeit der betroffenen Arbeitnehmer Anwendung finden*** *...«*

Also: Auch Regelungen, die Menschen unabhängig von ihrer Staatsangehörigkeit an der Freizügigkeit hindern könnten, unterliegen grundsätzlich dem Art. 45 Abs. 2 AEUV. Und genau so liegt auch unser Fall: B soll Schadensersatz leisten, wenn er keinen Anschlussvertrag bei L unterschreibt. Diese Klausel hat zum einen mit der Staatsangehörigkeit des B – wie oben schon mal erwähnt – nichts zu tun und würde zum anderen sogar dann gelten, wenn B innerhalb seines Landes den Verein wechseln möchte. Dass B in unserem Fall ins Ausland wechseln will und sich daher auf Art. 45 AEUV beruft, ist bei genauer Betrachtung ein Zufall.

Klären müssen wir freilich noch, worin genau eigentlich die Beschränkung der Freizügigkeit des B liegt. Streng formal betrachtet, könnte B den Verein ja durchaus wechseln und an anderer Stelle bzw. bei einem anderen Verein arbeiten, er müsste eben nur seinem Ausbildungsverein Schadensersatz leisten. Eine klassische Beschränkung im Sinne eines Verbots liegt in der Klausel mithin nicht. Der EuGH sah darin gleichwohl einen Verstoß gegen Art. 45 AEUV. Wörtlich heißt es (EuGH NJW **2010**, 1377 – *Olympique Lyonnais):*

> *»... Was die Frage betrifft, ob eine nationale Regelung wie die hier fragliche eine* ***Beschränkung*** *im Sinne von Art. 45 AEUV darstellt, ist darauf hinzuweisen, dass die Bestimmungen des AEU-Vertrags über die Freizügigkeit insgesamt den Angehörigen der Mitgliedstaaten die Ausübung von beruflichen Tätigkeiten* ***aller Art*** *im Gebiet der Union* ***erleichtern*** *sollen ... Nationale Bestimmungen, die einen Arbeitnehmer, der Staatsangehöriger eines Mitgliedstaats ist, daran hindern oder davon abhalten, sein Herkunftsland zu verlassen, um von*

seinem Recht auf Freizügigkeit Gebrauch zu machen, stellen daher ***Beeinträchtigungen*** *dieser Freiheit dar, auch wenn sie unabhängig von der Staatsangehörigkeit der betreffenden Arbeitnehmer angewandt werden. Es ist festzustellen, dass eine Regelung, wonach ein Spieler nach Abschluss seiner Ausbildungszeit verpflichtet ist, seinen ersten Vertrag als Berufsspieler zur Vermeidung von Schadensersatzforderungen mit dem Verein abzuschließen, der ihn ausgebildet hat, diesen Spieler davon abhalten kann, von seinem Recht auf Freizügigkeit Gebrauch zu machen … Auch wenn, wie Olympique Lyon ausführt, eine solche Regelung diesen Spieler nicht formell daran hindert, mit einem Verein eines anderen Mitgliedstaats einen Vertrag als Berufsspieler zu schließen, macht sie dennoch die Ausübung dieses Rechts* ***weniger attraktiv*** *… Daher stellt diese Regelung eine* ***Beschränkung*** *der durch Art. 45 AEUV gewährleisteten Freizügigkeit der Arbeitnehmer innerhalb der Union dar …«*

Fazit: Die Regelung, die einen Spieler zu Schadensersatz verpflichtet, wenn er nicht bei seinem Ausbildungsverein einen Anschlussvertrag unterschreibt, beschränkt den Spieler in seiner Freizügigkeit aus Art. 45 AEUV, da sie einen Wechsel zumindest weniger attraktiv macht. Bereits eine solche Beschränkung genügt zur Bejahung eines Eingriffs in Art. 45 Abs. 2 AEUV (EuGH NJW **2010**, 1377 – *Olympique Lyonnais).*

ZE.: Die vertragliche Klausel, nach der B Schadensersatz zahlen soll, sofern er keinen Anschlussvertrag bei L abschließt, stellt einen Eingriff in den Schutzbereich des Art. 45 AEUV dar.

IV. Mögliche Rechtfertigung dieses Eingriffs?

So, und jetzt wird es ganz zum Schluss doch noch mal spannend, denn selbstverständlich gab es aus Sicht des Vereins *Olympique Lyon* ziemlich gute Argumente, den B die hier fragliche Klausel vor Beginn seiner Ausbildungszeit unterschreiben zu lassen. Das hier zu klärende Szenario ist im Profisport und vor allem im Profifußball nämlich keinesfalls unüblich, sondern vielmehr die Regel:

> Ein (kleiner) Verein sucht und findet einen begabten jungen Fußballspieler. Er verpflichtet den Spieler, bildet ihn anschließend kostenintensiv aus und formt ihn dabei möglicherweise zu einem Spitzenspieler. Anschließend muss der Verein aber tatenlos mitansehen, wie dieser Spieler nach Ablauf seiner Vertragslaufzeit grußlos zu einem anderen (großen) Verein wechselt – und diesem neuen Verein dann mit seinem Können, das er bei dem kleinen Verein erlernt hat, unter Umständen Millionen einspielt bzw. einbringt. Vor diesem Problem stehen heute unzählige Vereine in Europa (und etwa auch in Südamerika). Die werden nämlich ständig und überall von den zahlungskräftigen Klubs aus Europa und deren »Scouts« (= professionelle Spielerbeobachter) beobachtet, übrigens bis weit in den Jugendbereich hinunter. Sobald sich dabei ein mögliches junges »Talent« offenbart, werden die betreffenden Spieler und/oder deren Eltern von den großen Vereinen – gerne auch mit finanziell erheblichen Anreizen versehen – kontaktiert, um den jungen Mann oder vielleicht sogar den Jugendlichen dazu zu bringen, den Verein zu wechseln. Am Ende starten auf genau ***diesem*** Weg nahezu sämtliche Karrieren großer Spieler, die irgendwann natürlich

von irgendwem entdeckt und anschließend aus dem jeweiligen Verein abgeworben worden sind.

Der abgebende Verein, der den Spieler ausgebildet hat, hat in diesem Falle allerdings denkbar schlechte Karten. Er hat einen jungen Spieler gefunden und gefördert, kann hiervon wirtschaftlich aber nicht wirklich profitieren, da für den Vereinswechsel, wie wir seit dem *Bosman*-Urteil wissen, ja keinerlei »Ablösesumme« gezahlt werden muss. Man wechselt nach Ablauf der Vertragslaufzeit einfach den Verein. Die Frage lautet somit: Gibt es vor diesem Hintergrund und mit Blick auf die enormen Summen, die heutzutage im Profifußball bezahlt und verdient werden, vielleicht doch Argumente, mit denen man die Einschränkung der Arbeitnehmerfreizügigkeit, die den Verbleib des ausgebildeten Spielers bei »seinem« Verein sichern soll, rechtfertigen kann (schwerer, aber wichtiger Satz, bitte noch einmal lesen!)?

1. Geschriebene Rechtfertigungsgründe

Gemäß dem Einleitungssatz von Art. 45 Abs. 3 AEUV (aufschlagen!) sind Einschränkungen der Arbeitnehmerfreizügigkeit nur gerechtfertigt und mithin erlaubt aus Gründen der öffentlichen Ordnung, Sicherheit und Gesundheit.

Hier: Die Einschränkung der Freizügigkeit mit der fraglichen Schadensersatzklausel im Vertrag des B kann aus keinem der genannten Gründe gerechtfertigt sein.

2. Ungeschriebene Rechtfertigungsgründe

In Betracht kommen somit nur noch ***ungeschriebene*** Rechtfertigungsgründe. Seit der Entscheidung des EuGH über den französischen Traubenlikör »Cassis de Dijon« aus dem Februar 1979 (EuGH NJW **1979**, 1766 – *REWE-Zentral* → siehe umfassend vorne im Buch Fall Nr. 6) kann man grundsätzlich auch sogenannte »zwingende Gründe des Allgemeininteresses« oder sonstige, ähnlich gewichtige Erwägungen vorbringen, um die Einschränkung einer Grundfreiheit zu rechtfertigen. Das kam als letzter Rettungsanker somit auch für den L noch in Betracht. Der EuGH zeigte sich im Hinblick auf die Argumente der Beteiligten anschließend und überraschenderweise durchaus fußballkundig, weswegen wir uns die entsprechenden Passagen der Originalentscheidung im Wortlaut gönnen wollen – das Gericht unterteilte die Urteilsgründe dabei nämlich ziemlich weise in zwei Teile, und zwar so:

> »... **1.** *Eine Maßnahme, die die Freizügigkeit der Arbeitnehmer beeinträchtigt, ist nur zulässig, wenn mit ihr ein berechtigter Zweck verfolgt wird und sie aus* ***zwingenden Gründen des Allgemeininteresses*** *gerechtfertigt ist. In einem derartigen Fall muss aber die Anwendung einer solchen Maßnahme auch* ***geeignet*** *sein, die Verwirklichung des in Rede stehenden Zwecks zu gewährleisten, und darf nicht über das hinausgehen, was zu seiner Erreichung erforderlich ist. Was den Berufssport anbelangt, kann festgestellt werden, dass angesichts der beträchtlichen sozialen Bedeutung, die dem Sport und insbesondere dem Fußball zukommt, der Zweck,* ***die Anwerbung und die Ausbildung junger Spieler zu fördern****, als* ***legitim*** *anzuerkennen ist. Bei der Prüfung, ob eine den Spieler beschränkende Regelung geeignet ist,*

> *die Verwirklichung dieses Zwecks zu gewährleisten, und nicht über das hinausgeht, was zu seiner Erreichung erforderlich ist, sind die Besonderheiten des Sports im Allgemeinen und des Fußballs im Besonderen sowie ihre soziale und erzieherische Funktion zu berücksichtigen. Für die Relevanz dieser Faktoren spricht außerdem ihre Erwähnung in* ***Art. 165 Abs. 1 Unterabs. 2 AEUV*** *…*
>
> *… In diesem Zusammenhang ist zunächst anzuerkennen, dass die Aussicht auf die Erlangung von Ausbildungsentschädigungen* ***geeignet*** *ist, die Fußballvereine zu ermutigen, nach* ***Talenten*** *zu* ***suchen*** *und für die* ***Ausbildung junger Spieler zu sorgen****. Die Erträge aus den zu diesem Zweck getätigten Investitionen sind nämlich durch ihren eher zufälligen und ergebnisoffenen Charakter gekennzeichnet, da diese Vereine hinsichtlich aller Nachwuchsspieler, die sie anwerben und gegebenenfalls mehrere Jahre lang ausbilden, die Ausgaben tragen, während diese Spieler nach Abschluss ihrer Ausbildung nur zum Teil eine Karriere als Berufsspieler entweder bei dem Verein, der sie ausgebildet hat, oder bei einem anderen Verein einschlagen. Außerdem werden die mit der Ausbildung von Nachwuchsspielern verbundenen Kosten im Allgemeinen nur teilweise durch den Gewinn ausgeglichen, den der ausbildende Verein aus diesen Spielern während der Ausbildungszeit ziehen kann.* ***Vor diesem Hintergrund könnten ausbildende Vereine davon abgehalten werden, in die Ausbildung junger Spieler zu investieren, wenn sie keinen Ersatz der dafür aufgewendeten Beträge erhalten könnten, falls ein Spieler nach Abschluss seiner Ausbildung einen Vertrag als Berufsspieler mit einem anderen Verein abschließt.*** *Dies ist insbesondere bei kleinen Vereinen der Fall, deren Investitionen in die Anwerbung und Ausbildung von Nachwuchsspielern auf lokaler Ebene von erheblicher Bedeutung für die Erfüllung der sozialen und erzieherischen Funktion des Sports sind.* ***Daraus folgt zunächst, dass eine Regelung, die eine Ausbildungsentschädigung für den Fall vorsieht, dass ein Nachwuchsspieler nach Abschluss seiner Ausbildung einen Vertrag als Berufsspieler mit einem anderen Verein als dem abschließt, der ihn ausgebildet hat, grundsätzlich durch den Zweck gerechtfertigt werden kann, die Anwerbung und die Ausbildung von Nachwuchsspielern zu fördern*** *…«*

Also: Vor allem der letzte Satz ist wichtig. Eine Regelung, die sicherstellt, dass der ausbildende Verein eine Entschädigung erhält, sollte der ausgebildete Spieler nicht bei seinem Ausbildungsverein bleiben, folgt grundsätzlich einem **legitimen Zweck** und kann daher einen ungeschriebenen Rechtfertigungsgrund für die Beschränkung der Freizügigkeit darstellen. Der legitime Zweck liegt namentlich darin, Vereinen finanzielle Anreize dafür zu geben, dass sie Jugendspieler suchen, ausbilden, fördern und so der sozialen und erzieherischen Funktion und Bedeutung des Sports, die in Art. 165 Abs. 1 UAbs. 2 AEUV (aufschlagen!) auch ihren ausdrücklichen Niederschlag gefunden hat, gerecht werden.

Aber: Das war leider noch nicht das allerletzte Wort, denn die vorliegende Regelung, wonach der ausgebildete Spieler einen unbezifferten und folglich erst im Nachhinein vom Verein zu beziffernden Schadensersatz leisten soll, wenn er keinen Anschlussvertrag unterschreibt, hält einer Prüfung des Verhältnismäßigkeitsgrundsatzes am Ende nicht stand. Wörtlich heißt es:

*»... **2.** Eine Regelung zur Absicherung der ausbildenden Vereine muss jedoch für das Erreichen dieses Zwecks auch **geeignet** und **verhältnismäßig** sein. Diesen Voraussetzungen entspricht die hier zu beurteilende Regelung aber nicht. Bei der Frage der Geeignetheit der Regelung sind insbesondere die Kosten zu berücksichtigen, die den Vereinen durch die Ausbildung sowohl der künftigen Berufsspieler als auch derjenigen, die nie Berufsspieler werden, entstehen. Problematisch ist insoweit der Umstand, dass die Schadensersatzforderung des Vereins im konkreten Fall in **keinerlei Bezug** zu den **tatsächlich entstandenen Kosten** der Ausbildung steht und davon unabhängig bestimmt und festgelegt wurde. Die Höhe des Schadensersatzes wurde insbesondere **nicht** anhand der dem Verein entstandenen Ausbildungskosten, sondern anhand des gesamten diesem Verein entstandenen Schadens berechnet. Darüber hinaus wurde die Höhe dieses Schadens auf der Grundlage von Kriterien ermittelt, die nicht im Vorhinein feststanden. Unter diesen Umständen ging die Aussicht auf den Erhalt eines solchen Schadensersatzes weit über das hinaus, was zur Förderung der Ausbildung von Nachwuchsspielern und zur Finanzierung dieser Tätigkeiten **erforderlich** war ... Die vertragliche Regelung war daher nicht geeignet und erforderlich, den – wie oben erörtert – durchaus legitimen Zweck zu erfüllen ...*

Fazit des EuGH:

*... Es ist daher festzustellen, dass der Art. 45 AEUV einer Regelung zwar nicht entgegensteht, die zum Zweck der Förderung der Anwerbung und Ausbildung von Nachwuchsspielern eine **Entschädigung** des ausbildenden Vereins gewährleistet. Diese Regelung muss aber geeignet sein, die Verwirklichung dieses Zwecks zu gewährleisten, und darf nicht über das hinausgehen, was zu seiner Erreichung erforderlich ist. Eine Regelung wie die im Ausgangsverfahren fragliche, wonach ein Spieler, der nach Abschluss seiner Ausbildungszeit einen Vertrag als Berufsspieler mit einem Verein eines anderen Mitgliedstaats abschließt, sich einer Verurteilung zur zunächst unbestimmten **Schadensersatzleistung** aussetzt, deren Höhe von den tatsächlichen Ausbildungskosten abgekoppelt und unabhängig ist, ist nicht erforderlich, um zu gewährleisten, dass dieser Zweck verwirklicht wird ... Die Regelung ist daher unverhältnismäßig und kann somit nicht als Rechtfertigung für die Beschränkung der Arbeitnehmerfreizügigkeit herhalten ...«*

Also: Es stellt vor dem Hintergrund der sozialen und wirtschaftlichen Bedeutung des Fußballs in der heutigen Gesellschaft einen legitimen Zweck dar, das Anwerben von Talenten und die Ausbildung junger Fußballspieler durch Sportvereine zu fördern und ausbildenden Vereinen einen Ersatz ihrer Kosten zu sichern. Regelungen, die das Erreichen dieses Zwecks beabsichtigen, können daher grundsätzlich zwingende Gründe des Allgemeininteresses darstellen und somit die Beschränkung der Arbeitnehmerfreizügigkeit rechtfertigen. Die entsprechenden Regelungen müssen aber verhältnismäßig und insbesondere geeignet und erforderlich zum Erreichen des Zwecks sein. Davon kann nicht ausgegangen werden, wenn Sportvereine sich unbezifferte und/oder von den Ausbildungskosten abgekoppelte Schadensersatzforderungen einräumen lassen für den Fall, dass der ausgebildete Spieler keinen Anschlussvertrag unterzeichnet (EuGH NJW **2010**, 1377 – *Olympique Lyonnais)*.

Ergebnis: Die fragliche Klausel im Vertrag zwischen L und B verstößt gegen Art. 45 AEUV und ist somit nichtig. Eine Schadensersatzforderung des L gegen B kann mithin nicht auf der Grundlage der Klausel begründet sein. B muss nichts an L zahlen.

Schlusswort für die (Fußball-)Oberinteressierten

Die Problematik um die Ausbildungsentschädigungen im Profisport und vor allem im Profifußball ist bis heute rechtlich nach wie vor weitestgehend ungeklärt. Wir wissen zwar seit der hier besprochenen Entscheidung um Herrn *Bernard*, dass pauschale oder unbezifferte Schadensersatzforderungen des abgebenden Vereins gegen Art. 45 AEUV verstoßen. Alles Weitere allerdings schwebt quasi im rechtsfreien Raum. Es existiert seit Juni 2019 ein aktualisiertes Reglement der FIFA zur Abwicklung der Ausbildungsentschädigungen bei internationalen Transfers, das sich im »Reglement bezüglich Status und Transfer von Spielern« (RSTS) findet. Dort hat die FIFA nach einem komplizieren System bestimmte Summen als »Trainingskosten« festgelegt, die abgebende Vereine von den aufnehmenden Vereinen fordern dürfen, gestaffelt nach Land und dem Niveau der jeweiligen Liga. So ist etwa nach den Statuten der FIFA ein Jahr Ausbildung in Deutschland derzeit 90.000 Euro »Trainingskosten« teuer bzw. wert, während die Ausbildung in der chinesischen Liga nur 10.000 Euro Entschädigung bringt und entsprechend vom aufnehmenden Verein bezahlt werden müsste. Aber, wie gesagt: Das sind (nur) die Regeln der FIFA, einem gemeinnützigen Verein des Schweizer Privatrechts. Ob diese Regeln bzw. diese Geldbeträge und deren Aufschlüsselung nach dem RSTS einer europarechtlichen Prüfung standhalten, ist völlig offen. Bei genauer Betrachtung kommt ihnen rechtlich betrachtet allenfalls die Qualität einer »Empfehlung« zu, die jederzeit Gefahr läuft, von den europäischen Grundfreiheiten kassiert zu werden. Das OLG Oldenburg übrigens hat im Mai 2005 entschieden, dass sämtliche Regelungen über Ausbildungsentschädigungen im Profifußball grundsätzlich gegen Art. 12 GG verstoßen und daher nichtig seien (OLG Oldenburg SpuRt **2005**, 164), was freilich durch das hier besprochene Urteil des EuGH aus dem Jahre 2010 obsolet geworden sein dürfte. Entschädigungen sind demnach zulässig, müssen aber verhältnismäßig sein und sich namentlich an den tatsächlich angefallenen Kosten des Ausbildungsvereins orientieren (EuGH NJW **2010**, 1377 – *Olympique Lyonnais)*. Der Oberste Gerichtshof Österreichs hat im November 2012 daher auch die Entschädigungen grundsätzlich für rechtens erklärt, sofern sie die Maßgaben des EuGH-Urteils beachten (OGH vom 27.11.**2012** → 2 Ob 157/12w). Es bleibt spannend.

Gutachten

Ein Anspruch des L gegen B auf Zahlung von 800.000 Euro Schadensersatz ist begründet, wenn die entsprechende vertragliche Absprache zwischen B und L wirksam ist und namentlich nicht gegen die Arbeitnehmerfreizügigkeit aus Art. 45 AEUV verstößt.

L hat sich zur Ausbildung des B und zur Zahlung einer Ausbildungsvergütung verpflichtet, B soll Schadensersatz zahlen, wenn er keinen Anschlussvertrag unterzeichnet. Zweifel an der privatrechtlichen Wirksamkeit dieser Einigung und des vorliegenden Vertrages zwischen L und B bestehen nicht. Ein Anspruch des L gegen B auf Schadensersatz wäre demnach aus dieser vertraglichen Absprache auch begründet, B hat bei L keinen Anschlussvertrag unterschrieben, sondern bei Real Madrid.

Es fragt sich jedoch, ob die vertragliche Klausel, wonach B Schadensersatz leisten muss, sollte er keinen Anschlussvertrag bei L unterzeichnen, möglicherweise gegen europäisches Recht verstößt und folglich nichtig ist. In Betracht kommt eine Verletzung der Arbeitnehmerfreizügigkeit aus Art. 45 AEUV.

I. Die Anwendbarkeit des Art. 45 AEUV

Die Anwendung der Norm ist nur eröffnet, sofern es für das zu lösende Problem in Ausführung des Art. 46 AEUV keine sekundärrechtlichen Harmonisierungsmaßnahmen auf europäischer Ebene gibt. Harmonisierende europäische Maßnahmen, die den vorliegenden Fall regeln könnten, sind nicht ersichtlich.

II. Schutzbereich

1. Persönlicher Schutzbereich

Der persönliche Schutzbereich des Art. 45 Abs. 1 AEUV ist eröffnet, wenn es sich bei B um einen Unionsbürger und zudem um einen Arbeitnehmer im Sinne der Norm handelt. B stammt aus Paris, ist folglich Franzose und damit fraglos Unionsbürger im Sinne des Art. 9 Satz 2 EUV. Im Hinblick auf die Arbeitnehmereigenschaft des angehenden Berufsfußballers B ist festzuhalten, dass der Schutzbereich des Art. 45 AEUV Profisportler umfasst, wenn ihre Tätigkeit zum Wirtschaftsleben gehört und einer entgeltlichen Dienst- oder Arbeitsleistung entspricht. Profifußballspieler sind Teil einer dem Wirtschaftsleben zugehörigen Branche, deren Mitglieder mit ihrer sportlichen Betätigung eine entgeltliche Arbeitsleistung erbringen. Es handelt sich insbesondere nicht um den nur dem Freizeitbereich zuzuordnenden Bereich des Sports. Der persönliche Schutzbereich des Art. 45 Abs. 1 AEUV ist betroffen.

2. Sachlicher Schutzbereich

Der sachliche Schutzbereich des Art. 45 AEUV ist eröffnet, wenn die fragliche Regelung einen der in Art. 45 Abs. 3 AEUV benannten Bereiche tangiert. Im vorliegenden Fall geht es um die Pflicht zum Schadensersatz, wenn B im Anschluss an seine Ausbildung einen Profivertrag bei einem anderen Verein unterzeichnet. Diese Regelung ist potentiell geeignet, den B daran zu hindern, sich bei einem anderen Verein in der EU zu bewerben und betrifft demnach jedenfalls die Vorschrift des Art. 45 Abs. 3 lit. a AEUV. Der sachliche Schutzbereich des Art. 45 AEUV ist betroffen.

3. Grenzüberschreitender Bezug und Bereichsausnahme

Der für die Anwendung der europäischen Grundfreiheiten stets erforderliche grenzüberschreitende Bezug ist vorliegend gegeben. B streitet sich zwar mit seinem inländischen Verein L um eine mögliche Schadensersatzpflicht, allerdings geht es um einen Wechsel des Arbeitsplatzes zwischen Frankreich und Spanien, beide Länder sind Mitglieder der Europäischen Union. Schließlich findet die Bereichsausnahme des Art. 45 Abs. 4 AEUV keine Anwendung, B möchte nicht in der öffentlichen Verwaltung arbeiten.

III. Eingriff in den Schutzbereich

1. Ein Eingriff in den Schutzbereich des Art. 45 AEUV liegt vor, wenn die fragliche Regelung B aufgrund seiner Staatsangehörigkeit diskriminiert oder aber eine anderweitige Beschränkung seines in Art. 45 AEUV garantierten Rechts auf Freizügigkeit darstellt. Die Eingriffsqualität der Klausel könnte schon deshalb fraglich sein, weil es sich bei der Klausel, die als Beschränkung der Freizügigkeit vorliegend allein in Frage kommt, um eine rein privatrechtliche Absprache zwischen den Beteiligten handelt. Gemäß der Schutzrichtung der Grundfreiheiten sollen grundsätzlich nur beschränkende und diskriminierende Maßnahmen eines Staates und seiner Behörden verhindert werden.

Allerdings unterliegen sämtliche Regelungen in privatrechtlich geschlossenen Tarifverträgen oder Einzelarbeitsverträgen bereits dem Art. 7 Abs. 4 der Verordnung VO EU 492/2011 und verbieten somit in diesem Bereich durch europäisches Sekundärrecht jede Form der Diskriminierung aufgrund der Staatsangehörigkeit. Zum anderen unterliegen nach ständiger Rechtsprechung des EuGH auch alle anderen, von der genannten Verordnung nicht erfassten und von Privatrechtssubjekten in einem Arbeitsverhältnis ausgesprochenen Diskriminierungen der Regelung des Art. 45 AEUV. Dies begründet sich damit, dass Arbeitsbedingungen herkömmlicherweise nicht nur durch staatliche Gesetze, sondern auch und vor allem durch privatrechtliche Vereinbarungen geregelt werden. Der Zugriff der Grundfreiheiten auf mögliche Diskriminierung im Arbeitsleben würde verhindert, wenn privatrechtlich ausgehandelte Arbeitsbedingungen von der Anwendung der Grundfreiheiten an sich ausgeschlossen wären. Die Grundfreiheiten wirken daher auch in privatrechtlich vereinbarte Arbeitsbedingungen – sofern diese nicht vom europäischen Sekundärrecht erfasst werden – hinein, und zwar mittels einer sogenannten Drittwirkung. Die Reglements der privatrechtlich organisierten nationalen und der internationalen Sportverbände können daher auch Eingriffe in den Schutzbereich des Art. 45 AEUV darstellen, wenn sie die Arbeitsbedingungen der Mitglieder/Sportler betreffen und hierin entweder Diskriminierungen aufgrund der Staatsangehörigkeit oder sonstige Beschränkungen der Arbeitnehmerfreizügigkeit innerhalb der EU liegen. Im vorliegenden Fall wird die Eingriffsqualität der Klausel daher nicht schon dadurch gehindert, dass es sich sowohl bei der vertraglichen Absprache zwischen B und L als auch bei den entsprechenden Reglements der nationalen und internationalen Fußballverbände um rein privatrechtliche Vorgänge handelt. Da die Klausel die Bedingungen für einen Wechsel des Arbeitsplatzes des B betreffen, unterliegen sie den Verboten und Regeln des Art. 45 AEUV.

2. Es müsste sich des Weiteren bei der Vertragsklausel entweder um eine Diskriminierung aufgrund der Staatsangehörigkeit des B oder aber um eine sonstige Beschränkung der in Art. 45 AEUV garantierten Rechte des B handeln. Da die Klausel auf die Staatsangehörigkeit des B keinen Bezug nimmt und somit davon unabhängig betrachtet werden kann, kommt nur eine sonstige Beschränkung der Arbeitnehmerfreizügigkeit in Betracht. Auch Regelungen, die Menschen unabhängig von ihrer Staatsangehörigkeit an der Freizügigkeit hindern könnten, unterliegen grundsätzlich dem Art. 45 Abs. 2 AEUV. B soll Schadensersatz leisten, wenn er keinen Anschlussvertrag bei L unterschreibt. Diese Klausel hat zum einen mit der Staatsangehörigkeit des B nichts zu tun und würde zum anderen sogar gelten, wenn B innerhalb seines Landes den Verein wechseln möchte. Dass B ins Ausland wechseln will und sich daher auf Art. 45 AEUV beruft, ist somit lediglich ein Zufall.

Es fragt sich indessen, worin genau die Beschränkung der Freizügigkeit des B liegt. Streng formal betrachtet, könnte B den Verein durchaus wechseln und an anderer Stelle bzw. bei einem anderen Verein arbeiten, er müsste nur seinem Ausbildungsverein Schadensersatz leisten. Eine klassische Beschränkung im Sinne eines Verbots liegt in der Klausel mithin nicht. Dies schließt eine Beschränkung im Sinne des Art. 45 AEUV aber nicht aus. Insoweit ist namentlich darauf hinzuweisen, dass die Bestimmungen des AEU-Vertrags über die Freizügigkeit insgesamt den Angehörigen der Mitgliedstaaten die Ausübung von beruflichen Tätigkeiten aller Art im Gebiet der Union erleichtern sollen. Nationale Bestimmungen, die einen Arbeitnehmer, der Staatsangehöriger eines Mitgliedstaats ist, daran hindern oder davon abhalten, sein Herkunftsland zu verlassen, um von seinem Recht auf Freizügigkeit Gebrauch zu machen, stellen daher Beeinträchtigungen dieser Freiheit dar, auch wenn sie unabhängig von der Staatsangehörigkeit der betreffenden Arbeitnehmer angewandt werden. Es ist mithin festzustellen, dass eine Regelung, wonach ein Spieler nach Abschluss seiner Ausbildungszeit verpflichtet ist, seinen ersten Vertrag als Berufsspieler zur Vermeidung von Schadensersatzforderungen mit dem Verein abzuschließen, der ihn ausgebildet hat, diesen Spieler davon abhalten kann, von seinem Recht auf Freizügigkeit Gebrauch zu machen. Auch wenn eine solche Regelung diesen Spieler nicht formell daran hindert, mit einem Verein eines anderen Mitgliedstaats einen Vertrag als Berufsspieler zu schließen, macht sie dennoch die Ausübung dieses Rechts weniger attraktiv. Daher stellt diese Regelung eine Beschränkung der durch Art. 45 AEUV gewährleisteten Freizügigkeit der Arbeitnehmer innerhalb der Union dar. Die vertragliche Klausel, nach der B Schadensersatz zahlen soll, sofern er keinen Anschlussvertrag bei L abschließt, stellt folglich einen Eingriff in den Schutzbereich des Art. 45 AEUV dar.

IV. Rechtfertigung

1. Geschriebene Rechtfertigungsgründe

Gemäß Art. 45 Abs. 3 AEUV sind Einschränkungen der Arbeitnehmerfreizügigkeit nur gerechtfertigt und mithin erlaubt aus Gründen der öffentlichen Ordnung, Sicherheit und Gesundheit. Die Einschränkung der Freizügigkeit mit der fraglichen Schadensersatzklausel im Vertrag des B kann aus keinem der genannten Gründe gerechtfertigt sein.

2. Ungeschriebene Rechtfertigungsgründe

In Betracht kommen aber ungeschriebene Rechtfertigungsgründe. Grundsätzlich können auch zwingende Gründe des Allgemeininteresses oder sonstige, ähnlich gewichtige Erwägungen vorgebracht werden, um die Einschränkung einer Grundfreiheit zu rechtfertigen. Im Ergebnis ist das Vorliegen zwingender Gründe des Allgemeininteresses im vorliegenden Fall jedoch abzulehnen. Dies ergibt sich aufgrund folgender Erwägungen:

a. In Bezug auf den Berufssport kann zunächst festgestellt werden, dass angesichts der beträchtlichen sozialen Bedeutung, die dem Sport und insbesondere dem Fußball zukommt, der Zweck, die Anwerbung und die Ausbildung junger Spieler zu fördern, als legitim anzuerkennen ist. Bei der Prüfung, ob eine den Spieler beschränkende Regelung geeignet ist, die Verwirklichung dieses Zwecks zu gewährleisten, und nicht über das hinausgeht, was zu seiner Erreichung erforderlich ist, sind die Besonderheiten des Sports im Allgemeinen und des Fußballs im Besonderen sowie ihre soziale und erzieherische Funktion zu berücksichtigen. In diesem Zusammenhang ist zunächst anzuerkennen, dass die Aussicht auf die Erlangung von Ausbildungsentschädigungen geeignet ist, die Fußballvereine zu ermutigen, nach Talenten zu suchen und für die Ausbildung junger Spieler zu sorgen. Die Erträge aus den zu diesem Zweck getätigten Investitionen sind nämlich durch ihren eher zufälligen und ergebnisoffenen Charakter gekennzeichnet, da diese Vereine hinsichtlich aller Nachwuchsspieler, die sie anwerben und gegebenenfalls mehrere Jahre lang ausbilden, die Ausgaben tragen, während diese Spieler nach Abschluss ihrer Ausbildung nur zum Teil eine Karriere als Berufsspieler entweder bei dem Verein, der sie ausgebildet hat, oder bei einem anderen Verein einschlagen. Außerdem werden die mit der Ausbildung von Nachwuchsspielern verbundenen Kosten im Allgemeinen nur teilweise durch den Gewinn ausgeglichen, den der ausbildende Verein aus diesen Spielern während der Ausbildungszeit ziehen kann. Vor diesem Hintergrund könnten ausbildende Vereine davon abgehalten werden, in die Ausbildung junger Spieler zu investieren, wenn sie keinen Ersatz der dafür aufgewendeten Beträge erhalten könnten, falls ein Spieler nach Abschluss seiner Ausbildung einen Vertrag als Berufsspieler mit einem anderen Verein abschließt. Dies ist insbesondere bei kleinen Vereinen der Fall, deren Investitionen in die Anwerbung und Ausbildung von Nachwuchsspielern auf lokaler Ebene von erheblicher Bedeutung für die Erfüllung der sozialen und erzieherischen Funktion des Sports sind. Daraus folgt zunächst, dass eine Regelung, die eine Ausbildungsentschädigung für den Fall vorsieht, dass ein Nachwuchsspieler nach Abschluss seiner Ausbildung einen Vertrag als Berufsspieler mit einem anderen Verein als dem abschließt, der ihn ausgebildet hat, grundsätzlich durch den Zweck gerechtfertigt werden kann, die Anwerbung und die Ausbildung von Nachwuchsspielern zu fördern.

b. Eine Regelung zur Absicherung der ausbildenden Vereine muss jedoch für das Erreichen dieses Zwecks auch geeignet und verhältnismäßig sein. Diesen Voraussetzungen entspricht die hier zu beurteilende Regelung nicht. Bei der Frage der Geeignetheit der Regelung sind insbesondere die Kosten zu berücksichtigen, die den Vereinen durch die Ausbildung sowohl der künftigen Berufsspieler als auch derjenigen, die nie Berufsspieler werden, entstehen. Problematisch ist insoweit der Umstand, dass die Schadensersatzforderung des Vereins im konkreten Fall in keinerlei Bezug zu den tatsächlich entstandenen Kosten der Ausbildung steht und davon unabhängig bestimmt und festgelegt wurde. Die Höhe des Schadensersatzes wurde insbesondere nicht anhand der dem Verein entstandenen Ausbildungskosten, sondern anhand des gesamten diesem Verein entstandenen Schadens berechnet. Darüber hinaus wurde die Höhe dieses Schadens auf der Grundlage von Kriterien ermittelt, die nicht im Vorhinein feststanden. Unter diesen Umständen ging die Aussicht auf den Erhalt eines solchen Schadensersatzes weit über das hinaus, was zur Förderung der Ausbildung von Nachwuchsspielern und zur Finanzierung dieser Tätigkeiten erforderlich war. Die vertragliche Regelung war daher nicht geeignet und erforderlich, den – wie oben erörtert – durchaus legitimen Zweck zu erfüllen.

c. Es ist daher festzustellen, dass Art. 45 AEUV einer Regelung zwar nicht entgegensteht, die zum Zweck der Förderung der Anwerbung und Ausbildung von Nachwuchsspielern eine Entschädigung des ausbildenden Vereins gewährleistet. Diese Regelung muss aber geeignet sein, die Verwirklichung dieses Zwecks zu gewährleisten, und darf nicht über das hinausgehen, was zu seiner Erreichung erforderlich ist. Eine Regelung, wonach ein Spieler, der nach Abschluss seiner Ausbildungszeit einen Vertrag als Berufsspieler mit einem Verein eines anderen Mitgliedstaats abschließt, sich einer Verurteilung zur zunächst unbestimmten Schadensersatzleistung aussetzt, deren Höhe von den tatsächlichen Ausbildungskosten abgekoppelt und unabhängig ist, ist nicht erforderlich, um zu gewährleisten, dass dieser Zweck verwirklicht wird. Die Regelung ist daher unverhältnismäßig und kann somit nicht als Rechtfertigung für die Beschränkung der Arbeitnehmerfreizügigkeit herhalten.

Ergebnis: Die fragliche Klausel im Vertrag zwischen L und B verstößt gegen Art. 45 AEUV und ist somit nichtig. Eine Schadensersatzforderung des L gegen B kann mithin nicht auf der Grundlage der Klausel begründet sein. B muss nichts an L zahlen.

Fall 10

Zahnarztgeschichten

Luc Vanderborght (V) betreibt in seiner belgischen Heimatstadt *Opwijk* als niedergelassener Zahnarzt eine Praxis. Nach belgischem Recht ist Zahnärzten jede Form von Werbung, insbesondere in den gängigen Foren wie Zeitungen, Fernsehen, Radio und Internet, grundsätzlich und unter Strafandrohung verboten. V hat gleichwohl Anzeigen in lokalen Zeitungen geschaltet und eine Internetseite eingerichtet, auf der er mit dem zahnärztlichen Angebot seiner Praxis wirbt. Als die zuständige Behörde davon erfährt, zeigt sie V bei der Staatsanwaltschaft an, die umgehend ein Strafverfahren einleitet. Vor Gericht erklärt V, das in Belgien geltende Werbeverbot für Zahnärzte verletze die europäischen Grundfreiheiten und sei rechtswidrig. Er behandele seit einigen Monaten auch Patienten aus Holland, Deutschland und Frankreich, die – was der Wahrheit entspricht – nur wegen der Internetpräsenz auf ihn aufmerksam geworden seien. Das Werbeverbot verletze somit die Dienst- und die Niederlassungsfreiheit. Die Staatsanwaltschaft hält das Werbeverbot indes für europarechtskonform: Zum einen liege schon gar kein grenzüberschreitender Sachverhalt vor, da V ja nur in Belgien arbeite. Zum anderen sei das Verbot jedenfalls gerechtfertigt: Wenn alle Zahnärzte nach Belieben auf dem Werbemarkt tätig sein dürften, beschädige dies die Würde und das hohe Ansehen des Zahnarztberufs. Zudem bestünde die Gefahr, dass die medizinisch unkundigen Patienten durch plakative Werbeaussagen über das Angebot und die Dienstleistungen der einzelnen Ärzte in die Irre geführt werden.

Frage: Kann V wegen Verstoßes gegen das Werbeverbot verurteilt werden? **Hinweis:** Etwaige europäische Harmonisierungsmaßnahmen bleiben außer Betracht.

Schwerpunkte: Die Dienstleistungsfreiheit aus Art. 56 AEUV; Schutzbereich und Rechtfertigungen; Abgrenzung zur Niederlassungsfreiheit aus Art. 49 AEUV.

Lösungsweg

Einstieg: Die Geschichte da oben ist selbstverständlich nicht erfunden, sondern hat sich vielmehr exakt so, wie sie da steht, auch zugetragen und im Mai 2017 zu einer grundlegenden Entscheidung des EuGH zu Art. 56 AEUV und der dort verankerten Dienstleistungsfreiheit geführt (EuGH GRUR **2017**, 627 – *Luc Vanderborght*). Die Probleme des Falles brauchen wir zum Glück nicht lange zu suchen, der Sachverhalt gibt ja schon (fast) alle notwendigen Hinweise: Natürlich müssen wir gleich mal schauen, ob die Dienstleistungsfreiheit hier vom Schutzbereich her überhaupt einschlägig sein kann, denn bei genauer Betrachtung kann V seine Dienstleistungen jederzeit und überall anbieten, er darf halt – wie alle Zahnärzte in Belgien – nur nicht dafür werben. Zudem macht die Erklärung der Staatsanwaltschaft im Hinblick auf eine mögliche Rechtfertigung ja auch irgendwie Sinn, denn ein freier Werbemarkt für Zahnärzte könnte tatsächlich dem im Zweifel medizinisch unkundigen bis ahnungslosen Kunden- bzw. Patientenkreis irreführende Botschaften unterjubeln und damit dann auch noch dem Ruf der ganzen Branche schaden. Schließlich geht es auch noch um das Konkurrenzverhältnis von Art. 56 AEUV zu Art. 49 AEUV (aufschlagen!) sowie den Umstand, dass das Werbeverbot tatsächlich ja unterschiedslos, also für **alle** in Belgien tätigen Zahnärzte und somit unabhängig von ihrer Staatsangehörigkeit gilt, was eine Diskriminierung grundsätzlich mal in Frage stellt. All das zusammen macht die kleine Geschichte um Herrn *Vanderborght* aus *Opwijk* (liegt übrigens im schönen *Flandern*) zu einem ziemlich prüfungstauglichen Fall, dem wir uns jetzt dann bitte schulmäßig widmen wollen – also:

Obersatz: Der L kann nur dann wegen Verstoßes gegen das Werbeverbot für Zahnärzte in Belgien verurteilt werden, wenn dieses Werbeverbot rechtmäßig ist und namentlich nicht gegen europäische Rechtsnormen verstößt. In Betracht kommt ein Verstoß gegen die europäischen Grundfreiheiten.

I. Die Anwendbarkeit der Grundfreiheiten

1. Nach Auskunft des Sachverhaltes sind etwaige europäische Harmonisierungsmaßnahmen vorliegend nicht zu prüfen, die Anwendbarkeit der Grundfreiheiten wird im hier zu lösenden Fall folglich nicht durch europäisches Sekundärrecht verdrängt.

Durchblick: Dass wir hier auf die Überprüfung von Harmonisierungsmaßnahmen verzichten, hat natürlich einen (guten) Grund. Der EuGH musste in seiner Entscheidung aus dem Mai 2017 nämlich auf gleich **zwei** harmonisierende Richtlinien des europäischen Sekundärrechts eingehen, die zwar aus anderen Gründen als zur Verhinderung von Werbemaßnahmen durch Zahnärzte erlassen wurden, das Problem gleichwohl aber zumindest berührten. Das wollen wir uns mal kurz anschauen, es wird nämlich amüsant: Zum einen ging es um die Richtlinie **2005/29/EG** über die »Unlauteren Geschäftspraktiken von Unternehmern gegenüber Verbrauchern« vom 11. Mai 2005, deren Anwendung der EuGH freilich relativ knapp verneinte. Gemäß Art. 3 Abs. 3 und 8 lässt diese Richtlinie die Rechtsvorschriften der Mitgliedstaaten in Bezug auf die Gesundheits- und Sicherheitsaspekte von Produkten und vor allem auch die »**berufsständischen Verhaltenskodizes**« unberührt, weshalb das Werbeverbot für Zahnärzte auch nicht an den Maßstäben dieser Richtlinie zu messen war. Einen Verstoß bejahte der EuGH demgegenüber im Hinblick auf die Richtlinie **2000/31/EG** (»Über den elektronischen Geschäftsverkehr«) vom 8. Juni 2000. Und das kam so: Im Jahr 2000 war – heute komplett unvorstellbar – der Siegeszug des Internets noch nicht im Entferntesten absehbar. Es gab zwar schon das ein oder andere elektronische Endgerät (*iPhones* gibt es übrigens erst seit 2007!) und natürlich auch Computer. Die heutige, geradezu beängstigende Dominanz und Bedeutung von Smartphones und Computern bzw. des digitalen Kommunikationsverkehrs im privaten und im wirtschaftlichen Umgang war vor gut 20 Jahren tatsächlich aber noch unvorstellbar. Die daher tendenziell auch ahnungslose EU erließ im Jahr 2000 die oben benannte Richtlinie, um der möglicherweise zunehmenden Bedeutung des Internets (!) gerecht zu werden. Aus heutiger Sicht beinahe niedlich, wurde in der Gesetzesbegründung der Richtlinie im Jahr 2000 folgendes Szenario prognostiziert und als Maßstab ausgegeben:

»... Die Dienste der neuen Informationsgesellschaft umfassen weite Bereiche von wirtschaftlichen Tätigkeiten, die auch online vonstattengehen können. Die Entwicklung des elektronischen Geschäftsverkehrs in der Informationsgesellschaft bietet voraussichtlich erhebliche Wachstums- und Beschäftigungsmöglichkeiten auch in der Europäischen Gemeinschaft, insbesondere in kleinen und mittleren Unternehmen, und wird das Wirtschaftswachstum sowie die Investitionen in Innovationen der europäischen Unternehmen deutlich anregen. Diese Entwicklung kann auch die Wettbewerbsfähigkeit der europäischen Wirtschaft stärken, ***vorausgesetzt, dass das Internet zukünftig allen Teilnehmern des europäischen Marktes auch zugänglich ist*** *... Es ist daher wichtig zu gewährleisten, dass der elektronische Geschäftsverkehr die Chancen des Binnenmarktes voll nutzen kann und dass ein hohes Niveau der gemeinschaftlichen Integration erzielt wird. Die Mitgliedsländer sollen daher sicherstellen, dass allen Teilnehmern am europäischen Binnenmarkt jederzeit und ungehindert der Zugang zum Internet gewährleistet wird ...«*

Nach Art. 8 Abs. 1 der (bis heute gültigen!) Richtlinie sollen die Mitgliedstaaten daher unter anderem sicherstellen, dass es auch den Angehörigen der sogenannten »reglementierten Berufe« (= Berufe, die einen staatlich anerkannten Abschluss voraussetzen), wozu natürlich auch **Ärzte** gehören, jederzeit ermöglicht wird, die Dienste der sogenannten »Informationsgesellschaft« für ihre Tätigkeit zu nutzen. Die Mitgliedstaaten dürfen und sollen diese, allen zu gewährleistende Nutzung bitte nur daraufhin beobachten, dass die berufsrechtlichen Regeln, insbesondere zur Wahrung von Unabhängigkeit, Würde und Ehre des Berufs, des Berufsgeheimnisses und eines lauteren Verhaltens gegenüber Kunden und Berufskollegen, eingehalten werden (→ Art. 8 Abs. 1). Ein vollständiges Verbot der Internetnutzung darf aber unter keinen Umständen ausgesprochen werden. **Problem**: Weil aber genau **DAS** (= vollständiges Verbot der Nutzung) in Belgien für Zahnärzte galt, verstieß die belgische Regelung jedenfalls im Hinblick auf die vom Werbeverbot natürlich auch umfassten **Onlineauftritte** der Zahnärzte gegen die Richtlinie 2000/31/EG vom Juni 2000 und war folglich schon aus diesem Grund nichtig (EuGH GRUR **2017**, 627 – *Luc Vanderborght*).

Und jetzt der Clou: Da mit diesem, ausdrücklich festgestellten Verstoß gegen die Richtlinie 2000/31/EG eine weitere Überprüfung der belgischen Regelung anhand der europäischen Grundfreiheiten versperrt gewesen wäre – die Grundfreiheiten sind bekanntlich **nicht mehr anwendbar**, wenn es eine einheitliche europäische Regelung des zu klärenden Problems gibt (*Haratsch/Koenig/Pechstein* Rz. 863) –, behalf sich der

EuGH, der die Prüfung der Grundfreiheiten offenbar gleichwohl noch machen wollte, mit der folgenden, ziemlich cleveren Formulierung bzw. Idee (EuGH GRUR **2017**, 627 – *Luc Vanderborght* – Rz. 52):

> *»... Es ist darauf hinzuweisen, dass die Anfrage des belgischen Strafgerichts so zu verstehen ist, dass mit ihr letztlich* ***umfassend*** *geklärt werden soll, ob nationale Rechtsvorschriften, soweit sie Werbung auch verbieten, die nicht über den Dienst der Informationsgesellschaften im Sinne der Richtlinie 2000/31/EG erfolgt, mit den europäischen Grundfreiheiten vereinbar sind ...«*

Damit konnte die belgische Regelung, die ja nicht nur die digitale Werbung, sondern ganz pauschal ***jede*** Form der Werbung, also etwa auch – wie von Herrn *Vanderborght* ja auch genutzt – über die **Zeitungen**, das Radio und das Fernsehen mitumfasste, auch noch anhand der Grundfreiheiten geprüft werden. Die eben benannte Richtlinie **2000/31/EG** »Über den elektronischen Geschäftsverkehr« betrifft und verbietet ja nur ein allgemeines Verbot der **Onlinewerbung**. Die vom belgischen Verbot ebenfalls umfasste Werbung über andere Foren war davon aber nicht umfasst und konnte folglich an den Grundfreiheiten gemessen werden. Und damit war die Hürde der Unanwendbarkeit der Grundfreiheiten wegen einer sekundärrechtlichen Harmonisierungsmaßnahme souverän übersprungen.

ZE.: Wegen des Hinweises am Ende unseres Sachverhaltes auf das Außerachtlassen etwaiger Harmonisierungsmaßnahmen nehmen wir das Ganze bitte nur interessiert zur Kenntnis, merken uns vor allem, dass es entsprechende Richtlinien zur Internetnutzung gibt, brauchen sie für unsere Lösung in dieser Vollständigkeit aber nicht. Die Grundfreiheiten sind in unserem Fall daher fraglos anwendbar.

2. Konkurrenzen innerhalb der Grundfreiheiten (Art. 56 AEUV und Art. 49 AEUV)

So, was wir aber sehr wohl jetzt und an dieser Stelle etwas genauer anschauen müssen, ist das Konkurrenzverhältnis der einzelnen Grundfreiheiten zueinander und dort namentlich zwischen der Dienstleistungsfreiheit aus Art. 56 AEUV und der Niederlassungsfreiheit aus Art. 49 AEUV. Kommen in einem Fall – so wie bei uns – zumindest theoretisch mehrere Grundfreiheiten und deren Verletzung in Betracht, stellt sich die Frage der Prüfungsreihenfolge und insbesondere möglicher Subsidiaritäten.

Folgende Regeln wollen wir uns bitte merken:

a) Zunächst gilt – entgegen dem vermeintlich eindeutigen Wortlaut des Art. 57 Abs. 1 AEUV (aufschlagen!) und vereinzelter Ansichten in der Literatur (*Hobe/Fremuth* § 19 Rz. 8) – nach herrschender Meinung ***keine*** Subsidiarität der Dienstleistungsfreiheit gegenüber den anderen dort genannten Grundfreiheiten (mehr). Der EuGH, der früher diese Subsidiarität des Art. 56 AEUV in ständiger Rechtsprechung annahm (EuGH Slg. **1995**, I-4165 – *Gebhard;* EuGH Slg. **1996**, I-6511 – *Broede*), hat seine Meinung inzwischen geändert und in jüngerer Zeit gleich mehrfach gegenteilige Stellung bezogen und in einem Urteil aus dem Oktober 2006 in Bezug auf die Art. 57 Abs. 1, 56 AEUV klargestellt:

> *»... Der Art. 57 Abs. 1 AEUV unterscheidet die Dienstleistung von den anderen Grundfreiheiten lediglich auf der Ebene der **Definition** der Begriffe, ordnet aber **keinen** Vorrang der dort benannten Grundfreiheiten an. Der Begriff der ›Dienstleistung‹ deckt nämlich die nicht von den übrigen Grundfreiheiten erfassten Leistungen mit dem Ziel ab, keine wirtschaftliche Tätigkeit aus dem Geltungsbereich der Grundfreiheiten herausfallen zu lassen ...«* (EuGH Slg. **2006**, I-9521- *Fidium Finanz* = WM **2006**, 1949)

Merke: Die Dienstleistungsfreiheit aus Art. 56 AEUV steht gleichwertig neben den anderen Grundfreiheiten aus dem AEUV und ist insbesondere nicht subsidiär zu den in Art. 57 Abs. 1 AEUV genannten anderen Grundfreiheiten zu prüfen (EuGH GRUR **2017**, 627 – *Luc Vanderbroght;* EuGH EU:C:**2016**:356 – *NN International*; EuGH Slg. **2006**, I-9521 – *Fidium Finanz; Calliess/Ruffert/Kluth* Art. 57 AEUV Rz. 15; *Schwarze/Holoubek* Art. 56, 57 AEUV Rz. 9; a.A.: *Hobe/Fremuth* § 19 Rz. 8).

b) Die Dienstleistungsfreiheit und die Niederlassungsfreiheit unterscheiden sich sodann vordringlich anhand des Merkmals der beabsichtigten **Verweildauer** des Betroffenen: Ist die Tätigkeit in einem anderen Mitgliedstaat auf Dauer und nicht nur vorübergehend angelegt und will sich der Betroffene demnach auf unbestimmte Zeit in die Wirtschaft des Aufnahmestaates integrieren, kommt bei Diskriminierungen die **Niederlassungsfreiheit** als einschlägige Grundfreiheit in Betracht (EuGH Slg. **2004**, I-5645 – *Kommission/Portugal;* EuGH Slg. **1991**, I-3905 – *Factortame; Schwarze/Schlag* Art. 49 AEUV Rz. 2; *Calliess/Ruffert/Bröhmer* Art. 49 AEUV Rz. 12). Die Dienstleistungsfreiheit ist daher insbesondere nicht anwendbar, wenn der Wirtschaftsteilnehmer seine Dienstleistung in »stabiler und kontinuierlicher Weise« von einem festen Standort in einem anderen als seinem Herkunftsland innerhalb der EU erbringt (EuGH Slg. **2004**, I-5645 – *Kommission/Portugal;* EuGH Slg. **1995**, I-4165 – *Gebhard; Herdegen* § 16 Rz. 22; *Herdegen* § 17 Rz. 1). Will der Betroffene demgegenüber nur grenzüberschreitende Dienstleistungen erbringen, vor allem, ohne die Einbindung in die Wirtschaft des eigenen Landes aufzugeben, finden die Art. 56 ff. AEUV ausschließliche Anwendung, wovon im Übrigen auch die Regelung des **Art. 57 Abs. 3 AEUV** ausgeht (EuGH Slg. **1991**, I-3905 – *Factortame; Schwarze/Schlag* Art. 49 AEUV Rz. 2; *Hobe/Fremuth* § 19 Rz. 10). Schließlich ist wichtig zu wissen, dass sich die beiden Grundfreiheiten aus Art. 49 AEUV und Art. 56 AEUV in ihrem Schutzbereich gleichwohl nicht gegenseitig ausschließen, sondern auch gemeinsam betroffen sein können. Dies kann der Fall sein, wenn sowohl im Hinblick auf die Niederlassung als auch auf die Dienstleistung sowohl eine Beschränkung als auch jeweils ein grenzüberschreitender Bezug vorliegt (vgl. dazu EuGH EuZW **2018**, 279 – *Global Starnet*).

Also: Die Dienstleistungsfreiheit und die Niederlassungsfreiheit unterscheidet man anhand der beabsichtigten **Verweildauer** des Wirtschaftsteilnehmers. Wer nur vorübergehend in einem anderen Land seine Dienstleistungen erbringen will, kann sich bei Diskriminierungen auf Art. 56 AEUV berufen. Wer einen festen Standort in einem anderen Land betreibt und von dort aus seine Dienstleistungen erbringen möchte, kann bei Diskriminierungen zwar nicht auf Art. 56 AEUV, dafür aber auf Art. 49 AEUV zurückgreifen (EuGH Slg. **2004**, I-5645 – *Kommission/Portugal*). Beide Grundfreiheiten können ausnahmsweise auch gemeinsam betroffen sein, was aber einen grenzüberschreitenden Bezug sowohl der Dienstleistung als auch die Niederlassung voraussetzt (EuGH EuZW **2018**, 279 – *Global Starnet*).

c) So, nachdem wir das geklärt und uns bitte auch gemerkt haben, ist die Frage nach der in Betracht kommenden Grundfreiheit in unserem Fall – zumindest auf den ersten Blick – nicht mehr wirklich schwer zu beantworten. Herr *Vanderborght* möchte zwar Patienten aus anderen EU-Ländern behandeln, seinen Wirtschaftsstandort aber nicht, und zwar noch nicht mal vorübergehend in ein anderes Land verlegen; die Patienten kommen ja zu ihm nach *Opwijk*. Damit scheidet nach dem soeben Gesagten jedenfalls eine Berufung auf bzw. eine Verletzung von Art. 49 AEUV grundsätzlich aus. Es kommt lediglich eine Beschränkung der **Dienstleistungsfreiheit** aus Art. 56 AEUV in Betracht.

Aber, **Vorsicht**: Bei genauer Betrachtung kann die belgische Regelung über das unterschiedslose, also unabhängig von der Staatsangehörigkeit geltende Werbeverbot für Zahnärzte tatsächlich auch die **Niederlassungsfreiheit** beschränken. Geht man mit dem EuGH und der herrschenden Meinung nämlich davon aus, dass der Art. 49 AEUV »*... alle Maßnahmen verbietet, die die Ausübung der dort garantierten Niederlassungsfreiheit in irgendeiner Form untersagen, behindern oder weniger attraktiv machen ...*« (EuGH EuZW **2018**, 279 – *Global Starnet*; EuGH EU:C:**2015**:25 – *Stanley International Betting und Stanleybet*), fällt auch die Werbebeschränkung im vorliegenden Fall unter Art. 49 AEUV, denn sie kann die Niederlassung als Zahnarzt zumindest weniger attraktiv machen (man darf ja nicht für sich werben!). Insoweit müsste freilich noch ein grenzüberschreitender Bezug hergestellt werden, der für die Verletzung jeder Grundfreiheit und damit auch für Art. 49 AEUV bekanntermaßen obligatorisch ist (EuGH EWS **2015**, 175 – *Berlington Hungary*; *Schwarze/Schlag* Art. 49 AEUV Rz. 42). Dieser grenzüberschreitende Bezug wäre fraglos jedenfalls bei **ausländischen** Zahnärzten gegeben, denn die müssten ja erst mal über die Grenze, um in Belgien eine Niederlassung zu gründen. Wer dann als ausländischer Zahnarzt aus einem anderen Land der EU rüber nach Belgien kommt und sich dort mit seiner Praxis niederlässt, unterliegt logischerweise auch dem Werbeverbot für alle in Belgien tätigen Zahnärzte, was wiederum eine Beschränkung dieser Niederlassungsfreiheit im oben benannten Sinne darstellen könnte. Im Unterschied zu einem nationalen (belgischen) Zahnarzt, weist ein ausländischer Zahnarzt bei einer Niederlassung in Belgien somit das für Art. 49 AEUV zwingend notwendige Merkmal einer **Grenzüberschreitung** problemlos auf und könnte sich folglich – jedenfalls was den Schutzbereich angeht – auf die Niederlassungsfreiheit berufen (EuGH Slg. **1995**, I-301 – *Aubertin*; *Hobe/Fremuth* § 18 Rz. 4). Für einen von vorneherein in Belgien ansässigen Zahnarzt könnte die

Niederlassungsfreiheit – wie gesehen – demgegenüber nur beim Vorliegen eines anderen grenzüberschreitenden Bezugs einschlägig sein. In unserem Fall käme insoweit lediglich der Umstand in Betracht, dass V in seiner Niederlassung nun auch Patienten aus anderen EU-Staaten behandelt; diese Patienten überschreiten ja die Grenze (EuGH GRUR **2017**, 627 – *Luc Vanderbroght).*

Lösung: Der EuGH wollte sich inhaltlich hier gleichwohl nicht mit beiden Grundfreiheiten befassen/herumschlagen und fand für das Konkurrenzverhältnis eine pragmatische und zudem allgemeingültige Lösung, die der sogenannten »**Einzelfallspezialität**« im Bereich der (deutschen) Grundrechte vergleichbar ist – und die geht so: Nach deutschem Recht liegt eine Einzelfallspezialität vor, wenn im konkreten Fall ein Grundrecht eine »engere sachliche Beziehung« zu dem Lebenssachverhalt aufweist als ein anderes, ebenfalls betroffenes Grundrecht. **Beispiel**: Bei der verfassungsrechtlichen Bewertung von Karikaturen, etwa in Zeitungen oder im Internet, wird die Meinungsfreiheit (= Art. 5 Abs. 1 GG) von der »sachlich näherstehenden« Kunstfreiheit (= Art. 5 Abs. 3 GG) verdrängt. Das Gericht lässt daher das eine Grundrecht (Meinungsfreiheit) hinter dem anderen Grundrecht (Kunstfreiheit) zurücktreten und beschränkt seine Prüfung auf Letztgenanntes (BVerfG NJW **2014**, 2706; BVerfGE **67**, 213; *Kingreen/Poscher* Rz. 397/398).

Und genau so arbeitet auch der EuGH und lässt daher die Niederlassungsfreiheit in unserem Fall hinter der Dienstleistungsfreiheit (ausnahmsweise) zurücktreten. Und dafür gibt es sogar ein prima Argument. Wörtlich heißt es:

> *»… Betrifft eine innerstaatliche Maßnahme sowohl die Niederlassungsfreiheit als auch den freien Dienstleistungsverkehr, prüft der Gerichtshof diese Maßnahme grundsätzlich nur im Hinblick auf* ***eine*** *dieser beiden Freiheiten, wenn sich nämlich herausstellt, dass unter den konkreten Umständen des Falles eine der beiden Freiheiten der anderen gegenüber* ***völlig zweitrangig*** *und dieser zuzuordnen ist … Dies ist hier der Fall. Maßgeblich ist insoweit namentlich der* ***grenzüberschreitende Aspekt****. Erst dieser führt dazu, dass die die Verkehrsfreiheiten gewährleistenden Bestimmungen des AEUV überhaupt anwendbar sind. Dieser grenzüberschreitende Aspekt bezieht sich im vorliegenden Fall aber aktuell allein auf die* ***Dienstleistungen*** *(Zahnarztleistungen) des Beschwerdeführers. Der grenzüberschreitende Aspekt liegt konkret im Ortswechsel von in einem anderen Mitgliedstaat wohnhaften Dienstleistungsempfängern. Die hier streitige Regelung ist daher allein im Hinblick auf* ***Art. 56 AEUV*** *zu bewerten …«.*

Also: Der EuGH löst das Problem der möglichen Betroffenheit von Dienstleistungs- und Niederlassungsfreiheit pragmatisch und beschränkt sich bei seiner Prüfung auf die Grundfreiheit, die im konkreten Fall einen engeren sachlichen Bezug aufweist (»Einzelfallspezialität«). Im vorliegenden Fall dient als Abgrenzungskriterium der für Grundfreiheiten zwingend notwendige **grenzüberschreitende Aspekt**. Als solcher kommt vorliegend allein der Umstand in Frage, dass die Patienten des V aus einem anderen EU-Land nach Belgien einreisen und dort die **Dienstleistungen** des V in Anspruch nehmen. V selbst und auch seine Niederlassung als Zahnarzt weisen

– jedenfalls aktuell – keinerlei grenzüberschreitenden Bezug, etwa in Form der Verlegung seiner Praxis auf. Daher besteht ein deutlich engerer sachlicher Bezug zur Dienstleistungsfreiheit des Art. 56 AEUV (EuGH GRUR **2017**, 627 – *Luc Vanderbroght).*

Zusammenfassung: Kommt in einem Fall die Verletzung mehrere Grundfreiheiten in Betracht, merken wir uns bitte, dass die Freiheiten des AEUV grundsätzlich gleichwertig nebeneinander bestehen und es insbesondere ***keinen*** Vorrang für die Prüfung der einen oder der anderen Grundfreiheit gibt. Die Dienstleistungsfreiheit (Art. 56 AEUV) und die Niederlassungsfreiheit (Art. 49 AEUV) unterscheiden sich inhaltlich dann anhand der **Verweildauer** des Wirtschaftsteilnehmers: Die Niederlassungsfreiheit kommt in Frage, wenn der Wirtschaftsteilnehmer seine Dienstleistung in »stabiler und kontinuierlicher Weise« von einem »festen Standort« in einem anderen als seinem Herkunftsland innerhalb der EU erbringt. Die Dienstleistungsfreiheit ist demgegenüber anwendbar, wenn er/sie lediglich grenzüberschreitende Dienstleistungen erbringen will, die (stationäre) Einbindung in die Wirtschaft des eigenen Landes aber nicht aufgibt. Beide Grundfreiheiten schließen sich ***nicht*** gegenseitig aus, können somit durchaus auch gemeinsam einschlägig sein. Kommt in einer Fallkonstellation tatsächlich die Verletzung dieser beiden Freiheiten in Betracht, orientiert man die Prüfungsreihenfolge an der Grundfreiheit, die einen engeren sachlichen Bezug zum konkreten Fall aufweist. Die Bestimmung dessen kann und sollte anhand des **grenzüberschreitenden Aspekts** erfolgen, der für beide Grundfreiheiten zwingend notwendig ist.

Subsumtion: Bei uns kommt die Betroffenheit beider Grundfreiheiten in Betracht. Einen grenzüberschreitenden Bezug hat der Fall aktuell indes – wenn überhaupt! – lediglich im Hinblick auf die von V erbrachten **Dienstleistungen**, die er nämlich an Personen/Empfängern erbringt, die zum Empfang der Dienstleistungen aus einem anderen Land der EU nach Belgien einreisen (= Grenzüberschreitung). **Beachte**: Ob diese Grenzüberschreitung der Dienstleistungsempfänger überhaupt geeignet ist, um die Anwendung des Art. 56 AEUV auszulösen, muss an dieser Stelle (noch) nicht abschließend geklärt werden. Es genügt festzustellen, dass der einzig vorliegende grenzüberschreitende Bezug die Dienstleistung des V und damit Art. 56 AEUV betrifft. Die **Niederlassungsfreiheit** aus Art. 49 AEUV könnte demgegenüber erst und nur dann eine Rolle spielen, wenn V seinen festen Wirtschaftsstandort in ein EU-Land außerhalb seines Herkunftslandes verlegt. Das aber kommt – derzeit – weder für V noch für seine Patienten in Betracht. Die Niederlassungsfreiheit kann daher im vorliegenden Fall als nachrangig angesehen werden mit der Folge, dass die Überprüfung des pauschalen Werbeverbots für Zahnärzte in Belgien auf die Verletzung der Dienstleistungsfreiheit aus Art. 56 AEUV zu beschränken ist (EuGH GRUR **2017**, 627 – *Luc Vanderbroght;* siehe auch EuGH EU:C:**2016**:356 – *NN International*).

II. Die Betroffenheit des Schutzbereichs (Art. 56 AEUV)

1. Sachlicher Schutzbereich

Der sachliche Schutzbereich des Art. 56 AEUV ist eröffnet, wenn der Betroffene (hier: V) eine Dienstleistung erbringt, die einen grenzüberschreitenden Bezug innerhalb der EU aufweist (*Hobe/Fremuth* § 19 Rz. 2).

a) Das Erbringen einer Dienstleistung im Sinne des Art. 56 AEUV

> **Definition:** Eine **Dienstleistung** im Sinne des Art. 56 AEUV ist jede selbstständig und vorübergehend ausgeführte Leistung nicht-körperlicher Art, die regelmäßig gegen Entgelt erbracht wird (*Haratsch/Koenig/Pechstein* Rz. 1051).

Durchblick: Bei dieser (zu lernenden!) Definition und ihren einzelnen Merkmalen geht es vor allen Dingen um die Abgrenzung zu den anderen Grundfreiheiten des AEUV. Dass die Leistung nach der Definition etwa nur *vorübergehend* erbracht werden darf, grenzt den Dienstleistungsbegriff aus Art. 56 AEUV – wir haben das oben schon mal kurz gesagt – von der **Niederlassungsfreiheit** des Art. 49 AEUV ab. Wer nämlich regelmäßig und nicht nur vorübergehend eine selbstständige Dienstleistung in einem anderen Land erbringt und damit eine »stabile und kontinuierliche Teilnahme am Wirtschaftsverkehr des anderen Landes vollzieht«, kann und soll sich nur auf die Niederlassungsfreiheit in der EU berufen dürfen (EuGH Slg. **1995**, I-4165 – *Gebhard; Schwarze/Holoubek* Art. 56/57 AEUV Rz. 26). Das entsprechende Zeitmoment (vorübergehend) bezieht sich demnach auf die im Ausland erbrachte Leistung (EuGH Slg. **1995**, I-4165 – *Gebhard*). Dass diese Leistung nach der Definition des Weiteren *selbstständig* erbracht werden muss, ist deshalb erforderlich, weil andernfalls – also bei einer unselbstständigen Leistung – nicht die Dienstleistungsfreiheit, sondern die **Arbeitnehmerfreizügigkeit** aus Art. 45 AEUV die einschlägige Grundfreiheit wäre (*Hobe/Fremuth* § 19 Rz. 9). Den etwas schrägen Begriff der *Nicht-Körperlichkeit* der Leistung muss man schließlich so verstehen, dass sich die Leistung nicht auf die Herstellung oder Lieferung einer (körperlichen) Ware im Sinne des Art. 28 AEUV beziehen bzw. beschränken darf – womit eine Abgrenzung zu der in den Art. 34 ff. AEUV verankerten **Warenverkehrsfreiheit** geschaffen werden soll (*Haratsch/Koenig/Pechstein* Rz. 1047). Dass die Leistung regelmäßig gegen *Entgelt* erbracht werden muss, ist ebenso erforderlich und folgt dem Hauptanliegen der EU, die im AEUV niedergelegten Grundfreiheiten zur Förderung des **Wirtschaftslebens**, der Erwerbstätigkeit und damit zur Realisierung des gemäß Art. 3 Abs. 3 EUV zentralen **EU-Binnenmarktes** zu gewährleisten (EuGH Slg. **1988**, 6159 – *Steymann; Streinz* Rz. 818; *Schwarze/Holoubek* Art. 56, 57 AEUV Rz. 19; *Haratsch/Koenig/Pechstein* Rz. 1046).

> **Merke**: Der Dienstleistungsbegriff aus Art. 56 AEUV schafft mit seinen Merkmalen die Abgrenzung zu den übrigen Grundfreiheiten – und umfasst daher nur jede **selbstständige** (sonst: Arbeitnehmerfreizügigkeit) und **vorübergehend** ausgeführte Leistung (sonst: Niederlassungsfreiheit) **nicht-körperlicher Art** (sonst: Warenverkehrsfreiheit), die regelmäßig gegen **Entgelt** erbracht wird (sonst: kein Beitrag zum Wirtschaftsleben im EU-Binnenmarkt).

Zum Fall: Unser V erbringt als in Belgien niedergelassener Zahnarzt nach dem soeben Gesagten gegenüber den aus dem Ausland angereisten Patienten eine selbstständige Leistung nicht-körperlicher Art, die regelmäßig nur gegen Entgelt ausgeführt wird. Im Hinblick auf die gegenüber den aus dem Ausland eingereisten Patienten erbrachte Dienstleistung liegt zudem auch der vorübergehende Charakter der Dienstleistung vor (vgl. *Haratsch/Koenig/Pechstein* Rz. 1051).

ZE.: Bei den Behandlungen an den aus dem EU-Ausland eingereisten Personen handelt es sich um Dienstleistungen im Sinne des Art. 56 AEUV.

b) Zwingend erforderlich im Hinblick auf diese Dienstleistung ist des Weiteren – wie bei jeder Grundfreiheit – ein **grenzüberschreitender Aspekt** innerhalb der EU, was als »transnationales Element« bezeichnet wird und im konkreten Fall unmittelbar aus Art. 56 Abs. 1 AEUV folgt (EuGH ECLI:EU:C:**2015**:386 – *Berlington Hungary; Hobe/Fremuth* § 19 Rz. 6; *Schwarze/Holoubek* Art. 56, 57 AEUV Rz. 23). Der Wortlaut des Gesetzes erfasst in Art. 56 Abs. 1 AEUV (aufschlagen!) dabei ausdrücklich nur den Fall, in dem der Dienstleistungserbringer in einem anderen Land als dem des Dienstleistungsempfängers in der EU ansässig ist = der Dienstleistungserbringer reist zum Dienstleistungsempfänger in dessen Land und erbringt dort die Leistung. Sind Dienstleistungserbringer und Dienstleistungsempfänger im gleichen Mitgliedsland ansässig, finden die Art. 56 ff. AEUV grundsätzlich keine Anwendung (EuGH Slg. **1994**, I-5145 – *Hafengebühren; Schwarze/Holoubek* Art. 56, 57 AEUV Rz. 23), es sei denn, nur die Dienstleistung überquert die Grenze (EuGH ECLI:EU:C:**2003**:597 – *Gambelli*).

Achtung: Schon anhand dieser beiden Sätze lässt sich erahnen, dass eines der zentralen, wenn nicht sogar **DAS** Problem des Art. 56 Abs. 1 AEUV bei der Frage des Grenzübertritts bzw. der Grenzüberschreitung liegt. Die einfachen Fälle, die mit dem Wortlaut des Art. 56 Abs. 1 AEUV gelöst werden können (»*Die Stadt Köln sucht Handwerker für die Reparatur des Fußballstadions des 1. FC Köln und erklärt, dass Handwerksbetriebe mit Sitz im Inland bevorzugt zu behandeln sind und ihnen auch höherer Honorare gezahlt werden – ist das europarechtlich zulässig?*«), gibt es zwar in der realen Lebenswirklichkeit immer noch recht häufig, sie tauchen in den Klausuren und Hausarbeiten an der Uni oder im Examen aber leider nicht auf; das einfache Ablesen des Gesetzestextes genügt den allermeisten ProfessorInnen verständlicherweise nicht als Prüfungsaufgabe.

Ziemlich interessant und prüfungstauglich wird der Art. 56 Abs. 1 AEUV allerdings, wenn die Fälle außerhalb des Wortlauts der Norm spielen. Die Dienstleistungsfreiheit umfasst tatsächlich auch diverse Fallgestaltungen, auf die man beim ersten und auch beim zweiten Lesen des Gesetzestextes nicht kommt (*Hobe/Fremuth* § 19 Rz. 6; *Haratsch/Koenig/Pechstein* Rz. 1053; etwas kürzer *Herdegen* § 17 Rz. 1). Der grenzüberschreitende Aspekt, der die Anwendung des Art. 56 AEUV überhaupt erst gestattet, kann namentlich in den folgenden Konstellationen auftreten und bezieht sich dabei entweder auf den **Dienstleistungserbringer**, den **Dienstleistungsempfänger** oder aber auf die **Dienstleistung** selbst:

➔ **Variante 1:** Der **Dienstleistungserbringer** überquert die Grenze und erbringt in einem anderen Land der EU vorübergehend seine Dienstleistung (= Wortlaut des Art. 56 Abs. 1 AEUV). Gemäß Art. 57 Abs. 3 AEUV ist es dem Dienstleistungserbringer in diesem Fall übrigens (logischerweise!) auch gestattet, sich zur Erbringung der Dienstleistung in dem anderen Land der EU aufzuhalten; das Ganze nennt man »aktive Dienstleistung«, die durch Art. 56 Abs. 1 AEUV in der Form einer »Ausgangsfreiheit« des Dienstleistungserbringers gewährleistet wird (*Hobe/Fremuth* § 19 Rz. 6; *Herdegen* § 17 Rz. 1; *Schwarze/Holoubek* Art. 56, 57 AEUV Rz. 36). **Beispiel**: Malermeisterin M aus Amsterdam (= Dienstleistungserbringerin) streicht mit ihren Mitarbeitern im Auftrag des Bundeslandes Nordrhein-Westfalen (= Dienstleistungsempfänger) die *Oberkasseler Rheinbrücke* in Düsseldorf.

➔ **Variante 2:** Der **Dienstleistungsempfänger** überquert die Grenze, um in einem anderen Land der EU, in dem der Dienstleistungserbringer seinen Sitz hat, dessen Dienstleistung entgegenzunehmen. Diese Variante steht nicht im Gesetz und wurde von der Rechtsprechung entwickelt – man nennt sie »passive (negative) Dienstleistungsfreiheit« (EuGH Slg. **1984**, 377 – *Luisi und Carbone*; EuGH Slg. **1989**, 195 – *Cowan*; EuGH ECLI:EU:C:**2015**:386 – *Berlington Hungary*; EuGH GRUR **2017**, 627 – *Luc Vanderborght)*. In diesem Fall schützt Art. 56 AEUV somit nicht nur den Dienstleistungserbringer, sondern explizit auch den Dienstleistungsempfänger (EuGH Slg. **1984**, 377 – *Luisi und Carbone; Schwarze/Holoubek* Art. 56 AEUV Rz. 55). Relevant wird das Ganze vor allem im Tourismusbereich (= Inanspruchnahme von Beherbergung oder Bewirtung durch ausländische Urlauber) sowie bei Ärzten, Optikern oder auch Rechtsanwälten, die man im Ausland aufsucht, um dort ihre Leistungen in Anspruch zu nehmen. Es geht also jetzt nicht mehr nur um eine zu gewährende »Ausgangsfreiheit« des Dienstleistungserbringers, sondern vielmehr darum, den Dienstleistungsempfang durch EU-Ausländer im Land des Dienstleistungserbringers zu ermöglichen bzw. nicht zu behindern (EuGH Slg. **1999**, I-4221 – *Säger;* EuGH EU:C:**1989**:47 – *Cowan*). Schönes Beispiel aus jüngerer Zeit: Ungarische Betreiber von Geldspielautomaten berufen sich auf eine Verletzung von Art. 56 Abs. 1 AEUV, nachdem der ungarische Staat die Steuer für Geldspielautomaten in Spielhallen drastisch erhöht hat. Das Argument der Betreiber: Hauptsächlich die Urlauber aus dem EU-Ausland würden diese Spielautomaten nutzen. **EuGH**: Der Art. 56 AEUV ist anwendbar. Die **Dienstleistungsempfänger** (➔ EU-Urlauber) kommen über die Grenze und nehmen in Ungarn die Dienstleistung (= Spielautomat) in Anspruch. Das reicht für einen grenzüberschreitenden Bezug im Sinne des Art. 56 AEUV (EuGH ECLI:EU:C:**2015**:386 – *Berlington Hungary*).

➔ **Variante 3:** Der Dienstleistungserbringer und der Dienstleistungsempfänger sitzen in unterschiedlichen Ländern der EU und überqueren beide ihre Landesgrenzen (physisch) nicht. Dafür überquert jetzt aber die **Dienstleistung** die Grenze und löst damit das für die Grundfreiheiten konstitutive Element der Grenzüberschreitung aus (*Schwarze/Holoubek* Art. 56, 57 AEUV Rz. 40). Diese sogenannten »Korrespondenzdienstleistungen« nehmen in Zeiten einer nahezu völligen Technologisierung der Welt bzw. der Gesellschaften immer größeren Raum ein und betreffen vor allem die entsprechenden unkörperlichen Produkte, namentlich des Versicherungs- und Bankensektors, der gemäß Art. 58 Abs. 2 AEUV ausdrücklich der Dienstleistungsfreiheit unterliegen soll. Umfasst sind des Weiteren auch Telekommunikationsdienstleistungen, Dienstleistungen aus dem Rundfunk- und Fernsehbereich (EuGH Slg. **1992**, I-5833 – *Spanien ua/Kommission*) sowie schließlich das **Glücksspiel**, wozu auch die klassischen und sehr beliebten (Sport-)Wetten über das Internet gehören (*Schwarze/Holoubek* Art. 56, 57 AEUV Rz. 40; *Calliess/Ruffert/Kluth* Art. 56, 57 AEUV Rz. 32). **Beispiele**: Ein in Italien ansässiges Unternehmen bietet europaweit Sportwetten im Internet an = ein Fall für Art. 56 AEUV (EuGH ECLI:EU:C:**2003**:597 – *Gambelli*); eine niederländische Firma bietet ihre (Finanz-)Produkte per Telefon den Kunden aus dem europäischen Ausland an = ein Fall für Art. 56 AEUV (EuGH NJW **1995**, 2541 – *Alpine Investments*); die Banken und sonstigen Finanzdienstleister ermöglichen Kontoabwicklungen und Geschäfte jeglicher Art über das Internet → diese Geschäfte unterliegen dem Art. 56 AEUV, wenn der Dienstleister mit seinem Sitz im eigenen Land verbleibt und Kunden in anderen EU-Ländern erreicht (vgl. dazu umfassend *Schwarze/Holoubek* Art. 56, 57 AEUV Rz. 40 ff.)

➔ **Variante 4:** Schließlich besteht auch die Möglichkeit der sogenannten »auslandsbedingten Dienstleistung«, bei der der Leistungserbringer und der Leistungsempfänger aus dem gleichen Land stammen, **beide** die nationale Grenze überqueren und in einem anderen Land der EU die Dienstleistung austauschen (*Hobe/Fremuth* § 19 Rz. 6). **Beispiel**: Eine deutsche Sprachstudentin arbeitet in Rom als Reiseführerin und begleitet/betreut dort Menschen aus Deutschland (EuGH Slg. **1991**, I-659 – *Kommission/Frankreich*). Ein niederländischer Sportstudent arbeitet in Österreich als Skilehrer und betreut dort niederländische Touristen (EuGH Slg. **1991**, I-709 – *Kommission/Italien*).

Beachte: Dass der Anwendungsbereich des Art. 56 Abs. 1 AEUV über dessen vergleichsweise schlichten Wortlaut hinaus derart umfangreich ist und auch sein muss, begreift man, wenn man sich vor Augen führt, welchen Sinn die Grundfreiheiten im Gesamtgefüge der EU haben sollen. Nach allgemeiner Meinung verfolgen die Grundfreiheiten des AEUV den vorrangigen Zweck, den von der EU in den Mittelpunkt allen Bestrebens gestellten »freien Binnenmarkt« (→ Art. 3 Abs. 3 AEUV) zu fördern bzw. zu realisieren (*Streinz* Rz. 818; *Hobe/Fremuth* § 16 Rz. 1). Geschützt und ermöglicht werden sollen daher alle Tätigkeiten, die in irgendeiner Form zum **grenzüber-**

schreitenden Wirtschaftsleben innerhalb der EU gehören (*Haratsch/Koenig/Pechstein* Rz. 1046). Die Dienstleistungsfreiheit soll vor diesem Hintergrund und nach allgemeiner Auffassung deshalb grundsätzlich ***extensiv*** ausgelegt werden und …

> »… *jede entgeltliche Tätigkeit erfassen, die nicht unter den freien Warenverkehr und die beiden Personenfreizügigkeitsgarantien des AEUV (Arbeitnehmerfreizügigkeit und Niederlassungsfreiheit) subsumiert werden kann, gleichwohl aber zum Wirtschaftsleben innerhalb der EU gehört und damit der Realisierung des freien Binnenmarkts dient …*« (EuGH Slg. **1984**, 377 – *Luisi und Carbone;* EuGH Slg. **1998**, I-1842 – *Decker; Schwarze/Holoubek* Art. 56, 57 AEUV Rz. 15; *Calliess/Ruffert/Kluth* Art. 56, 57 AEUV Rz. 31; *Herdegen* § 17 Rz. 1; *Streinz* Rz. 959; *Hobe/Fremuth* § 19 Rz. 1).

DESHALB genügt es für den obligatorischen grenzüberschreitenden Aspekt der Grundfreiheiten eben auch, wenn beispielsweise nur die **Dienstleistung** die Grenze überquert (was für eine Formulierung?!), die betroffenen Personen aber in ihren eigenen Ländern verbleiben. Und es genügt auch für Art. 56 AEUV, wenn lediglich der **Dienstleistungsempfänger** in ein anderes Land reist, um dort die Dienstleistung entgegenzunehmen. Das klingt zwar im ersten Moment sonderbar, denn eigentlich geht es ja darum, dass der Dienstleistungserbringer durch den AEUV entsprechende (Bewegungs-)Freiheiten erhalten soll und dann **überall** in der EU seine Leistungen erbringen kann. Andererseits fördert auch die umgekehrte Variante bei genauem Hinsehen tatsächlich das Wirtschaftsleben innerhalb der EU und kommt nur zustande, eben weil es eine Grenzüberschreitung gibt. Und genau deshalb fällt auch die Spielart unter Art. 56 AEUV, bei der der Dienstleistungserbringer und der Dienstleistungsempfänger gemeinsam aus dem eigenen Land in ein anderes Land reisen, um **DORT** dann erst die Dienstleistungen auszutauschen (Fremdenführer oder der Skilehrer). All das hat immer irgendetwas mit dem grenzüberschreitenden Wirtschaftsleben und dem freien Binnenmarkt innerhalb der EU zu tun und unterliegt – wichtig: **extensive** Auslegung! – daher dem Art. 56 AEUV. Merken.

Zum Fall: Nach dem soeben Gesagten können wir unsere Geschichte um Herr *Vanderborght,* der als niedergelassener Zahnarzt in Belgien auch Patienten aus Holland, Deutschland und Frankreich behandelt, jetzt mal sehr entspannt runtersubsumieren. Das für alle Grundfreiheiten zwingend notwendige Merkmal der Grenzüberschreitung ist im vorliegenden Fall gegeben, denn es genügt für den Anwendungsbereich des Art. 56 AEUV auch und bereits, wenn – wie gesehen – nur der Dienstleistungsempfänger die Grenze innerhalb der EU überschreitet, um die Dienstleistung in einem Land der EU entgegenzunehmen; man bezeichnet das als »passive« oder auch »negative« Dienstleistung (EuGH Slg. **1984**, 377 – *Luisi und Carbone;* EuGH Slg. **1989**, 195 – *Cowan;* EuGH ECLI:EU:C:**2015**:386 – *Berlington Hungary;* EuGH GRUR **2017**, 627 – *Luc Vanderborght).*

ZE.: Damit liegen sowohl eine Dienstleistung als auch ein Grenzübertritt vor mit der Folge, dass der sachliche Schutzbereich des Art. 56 AEUV vorliegend eröffnet ist.

2. Persönlicher Schutzbereich

Der persönliche Schutzbereich des Art. 56 AEUV umfasst zum einen alle Dienstleistungserbringer und Dienstleistungsempfänger, die natürlichen Personen und Staatsangehörige eines Mitgliedstaates der EU sind (EuGH Slg. **2006**, I-9461 – *Scorpio; Streinz* Rz. 961). Des Weiteren können sich gemäß Art. 62 AEUV in Verbindung mit Art. 54 AEUV auch juristische Personen auf Art. 56 AEUV berufen, sofern sie ihren Hauptsitz in einem Mitgliedsland der EU haben.

Hier: V als Dienstleistungserbringer aus Belgien ist ebenso Unionsbürger im Sinne des Art. 9 Satz 2 EUV wie seine Patienten aus Holland, Deutschland und Frankreich (= Dienstleistungsempfänger), der persönliche Schutzbereich ist auch eröffnet.

3. Bereichsausnahme

Gemäß Art. 62 AEUV in Verbindung mit Art. 51 AEUV findet die Dienstleistungsfreiheit keine Anwendung auf Tätigkeiten, die mit der Ausübung öffentlicher Gewalt verbunden sind.

Hier: V arbeitet als Zahnarzt, dies ist keine Tätigkeit, die mit der Ausübung öffentlicher Gewalt verbunden ist.

ZE.: Damit ist der Schutzbereich des Art. 56 Abs. 1 AEUV im Hinblick auf den vorliegenden Sachverhalt insgesamt eröffnet.

III. Der Eingriff in den Schutzbereich des Art. 56 AEUV

1. Ein Eingriff in den Schutzbereich des Art. 56 AEUV liegt zum einen vor, wenn das Werbeverbot für Zahnärzte entweder eine offene oder aber eine versteckte Diskriminierung aufgrund der Staatsangehörigkeit darstellt. Dies folgt aus der Regelung des Art. 57 Abs. 3 AEUV sowie dem allgemeinen Rechtsgedanken der Grundfreiheiten als Schutzschild vor entsprechenden Diskriminierungen (*Calliess/Ruffert/Kluth* Art. 56, 57 AEUV Rz. 54; *Haratsch/Koenig/Pechstein* Rz. 1064). Das hier in Rede stehende Werbeverbot gilt indessen unterschiedslos, mithin für alle in Belgien tätigen Zahnärzte, und zwar unabhängig von der Staatsangehörigkeit. Damit ist weder eine offene noch eine versteckte Diskriminierung aufgrund der Staatsangehörigkeit im gerade genannten Sinne erkennbar.

2. Ausreichend für einen Eingriff in den Schutzbereich des Art. 56 Abs. 1 AEUV sind neben den gerade genannten offenen oder versteckten Diskriminierungen aufgrund der Staatsangehörigkeit nach dem Wortlaut der Norm zudem aber auch bereits einfache »Beschränkungen« des freien Dienstleistungsverkehrs. Hierzu zählen nach der ständigen Rechtsprechung des EuGH (EuGH GRUR **2017**, 627 – *Luc Vanderborght*; EuGH

EU:C:**2015**:25 – *Stanley International;* EuGH EU:C:**2013**:542 – *Konstandinidis;* EuGH EU:C:**2008**:421 – *Corporacion Dermoesteticia*) und der herrschenden Meinung in der Wissenschaft (*Haratsch/Koenig/Pechstein* Rz. 1062; *Hobe/Fremuth* § 19 Rz. 7; *Herdegen* § 17 Rz. 2; *Schwarze/Holoubek* Art. 56 AEUV Rz. 71; *Calliess/Ruffert/Kluth* Art. 56, 57 AEUV Rz. 57) alle Maßnahmen, …

»… die die Ausübung der Dienstleistungsfreiheit untersagen, behindern oder weniger attraktiv machen. Der Begriff der Beschränkung im Sinne des Art. 56 Abs. 1 AEUV umfasst insbesondere die von einem Mitgliedstaat getroffenen Maßnahmen, die, obwohl sie unterschiedslos anwendbar sind, den freien Dienstleistungsverkehr mit den übrigen Mitgliedstaaten berühren …« → EuGH GRUR **2017**, 627 – *Luc Vanderborght.*

Achtung: Das wollen wir uns bitte unbedingt merken. Denn tatsächlich machen die Maßnahmen, die gerade NICHT auf die Staatsangehörigkeit abstellen (= darauf keinerlei ausdrücklichen Bezug nehmen) und daher scheinbar harmlos und unverdächtig im Hinblick auf eine Verletzung des Art. 56 AEUV sind, den Hauptanwendungsfall des Art. 56 AEUV aus. Wie oben schon mal erwähnt: Offene Diskriminierungen aufgrund der Angehörigkeit oder Nicht-Angehörigkeit zu einem Staat machen (den PrüferInnen) keinen Spaß und kommen zwar in der Wirklichkeit immer mal wieder vor, nicht aber in den Klausuren und Hausarbeiten an der Uni oder im Examen. Da dreht es sich dann vielmehr um die **unterschiedslosen** Maßnahmen, die man als solche erkennen sollte und dann mit der eben benannten Formel unter Art. 56 Abs. 1 AEUV bitte subsumiert – was in unserem Fall bei genauem Hinsehen tatsächlich und zum Glück kein echtes Problem darstellt, denn (O-Ton EuGH):

»… Nationale Rechtsvorschriften, die jegliche Werbung für eine bestimmte Tätigkeit allgemein und ausnahmslos verbieten, sind geeignet, für die diese Tätigkeit ausübenden Personen die Möglichkeit einzuschränken, sich bei ihren potenziellen Kunden bekannt zu machen und die Dienstleistungen, die sie ihnen anbieten möchten, zu fördern. Daher sind solche nationalen Rechtsvorschriften als eine ***Beschränkung*** *der Dienstleistungsfreiheit anzusehen …«*

Also: Hier liegt ziemlich eindeutig eine Beschränkung des freien Dienstleistungsverkehrs und damit ein entsprechender Eingriff in Art. 56 AEUV durch das ausgesprochene Werbeverbot an Zahnärzte vor, obwohl die Maßnahme nur für die Belgien ansässige Zahnärzte gilt = unterschiedslos (EuGH GRUR **2017**, 627 – *Luc Vanderborght*).

Beachte: Der EuGH hat in Bezug auf nationale Werbeverbote übrigens schon vor gut 20 Jahren eine entsprechende Aussage getroffen bzw. angedeutet, und zwar im **Mai 1995** in dem berühmten Fall um die niederländische Finanzdienstleistungsfirma »Alpine Investments« (→ EuGH Slg. **1995**, I-1141). Folgendes hatte sich zugetragen: Nach niederländischem Recht war es damals gesetzlich grundsätzlich verboten, in Bezug auf Finanzdienstleistungen sogenannte »Cold-calling-Werbung« zu machen, also potentielle Kunden ohne vorherige Kontaktaufnahme einfach anzurufen, um ihnen eine Finanzdienstleistung anzubieten/aufzuschwatzen. Von diesem gesetzlichen Verbot konnten auf einen entsprechenden Antrag hin seitens der Regierung aber Ausnahmen erteilt werden. Die Kameraden von *Alpine Investments* erhielten nun zunächst eine solche Ausnahmegenehmigung der ahnungslosen niederländischen Regierung, die diese aber rasch wieder zurückzog, nachdem nämlich bekannt wurde, dass *Alpine Investments* gleich in den ersten Tagen haufenweise Kunden im europäischen Ausland per Telefon über den Tisch gezogen hatte. Gegen diese Rücknahme der Genehmigung, die ausdrücklich auch Werbeanrufe ins europäische Ausland betraf, klagte *Alpine Investments* und berief sich auf Art. 56 Abs. 1 AEUV (damals noch Art. 59 EWG-Vertrag). Die niederländische Regierung hielt in dem Verfahren vor dem EuGH anschließend schon den Anwendungsbereich des Art. 56 AEUV für nicht eröffnet bzw. einen Eingriff für nicht nachgewiesen. Zentrales Argument: Das Verbot des *Cold-calling* sei allgemein und unterschiedslos anwendbar, daher nichtdiskriminierend und es diene auch nicht dem Zweck, dem nationalen niederländischen Markt einen Vorteil gegenüber anderen Mitgliedstaaten zu verschaffen. Schließlich betreffe es sowieso nur die Art und Weise, wie eine Dienstleistung **angeboten** werde – und damit gerade nicht die **Dienstleistung selbst** mit der Folge, dass das *Cold-calling* als klassische »nichtdiskriminierende Verkaufsmodalität« im Sinne der Rechtsprechung des EuGH keine Beschränkung in Art. 56 Abs. 1 AEUV darstellen könne; demnach unterlägen beschränkende Maßnahmen, die die Verkaufsmodalitäten bei ausländischen wie inländischen Anbietern von Leistungen gleichermaßen betreffen, nicht dem Anwendungsbereich der Grundfreiheiten (EuGH Slg. **1994**, I-6097 – *Keck und Mithouard*).

Der EuGH bejahte hier dennoch eine Beschränkung im Sinne des Art. 56 Abs. 1 AEUV und erklärte, dass eine solche auch in Frage kommen könne, wenn die Maßnahme allgemein und offenkundig nichtdiskriminierend sei und zudem auch nicht den nationalen Markt bevorzuge. Entscheidend sei vielmehr allein eine Behinderung des **Marktzugangs** innerhalb der EU, die durch diese Maßnahme erfolge. Wenn niederländische Firmen zu Werbezwecken nicht ins Ausland telefonieren dürften (= grenzüberschreitender Bezug), …

»… nehme dies den betroffenen Wirtschaftsteilnehmern ein schnelles und direktes Mittel der Werbung und der Kontaktaufnahme mit potentiellen Kunden in anderen Mitgliedstaaten … auch darin kann eine Beschränkung des grenzüberschreitenden Dienstleistungsverkehrs liegen … Anders als in der Rechtsprechung im Falle Keck betrifft der vorliegenden Fall Angebote an Empfänger in anderen Mitgliedsländern als dem des Dienstleistungserbringers …«.

Also: Die Idee, dass Werbeverbote für nationale Unternehmen grenzüberschreitende Aspekte haben können und daher auch an Art. 56 AEUV zu messen sind, ist keinesfalls neu und hat seinen Ursprung in der Entscheidung »Alpine Investments« aus dem Jahr 1995, auch wenn der Staat dort – anders als bei unserem Fall – sogar ausdrücklich ein Werbeverbot für das europäische Ausland ausgesprochen hatte. Am Ende scheiterte *Alpine Investments* übrigens dennoch: Die entsprechende Beschränkung der Dienstleistungsfreiheit war nämlich **gerechtfertigt**, da die Firma – wie schon erwähnt – mit krummen Methoden und Geschäften dem Ansehen und dem guten Ruf des niederländischen Finanzsektors erheblichen Schaden zugefügt hatte und damit auch das »ordnungsgemäße Funktionieren der Finanzmärkte« insgesamt gefährdete. Dies ließ der EuGH als Rechtfertigungsgrund gelten (sehr lesenswert: EuGH Slg. **1995**, I-1141 – *Alpina Investments*).

Womit wir dann übrigens bei der letzten Frage unserer Geschichte um Herrn *Vanderborght* und das Werbeverbot für belgische Zahnärzte angekommen wären, nämlich:

IV. Mögliche Rechtfertigung des Eingriffs?

Es stellt sich in unserem Fall zum Schluss natürlich die Frage, inwieweit die durchaus hörbaren Argumente der Staatsanwaltschaft (StA) zum Tragen kommen können: Zum einen meint die StA ja, der Ruf und die Würde des Zahnarztberufs stünden auf dem Spiel, wenn alle Zahnärzte ungehinderten Zugang zum Werbemarkt bekämen. Und zum anderen bestünde die Gefahr, dass die Patienten durch Werbeaussagen der Zahnärzte über die Angebote und Leistungen in die Irre geführt werden.

1. Gemäß Art. 62 AEUV in Verbindung mit Art. 52 Abs. 1 AEUV (aufschlagen!) können offene Diskriminierungen aufgrund der Staatsangehörigkeit aus »Gründen der öffentlichen Ordnung, Sicherheit oder Gesundheit« gerechtfertigt sein. Das Werbeverbot als Beschränkung der Dienstleistungsfreiheit erfolgt bei uns allerdings – wie oben gesehen – unterschiedslos und stellt folglich keine offene Diskriminierung im genannten Sinne dar mit der Konsequenz, dass der Art. 52 AEUV als geschriebener Rechtfertigungsgrund im vorliegenden Fall ausscheidet.

2. Die Dienstleistungsfreiheit kann zudem aber auch aufgrund ***ungeschriebener*** Rechtfertigungsgründe eingeschränkt werden. Es gilt insoweit die folgende Definition:

> Nationale Maßnahmen zur Beschränkung der Dienstleistungsfreiheit sind dann gerechtfertigt, wenn sie aus **zwingenden Gründen des Allgemeininteresses** erlassen werden, **geeignet** sind, die Verwirklichung des mit ihnen verfolgten Ziels zu gewährleisten und nicht über das zur Erreichung dieses Ziels **erforderliche Maß** hinausgehen; die mit der Maßnahme angestrebten Ziele müssen zwingend **nichtwirtschaftlicher** Natur sein, sie dürfen namentlich nicht zur Protektion der nationalen Wirtschaft eingesetzt werden (EuGH GRUR **2017**, 627 – *Luc Vanderborght;* EuGH EU:C:**2013**:542 – *Konstantinides;* EuGH Slg. **2010**, I-13927 – *Yello Cab*; EuGH Slg. **2002**, I-3193 – *Cura Anlagen;* EuGH Slg. **1995**, I-4165 – *Gebhard*).

In unserem Fall hatte die Staatsanwaltschaft die Würde des Zahnarztberufes und die Gefahr einer Irritation der Patienten durch die ungebremste Nutzung des Werbemarktes angeführt. Das fand der EuGH zwar irgendwie nachvollziehbar, im Ergebnis reichte es aber am Ende doch nicht. In einer geradezu vorbildlichen Verhältnismäßigkeitsprüfung erklärte das Gericht die Maßnahme bzw. das pauschale Werbeverbot für unwirksam – wörtlich heißt es (→ EuGH GRUR **2017**, 627 – *Luc Vanderborght)*:

*»... Was die **Rechtfertigung** einer Beschränkung des Art. 56 AEUV anbelangt, können nationale Maßnahmen, die geeignet sind, die Ausübung der durch den Vertrag garantierten Grundfreiheiten zu behindern, nur dann zugelassen werden, wenn mit ihnen ein im **Allgemeininteresse** liegendes **Ziel** verfolgt wird, wenn sie **geeignet** sind, dessen Erreichung zu gewährleisten, und wenn sie nicht über das hinausgehen, was zur Erreichung des verfolgten Ziels **erforderlich** ist ... Im vorliegenden Fall ist zunächst darauf hingewiesen worden, dass die in Rede stehenden belgischen Rechtsvorschriften die öffentliche Gesundheit und die Würde des Zahnarztberufs schützen sollen. Insoweit ist anzumerken, dass der Schutz der **Gesundheit** nach der Rechtsprechung des Gerichtshofs eines derjenigen Ziele ist, die als zwingende Gründe des Allgemeininteresses angesehen werden können und mit denen sich eine Beschränkung des freien Dienstleistungsverkehrs rechtfertigen lässt (EuGH EU:C:**2009**:141 – Hartlauer; EuGH EU:C:**2013**:542 – Konstantinides). Ferner ist in Anbetracht der Bedeutung des Vertrauensverhältnisses, das zwischen dem Zahnarzt und seinem Patienten herrschen muss, anzunehmen, dass auch die **Würde** des **Zahnarztberufs** einen solchen zwingenden Grund des Allgemeininteresses darstellen kann. Ein intensives Betreiben von Werbung oder die Wahl von Werbeaussagen, die möglicherweise aggressiv oder sogar geeignet sind, die Patienten hinsichtlich der angebotenen Versorgung irrezuführen, kann dem Schutz der Gesundheit schaden und der Würde des Zahnarztberufs abträglich sein. In diesem Zusammenhang ist ein allgemeines und ausnahmsloses Werbeverbot durchaus **geeignet**, die Erreichung der verfolgten Ziele zu gewährleisten, indem jegliche Werbung oder Verwendung von Werbeaussagen durch Zahnärzte verhindert wird ... Im Hinblick auf die **Erforderlichkeit** einer Beschränkung der Dienstleistungsfreiheit wie der hier in Rede stehenden ist zu berücksichtigen, dass unter den vom AEUV geschützten Gütern und Interessen die Gesundheit und das Leben von Menschen den **höchsten Rang** einnehmen und dass es Sache der **Mitgliedstaaten** ist, zu bestimmen, auf welchem Niveau sie den Schutz der Gesundheit der Bevölkerung gewährleisten wollen und wie dieses Niveau erreicht werden soll. Da sich dieses Niveau von einem Mitgliedstaat zum anderen unterscheiden kann, ist den Mitgliedstaaten ausdrücklich ein eigener und umfassender **Wertungsspielraum** zuzuerkennen (EuGH EU:C:**2010**:725 – Ker-Optika; EuGH EU:C:**2015**:751 – Visnapuu) ...*

Klingt bis hierhin fein – aber jetzt:

*... Unbeschadet dieses Wertungsspielraums geht die Einschränkung, die sich aus der Anwendung der hier in Rede stehenden nationalen Rechtsvorschriften ergibt, nach denen **jegliche Werbung** für Leistungen der Mund- und Zahnversorgung **allgemein** und **ausnahmslos** verboten ist, allerdings **deutlich über das hinaus**, was zur Erreichung der genannten Ziele dieser Rechtsvorschriften **erforderlich** ist. Es sind nämlich nicht alle der durch das Gesetz pauschal verbotenen Werbeaussagen für sich genommen geeignet, die Wirkungen zu entfalten, die den angeführten Zielen zuwiderlaufen. Denkbar und möglich sind auch andere und namentlich **mildere Mittel** zur Erreichung der Zwecke. Insoweit ist übrigens ausdrücklich darauf hinzuweisen, dass der Gerichtshof in der Rechtssache ›Konstantinidis‹ bereits früher festgestellt hat, dass eine nationale Regelung, die Werbung für medizinische Leistungen mit einem dem Berufsethos widersprechenden Inhalt verbietet, zwar mit Art. 56 AEUV vereinbar sein kann (EuGH EU:C:**2013**:542 – Konstantinides). Die hier fraglichen Rechtsvorschriften haben jedoch eine **erheblich größere Reichweite** und stärkere Einwirkung auf die Ärzte. Unter diesen Umständen ist davon auszugehen, dass die Ziele der in Rede stehenden Rechts-*

vorschriften mit ***weniger einschneidenden*** *Maßnahmen erreicht werden können, die – gegebenenfalls auch stark – eingrenzen, welche Formen und Modalitäten die von Zahnärzten verwendeten Kommunikationsinstrumente annehmen dürfen, ohne ihnen jedoch allgemein und ausnahmslos jegliche Form der Werbung zu verbieten. Nach alledem ist festzustellen, dass Art. 56 AEUV dahin auszulegen ist, dass er nationalen Rechtsvorschriften wie den im Ausgangsverfahren fraglichen entgegensteht, die jegliche Werbung für Leistungen der Mund- und Zahnversorgung allgemein und ausnahmslos verbieten …«.*

Durchblick: In dem vom EuGH gerade erwähnten Fall »Konstantinidis« lag die Sache bzw. war das vom Staat ausgesprochene Werbeverbot noch deutlich harmloser als bei uns hier. Ein griechischer Androloge (Andrologie = Facharzt für Männerheilkunde), der zwei Tage die Woche aus Athen nach Darmstadt einflog und dort in einem ambulanten Ärztehaus arbeitete/operierte, hatte auf seiner Webseite unzutreffende Angaben über seine Beschäftigung bzw. seinen Status im Ärztehaus gemacht und unter anderem mit der Formulierung »Operationen im deutschen und europäischen Institut« geworben. Es gab im Ärztehaus in Darmstadt allerdings weder ein »deutsches« noch ein »europäisches Institut«, was auch immer der Arzt damit gemeint haben mochte. Die Anpreisung war somit schlicht unwahr bzw. eine Art »Aufbauschen«, wobei man sogar erwägen konnte, dass der Arzt mangels ausreichender Sprachkenntnisse gar nicht richtig wusste, was er da erklärte. Die für Ärzte in Hessen zuständige Behörde eröffnete gleichwohl ein Disziplinarverfahren gegen den griechischen Andrologen und berief sich unter anderem auf die Verletzung der »Berufsordnung für Ärztinnen und Ärzte in Hessen«, in der es bei § 27 Abs. 3 heißt:

»Berufswidrige Werbung ist dem Arzt untersagt. Berufswidrig ist insbesondere eine nach Inhalt oder Form anpreisende, irreführende oder vergleichende Werbung. Der Arzt darf eine solche Werbung durch andere weder veranlassen noch dulden. Werbeverbote aufgrund anderer gesetzlicher Bestimmungen bleiben unberührt.«

Selbst bei diesem, relativ dezidierten und auf bestimmte Fälle (»berufswidrig«) begrenzten Werbeverbot ließ der EuGH ausdrücklich offen (und hielt es damit für durchaus möglich), ob bzw. dass schon darin eine unzulässige Beschränkung der Dienstleistungsfreiheit aus Art. 56 AEUV liegen könne. Insoweit sollte das nationale Gericht letztlich aufgrund weiterer Sachverhaltsaufklärung bitte selbst bewerten, inwieweit hier Mittel und Zweck in einem angemessenen Verhältnis stünden und man den Arzt tatsächlich belangen könne (vgl. EuGH EU:C:**2013**:542 – *Konstantinides* Rz. 57).

Konsequenz: In unserem Fall des vollständigen (!) Verbots jeder Art (!) von Werbung für Zahnärzte musste daher – vor allem nach dem Urteil »Konstandinidis« – zwingend eine **unzulässige Beschränkung** der Dienstleistungsfreiheit liegen; sie ließ sich namentlich nicht durch entsprechende Rechtfertigungsgründe decken. Um der Gefahr des Ansehensverlustes der Zahnärzte entgegenzuwirken, hätten es nämlich auch mildere Mittel getan, etwa vergleichbar mit der hessischen Berufsordnung, die eben lediglich »anpreisende und irreführende Werbung« verbietet. Und einer Verwirrung der Patienten durch marktschreierische Anpreisungen kann man auch anders begegnen als durch ein komplettes Verbot jeder Form von Werbung – auch hier kämen mildere Mittel in Betracht, etwa eine Beschränkung der Werbung auf rein medizinische Informationen oder Ähnliches. Die Maßnahme der belgischen Regierung, Zahnärzten ein pauschales Werbeverbot aufzuerlegen, war daher zwar durchaus geeignet, aber keinesfalls **erforderlich**, um die angestrebten Ziele zu erreichen (EuGH GRUR **2017**, 627 – *Luc Vanderborght).*

ZE.: Die Beschränkung des Art. 56 Abs. 1 AEUV durch das pauschale Werbeverbot ist nicht gerechtfertigt.

Ergebnis: Die belgische Regelung über das Werbeverbot für Zahnärzte verstößt gegen Art. 56 AEUV, ist somit nichtig und kann daher auch nicht Grundlage einer Verurteilung des V sein.

Gutachten

L kann wegen Verstoßes gegen das Werbeverbot für Zahnärzte in Belgien verurteilt werden, wenn dieses Werbeverbot rechtmäßig ist und namentlich nicht gegen europäische Rechtsnormen verstößt. In Betracht kommt ein Verstoß gegen die europäischen Grundfreiheiten.

I. Die Anwendbarkeit der Grundfreiheiten

Nach Auskunft des Sachverhaltes sind etwaige europäische Harmonisierungsmaßnahmen vorliegend nicht zu prüfen, die Anwendbarkeit der Grundfreiheiten wird folglich nicht durch europäisches Sekundärrecht verdrängt.

Konkurrenzen

1. Zu prüfen ist zunächst, welche der vorliegend in Betracht kommenden Grundfreiheiten im konkreten Fall Anwendung finden kann und ob einzelne Grundfreiheiten andere möglicherweise verdrängen. Erwägenswert sind namentlich Verstöße gegen die Dienstleistungsfreiheit aus Art. 56 AEUV und die Niederlassungsfreiheit aus Art. 49 AEUV. Kommen in einem Fall mehrere Grundfreiheiten und deren Verletzung in Betracht, stellt sich die Frage der Prüfungsreihenfolge und insbesondere möglicher Subsidiaritäten. Zunächst ist insoweit festzustellen, dass der Art. 57 Abs. 1 AEUV die Dienstleistung von den anderen Grundfreiheiten lediglich auf der Ebene der Definition der Begriffe unterscheidet, aber keinen Vorrang der dort benannten Grundfreiheiten anordnet. Der Begriff der Dienstleistung deckt die nicht von den übrigen Grundfreiheiten erfassten Leistungen mit dem Ziel ab, keine wirtschaftliche Tätigkeit aus dem Geltungsbereich der Grundfreiheiten herausfallen zu lassen. Die Dienstleistungsfreiheit aus Art. 56 AEUV steht daher gleichwertig neben den anderen Grundfreiheiten aus dem AEUV und ist insbesondere nicht subsidiär zu den in Art. 57 Abs. 1 AEUV genannten anderen Grundfreiheiten zu prüfen.

2. Die Dienstleistungsfreiheit und die Niederlassungsfreiheit unterscheidet man anhand der beabsichtigten Verweildauer des Wirtschaftsteilnehmers. Wer nur vorübergehend in einem anderen Land seine Dienstleistungen erbringen will, kann sich bei Diskriminierungen auf Art. 56 AEUV berufen. Wer einen festen Standort in einem anderen Land betreibt und von dort aus seine Dienstleistungen erbringen möchte, kann bei Diskriminierungen zwar nicht auf Art. 56 AEUV, dafür aber auf Art. 49 AEUV zurückgreifen. Beide Grundfreiheiten können ausnahmsweise auch gemeinsam betroffen sein, was aber einen grenzüberschreitenden Bezug sowohl der Dienstleistung als auch die Niederlassung voraussetzt

3. Übertragen auf den vorliegenden Fall bedeutet dies Folgendes: V möchte zwar Patienten aus anderen EU-Ländern behandeln, seinen Wirtschaftsstandort aber nicht, und zwar noch nicht mal vorübergehend in ein anderes Land verlegen; die Patienten kommen zu ihm nach Belgien. Einen grenzüberschreitenden Bezug hat der Fall aktuell somit lediglich im Hinblick auf die von V erbrachten Dienstleistungen, die V an Personen/Empfängern erbringt, die zum Empfang der Dienstleistungen aus einem anderen Land der EU nach Belgien einreisen. Ob diese Grenzüberschreitung der Dienstleistungsempfänger überhaupt geeignet ist, um die Anwendung des Art. 56 AEUV auszulösen, ist später zu erörtern. Es genügt an dieser Stelle festzuhalten, dass der einzig vorliegende grenzüberschreitende Bezug die Dienstleistung des V und damit Art. 56 AEUV betrifft. Die Niederlassungsfreiheit aus Art. 49 AEUV könnte demgegenüber erst und nur dann eine Rolle spielen, wenn V seinen festen Wirtschaftsstandort in ein EU-Land außerhalb seines Herkunftslandes verlegt. Das aber kommt – derzeit – weder für V noch für seine Patienten in Betracht. Die Niederlassungsfreiheit kann daher im vorliegenden Fall als nachrangig angesehen werden mit der Folge, dass die Überprüfung des pauschalen Werbeverbots für Zahnärzte in Belgien auf die Verletzung der Dienstleistungsfreiheit aus Art. 56 AEUV zu beschränken ist.

II. Die Betroffenheit des Schutzbereich des Art. 56 AEUV

1. Sachlicher Schutzbereich

Der sachliche Schutzbereich des Art. 56 AEUV ist eröffnet, wenn der Betroffene eine Dienstleistung erbringt, die einen grenzüberschreitenden Bezug innerhalb der EU aufweist.

a. Eine Dienstleistung im Sinne des Art. 56 AEUV ist jede selbstständig und vorübergehend ausgeführte Leistung nicht-körperlicher Art, die regelmäßig gegen Entgelt erbracht wird. V erbringt als in Belgien niedergelassener Zahnarzt nach dem soeben Gesagten gegenüber den aus dem Ausland angereisten Patienten eine selbstständige Leistung nicht-körperlicher Art, die regelmäßig nur gegen Entgelt ausgeführt wird. Im Hinblick auf die gegenüber den aus dem Ausland eingereisten Patienten erbrachte Dienstleistung liegt zudem auch der vorübergehende Charakter der Dienstleistung vor. Bei den Behandlungen an den aus dem EU-Ausland eingereisten Personen handelt es sich um Dienstleistungen im Sinne des Art. 56 AEUV.

b. Zwingend erforderlich im Hinblick auf diese Dienstleistung ist des Weiteren ein grenzüberschreitender Aspekt innerhalb der EU, was als »transnationales Element« bezeichnet wird und im konkreten Fall unmittelbar aus Art. 56 Abs. 1 AEUV folgt. Der Wortlaut des Gesetzes erfasst in Art. 56 Abs. 1 AEUV dabei ausdrücklich nur den Fall, in dem der Dienstleistungserbringer in einem anderen Land als dem des Dienstleistungsempfängers in der EU ansässig ist, der Dienstleistungserbringer also zum Dienstleistungsempfänger in dessen Land reist und dort die Leistung erbringt. Sind Dienstleistungserbringer und Dienstleistungsempfänger im gleichen Mitgliedsland ansässig, finden die Art. 56 ff. AEUV grundsätzlich keine Anwendung. Von der Regelung des Art. 56 AEUV umfasst sind aber auch die Fälle, in denen der Dienstleistungsempfänger die Grenze überquert, um in einem anderen Land der EU, in dem der Dienstleistungserbringer seinen Sitz hat, dessen Dienstleistung entgegenzunehmen, sogenannte »passive (negative) Dienstleistungsfreiheit« Auch dieses Verhalten bzw. dieser Sachverhalt fördert den EU-Binnenmarkt und fällt daher bei extensiver Auslegung des Art. 56 AEUV unter die Dienstleistungsfreiheit. In diesem Fall schützt Art. 56 AEUV somit nicht nur den Dienstleistungserbringer, sondern explizit auch den Dienstleistungsempfänger.

Nach dem soeben Gesagten fällt die Tätigkeit des V, der als niedergelassener Zahnarzt in Belgien auch Patienten aus Holland, Deutschland und Frankreich behandelt, auch unter Art. 56 AEUV. Das für alle europäischen Grundfreiheiten zwingend notwendige

Merkmal der Grenzüberschreitung ist im vorliegenden Fall somit gegeben. Damit liegen sowohl eine Dienstleistung als auch ein Grenzübertritt vor mit der Folge, dass der sachliche Schutzbereich des Art. 56 AEUV vorliegend eröffnet ist.

2. Persönlicher Schutzbereich

Der persönliche Schutzbereich des Art. 56 AEUV umfasst zum einen alle Dienstleistungserbringer und Dienstleistungsempfänger, die natürliche Personen und Staatsangehörige eines Mitgliedstaates der EU sind. Des Weiteren können sich gemäß Art. 62 AEUV in Verbindung mit Art. 54 AEUV auch juristische Personen auf Art. 56 AEUV berufen, sofern sie ihren Hauptsitz in einem Mitgliedsland der EU haben. V als Dienstleistungserbringer aus Belgien ist ebenso Unionsbürger im Sinne des Art. 9 Satz 2 EUV wie seine Patienten aus Holland, Deutschland und Frankreich als Dienstleistungsempfänger. Der persönliche Schutzbereich ist auch eröffnet.

3. Bereichsausnahme

Gemäß Art. 62 AEUV in Verbindung mit Art. 51 AEUV findet die Dienstleistungsfreiheit keine Anwendung auf Tätigkeiten, die mit der Ausübung öffentlicher Gewalt verbunden sind. V arbeitet als Zahnarzt, dies ist keine Tätigkeit, die mit der Ausübung öffentlicher Gewalt verbunden ist. Damit ist der Schutzbereich des Art. 56 Abs. 1 AEUV im Hinblick auf den vorliegenden Sachverhalt insgesamt eröffnet.

III. Eingriff in den Schutzbereich des Art. 56 AEUV

1. Ein Eingriff in den Schutzbereich des Art. 56 AEUV liegt zum einen vor, wenn das Werbeverbot für Zahnärzte entweder eine offene oder aber eine versteckte Diskriminierung aufgrund der Staatsangehörigkeit darstellt. Dies folgt aus der Regelung des Art. 57 Abs. 3 AEUV sowie dem allgemeinen Rechtsgedanken der Grundfreiheiten als Schutzschild vor entsprechenden Diskriminierungen. Das hier in Rede stehende Werbeverbot gilt indes unterschiedslos, mithin für alle in Belgien tätigen Zahnärzte, und zwar unabhängig von der Staatsangehörigkeit. Damit ist weder eine offene noch eine versteckte Diskriminierung aufgrund der Staatsangehörigkeit im gerade genannten Sinne erkennbar.

2. Ausreichend für einen Eingriff in den Schutzbereich des Art. 56 Abs. 1 AEUV sind neben den gerade genannten offenen oder versteckten Diskriminierungen aufgrund der Staatsangehörigkeit nach dem Wortlaut der Norm zudem aber auch bereits einfache Beschränkungen des freien Dienstleistungsverkehrs. Hierzu zählen alle Maßnahmen, die die Ausübung der Dienstleistungsfreiheit untersagen, behindern oder weniger attraktiv machen. Der Begriff der Beschränkung im Sinne des Art. 56 Abs. 1 AEUV umfasst insbesondere die von einem Mitgliedstaat getroffenen Maßnahmen, die, obwohl sie unterschiedslos anwendbar sind, den freien Dienstleistungsverkehr mit den übrigen Mitgliedstaaten berühren. Nationale Rechtsvorschriften, die jegliche Werbung für eine bestimmte Tätigkeit allgemein und ausnahmslos verbieten, sind daher geeignet, für die diese Tätigkeit ausübenden Personen die Möglichkeit einzuschränken, sich bei ihren potenziellen Kunden bekannt zu machen und die Dienstleistungen, die sie ihnen anbieten möchten, zu fördern. Daher sind solche nationalen Rechtsvorschriften als eine Beschränkung der Dienstleistungsfreiheit anzusehen. Das Werbeverbot für Zahnärzte in Belgien stellt daher eine Beschränkung des freien Dienstleistungsverkehrs und damit einen entsprechenden Eingriff in Art. 56 AEUV dar, obwohl die Maßnahme nur für die Belgien ansässige Zahnärzte gilt.

IV. Rechtfertigung des Eingriffs

Es stellt sich zum Schluss die Frage der möglichen Rechtfertigung dieses Eingriffs.

1. Gemäß Art. 62 AEUV in Verbindung mit Art. 52 Abs. 1 AEUV können offene Diskriminierungen aufgrund der Staatsangehörigkeit aus Gründen der öffentlichen Ordnung, Sicherheit oder Gesundheit gerechtfertigt sein. Das Werbeverbot als Beschränkung der Dienstleistungsfreiheit erfolgt allerdings unterschiedslos und stellt folglich keine offene Diskriminierung im genannten Sinne dar mit der Konsequenz, dass der Art. 52 AEUV als geschriebener Rechtfertigungsgrund im vorliegenden Fall ausscheidet.

2. Die Dienstleistungsfreiheit kann zudem aber auch aufgrund ungeschriebener Rechtfertigungsgründe eingeschränkt werden. Nationale Maßnahmen zur Beschränkung der Dienstleistungsfreiheit sind gerechtfertigt, wenn sie aus zwingenden Gründen des Allgemeininteresses erlassen werden, die geeignet sind, die Verwirklichung des mit ihnen verfolgten Ziels zu gewährleisten und nicht über das zur Erreichung dieses Ziels erforderliche Maß hinausgehen. Die mit der Maßnahme angestrebten Ziele müssen zwingend nicht-wirtschaftlicher Natur sein, sie dürfen namentlich nicht zur Protektion der nationalen Wirtschaft eingesetzt werden. Die Staatsanwaltschaft führt insoweit die Gefährdung des Rufs und der Würde des Zahnarztberufs an, wenn alle Zahnärzte ungehinderten Zugang zum Werbemarkt bekämen. Zum anderen bestünde die Gefahr, dass die Patienten durch Werbeaussagen der Zahnärzte über die Angebote und Leistungen in die Irre geführt werden.

Im Ergebnis erscheinen diese Argumente indes nicht durchschlagend.

a. Im Hinblick Rechtfertigung einer Beschränkung des Art. 56 AEUV können nationale Maßnahmen, die geeignet sind, die Ausübung der durch den Vertrag garantierten Grundfreiheiten zu behindern, nur zugelassen werden, wenn mit ihnen ein im Allgemeininteresse liegendes Ziel verfolgt wird, wenn sie geeignet sind, dessen Erreichung zu gewährleisten, und wenn sie nicht über das hinausgehen, was zur Erreichung des verfolgten Ziels erforderlich ist.

b. In Bezug auf den vorgetragenen Schutz der Gesundheit sowie der Würde des Zahnarztberufs ist anzumerken, dass der Schutz der Gesundheit eines derjenigen Ziele ist, die als zwingende Gründe des Allgemeininteresses angesehen werden können und mit denen sich eine Beschränkung des freien Dienstleistungsverkehrs rechtfertigen lässt. Ferner ist in Anbetracht der Bedeutung des Vertrauensverhältnisses, das zwischen dem Zahnarzt und seinem Patienten herrschen muss, anzunehmen, dass auch die Würde des Zahnarztberufs einen solchen zwingenden Grund des Allgemeininteresses darstellen kann. Ein intensives Betreiben von Werbung oder die Wahl von Werbeaussagen, die möglicherweise aggressiv oder sogar geeignet sind, die Patienten hinsichtlich der angebotenen Versorgung irrezuführen, kann dem Schutz der Gesundheit schaden und der Würde des Zahnarztberufs abträglich sein. In diesem Zusammenhang ist ein allgemeines und ausnahmsloses Werbeverbot durchaus geeignet, die Erreichung der verfolgten Ziele zu gewährleisten, indem jegliche Werbung oder Verwendung von

Werbeaussagen durch Zahnärzte verhindert wird. Im Hinblick auf die Erforderlichkeit einer Beschränkung der Dienstleistungsfreiheit wie der hier in Rede stehenden, muss berücksichtigt werden, dass unter den vom AEUV geschützten Gütern und Interessen die Gesundheit und das Leben von Menschen den höchsten Rang einnehmen und dass es Sache der Mitgliedstaaten ist, zu bestimmen, auf welchem Niveau sie den Schutz der Gesundheit der Bevölkerung gewährleisten wollen und wie dieses Niveau erreicht werden soll. Da sich dieses Niveau von einem Mitgliedstaat zum anderen unterscheiden kann, ist den Mitgliedstaaten ausdrücklich ein eigener und umfassender Wertungsspielraum zuzuerkennen.

c. Unbeschadet dieses Wertungsspielraums geht die Einschränkung, die sich aus der Anwendung der hier in Rede stehenden nationalen Rechtsvorschriften ergibt, nach denen jegliche Werbung für Leistungen der Mund- und Zahnversorgung allgemein und ausnahmslos verboten ist, allerdings über das hinaus, was zur Erreichung der genannten Ziele dieser Rechtsvorschriften erforderlich ist. Es sind nämlich nicht alle der durch das Gesetz pauschal verbotenen Werbeaussagen für sich genommen geeignet, die Wirkungen zu entfalten, die den angeführten Zielen zuwiderlaufen. Denkbar und möglich sind auch andere und namentlich mildere Mittel zur Erreichung der Zwecke, etwa ein Werbeverbot nur für anpreisende und irreführende Werbung und beschränkt auf rein medizinische Informationen. Die hier fraglichen Normen haben jedoch eine erheblich größere Reichweite und stärkere Einwirkung auf die Ärzte. Unter diesen Umständen ist davon auszugehen, dass die Ziele der in Rede stehenden Rechtsvorschriften mit weniger einschneidenden Maßnahmen erreicht werden können, die – gegebenenfalls auch stark – eingrenzen, welche Formen und Modalitäten die von Zahnärzten verwendeten Kommunikationsinstrumente annehmen dürfen, ohne ihnen jedoch allgemein und ausnahmslos jegliche Form der Werbung zu verbieten. Der Art. 56 AEUV ist daher dahin auszulegen, dass er nationalen Rechtsvorschriften wie den hier fraglichen entgegensteht, die jegliche Werbung für Leistungen der Mund- und Zahnversorgung allgemein und ausnahmslos verbieten. Diese sind unverhältnismäßig. Die Beschränkung des Art. 56 Abs. 1 AEUV durch das pauschale Werbeverbot ist folglich nicht gerechtfertigt.

Ergebnis: Die belgische Regelung über das Werbeverbot für Zahnärzte verstößt gegen Art. 56 AEUV, ist somit nichtig und kann daher auch nicht Grundlage einer Verurteilung des V sein.

Fall 11

Darf die Betéti Társaság nach Gallarate?

Die ungarischen Staatsangehörigen K und G haben eine Kommanditgesellschaft ungarischen Rechts (»Betéti Társaság«) gegründet und bieten Personalverwaltung sowie die Ausstattung von Unternehmen mit Software an. Die Gesellschaft trägt den Namen *Cartesio*, hat ihren satzungsmäßigen Sitz in der ungarischen Stadt *Baja* und ist dort im Handelsregister eingetragen. Als die Geschäfte in den ersten Jahren besser als erwartet laufen, beschließen K und G, den Gesellschaftssitz ins norditalienische *Gallarate* zu verlegen, um in Italien tätig zu werden. K und G siedeln sämtliche Büros nach *Gallarate* um und beantragen anschließend beim Amtsgericht in *Baja*, die Verlegung des Sitzes der Gesellschaft nach *Gallarate* ins ungarische Handelsregister einzutragen. Das Gericht lehnt den Antrag indes ab und weist – zutreffend – darauf hin, dass nach ungarischem Recht eine in Ungarn gegründete Gesellschaft ihren Sitz nicht ins Ausland verlegen und gleichzeitig als Gesellschaft ungarischen Rechts fortbestehen könne: Entweder der Sitz der Gesellschaft bleibe in Ungarn oder aber die Gesellschaft werde in ihrer bestehenden Form aufgelöst und könne sich gegebenenfalls in dem anderen Land nach dessen Recht neu gründen. K und G halten diese Regelung für einen Verstoß gegen die Art. 49, 54 AEUV, da dadurch die Niederlassung der *Cartesio* in Italien verhindert werde. Eine Gesellschaftsneugründung in Italien sei für sie keine Option, da nach italienischem Recht – was der Wahrheit entspricht – erheblich mehr Mindestkapital aufgebracht werden müsse und die steuerliche Belastung für in Italien gegründete Gesellschaften höher als in Ungarn sei. Schließlich existiere im italienischen Recht auch keine der »Betéti Társaság« vergleichbare Gesellschaftsform.

Verstößt die ungarische Regelung zum Gesellschaftssitz gegen Art. 49 AEUV?

Schwerpunkt: Die Niederlassungsfreiheit für Gesellschaften → Art. 49, 54 AEUV.

Lösungsweg

Achtung: Zum Ende der Grundfreiheiten kommt noch mal eine ziemlich knifflige Aufgabe. Der Fall da oben hat – gut erkennbar – einen durchaus beachtlichen Schwierigkeitsgrad, natürlich auch und vor allem deshalb, weil wir gleich eine (kleine) Runde durch das europäische Gesellschaftsrecht drehen müssen – was uns freilich und bitte (!) keinesfalls dazu animieren darf, nicht mehr weiterzulesen bzw. das Buch zuzuklappen. Nein – die Frage, ob eine in einem EU-Land rechtmäßig gegründete Gesellschaft in identischer (Rechts-)Form, also quasi »eins-zu-eins«, in ein anderes Land der EU abwandern und dort existent und tätig sein kann, ist nämlich **DER** Prüfungsklassiker im Rahmen des Art. 49 AEUV und findet sich deshalb auch umfangreich und prominent in sämtlichen Lehrbüchern zum Europarecht sowie der Kommentarliteratur (vgl. *Herdegen* § 16 Rz. 25 ff.; *Haratsch/Koenig/Pechstein* Rz. 1008 ff.; *Hobe/Fremuth* § 18 Rz. 7 ff.; *Streinz* Rz. 951; *Calliess/Ruffert/Bröhmer* Art. 54 AEUV Rz. 8 ff.; *Schwarze/Jung* Art. 54 AEUV Rz. 2 ff.). Da das Ganze zudem regelmäßig Gegenstand von EuGH-Entscheidungen ist, müssen auch wir uns hier in diesem Buch natürlich damit befassen und zumindest die wesentlichen Grundzüge dieser anspruchsvollen Problematik erlernen – was auch gelingen wird, versprochen.

So, und damit wir dabei von Anfang an den Überblick behalten, richten wir unser Augenmerk auch direkt mal auf die entscheidende Stelle bzw. das zu lösende Problem, denn ganz so schwer ist es am Ende dann eigentlich doch nicht:

> Bei genauer Betrachtung geht es nämlich »nur« um die Frage, wie das europäische Recht darauf reagiert, dass es bis heute – trotz zahlreicher Ansätze – in der EU keine auch nur annähernd taugliche Harmonisierung des Gesellschaftsrechts im Hinblick auf die Gründungsvoraussetzungen und die Durchführungsregelungen zu den (Handels-)Gesellschaften gibt. Jedes Land in der EU hat nach wie vor sein eigenes Gesellschaftsrecht und bestimmt daher weitestgehend im Alleingang, unter welchen Voraussetzungen welche Gesellschaften gegründet, fortgeführt/betrieben und aufgelöst werden können (*Hobe/Fremuth* § 18 Rz. 23 ff.). Das alles wäre freilich gleichwohl immer noch kein Problem, gäbe es nicht Art. 49 AEUV und vor allem Art. 54 Abs. 1 AEUV (aufschlagen!), der nämlich die Regeln über die Niederlassungsfreiheit auch für juristische Personen und insbesondere für **Gesellschaften** für entsprechend anwendbar erklärt. An dieser Stelle beginnt jetzt das eigentliche Drama, denn logischerweise ***muss*** (!) es zum rechtlichen Konflikt kommen, wenn – was quasi täglich vorkommt bzw. passiert – Gesellschaften sich unter Berufung auf die Art. 54 und 49 AEUV in andere Länder der EU ausbreiten oder aus einem ins andere Land »abwandern« wollen (und das nach der Idee des freien EU-Binnenmarktes ja auch durchaus sollen!), dort aber ein anderes Gesellschaftsrecht gilt als im eigenen Land. **Problem(e)**: Kann die Gesellschaft in dem anderen Land genauso – also mit gleichem Personalstatus – fortbestehen, wie sie im eigenen Land gegründet worden ist? Oder muss die Gesellschaft vielleicht komplett neu gegründet werden? Und falls eine nationale Rechtsordnung eine solche Neugründung anordnet, welche Bedingungen gelten dann: die aus dem alten oder dem neuen Land oder vielleicht sogar eine Mischung? Und gilt für Gesellschaften mit ausländischen Gesellschaftern vielleicht etwas anderes als für rein inländische Gesellschaften? Und ist das ursprüngliche Ziel der Gesellschaft unter diesen neuen Bedingungen für die Gesellschafter überhaupt noch erreichbar und erstrebenswert? Und vor allem: Wie verträgt sich das alles mit Art. 49 und 54 AEUV, die ja die Niederlassungsfreiheit auch für **Gesellschaften** ausdrücklich garantieren und damit im Zweifel jede Behinderung oder Einschränkung dieser Freiheit verbieten (lies: Art. 49 Abs. 1 Satz 1 AEUV!).

Also, **DARUM** geht es – und unser Fall da oben illustriert die Problematik auch ziemlich anschaulich: K und G haben in Ungarn unter den dortigen (eher günstigen bzw. einfachen) Rahmenbedingungen eine Gesellschaft gegründet und würden mit genau *diesem* (Gesellschafts-)Modell nun gerne rüber nach Italien wandern. Blöd für sie: Der ungarische Staat bzw. dessen Gesellschaftsrecht dulden das nicht und drohen vielmehr mit der Auflösung der Gesellschaft, wenn der Sitz ins Ausland verlegt wird. Und das macht aus Sicht des ungarischen Staates ja sogar irgendwie Sinn, denn so verhindert oder erschwert man bei genauer Betrachtung ziemlich wirksam die Abwanderung von Arbeitsplätzen und Kapital ins Ausland, obwohl die Gesellschaft nach wie vor dem ungarischen Staat zugehörig ist. Eine Gesellschaftsneugründung in Italien wollen K und B nun aber auch nicht, denn das dortige Gesellschaftsrecht ist erheblich strenger, die von ihnen gewählte Gesellschaftsform »Betéti Társaság« existiert in Italien zudem überhaupt nicht und schließlich sind die steuerlichen Vorgaben für Unternehmen nicht so attraktiv wie in Ungarn. **Was also tun?**

Ob und wie das Ganze unter Berücksichtigung von Art. 49 AEUV und Art. 54 AEUV unter Umständen gleichwohl funktionieren kann, schauen wir uns jetzt mal in Ruhe an und nehmen als letzte Information vorab bitte noch zur Kenntnis, dass unser Fall natürlich nicht erfunden, sondern angelehnt ist an zwei Grundsatzentscheidungen des EuGH zur Niederlassungsfreiheit: Zum einen und hauptsächlich an den Fall *Cartesio* vom 16. Dezember 2008 (→ EuGH NJW **2009**, 569 – *Cartesio*) und zum anderen an die Mutter aller EuGH-Entscheidungen zur grenzüberschreitenden Gesellschaftsabwanderung, und zwar der Geschichte um die zur Umgehung von hohen Steuerlasten angestrebte Verlegung der britischen »Daily Mail« von England nach Holland – entschieden vom EuGH am 27. September 1988 (→ EuGH NJW **1989**, 2186 – *Daily Mail and General Trust*). Unser Fall hat somit also auch noch einen sehr realen Hintergrund und wir werden sehen, dass trotz des gesellschaftsrechtlichen Ausflugs ganz am Ende eine klare und auch merkbare Botschaft herauskommt.

So, und ab jetzt dann aber bitte schulmäßig:

Obersatz: Die ungarische Regelung, wonach eine in Ungarn gegründete Gesellschaft ihren Sitz in Ungarn halten muss und bei Sitzverlegung ins Ausland zwingend aufgelöst wird, könnte gegen die in den Art. 49 AEUV und Art. 54 AEUV verankerte Niederlassungsfreiheit für Gesellschaften verstoßen.

I. Anwendbarkeit der Grundfreiheiten

Wie immer müssen wir als Erstes kurz abklopfen, ob das hier gestellte Problem nicht möglicherweise schon im europäischen Sekundärrecht einheitlich geregelt ist – in diesem Fall wären die Grundfreiheiten bekanntermaßen nicht anwendbar (EuGH Slg. **2007,** I-2749 – *Danfoss; Haratsch/Koenig/Pechstein* Rz. 999; *Hobe/Fremuth* § 17 Rz. 40). Es müsste also bereits eine konkrete gesetzliche Vorschrift dazu geben, dass und wie Unternehmen bzw. Gesellschaften ihren Sitz innerhalb der EU verlegen können und namentlich welche Konsequenzen dies für das Fortbestehen der Gesellschaftsform (= den Personalstatus) hat.

So, und das haben wir weiter oben ja schon mal kurz erwähnt, trotz einiger Bemühungen existiert bis heute kein einheitliches europäisches Gesellschaftsrecht und insbesondere keine Regelung zum »Hauptproblem des europäischen Gesellschaftsrechts« (wörtlich: *Haratsch/Koenig/Pechstein* Rz. 1019), nämlich der Frage nach dem Fortbestehen des Personalstatus bzw. der jeweiligen Gesellschaftsform im Falle der grenzüberschreitenden Sitzverlegung einer Gesellschaft. Europäische Harmonisierungsmaßnahmen, die die EU gemäß **Art. 50 Abs. 2 lit. g AEUV** (aufschlagen!) zuvorderst erlassen soll, gibt es heute lediglich in einigen Randbereichen, die insbesondere den Schutz von Dritten im Umfeld einer Gesellschaft betreffen (= z.B. Gläubiger, Aktionäre, sonstige Anteilseigener, Arbeitnehmer, Gesellschafter). Geregelt sind etwa die Mindestkapitalvorgaben für Gesellschaften, und es existieren zudem auch diverse Vorschriften für die Erhaltung und Sicherung des Kapitals in Aktiengesellschaften. In diesem Zusammenhang sind die Übernahme, die Verschmelzung und die Aufspaltung von Unternehmen reglementiert, ebenso wie die Gründung einer beschränkt haftenden Gesellschaft, bei der nur ein Gesellschafter vorhanden ist (*Hobe/Fremuth* § 18 Rz. 24). Schließlich wird europarechtlich garantiert, dass Gesellschaften jederzeit transparent sind, also bestimmte Offenlegungspflichten haben und auch die Finanzberichterstattung und Rechnungslegung jederzeit einsehbar sind (vgl. die Richtlinie EU 2017/1132). Schließlich existiert seit dem **8. Oktober 2004** sogar die Möglichkeit, eine einheitliche »Europäische Gesellschaft« (→ *»Société Européenne« / »Societas Europaea«*) zu gründen. Hierbei handelt es sich um eine Form der üblichen Kapitalgesellschaften, deren Kapital in Aktien gestückelt ist (Mindestkapital: 120.000 Euro). Im Hinblick auf die Frage der anwendbaren Rechtsvorschriften hat sich die EU allerdings dazu entschlossen, dass jedes Mitgliedsland neben den einheitlichen europäischen Regelungen aus der entsprechenden Verordnung (→ VO EG Nr. 2157/2001) zudem eigene Normen erlässt, die dem nationalen Recht über die Aktiengesellschaften entsprechen sollen (Einzelheiten bei *Hobe/Fremuth* § 18 Rz. 23 ff.).

Aber: Im Übrigen bleibt das europäische Gesellschaftsrecht weitestgehend zerstückelt bzw. ungeregelt; vor allen Dingen das uns hier interessierende und nach allgemeiner Meinung zentrale Problem des Fortbestands einer Gesellschaft nach einem Grenzübertritt ist auf europäischer Ebene gesetzlich nicht fixiert (*Herdegen* § 16 Rz. 25; *Haratsch/Koenig/Pechstein* Rz. 1019; *Streinz* Rz. 951). Es gilt im Hinblick darauf daher folgender Grundsatz:

»Gesellschaften, die sich im europäischen Binnenmarkt wirtschaftlich betätigen und dabei die Grenzen innerhalb der EU überschreiten wollen, unterliegen nach wie vor dem nationalen Recht des Staates, in dem sie gegründet worden sind.« (*Hobe/Fremuth* § 18 Rz. 23)

<u>**ZE.**</u>: In Ermangelung einer einheitlichen europäischen Regelung sind die Grundfreiheiten auf den vorliegenden Sachverhalt des beabsichtigten Grenzübertritts einer Gesellschaft mit identischem Personalstatus des Ursprungslands anwendbar (EuGH NJW **2009**, 569 – *Cartesio*).

II. Der Schutzbereich des Art. 49 AEUV

1. Sachlicher Schutzbereich

Definition: Der sachliche Schutzbereich der Niederlassungsfreiheit aus Art. 49 Abs. 1 AEUV umfasst die grenzüberschreitende Aufnahme und Ausübung einer dauernden, selbstständigen und mittels einer festen Einrichtung angelegten Erwerbstätigkeit, die nicht der öffentlichen Gewalt im Sinne des Art. 51 AEUV zuzuordnen ist (EuGH Slg. **1991**, I-3905 – *Factortame II; Haratsch/Koenig/Pechstein* Rz. 1000; *Streinz* Rz. 951; *Hobe/Fremuth* § 18 Rz. 4).

Hier: Die Büros der *Cartesio* sind von Ungarn aus innerhalb der EU nach Italien verlegt worden, damit die *Cartesio* dort selbstständig und dauerhaft mit festem Sitz (→ *Gallarate*) ihre Tätigkeiten ausüben kann. Bei der Personalverwaltung von Unternehmen und der Ausstattung mit entsprechender Software handelt es sich des Weiteren nicht um die Ausübung der öffentlichen Gewalt im Sinne des Art. 51 AEUV mit der Folge, dass der sachliche Schutzbereich des Art. 49 AEUV eröffnet ist,

2. Persönlicher Schutzbereich

Definition: Der persönliche Schutzbereich der Niederlassungsfreiheit umfasst gemäß Art. 49 Abs. 1 AEUV alle natürlichen Personen, die Staatsangehörige eines Mitgliedslandes sind, sowie gemäß Art. 54 Abs. 1 AEUV auch die nach den Rechtsvorschriften eines Mitgliedstaates gegründeten Gesellschaften, die ihren satzungsmäßigen Sitz, ihre Hauptverwaltung oder ihre Hauptniederlassung innerhalb der EU haben (EuGH NJW **2009**, 569 – *Cartesio;* EuGH NJW **1989**, 2186 – *Daily Mail and General Trust; Haratsch/Koenig/Pechstein* Rz. 1008; *Hobe/Fremuth* § 18 Rz. 2; *Herdegen* § 16 Rz. 25; *Streinz* Rz. 951).

Durchblick: Dass gemäß Art. 54 Abs. 1 AEUV eine Berufung auf die Niederlassungsfreiheit für Gesellschaften die »Gründung nach den Rechtsvorschriften eines Mitgliedstaates« und zudem »den satzungsmäßigen Sitz, die Hauptverwaltung oder die Hauptniederlassung innerhalb der Union« voraussetzt, liegt daran, dass Gesellschaften keine »Staatsangehörigkeit« im klassischen Sinne – so wie jede natürliche Person – haben können. Der Gesetzgeber musste aber natürlich auch und gerade Gesellschaften und anderen juristischen Personen den Zugang zur Niederlassungsfreiheit aus Art. 49 AEUV gewähren und daher einen Ersatz bzw. eine Entsprechung für diese bei natürlichen Personen obligatorische Staatsangehörigkeit finden. Wie man dem Art. 54 Abs. 1 AEUV entnehmen kann, ist die Entscheidung zugunsten eines Modells gefallen, das **zwei** Voraussetzungen beinhaltet: zum einen muss die Gesellschaft nach den Rechtsvorschriften eines EU-Mitgliedslandes gegründet sein und zum anderen ihren Sitz (ihre Hauptverwaltung oder Hauptniederlassung) innerhalb der EU haben.

Also: Die Zugehörigkeit zur Rechtsordnung der EU und die damit einhergehende Befugnis zur persönlichen Berufung auf Art. 49 AEUV folgt bei natürlichen Personen über die Feststellung der **Staatsangehörigkeit** und bei Gesellschaften und anderen juristischen Personen über ein formales (**Gründung**) und ein tatsächliches (**Sitz**) Element (EuGH Slg. **1993**, I-4017 – *Commerzbank; Haratsch/Koenig/Pechstein* Rz. 1008). Letzte Information: Die Staatsangehörigkeit der einzelnen Gesellschafter oder Anteilseigner spielt für die Frage, ob die Gesellschaft sich »persönlich« auf Art. 49, 54 AEUV berufen kann, interessanterweise **keine** Rolle – es kommt allein auf die in Art. 54 Abs. 1 AEUV genannten Voraussetzungen an (EuGH Slg. **1991**, I-3905 – *Factortame II; Hobe/Fremuth* § 18 Rz. 3). Merken.

Und im Schaubild sieht das Ganze vereinfacht dann so aus:

Die persönliche Berufung auf Art. 49 Abs. 1 AEUV ist möglich für:

1. Natürliche Personen → Bei Staatsangehörigkeit eines Mitgliedslandes der EU

2. Gesellschaften → Bei Gesellschaftsgründung nach den Vorschriften eines Mitgliedslandes der EU + Sitz, Hauptverwaltung oder Hauptniederlassung innerhalb der EU (Art. 54 Abs. 1 AEUV)

Prüfen wir mal:

a) Die *Cartesio* als ungarische Kommanditgesellschaft »Betéti Társaság« müsste zunächst eine Gesellschaft im Sinne des Art. 54 Abs. 1 und 2 AEUV sein. Gemäß Art. 54 Abs. 2 AEUV (aufschlagen!) gelten als Gesellschaften im Sinne der Norm alle Gesellschaften bürgerlichen Rechts und des Handelsrechts einschließlich der Genossenschaften und die sonstigen juristischen Personen des öffentlichen und privaten Rechts mit Ausnahme derjenigen, die keinen Erwerbszweck verfolgen.

> **Beachte**: Das Wort »Gesellschaft« dient in Art. 54 Abs. 2 AEUV bei genauem Hinsehen somit als **Oberbegriff** sämtlicher privater und öffentlich-rechtlicher juristischer Personen, wobei es – anders als im deutschen Recht – auf die eigentliche Rechtspersönlichkeit tatsächlich gar nicht ankommt. Es kommt nach dem Willen des Gesetzgebers zur möglichst uneingeschränkten Förderung des EU-Binnenmarktes vielmehr und vor allen Dingen darauf an, mit der Norm des Art. 54 Abs. 2 AEUV **alle** Wirtschaftssubjekte zu erfassen, die keine natürlichen Personen sind und gleichwohl am Wirtschaftsleben teilnehmen (*Schwarze/Jung* Art. 54 AEUV Rz. 2). Nach allgemeiner Meinung umfasst der Gesellschaftsbegriff daher »alle rechtlich verselbstständigten Akteure, die keine natürlichen Personen sind, einen Erwerbszweck verfolgen und keine Hoheitsrechte ausüben« (*Streinz/Müller-Graff* Art. 54 AEUV Rz. 2; *Schwarze/Jung* Art. 54 AEUV Rz. 2). Der Begriff »juristische Person« aus Art. 54 AEUV deckt aus diesem Grund etwa auch die deutschen offenen Handelsgesellschaften, Kommanditgesellschaften und Gesellschaften bürgerlichen Rechts ab (*Hobe/Fremuth* § 18 Rz. 3; *Haratsch/Koenig/Pechstein* Rz. 1008).

Zum Fall: Die *Cartesio* als eingetragene Kommanditgesellschaft ungarischen Rechts (»Betéti Társaság«) unterliegt, ohne dass wir uns noch näher mit der konkreten Gesellschaftsform auseinandersetzen müssten, somit in jedem Falle dem Gesellschaftsbegriff des Art. 54 Abs. 2 AEUV.

b) Des Weiteren ist die *Cartesio* nach Schilderung des Sachverhaltes fraglos nach ungarischem Recht gegründet worden.

c) Schließlich hat die *Cartesio* ihren satzungsmäßigen Sitz zunächst in der ungarischen Stadt *Baja* (danach in *Gallarate* = ebenfalls EU) und demnach in einem Mitgliedsland errichtet, womit auch die letzte Voraussetzung des Art. 54 Abs. 2 AEUV erfüllt und der persönliche Schutzbereich des Art. 49 Abs. 1 in Verbindung mit Art. 54 Abs. 1 AEUV eigentlich auch eröffnet wäre.

Oder?

Nein, so einfach ist es natürlich nicht – sonst stünde der Fall ja auch nicht hier und wäre auch nicht Gegenstand einer EuGH-Entscheidung geworden. Um besser zu verstehen, worum es geht bzw. was jetzt kommt, müssen wir uns als Erstes noch mal den Zwischenstand des Falles etwas genauer ansehen: Im Moment und nach dem bisher Gesagten ist es so, dass sich unsere *Cartesio* relativ schmerzfrei auf Art. 49 Abs. 1 AEUV berufen kann, sie erfüllt als Gesellschaft ungarischen Rechts problemlos die Voraussetzungen des Art. 54 Abs. 1 und 2 AEUV und liegt damit im persönlichen Schutzbereich der Niederlassungsfreiheit (siehe oben). Die *Cartesio* hat dann ihre Satzung geändert, den Sitz der Gesellschaft auch tatsächlich mit den Büros nach *Gallarate* (liegt übrigens in der *Lombardei*) verlegt und möchte sich nun dort, also in einem anderen Land der EU, niederlassen, was sie unter Zuhilfenahme des **Art. 49 Abs. 2 AEUV** (aufschlagen!) eigentlich auch dürfen und können sollte. Denn in den genannten Vorschriften steht, dass die Niederlassungsfreiheit insbesondere die Aufnahme und Ausübung selbstständiger Erwerbstätigkeiten sowie die Gründung und Leitung von Gesellschaften nach den Bestimmungen des Aufnahmestaats für seine Angehörigen garantieren soll.

Problem: DAS aber will die *Cartesio* bei genauer Betrachtung gar nicht. Sie will sich nämlich weder gemäß Art. 49 Abs. 2 AEUV nach »den Bestimmungen des Aufnahmestaats« gänzlich neugründen, noch will sie im Sinne des Art. 49 Abs. 1 Satz 2 AEUV eine Zweigniederlassung oder eine Tochtergesellschaft in *Gallarate* eröffnen. Die *Cartesio* möchte sich vielmehr nach den Bestimmungen des ***eigenen Staates*** (→ Ungarn) in einem anderen Land der EU (→ Italien) als Gesellschaft ungarischen Rechts (»Betéti Társaság«) niederlassen. Und das macht aus ihrer Sicht natürlich auch eine Menge Sinn, denn die Gründungsvoraussetzungen in Italien sind – wie uns der Sachverhalt verrät – deutlich strenger als in Ungarn und zudem existiert in Italien bzw. im italienischen Recht auch gar keine der »Betéti Társaság« vergleichbare Gesellschaftsform. Also, clevere Lösung: Die *Cartesio* geht unter Berufung auf die Niederlassungsfreiheit aus Art. 49 AEUV als »Betéti Társaság« nach Italien!

Frage: Ist dieses Szenario von der Niederlassungsfreiheit überhaupt erfasst und fällt vor allem auch eine solche Verlegung allein des **Gesellschaftssitzes** unter Beibehaltung des ursprünglichen Personalstatus (= Gesellschaftsform) in den persönlichen Schutzbereich der Art. 49, 54 AEUV? Oder andersherum: Wenn das nationale Recht die Auflösung der Gesellschaft für den Fall/Moment anordnet, in dem die Gesellschaft ihren Sitz ins Ausland verlegt (wie nach ungarischem Recht), wie kann denn dann eine Gesellschaft (weiter) existieren, die von einem EU-Land in ein anderes EU-Land abwandert und dort tätig werden möchte? Genau **DAS** aber sollen die Art. 49, 54 AEUV doch eigentlich garantieren! Ist das ungarische Recht damit nicht sehr offensichtlich rechtswidrig?

Antwort: Knifflig – am Ende aber zum Glück eindeutig.

Wir tasten uns mal ran: Wir hatten weiter oben gesagt, dass in Ermangelung einer europäischen Harmonisierung jedes Land in der EU nach wie vor sein eigenes Gesellschaftsrecht hat und daher in Eigenregie darüber bestimmen kann, unter welchen Voraussetzungen im eigenen Land welche Gesellschaften gegründet, betrieben und wieder aufgelöst werden. Selbst die Festlegung der verschiedenen Arten der Gesellschaften unterliegt allein der Gesetzeshoheit des jeweiligen Landes (*Hobe/Fremuth* § 18 Rz. 23). Wenn wir diese Regeln nun genau nehmen, müsste unser Fall hier eigentlich ziemlich schnell und vom Ergebnis her auch eindeutig zu Ende gehen, denn dann darf natürlich auch Ungarn selbstständig darüber entscheiden, wann eine Gesellschaft aufgelöst wird. Und wenn Ungarn sich dazu entschließt, die Auflösung für den Fall anzuordnen, dass die Gesellschaft ihren Sitz ins Ausland verlegt, dann ist das eben so – und kann auch von den Art. 54, 49 AEUV nicht verhindert werden.

Und jetzt der Knaller: Es ist so.

Der EuGH entscheidet seit mittlerweile über 30 Jahren in ständiger Rechtsprechung zugunsten der nationalen Regelungen und erklärt den persönlichen Anwendungsbereich der Art. 49, 54 AEUV für unanwendbar bzw. nicht betroffen, wenn eine Gesellschaft unter Beibehaltung des ursprünglichen Personalstatus (= Gesellschaftsform) in ein anderes EU-Land abwandern möchte und daran von der eigenen nationalen Rechtsordnung und den danach handelnden Behörden gehindert wird (EuGH NJW **1989**, 2186 – *Daily Mail and General Trust;* EuGH WM **1999**, 956 – *Centros;* EuGH NJW **2002**, 3614 – *Überseering;* EuGH NJW **2009**, 569 – *Cartesio;* EuGH NJW **2012**, 334 – *Vale;* EuGH NJW **2017**, 3639 – *Polbud).*

So, und mit diesem Wissen, das man ohne Begründung und als einzelnstehenden Satz oder Feststellung natürlich nicht in einer Klausur oder Hausarbeit platzieren kann, schauen wir uns – ab jetzt aber bitte schön zurückgelehnt und entspannt (wir kennen das Ergebnis ja schon!) – zum Schluss mal die Argumente an, die der EuGH für seine Rechtsprechung anführt. Dabei werden wir übrigens sehen, dass unsere Geschichte noch eine ziemlich interessante zweite Seite bzw. Betrachtungsperspektive hat: Denn logischerweise geht es bei einem Gesellschaftsübertritt innerhalb der EU inzident immer auch um die Frage, ob und wie denn der ***aufnehmende*** Staat (bei uns wäre das Italien) eigentlich den Zuzug einer ausländischen Gesellschaft unter Berücksichtigung der Art. 49, 54 AEUV möglicherweise behindern darf. Wenn eine Gesellschaft ein Land verlassen und in ein anderes Land abwandern will, sind natürlich immer ***zwei*** nationale Rechtsordnungen betroffen und an der Niederlassungsfreiheit aus den Art. 49, 54 AEUV zu messen. Schon mal vorweg: Insoweit gilt, will man die beiden Art. 49, 54 AEUV nicht komplett aushöhlen, dass der aufnehmende Staat grundsätzlich verpflichtet ist, den Zuzug einer ausländischen Gesellschaft mit dessen Personalstruktur zu dulden (EuGH NJW **2002**, 3614 – *Überseering; Streinz* Rz. 951) – vorausgesetzt natürlich, die Gesellschaft darf aus dem einen Land auch abwandern!

Beginnen wollen wir daher mit der Frage, warum eine nationale Rechtsordnung an die Verlegung des Gesellschaftssitzes ins Ausland tatsächlich die Auflösung der Gesellschaft knüpfen darf, ohne hierbei die Art. 49, 54 AEUV zu verletzen. Und um das zu verstehen, begeben wir uns jetzt zurück in den September des Jahres 1988 und schauen uns mal die Mutter aller EuGH-Fälle zu diesem Problemkreis an, und zwar die Geschichte um die britische Tageszeitung »*Daily Mail*« bzw. deren Verlag »*Daily Mail and General Trust*« (EuGH NJW **1989**, 2186 – *Daily Mail and General Trust)*. Dieser Verlag wollte in den 1980er Jahren aus steuerlichen Gründen seinen Sitz von England nach Holland verlegen, was er auch bereits durch die Errichtung einiger Büros in Amsterdam eingeleitet hatte. Nach dem britischen Gesellschaftsrecht war die Verlegung der Geschäftsleitung unter Beibehaltung des Personalstatus interessanterweise sogar ausdrücklich erlaubt, blöderweise benötigte man aber nach dem **britischen Steuerrecht** dafür eine Zustimmung des Finanzministers. Als der britische Finanzminister diese Zustimmung verweigerte (logisch!), klagte der Verlag anschließend auf Erteilung der Zustimmung und berief sich auf die Niederlassungsfreiheit aus den Art. 49, 54 AEUV (damals noch Art. 52 und 58 EWG-Vertrag), da der Finanzminister mit seiner Weigerung nach Meinung des Verlages die Niederlassung der »*Daily Mail*« innerhalb des EWG/der EU behindert hatte.

Überraschung: Der EuGH gab dem britischen Finanzminister zur allgemeinen Verwunderung Recht und erklärte den Schutzbereich der Niederlassungsfreiheit in diesem Fall für nicht betroffen. Der Verlag durfte also seinen Sitz unter Berufung auf die Niederlassungsfreiheit nicht nach Holland verlegen. Wörtlich heißt es (Vorschriften des EWG-Vertrages hier angepasst an den gleichlautenden AEUV):

»… Vorliegend geht es um die Frage, ob die Artikel 49 und 54 AEUV einer Gesellschaft, die nach dem Recht eines Mitgliedstaats gegründet ist und in diesem ihren satzungsmäßigen Sitz hat, das Recht gewähren, den Sitz ihrer Geschäftsleitung in einen anderen Mitgliedstaat zu verlegen … ***Dies ist nicht der Fall*** *…*

… Eine Gesellschaft macht vom Niederlassungsrecht im Allgemeinen durch die Gründung von ***Agenturen, Zweigniederlassungen*** *und* ***Tochtergesellschaften*** *Gebrauch, so wie es in* ***Artikel 49 Absatz 1 Satz 2 AEUV*** *ausdrücklich vorgesehen ist. Eine solche Niederlassung hat der Verlag hier mit der Eröffnung seiner Büros in den Niederlanden geschaffen. Eine Ge-*

sellschaft kann von ihrem Niederlassungsrecht des Weiteren Gebrauch machen, indem sie an der Gründung einer Gesellschaft in einem anderen Mitgliedstaat teilnimmt … Die britische Rechtsvorschrift, aufgrund derer der Minister die Zustimmung verweigerte, beschränkt solche Niederlassungsvorgänge aber ***in keiner Weise*** *… Die Zustimmung des Finanzministeriums ist nach britischem Recht nur für den Fall vorgeschrieben, dass diese Gesellschaft unter Beibehaltung ihrer Rechtspersönlichkeit und ihrer Eigenschaft als Gesellschaft britischen Rechts den Sitz ihrer Geschäftsleitung aus dem Vereinigten Königreich verlegen will.* ***Im Gegensatz zu natürlichen Personen werden Gesellschaften aufgrund einer Rechtsordnung, beim gegenwärtigen Stand des Gemeinschaftsrechts aufgrund einer nationalen Rechtsordnung, gegründet. Jenseits der jeweiligen nationalen Rechtsordnung, die ihre Gründung und ihre Existenz regelt, haben sie daher keine Realität*** *…*

… In Bezug auf die Frage, was für die Gründung einer Gesellschaft an Verknüpfung mit dem nationalen Gebiet erforderlich ist, bestehen erhebliche Unterschiede im Recht der Mitgliedstaaten: In einigen Staaten muss nicht nur der satzungsmäßige, sondern auch der wahre Sitz, also die Hauptverwaltung der Gesellschaft, im Hoheitsgebiet liegen; die Verlegung der Geschäftsleitung aus diesem Gebiet hinaus setzt somit die Liquidierung der Gesellschaft mit allen Folgen voraus, die eine solche Liquidierung auf gesellschafts- und steuerrechtlichem Gebiet mit sich bringt. Andere Staaten gestehen den Gesellschaften das Recht zu, ihre Geschäftsleitung ins Ausland zu verlegen, aber einige, unter ihnen das Vereinigte Königreich, beschränken dieses Recht; die rechtlichen Folgen der Verlegung, insbesondere auf steuerlichem Gebiet, sind in jedem Mitgliedstaat anders …

… Der AEUV trägt diesen Unterschieden im nationalen Recht Rechnung. In Artikel 54 AEUV werden der ***satzungsmäßige Sitz****, die* ***Hauptverwaltung*** *und die* ***Hauptniederlassung*** *einer Gesellschaft als Anknüpfung gleichgeachtet. Nach alledem betrachtet der AEUV die Unterschiede, die die Rechtsordnungen der Mitgliedstaaten hinsichtlich der für ihre Gesellschaften erforderlichen Anknüpfung sowie der Möglichkeit und gegebenenfalls der Modalitäten einer Verlegung des satzungsmäßigen oder wahren Sitzes einer Gesellschaft nationalen Rechts von einem Mitgliedstaat in einen anderen aufweisen, als Probleme, die durch die Bestimmungen über die Niederlassungsfreiheit* ***nicht*** *gelöst sind, sondern einer Lösung im Wege der Rechtssetzung oder des Vertragsschlusses bedürfen; eine solche wurde jedoch innerhalb der Union noch nicht gefunden …* ***Somit gewähren die Artikel 49 und 54 AEUV den Gesellschaften nationalen Rechts kein Recht, den Sitz ihrer Geschäftsleitung unter Bewahrung ihrer Eigenschaft als Gesellschaften des Mitgliedstaats ihrer Gründung in einen anderen Mitgliedstaat zu verlegen*** *…«*

Achtung: In dieser Entscheidung stecken **drei** Botschaften, nämlich:

1. Gesellschaften können und sollen nach dem in den Art. 49 Abs. 1 Satz 2 AEUV und Art. 54 Abs. 1 AEUV zum Ausdruck gekommenen Willen des Gesetzgebers von der Niederlassungsfreiheit Gebrauch machen, indem sie im europäischen Ausland **Agenturen**, **Zweigniederlassungen** oder **Tochtergesellschaften** gründen.

2. Jenseits der jeweiligen nationalen Rechtsordnung, die die Gründung und die Existenz der Gesellschaften regelt, haben die Gesellschaften – jedenfalls nach gültigem europäischem Gemeinschaftsrecht und namentlich den Art. 49, 54 AEUV –

grundsätzlich **keine rechtliche Realität**. Die Art. 49, 54 AEUV begründen insbesondere keinen Anspruch und auch kein Recht auf Identitätswahrung oder Fortbestehen der jeweiligen nationalen Gesellschaftsform in einem anderen Land der EU.

3. In Ermangelung einer entsprechenden einheitlichen europäischen Regelung kann jedes Mitgliedsland weiterhin **allein** bestimmen, welche Rechtsfolgen es an die Verlegung des Gesellschaftssitzes, der Hauptverwaltung oder der Hauptniederlassung einer Gesellschaft knüpft. Die Art. 49, 54 AEUV stehen daher nationalen Regelungen **nicht** entgegen, die die Auflösung der ursprünglichen Gesellschaft bei einer entsprechenden Sitzverlegung ins Ausland anordnen.

So, diese klaren Ansagen wollen wir uns bitte unbedingt merken, sie gelten seit dem **27. September 1988** (→ EuGH NJW **1989**, 2186 – *Daily Mail and General Trust)* – und zwar bis heute.

Der Fall *Cartesio* folgte 20 Jahre später im Dezember 2008 und wäre nach dem gerade Gesehenen an sich jetzt auch überhaupt kein Problem gewesen, denn wir haben es ja soeben gelesen: Nationale Regelungen, die die Auflösung der ursprünglichen Gesellschaftsform bei Sitzverlegung ins Ausland anordnen (= ungarisches Recht), verstoßen nach Meinung des EuGH ***nicht*** gegen die in den Art. 49, 54 AEUV verankerte Niederlassungsfreiheit, da es schon an der Betroffenheit des persönlichen Schutzbereichs fehlt. Die Gesellschaft löst sich im Moment des Grenzübertritts auf und kann danach logischerweise nicht mehr Träger einer Grundfreiheit sein. Die Niederlassungsfreiheit kann und soll eine Gesellschaft nach dem Urteil »*Daily Mail*« bitte vor allem wahrnehmen durch die Errichtung von **Agenturen**, **Zweigniederlassungen** und **Tochtergesellschaften** im Sinne des Art. 49 Abs. 1 Satz 2 AEUV. Alles Weitere ist europarechtlich nicht oder jedenfalls nicht einheitlich geregelt und obliegt daher den Bestimmungen der nationalen Rechtsordnungen. Und wenn diese Rechtsordnungen vorsehen, dass eine Gesellschaft ihren Sitz nicht ins Ausland verlegen darf und andernfalls aufgelöst wird, dann ist das eben so (siehe oben).

Nächster (und letzter) Schritt: Dass der Fall *Cartesio* gleichwohl bis zum EuGH kommen konnte, liegt an dem weiter oben schon mal kurz erwähnten Aspekt der **unterschiedlichen Betrachtungsweise** einer »Gesellschaftswanderung« innerhalb der EU. Man kann das Ganze nämlich nicht nur aus Sicht des »abgebenden« Staates bzw. dessen Rechtsordnung betrachten, sondern auch aus der Sicht des »aufnehmenden« Staates. Bei einer Gesellschaftsabwanderung sind logischerweise immer zwei Staaten und somit auch zwei Rechtssysteme involviert, im Schaubild:

Abgebender Staat (= Gründungsstaat)	**→**	**Aufnehmender Staat**

Bisher haben wir nur gefragt, ob die in den Art. 49, 54 AEUV verankerte Niederlassungsfreiheit eine nationale Regelung des »abgebenden« Staates verbietet, die die

Auflösung der Gesellschaft bei Verlegung des Sitzes ins Ausland anordnet und damit den Weg von links nach rechts (siehe oben) versperrt. Wir haben gelernt: Eine solche nationale Regelung, die den Weg vom einen in den anderen Staat versperrt, verletzt **nicht** die Niederlassungsfreiheit aus Art. 49, 54 AEUV, es mangelt bereits an der Betroffenheit des persönlichen Schutzbereichs der Art. 49, 54 AEUV (→ EuGH NJW **1989**, 2186 – *Daily Mail and General Trust).* Der abgebende Staat darf also gesetzlich verhindern, dass eine Gesellschaft mit ihrem Sitz unter Wahrung ihrer nationalen Rechtsform in ein anderes Land abwandert.

Problem: Es gibt aber auch nationale Rechtsordnungen in der EU, die es einer Gesellschaft – anders als etwa in Ungarn – **erlauben**, unter Beibehaltung ihrer nationalen Rechtsform mit ihrem Sitz in ein anderes Land der EU abzuwandern, so etwa in **Holland** und in **Dänemark**. Nach den Rechtsordnungen dieser Länder sind auf die im Inland gegründeten Gesellschaften auch dann die Vorschriften des Gründungslandes anzuwenden, wenn die Gesellschaften ihren (Haupt-)Sitz anschließend ins Ausland verlegen; diese Länder folgen in ihrem Gesellschaftsrecht der sogenannten »Gründungstheorie« (*Haratsch/Koenig/Pechstein* Rz. 1011). Um im Schaubild von eben zu bleiben: Gesellschaften, die in Holland oder Dänemark gegründet worden sind, dürfen unter Wahrung ihrer nationalen Rechtsform von links nach rechts abwandern, jedenfalls aus Sicht der Rechtsordnung ihres, also des **abgebenden** Staates. **Frage**: Was ist dann mit der rechten Seite des Schaubildes? Darf der »aufnehmende Staat« diesen formwahrenden Grenzübertritt mit ***seiner*** Rechtsordnung vielleicht verbieten?

Überraschende Antwort: Nein! Der EuGH hat seit der *Daily-Mail*-Entscheidung aus dem Jahr 1988 gleich mehrfach entschieden, dass der eine ausländische Gesellschaft aufnehmende Staat (oben: die rechte Seite) wegen der Niederlassungsfreiheit aus den Art. 49, 54 AEUV grundsätzlich verpflichtet ist, die Gesellschaft mit der (fremden!) Gesellschaftsform nicht nur aufzunehmen, sondern diese Gesellschaft als solche als rechts- und parteifähig anzuerkennen (vgl. etwa EuGH Slg. **1999**, I-1459 – *Centros;* EuGH Slg. **2002**, I-9919 – *Überseering;* EuGH EuZW **2003**, 687 – *Inspire Art; Schwarze/Jung* Art. 49 AEUV Rz. 35). Der aufnehmende Staat darf einen solchen Zuzug einer fremden Gesellschaft nur dann unterbinden bzw. beschränken (und etwa eine **Neugründung** der Gesellschaft nach der eigenen Rechtsordnung vorschreiben), wenn entweder gemäß Art. 52 Abs. 1 AEUV Gründe der öffentlichen Ordnung, Sicherheit oder Gesundheit oder aber zwingende Gründe des Gemeinwohls, wie etwa der Schutz der Interessen möglicher Gläubiger, der Minderheitsgesellschafter, der Arbeitnehmer oder auch des Fiskus dies rechtfertigen können (EuGH Slg. **2002**, I-9919 – *Überseering).* Daraus ergibt sich ein neues, und zwar ein sehr erstaunliches Schaubild:

Abgebender Staat (= Gründungsstaat)	**→**	**Aufnehmender Staat**
Darf Wegzug verhindern!		**Darf Zuzug NICHT verhindern!**

Und jetzt die Idee: Wenn es nach der Rechtsprechung des EuGH demnach klar und unstrittig ist, dass der Zuzug von Gesellschaften vom aufnehmenden Staat grundsätzlich nicht verhindert werden darf, bedeutet dies dann nicht im Umkehrschluss, dass eine nationale Rechtsordnung, die (wie etwa Ungarn) den Wegzug verhindert und mit der Auflösung der Gesellschaft bedroht, **ERST RECHT** gegen die Art. 49, 54 AEUV verstößt? Man könnte auch fragen: Wenn das EU-Recht in den Art. 49, 54 AEUV den einen Staat (rechte Seite) dazu verpflichtet, die fremde Gesellschaft aufzunehmen, wie kann die EU es denn dann dem anderen Staat (linke Seite) erlauben, den Wegzug der Gesellschaft zu verhindern? Vor allem: Welchen Sinn macht unter diesen Umständen die Verpflichtung des einen Staates, die fremde Gesellschaft aufzunehmen? Klingt insgesamt widersinnig: Die EU verpflichtet den einen Staat, die fremde Gesellschaft aufzunehmen bzw. den Zuzug zu dulden, erlaubt es aber dem anderen Staat, einen entsprechenden Wegzug zu verhindern?!

Durchblick: Dass es überhaupt zu einer solchen Konstellation kommt bzw. kommen kann, liegt an den unterschiedlichen Ansätzen in den nationalen Gesellschaftsrechtssystemen. Ungarn etwa folgt in seinem nationalen Gesellschaftsrecht – wie auch die meisten anderen Staaten in der EU – der sogenannten »**Sitztheorie**«. Demnach sind auf juristische Personen und Gesellschaften immer diejenigen Rechtsnormen anzuwenden, die am Ort ihres tatsächlichen Verwaltungssitzes gelten, eine »Mitnahme« der nationalen Gesellschaftsform kommt daher grundsätzlich nicht in Betracht (*Haratsch/Koenig/Pechstein* Rz. 1011). Dem gegenüber steht die oben schon mal erwähnte »**Gründungstheorie**«, nach der in der EU aktuell nur Holland und Dänemark ihr Gesellschaftsrecht ausrichten. Hiernach gelten für den Personalstatus einer Gesellschaft immer die Normen desjenigen Landes, in dem die Gesellschaft gegründet worden ist, was logischerweise bedeutet, dass auch bei der Verlegung des Hauptsitzes der Gesellschaft in ein anderes Land der EU (also von links nach rechts) die Rechtsform des Gründungslandes (= links) beibehalten werden kann.

Regel: Folgt ein Land der **Sitztheorie**, legt es in seinem nationalen Gesellschaftsrecht fest, dass für die im eigenen Land gegründeten Gesellschaften die Gesellschaftsform und die anzuwendenden Vorschriften nur so lange gelten und erhalten bleiben, wie die Gesellschaft ihren Sitz im eigenen Land behält. Folgt ein Land hingegen der **Gründungstheorie**, legt es in seinem nationalen Gesellschaftsrecht fest, dass für die im eigenen Land gegründeten Gesellschaften die Gesellschaftsform und die anzuwendenden Vorschriften auch dann weitergelten bzw. weitergelten können, wenn die Gesellschaft ihren Sitz in ein anderes Land verlegt.

Daraus folgt: Das Problem der formwahrenden Gesellschaftswanderung von links nach rechts kann mithin nur entstehen, wenn eine Gesellschaft aus einem Land abwandert, das der **Gründungstheorie** folgt. Denn nur dann überhaupt erlaubt die linke Seite (= der abgebende Staat) und dessen Rechtssystem den formwahrenden Grenzübertritt ins andere Land (rechte Seite). Bei Ländern, die der Sitztheorie folgen, stellt sich die Frage erst gar nicht, **denn**: Die Gesellschaft in ihrer bisherigen Form existiert in dem Moment des Grenzübertritts nicht mehr, bzw. sie verliert im gleichen Moment ihre Realität (so wörtlich: EuGH NJW **1989**, 2186 – *Daily Mail and General Trust*). **Folge**: Der »aufnehmende« Staat nimmt bei genauer Betrachtung überhaupt nichts auf, jedenfalls keine Gesellschaft, denn die ursprüngliche Gesellschaft existiert wegen des Grenzübertritts nicht mehr. Das Einzige, was rein tatsächlich passiert, ist möglicherweise die Errichtung von Büros und/oder der Übertritt von Personen, beispielsweise der ursprünglichen Gesellschafter, die im anderen Land gleichwohl arbeiten; die Gesellschaft als juristische Person vollzieht aber keinen Grenzübertritt.

Zusammenfassung: Die Art. 49, 54 AEUV verbieten einer nationalen Rechtsordnung **nicht**, an die Verlegung des Gesellschaftssitzes ins EU-Ausland die Auflösung der Gesellschaft zu knüpfen. Wandert eine Gesellschaft, die nach »Sitztheorie« gegründet wurde, unter diesen Umständen in ein anderes Land ab, verliert die Gesellschaft mit der offiziellen Sitzverlegung ins Ausland ihre Realität bzw. Existenz. Daraus folgt, dass es mangels fortbestehender Gesellschaft auch keine »Aufnahme« durch das andere EU-Land geben kann (EuGH NJW **2009**, 569 – *Cartesio)*. Die Gesellschaft kann sich in dem anderen Land aber nach den dortigen Rechtsvorschriften neu gründen. Demgegenüber gewähren die Art. 49, 54 AEUV einer Gesellschaft, die aus dem einen Land in ein anderes Land abwandern darf, das Recht und den Anspruch, vom aufnehmenden Staat in der Rechtsform des Gründungsstaates aufgenommen und anerkannt zu werden (EuGH Slg. **1999**, I-1459 – *Centros*; EuGH Slg. **2002**, I-9919 – *Überseering*; EuGH EuZW **2003**, 687 – *Inspire Art*).

Und jetzt zu unserem Fall:

Vor dem EuGH trugen die Partien und namentlich die Gesellschafter der *Cartesio* nun die scheinbare Widersinnigkeit dieser Regelungen vor. Vor allem ging es natürlich um den Umstand, dass die Art. 49, 54 AEUV – wie gesehen – nach ständiger Rechtsprechung des EuGH zwar einerseits den aufnehmenden Staat zur Anerkennung der fremden Gesellschaftsform verpflichten, andererseits aber dem abgebenden Staat erlauben, den Wegzug der Gesellschaft zu verhindern. Die *Cartesio* wollte konkret erreichen, dass der EuGH seine Rechtsprechung ändert und aus dem Anerkennungszwang des aufnehmenden Staates die Pflicht des abgebenden Staates folgert, die Gesellschaft mit der nationalen Rechtsform auch abwandern zu lassen und vor allem nicht aufzulösen (kniffliger, aber wichtiger Satz, bitte noch einmal lesen!).

Wir kennen das Ergebnis ja schon. Vergebens.

Auch unter diesen Umständen und trotz dieser Betrachtungsweise darf das **nationale Recht** nach Meinung des EuGH die Auflösung der Gesellschaft beim Grenzübertritt des Gesellschaftssitzes anordnen und verstößt damit **nicht** gegen Art. 49, 54 AEUV. Dass der aufnehmende Staat die übertretende Gesellschaft anerkennen ***müsste***, bleibt unerheblich, es kommt alleine darauf an, was der **abgebende** Staat in seinem Gesellschaftsrecht für die Abwanderung der Gesellschaft bzw. deren Sitz bestimmt. Wörtlich heißt es in der *Cartesio*-Entscheidung (Vorschriften angepasst an den AEUV):

> *»… Es ist somit noch zu klären, ob die Art. 49 AEUV und 54 AEUV dahin auszulegen sind, dass sie Rechtsvorschriften eines Mitgliedstaats entgegenstehen, die es einer nach dem innerstaatlichen Recht dieses Mitgliedstaats gegründeten Gesellschaft verwehren, ihren Sitz in einen anderen Mitgliedstaat zu verlegen und dabei ihre Eigenschaft als Gesellschaft, die dem innerstaatlichen Recht des Mitgliedstaats unterliegt, nach dessen Recht sie gegründet wurde, behält. In dieser Hinsicht ist zunächst auf das Urteil des Gerichtshofs ›Daily Mail and General Trust‹ hinzuweisen, wonach eine aufgrund einer nationalen Rechtsordnung gegründete Gesellschaft jenseits der nationalen Rechtsordnung, die ihre Gründung und ihre Existenz regelt,* ***keine Realität hat*** *… In diesem Urteil hat der Gerichtshof auch ausgeführt, dass hinsichtlich der Frage, wie und ob die Gesellschaften ihren satzungsmäßigen Sitz im In- oder im Ausland haben dürfen,* ***erhebliche Unterschiede*** *im Recht der* ***Mitgliedstaaten*** *bestehen: In einigen Mitgliedstaaten muss nicht nur der satzungsmäßige, sondern auch der wahre Sitz, also die Hauptverwaltung der Gesellschaft, im Hoheitsgebiet des betreffenden Mitgliedstaats liegen; die Verlegung der Geschäftsleitung aus diesem Gebiet hinaus setzt somit die Liquidierung der Gesellschaft mit allen Folgen voraus, die eine solche Liquidierung auf gesellschaftsrechtlichem Gebiet mit sich bringt (Sitztheorie). Andere Mitgliedstaaten gestehen den Gesellschaften das Recht zu, ihre Geschäftsleitung ins Ausland zu verlegen (Gründungstheorie). Die rechtlichen Folgen der Verlegung sind somit in jedem Mitgliedstaat anders … und insbesondere gemeinschaftsrechtlich nicht einheitlich geregelt …«*

Und dann wird es interessant:

> *»… In Ermangelung einer entsprechenden einheitlichen gemeinschaftsrechtlichen Regelung kann jeder Mitgliedstaat sowohl die Anknüpfung bestimmen, die eine Gesellschaft aufweisen muss, um als nach seinem innerstaatlichen Recht gegründet angesehen werden und damit in den Genuss der Niederlassungsfreiheit gelangen zu können, als auch die Anknüpfung, die für den* ***Erhalt*** *dieser Eigenschaft verlangt wird.* ***Diese Befugnis umfasst insbesondere die Möglichkeit für diesen Mitgliedstaat, es einer Gesellschaft seines nationalen Rechts nicht zu gestatten, diese Eigenschaft zu behalten, wenn sie sich durch die Verlegung ihres Sitzes in einen anderen Mitgliedstaat dort neu organisieren möchte und damit die Anknüpfung löst, die das nationale Recht des Gründungsmitgliedstaats vorsieht*** *… Diese Befugnis betrifft demnach die* ***Vorfrage*** *zur Anwendung der Art. 49, 54 AEUV und ist schließlich unabhängig davon zu betrachten, dass nach ständiger Rechtsprechung des Gerichtshofes aus den Art. 49, 54 AEUV das Recht erwächst, als ausländische Gesellschaft vom aufnehmenden Staat anerkannt und keinen Hemmnissen unterworfen zu werden … Ein solches Hemmnis … stellt zwar eine Beschränkung der Niederlassungsfreiheit der betreffenden Gesellschaft dar, die, wenn sie nicht zwingenden Gründen des Allgemeininteresses entspricht, nach Art. 49 AEUV verboten ist. Sie betrifft aber einen anderen Sachverhalt als den hier zu beurteilenden …*
>
> *… Nach alledem ist festzustellen, dass die Art. 49 AEUV und 54 AEUV beim gegenwärtigen Stand des Gemeinschaftsrechts dahin auszulegen sind, dass sie Rechtsvorschriften eines Mitgliedstaats* ***nicht*** *entgegenstehen, die es einer nach dem nationalen Recht dieses Mitgliedstaats gegründeten Gesellschaft verwehren, ihren Sitz in einen anderen Mitgliedstaat zu ver-*

legen und dabei ihre Eigenschaft als Gesellschaft des nationalen Rechts des Mitgliedstaats, nach dessen Recht sie gegründet wurde, zu behalten …«

Fazit: Nationale Rechtsordnungen dürfen den Wegzug der im Inland gegründeten Gesellschaften dadurch verhindern, dass sie die Verlegung des Gesellschaftssitzes ins Ausland mit der Auflösung der jeweiligen Gesellschaft sanktionieren. Hieran ändert auch nichts, dass die Art. 49 und 54 AEUV den eine ausländische Gesellschaft aufnehmenden Staat grundsätzlich dazu verpflichten, die ausländische Gesellschaft anzuerkennen und nach dem Recht des Gründungslandes zu behandeln (*Streinz* Rz. 951; *Hobe/Fremuth* § 18 Rz. 8).

Ergebnis: Die ungarische Regelung zum Gesellschaftssitz verstößt nicht gegen die Niederlassungsfreiheit aus den Art. 49, 54 AEUV, es fehlt bereits an der Betroffenheit des persönlichen Schutzbereichs (EuGH NJW **2009**, 569 – *Cartesio*).

Gutachten

Die ungarische Regelung, wonach eine in Ungarn gegründete Gesellschaft ihren Sitz in Ungarn halten muss und bei Sitzverlegung ins Ausland zwingend aufgelöst wird, könnte gegen die in den Art. 49 AEUV und Art. 54 AEUV verankerte Niederlassungsfreiheit für Gesellschaften verstoßen.

I. Anwendbarkeit der Grundfreiheiten

Die europäischen Grundfreiheiten sind nur anwendbar, wenn für die zu lösende Rechtsfrage keine einheitliche europäische Harmonisierungsmaßnahme im Sinne des gemäß Art. 50 Abs. 2 lit. g AEUV existiert. Vorliegend geht es um die Frage des Erhalts der Gesellschaftsstruktur im Falle einer Umsiedlung in ein anderes europäisches Land. Das europäische Gesellschaftsrecht ist lediglich in Randbereichen, die insbesondere den Schutz von Dritten im Umfeld einer Gesellschaft betreffen, normiert. Geregelt sind die Mindestkapitalvorgaben für Gesellschaften sowie diverse Vorschriften für die Erhaltung und Sicherung des Kapitals in Aktiengesellschaften. In diesem Zusammenhang sind die Übernahme, die Verschmelzung und die Aufspaltung von Unternehmen reglementiert, ebenso wie die Gründung einer beschränkt haftenden Gesellschaft, bei der nur ein Gesellschafter vorhanden ist. Schließlich wird europarechtlich in der Richtlinie EU 2017/1132 garantiert, dass Gesellschaften jederzeit transparent sind, also bestimmte Offenlegungspflichten haben und auch die Finanzberichterstattung und Rechnungslegung jederzeit einsehbar sind. Schließlich existiert die Möglichkeit, eine einheitliche »Europäische Gesellschaft« zu gründen. Im Übrigen bleibt das europäische Gesellschaftsrecht weitestgehend zerstückelt bzw. ungeregelt; vor allen Dingen das vorliegend zu klärende Problem des Fortbestands einer Gesellschaft nach einem Grenzübertritt ist auf europäischer Ebene gesetzlich nicht fixiert. Gesellschaften, die sich im europäischen Binnenmarkt wirtschaftlich betätigen und dabei namentlich die Grenzen innerhalb der EU überschreiten wollen, unterliegen nach wie vor dem nationalen Recht des Staates, in dem sie gegründet worden sind. In Ermangelung einer einheitlichen europäischen Regelung sind die Grundfreiheiten auf den vorliegenden Sachverhalt des beabsichtigten Grenzübertritts einer Gesellschaft mit identischem Personalstatus des Ursprungslands somit anwendbar.

II. Der Schutzbereich des Art. 49 AEUV

1. Sachlicher Schutzbereich

Der sachliche Schutzbereich der Niederlassungsfreiheit aus Art. 49 Abs. 1 AEUV umfasst die grenzüberschreitende Aufnahme und Ausübung einer dauernden, selbstständigen und mittels einer festen Einrichtung angelegten Erwerbstätigkeit, die nicht der öffentlichen Gewalt im Sinne des Art. 51 AEUV zuzuordnen ist. Die Büros der Cartesio sind von Ungarn aus innerhalb der EU nach Italien verlegt worden, damit die Cartesio dort selbstständig und dauerhaft mit festem Sitz ihre Tätigkeiten ausüben kann. Bei der Personalverwaltung von Unternehmen und der Ausstattung mit entsprechender Software handelt es sich des Weiteren nicht um die Ausübung der öffentlichen Gewalt im Sinne des Art. 51 AEUV mit der Folge, dass der sachliche Schutzbereich des Art. 49 AEUV eröffnet ist.

2. Persönlicher Schutzbereich

Der persönliche Schutzbereich der Niederlassungsfreiheit umfasst gemäß Art. 49 Abs. 1 AEUV alle natürlichen Personen, die Staatsangehörige eines Mitgliedslandes sind, sowie gemäß Art. 54 Abs. 1 AEUV auch die nach den Rechtsvorschriften eines Mitgliedstaates gegründeten Gesellschaften, die ihren satzungsmäßigen Sitz, ihre Hauptverwaltung oder ihre Hauptniederlassung innerhalb der EU haben.

a. Die Cartesio als ungarische Kommanditgesellschaft (Betéti Társaság) müsste zunächst eine Gesellschaft im Sinne des Art. 54 Abs. 1 und 2 AEUV sein. Gemäß Art. 54 Abs. 2 AEUV gelten als Gesellschaften im Sinne der Norm alle Gesellschaften bürgerlichen Rechts und des Handelsrechts einschließlich der Genossenschaften und die sonstigen juristischen Personen des öffentlichen und privaten Rechts mit Ausnahme derjenigen, die keinen Erwerbszweck verfolgen. Die Cartesio als eingetragene Kommanditgesellschaft ungarischen Rechts unterliegt somit dem Gesellschaftsbegriff des Art. 54 Abs. 2 AEUV.

b. Des Weiteren ist die Cartesio nach Schilderung des Sachverhaltes fraglos nach ungarischem Recht gegründet worden.

c. Schließlich hat die Cartesio ihren satzungsmäßigen Sitz zunächst in der ungarischen Stadt Baja, danach in Gallarate (Italien) und demnach in einem Mitgliedsland errichtet, womit auch die letzte Voraussetzung des Art. 54 Abs. 2 AEUV erfüllt und der persönliche Schutzbereich des Art. 49 Abs. 1 in Verbindung mit Art. 54 Abs. 1 AEUV eigentlich auch eröffnet wäre.

d. Etwas anderes könnte sich jedoch daraus ergeben, dass sich die Gesellschaft im vorliegenden Fall weder gemäß Art. 49 Abs. 2 AEUV nach den Bestimmungen des Aufnahmestaats gänzlich neugründen noch im Sinne des Art. 49 Abs. 1 Satz 2 AEUV eine Zweigniederlassung oder eine Tochtergesellschaft in Gallarate eröffnen möchte. Die Cartesio möchte sich vielmehr nach den Bestimmungen des eigenen Staates (Ungarn) in einem anderen Land der EU (Italien) als Gesellschaft ungarischen Rechts (Betéti Társaság) niederlassen. Es fragt sich, ob eine solche Niederlassung unter Beibehaltung des Personalstatus des Ursprungslandes vom Schutzbereich der Art. 49, 54 AEUV überhaupt erfasst sein kann. Problematisch ist das Ganze deshalb, weil das nationale ungarische Recht die Auflösung der Gesellschaft für den Moment anordnet, in dem die Gesellschaft ihren Sitz ins Ausland verlegt. Bei genauer Betrachtung verliert die Gesellschaft also bei der Umsiedlung ins europäische Ausland ihre Existenz mit der Folge, dass auch der Schutzbereich der Grundfreiheiten für Gesellschaften nicht mehr greifen kann – die Gesellschaft existiert nicht mehr.

Abschließend ist somit zu klären, ob eine nationale Regelung, die beim Grenzübertritt einer Gesellschaft deren Auflösung in ihrer ursprünglichen Form anordnet, nicht gegen die Art. 49, 54 AEUV verstößt, da sie auf diesem Weg die Niederlassungsfreiheit der Gesellschaft faktisch und rechtlich aushebelt. Insoweit ist vor allen Dingen beachtlich, dass die genannten Vorschriften jedenfalls den aufnehmenden Staat unstreitig verpflichten, die fremde Gesellschaft in der bestehenden Form aufzunehmen und den Personalstatus zu belassen. Daraus könnte im Umkehrschluss gefolgert werden, dass auch der abgebende Staat die Gesellschaft in der jeweils bestehenden Form belassen muss, selbst wenn diese das Ursprungsland verlässt.

e. Im Ergebnis ist dies jedoch nicht der Fall. Die entsprechende nationale ungarische Regelung verstößt nicht gegen die europäischen Grundfreiheiten. In Ermangelung einer entsprechenden einheitlichen gemeinschaftsrechtlichen Regelung kann jeder Mitgliedstaat sowohl die Anknüpfung bestimmen, die eine Gesellschaft aufweisen muss, um als nach seinem innerstaatlichen Recht gegründet angesehen werden und damit in den Genuss der Niederlassungsfreiheit gelangen zu können, als auch die Anknüpfung, die für den Erhalt dieser Eigenschaft verlangt wird. Diese Befugnis umfasst insbesondere die Möglichkeit für diesen Mitgliedstaat, es einer Gesellschaft seines nationalen Rechts nicht zu gestatten, diese Eigenschaft zu behalten, wenn sie sich durch die Verlegung ihres Sitzes in einen anderen Mitgliedstaat dort neu organisieren möchte und damit die Anknüpfung löst, die das nationale Recht des Gründungsmitgliedstaats vorsieht. Diese Befugnis betrifft demnach die Vorfrage zur Anwendung der Art. 49, 54 AEUV und ist schließlich unabhängig davon zu betrachten, dass aus Art. 49, 54 AEUV das Recht erwächst, als ausländische Gesellschaft vom aufnehmenden Staat anerkannt und keinen Hemmnissen unterworfen zu werden. Ein solches Hemmnis stellt zwar eine Beschränkung der Niederlassungsfreiheit der betreffenden Gesellschaft dar, die, wenn sie nicht zwingenden Gründen des Allgemeininteresses entspricht, nach Art. 49 AEUV verboten ist. Sie betrifft aber eine andere Konstellation als die vorliegend zu beurteilende. Es ist daher festzustellen, dass die Art. 49 AEUV und 54 AEUV beim gegenwärtigen Stand des europäischen Gemeinschaftsrechts dahin auszulegen sind, dass sie Rechtsvorschriften eines Mitgliedstaats nicht entgegenstehen, die es einer nach dem nationalen Recht dieses Mitgliedstaats gegründeten Gesellschaft verwehren, ihren Sitz in einen anderen Mitgliedstaat zu verlegen und dabei ihre Eigenschaft als Gesellschaft des nationalen Rechts des Mitgliedstaats, nach dessen Recht sie gegründet wurde, zu behalten. Nationale Rechtsordnungen dürfen den Wegzug der im Inland gegründeten Gesellschaften dadurch verhindern, dass sie die Verlegung des Gesellschaftssitzes ins Ausland mit der Auflösung der jeweiligen Gesellschaft sanktionieren. Hieran ändert auch nichts, dass die Art. 49 und 54 AEUV den eine ausländische Gesellschaft aufnehmenden Staat grundsätzlich dazu verpflichten, die ausländische Gesellschaft anzuerkennen und nach dem Recht des Gründungslandes zu behandeln.

Ergebnis: Die ungarische Regelung zum Gesellschaftssitz verstößt nicht gegen die Niederlassungsfreiheit aus den Art. 49, 54 AEUV, es fehlt bereits an der Betroffenheit des persönlichen Schutzbereichs.

3. Abschnitt

Grundrechtsprüfungen und der Rechtsschutz vor dem EuGH – Aufbauschemata

Fall 12

Ausgeliefert?

Die Justizbehörden des zur Europäischen Union gehörenden Staates S ermitteln gegen den irakischen Staatsangehörigen A wegen des dringenden Tatverdachts einer illegalen Schleusertätigkeit. Zur Ergreifung des flüchtigen A existiert ein europäischer Haftbefehl. A wird bei einer Routinekontrolle der Polizei in Hannover festgenommen und in Auslieferungshaft verbracht. Vor der Auslieferung erbittet die Staatsanwaltschaft in Hannover von den Justizbehörden des S Auskunft über die zu erwartenden Haftbedingungen für A, insbesondere die Zellengröße sowie die übrigen Umstände der Haft. Die Behörden des S erklären daraufhin, dass man nichts über die endgültigen Haftbedingungen sagen könne, da eine Verurteilung ja noch gar nicht feststehe. Das zuständige OLG Celle ordnet anschließend rechtskräftig die Auslieferung des A an. Gegen den Beschluss des OLG erhebt A form- und fristgerecht Verfassungsbeschwerde beim Bundesverfassungsgericht und rügt eine Verletzung von Art. 4 GRCh, hilfsweise von Art. 1 Abs. 1 GG. A erklärt, ihm drohe in der Untersuchungshaft eine menschenunwürdige Behandlung und weist – zutreffend – auf die ständige Rechtsprechung des EuGH hin, wonach eine Auslieferung nach S nur erfolgen darf, wenn die dortigen Justizbehörden menschenwürdige Haftbedingungen nachweisen. Das OLG habe die Rechtsprechung des EuGH missachtet, daher sei auch sein Recht aus Art. 101 Abs. 1 Satz 2 GG in Verbindung mit Art 19 Abs. 4 Satz 1 GG verletzt.

Frage: Hat der Antrag des A Aussicht auf Erfolg? **Hinweis**: Die Vorschriften über den Erlass und die Durchsetzung eines europäischen Haftbefehls sind unionsrechtlich abschließend geregelt (»determiniert«).

Schwerpunkt: Grundrechtsprüfungen vor dem Bundesverfassungsgericht.

Lösungsweg

Einstieg: So, zum Schluss kümmern wir uns noch um die europäischen und inzident auch um die nationalen Grundrechte und wollen vor allem die Frage klären, wer denn überhaupt für die Prüfung welcher Grundrechte zuständig ist. Das ist kniffliger als gedacht, denn – so viel vorneweg – das Bundesverfassungsgericht beschreitet in dieser Sache einen sehr eigenwilligen Weg, den man als Studierende(r) – jedenfalls in Deutschland – kennen sollte, da er den Lösungsweg in der Übungsarbeit maßgeblich beeinflusst (BVerfGE **152**, 216). Unser Fall ist daher auch zwei aktuellen Entscheidungen des Bundesverfassungsgerichts nachgebildet, die sich mit der hochbrisanten Frage befassen, unter welchen Umständen eigentlich Menschen, gegen die im europäischen Ausland ein Strafverfahren betrieben wird oder das bereits mit einer Verurteilung abgeschlossen ist, von Deutschland ausgeliefert werden dürfen bzw. müssen (BVerfG NJW **2021**, 1518; BVerfG NJW **2021**, 3176).

Durchblick: Die gesetzlichen Regeln hierzu finden sich europarechtlich einheitlich determiniert im »Rahmenbeschluss über den europäischen Haftbefehl« (»RbEuHb«) aus dem Jahr 2002, zuletzt geändert im Februar 2009. Dort steht unter anderem in Art. 15 Abs. 2 RbEuHb drin, dass der ausliefernde Staat vom Empfängerstaat Auskünfte einfordern kann, die die Auslieferungsumstände betreffen, wozu nach Meinung des EuGH auch und vor allem die zu erwartenden **Haftbedingungen** gehören, und zwar namentlich dann, wenn begründete und nachweisbare Anhaltspunkte für unzureichende Haftbedingungen in dem Empfängerstaat bestehen (EuGH ECLI:EU:C:**2018**:589 sowie EuGH EU:C:**2016**:198). Sofern die auszuliefernde Person der Auslieferung nicht zustimmt (was in Deutschland die Regel sein dürfte), hat die Person gemäß Art. 13 und Art. 14 RbEuHb einen Anspruch darauf, von der zuständigen nationalen Justizbehörde vernommen zu werden, um dort mögliche Bedenken gegen die Auslieferung vorzutragen. In den meisten europäischen Ländern ist die zuständige Justizbehörde im Sinne des Art. 6 Abs. 1 RbEuHb übrigens die jeweilige **Staatsanwaltschaft**; in Deutschland entscheiden hierüber indessen die **Oberlandesgerichte**. Der EuGH hat nämlich mit Urteil vom 27. Mai 2019 darauf verwiesen, dass die Staatsanwaltschaften hierzulande keine unabhängigen Institutionen, sondern als Teil der Exekutive möglicherweise politischen Weisungen unterworfen sind, namentlich des Justizministeriums. Die Staatsanwaltschaft darf daher das Auslieferungsverfahren zwar unterstützen, aber nicht final entscheiden bzw. vollstrecken (EuGH NJW **2019**, 2145). Zuständige Justizbehörde für die Entscheidung über die Vollstreckung des europäischen Haftbefehls sind in Deutschland die Gerichte, konkret die Oberlandesgerichte, die **alleine** und **rechtskräftig** entscheiden. Merken.

Die Problematik der möglicherweise unzureichenden Haftbedingungen im Empfängerstaat ist seit vielen Jahren regelmäßig Gegenstand von EuGH- und auch von Entscheidungen nationaler Gerichte und betrifft insbesondere Auslieferungen in Länder, die im Verdacht stehen, bei den Haftbedingungen weniger zimperlich zu sein als die Staaten, aus denen ausliefert werden soll (vgl. im Einzelnen etwa: EuGH EU:C:**2019**:857; EuGH ECLI:EU:C:**2018**:589; EuGH NJW **2016**, 1709; BVerfG NJW **2021**, 1518; BVerfG NJW **2021**, 3176). Grundrechts- und damit auch klausurrelevant wird das Ganze nun auch und vor allem deshalb, weil der RbEuHb in seinem **Art. 1 Abs. 3** für alle Beteiligten des Auslieferungsverfahrens ausdrücklich die »Achtung der Grundrechte und der gemäß Art. 6 Abs. 3 EUV ebenfalls einzubeziehenden Europäischen Menschenrechtskonvention« (EMRK) vorschreibt. Der EuGH hat in einer Grundsatzentscheidung am **5. April 2016** diesbezüglich festgestellt, dass die für die Auslieferung zuständige Justizbehörde beim Vorliegen entsprechender Anhaltspunkte »*... konkret und genau prüfen muss, ob es ernsthafte und durch Tatsachen bestätigte*

Gründe für die Annahme gibt, dass die Person, gegen die sich ein zum Zweck der Strafverfolgung oder der Vollstreckung einer Freiheitsstrafe erlassener Haftbefehl richtet, aufgrund der Bedingungen ihrer Inhaftierung in diesem Mitgliedstaat einer echten Gefahr unmenschlicher oder erniedrigender Behandlung im Sinne von Art. 4 der Charta der Grundrechte der Europäischen Union ausgesetzt sein wird, falls sie ihm übergeben wird …« (vgl. EuGH NJW **2016**, 1703; bestätigt durch: EuGH EU:C:**2019**:857; EuGH ECLI:EU:C:**2018**:589; siehe auch BVerfG NJW **2021**, 1518; BVerfG NJW **2021**, 3176). Dem ausliefernden Staat erwächst hieraus daher sogar eine **Aufklärungspflicht** und dem Empfängerstaat seinerseits bei entsprechenden Nachfragen eine **Auskunftspflicht**, deren Nichtbeachtung bereits die Verletzung des Art. 4 GRCh implizieren kann (EuGH NJW **2016**, 1703; BVerfG NJW **2021**, 1518). In unserem Fall existiert laut Schilderung des Sachverhaltes bezüglich des Staates S offenbar ein begründeter Verdacht auf unzureichende Haftbedingungen und daher auch eine entsprechende ständige Rechtsprechung des EuGH, wonach Auskünfte über die Haft vom ausliefernden Staat einzuholen sind und vom Empfängerstaat auch substantiiert beantwortet werden müssen, andernfalls kommen Grundrechtsverletzungen sowohl europäischer (Art. 4 GRCh) als auch nationaler Art (Art. 1 GG) in Betracht.

> **Problem**: Es stellt sich in diesem Zusammenhang die für die Betroffenen geradezu existentielle Frage, welches Gericht denn eigentlich für welche Grundrechtsprüfungen zuständig ist bzw. angerufen werden kann. Unser Fall macht die enorme Bedeutung dieser Frage deutlich: Der A soll zur möglichen Strafverfolgung an den Staat S ausgeliefert werden und trägt – zutreffend! – vor, dass eine solche Auslieferung nach der ständigen Rechtsprechung des EuGH nur erfolgen darf, wenn die Behörden in S eine menschenwürdige Haft ausdrücklich nachweisen und zusichern. Da dies offensichtlich nicht geschehen ist, reklamiert A nachvollziehbar und in der Sache sogar begründet die genannten Grundrechtsverletzungen für sich, und zwar sowohl von Art. 4 GRCh als hilfsweise auch die in Art. 1 Abs. 1 GG verankerte Menschenwürde. Schließlich meint A sogar, dass das OLG Celle ihm den gesetzlichen Richter unter Verstoß gegen Art. 101 Abs. 1 Satz 2 GG in Verbindung mit Art. 19 Abs. 4 Satz 1 GG (»Rechtsweggarantie«) entzogen habe, weil es die Rechtsprechung des EuGH missachtet habe. Dieses ganze Vorbringen richtet A nun interessanterweise aber weder an das OLG Celle selbst noch an den EuGH, sondern vielmehr an das BVerfG. Die Zuständigkeiten des BVerfG bei Grundrechtsverletzungen aber stehen eindeutig formuliert und abschließend im Grundgesetz, nämlich in **Art. 93 Abs. 1 Nr. 4a GG** und – so viel darf schon verraten werden – zumindest von Verletzungen europäischer Grundrechtsnormen steht da kein einziges Wort. Möglicherweise hat A also trotz eines inhaltlich begründeten Vortrags das »falsche« Gericht angerufen, was für ihn gut erkennbar fatale Konsequenzen hätte.

Also: Es wird spannend – und damit wir bei dieser ziemlich kniffligen Problematik von Anfang an den Überblick behalten, schauen wir uns als Erstes jetzt mal an, welche Grundrechtsgarantien auf europäischer und auf nationaler Ebene überhaupt vorhanden sind und in welchem Rangverhältnis diese zueinander stehen. A beruft sich ja ausdrücklich auf unterschiedliche Gesetze und deren Grundrechte. Damit stellt sich gleich die erste Frage, nämlich ob diese Gesetze sich möglicherweise in ihrer Anwendung gegenseitig ausschließen und ob dies dann Auswirkungen auf das zuständige Gericht haben könnte:

Durchblick: Zunächst ist wichtig zu wissen, dass auf europäischer Ebene **mehrere** Rechtsquellen existieren, in denen Grundrechte verankert sind und die somit als Prüfungsmaßstab in Betracht kommen können. Neben den nationalen Grundrechtsgarantien, in Deutschland etwa dem **Grundgesetz** mit seinem umfangreichen Grundrechtskatalog, ist das namentlich die bereits erwähnte »Europäische Grundrechtscharta« (GRCh), die gemäß Art. 6 Abs. 1 EUV (aufschlagen!) den europäischen Verträgen gleichrangig gestellt ist und damit zum europäischen Primärrecht gehört (*Streinz* Rz. 757). Zudem kann auch die »Europäische Menschenrechtskonvention« (EMRK) mit einem ebenfalls eigenen und sehr umfangreichen Grundrechtskatalog nach Art. 6 Abs. 1 UAbs. 3 EUV in Verbindung mit Art. 52 Abs. 3 GRCh mittelbar in die Grundrechtsprüfungen auf europäischer Ebene einfließen. **Vorsicht**: Die gerade genannten Rechtsquellen kreieren und beinhalten aber nicht komplett unterschiedliche Grundrechte oder Grundrechtsgarantien: viele Passagen der genannten Gesetze entsprechenden sich vielmehr wortwörtlich (vgl. etwa Art. 1 Abs. 1 GG und Art. 1 Satz 1 GRCh), manche überschneiden sich, wieder andere sind sprachlich marginal unterschiedlich, haben aber komplett identische Inhalte. Es gibt schließlich allerdings auch (Grund-)Rechte, wie etwa der uns hier gleich interessierende **Art. 4 GRCh**, der zwar wortgleich auch in **Art. 3 EMRK** vorkommt, sich im deutschen Grundgesetz indes gar nicht wiederfindet mit der Folge, dass die entsprechenden Rechte – sofern das überhaupt möglich ist – aus anderen Normen des Grundgesetzes mittels Auslegung hergeleitet werden müssen.

Die Frage nach der oder den im konkreten Fall jeweils einschlägigen Rechtsquelle(n) für die Grundrechtsprüfung stellt daher – wie schon erwähnt – die erste Hürde in der Fallprüfung dar. Und so ist das tatsächlich auch bei uns, denn A beruft sich mit Art. 4 GRCh auf **europäische** Grundrechte und mit Art. 1 Abs. 1 GG und Art. 101 Abs. 1 Satz 2 GG auf **nationale** Grundrechte. Eine solche vieldeutige Erklärung gehört übrigens in der Praxis zum Standardrepertoire der Beschwerdeführer vor dem Bundesverfassungsgericht, weil damit nämlich (scheinbar) sichergestellt ist, dass das Gericht auch wirklich **ALLES** abklopft, was dem Kläger oder der Klägerin möglicherweise helfen könnte. Beachte bitte, dass eine solche dezidierte Erklärung zumindest rein formalrechtlich sogar nötig ist, denn Anträge vor dem Bundesverfassungsgericht müssen gemäß den §§ 23 Abs. 1, 92 BVerfGG grundsätzlich **substantiiert** vorgetragen werden, wozu gemäß § 92 BVerfGG namentlich auch die Bezeichnung des in Anspruch genommenen Grundrechts gehört; jedenfalls muss das geltend gemachte Recht aus den Umständen erkennbar sein (*Lechner/Zuck* § 92 BVerfGG Rz. 10a). Andernfalls droht der Klage oder dem Antrag – ohne jede inhaltliche Prüfung! – eine Abweisung bereits als unzulässig, das ist die berüchtigte und sogenannte »a-limine-

Abweisung«. Hier bei uns hat A mit seinem Vortrag das Problem der konkreten Benennung des Grundrechts aus den §§ 23 Abs. 1, 92 BVerfGG freilich nicht, die geltend gemachten Grundrechte sind von ihm ausdrücklich benannt worden.

Aber: Gemäß Art. 93 Abs. 1 Nr. 4a GG in Verbindung mit § 90 Abs. 1 BVerfGG ist eine Verfassungsbeschwerde vor dem Bundesverfassungsgericht grundsätzlich nur zulässig, wenn der Kläger geltend macht, in einem seiner Grundrechte oder einem der in Art. 93 Abs. 1 Nr. 4a GG, § 90 Abs. 1 BVerfGG genannten grundrechtsgleichen Rechte verletzt zu sein, das Ganze nennt man: »Klagebefugnis«. So, und diese Klagebefugnis liegt nach allgemeiner Meinung in der Wissenschaft und über viele Jahrzehnte hinweg auch nach Ansicht des Bundesverfassungsgerichts nur vor, wenn sich der Beschwerdeführer auf die Grundrechte des **deutschen Grundgesetzes** oder die in den Normen genannten grundrechtsgleichen Rechte beruft. Andere als die dort bezeichneten Rechte können nicht Gegenstand einer Verfassungsbeschwerde sein: Namentlich eine Geltendmachung der Unionsgrundrechte aus der Grundrechtscharta oder auch der Rechte aus der Europäische Menschenrechtskonvention sind von Art. 93 Abs. 1 Nr. 4a GG **nicht** umfasst – ein solcher Antrag vor dem Bundesverfassungsgericht ist mangels Klagebefugnis daher bereits unzulässig (BVerfGE **115**, 276; BVerfGE **110**, 141; *von Mangoldt/Klein/Stark/Voßkuhle* Art. 93 GG Rz. 179; *Lechner/Zuck* § 90 BVerfGG Rz. 81a; *Sachs/Detterbeck* Art. 93 GG Rz. 88; jeweils m.w.N.; a.A. *Gabriel* in DVBl 2014, 204). In diesen Fällen ist das Bundesverfassungsgericht demnach nicht zuständig; die Überprüfung einer Grundrechtsverletzung unter Bezugnahme auf die GRCh findet nicht vor dem BVerfG statt.

Zwischenergebnis: Jedenfalls die Berufung des A auf Art. 4 GRCh geht vor dem Bundesverfassungsgericht – obwohl in der Sache begründet! – ins Leere, denn der A ist insoweit aufgrund der genannten Erwägungen nicht klagebefugt.

Beachte: Grundrechtsverletzungen aus der GRCh oder Verstöße gegen sonstiges europäisches Recht sollen nach dem Willen des europäischen Gesetzgebers verbindlich nur vom **EuGH** untersucht und festgestellt werden. Das folgt unmittelbar aus der Zuständigkeitsregelung des Art. 19 Abs. 1 Satz 2 EUV (*Hobe/Fremuth* § 11 Rz. 2). Der Weg dorthin führt allerdings nicht über die Kläger selbst, in dem sie sich etwa – vergleichbar einer deutschen Verfassungsbeschwerde – unmittelbar an den EuGH wenden und dort eine Grundrechtsverletzung reklamieren können. Einen solchen unmittelbaren Rechtsbehelf sieht das europäische Recht mit Ausnahme von Art. 263 Abs. 4 AEUV und Art. 265 Abs. 3 AEUV nicht vor (*Haratsch/Koenig/Pechstein* Rz. 593/594). Eine Überprüfung im Hinblick auf mögliche Grundrechtsverletzungen aus der GRCh vor dem EuGH setzt vielmehr ein Verfahren nach **Art. 267 AEUV** (»Vorabentscheidungsverfahren«) voraus, bei dem typischerweise ein nationales Fachgericht den EuGH zur verbindlichen Klärung bzgl. der Anwendung europäischen Rechts, wozu gemäß Art. 6 Abs. 1 EUV auch die GRCh gehört, anruft (*Streinz* Rz. 704; *Herdegen* § 14 Rz. 25). Hierzu muss bei der Entscheidung des nationalen Gerichts die Auslegung der GRCh in Frage stehen und für die jeweilige Entscheidung auch erheblich sein; in diesem Fall legt das Fachgericht die europäische (Grund-)Rechtsfrage dem EuGH gemäß Art. 267 AEUV zur Vorabentscheidung vor (*Lechner/Zuck* § 90 BVerfGG Rz. 81). **Achtung**: Ein subjektives Recht des Einzelnen, an dem jeweiligen Verfahren Beteiligten begründet der Art. 267 AEUV allerdings nicht; man hat also als Kläger keinen »Anspruch« gegen das jeweilige nationale Gericht auf Vorlage an den EuGH aus Art. 267 AEUV (*Hobe/Fremuth* § 11 Rz. 60).

Vorläufiger Merksatz: Eine klassische Verfassungsbeschwerde nach deutschem Muster, bei der ein Bürger oder eine Bürgerin die Verletzung von europäischen Grundrechten durch eine Entscheidung eines nationalen Gerichts rügt, kann unmittelbar weder vor dem EuGH noch vor dem BVerfG geltend gemacht werden. Diese Möglichkeit eines unmittelbaren Rechtsbehelfs ist europarechtlich gesetzlich nicht vorgesehen (EuGH Slg. **2003**, S. II-1 Rz. 105; *Schwarze/Wunderlich* Art. 267 AEUV Rz. 5; *Haratsch/Koenig/Pechstein* Rz. 593/594; *Calliess/Ruffert/Wegener* Art. 267 AEUV Rz. 1; *Hobe/Fremuth* § 11 Rz. 60).

Zum Fall: Eine Berufung auf Art. 4 GRCh vor dem BVerfG ist wegen der Zuständigkeitsregelung des Art. 19 Abs. 1 Satz 2 EUV und den zwingenden Voraussetzungen des Art. 93 Abs. 1 Nr. 4a GG in Verbindung mit § 90 BVerfGG nicht möglich, denn – wie gesehen – vor dem BVerfG kann man sich nur auf **deutsche Grundrechte** berufen, andernfalls fehlt dem Kläger die Klagebefugnis. Unser A kann sich folglich aus den genannten Erwägungen in Bezug auf Art. 4 GRCh nicht an das BVerfG wenden, insoweit fehlt ihm die nach Art. 93 Abs. 1 Nr. 4a GG in Verbindung mit § 90 BVerfGG erforderliche Klagebefugnis. Eine unmittelbare Anrufung des EuGH ist ebenfalls ausgeschlossen, da ein entsprechender Rechtsbehelf nicht existiert.

Nächster Schritt: Es bleiben damit noch der Hilfsantrag des A, der sich auf die Menschenwürde aus Art. 1 Abs. 1 GG bezieht und die Berufung auf Art. 101 Abs. 1 Satz 2 GG in Verbindung mit Art. 19 Abs. 4 Satz 1 GG wegen eines möglichen Entzugs des gesetzlichen Richters. **Der Reihe nach:**

Im Hinblick auf die Menschenwürde des Art. 1 Abs. 1 Satz 1 GG können wir zunächst mal problemlos feststellen, dass es sich hierbei um ein sogenanntes »Jedermann-Grundrecht« handelt, das auch A als irakischer Staatsangehöriger nach Ausschöpfen des Rechtsweges vor dem deutschen Bundesverfassungsgericht im Wege einer Verfassungsbeschwerde gemäß Art. 93 Abs. 1 Nr. 4a GG, § 13 Nr. 8a BVerfGG geltend machen kann; es scheitert jedenfalls nicht an der Klagebefugnis (BVerfG EuGRZ **2020**, 319; BVerfGE **140**, 317; BVerfG NJW **2013**, 1468). Für Grundrechtsverstöße nach dem GG ist das BVerfG zuständig (*Sachs/Detterbeck* Art. 93 GG Rz. 82; *Jarass/Pieroth* Art. 93 GG Rz. 80). Die Berufung auf Art. 1 Abs. 1 GG wäre somit auf jeden Fall schon mal zulässig.

Problem: Wir lesen bitte – langsam und sorgfältig – den Art. 51 Abs. 1 Satz 1 GRCh (bitte!).

Und jetzt wird's interessant: Gemäß Art. 51 Abs. 1 Satz 1 GRCh gilt die Grundrechtscharta der Europäischen Union demnach zum einen für alle »Organe, Einrichtungen und sonstige Stellen der Union«, was übrigens keine weltbewegende Nachricht ist und auch problemlos einleuchtet, denn welche Grundrechte sollten die europäischen Institutionen auch sonst anwenden? Zum anderen gilt die Grundrechtscharta aber nach dem Wortlaut des Gesetzes auch für *»die Mitgliedstaaten ausschließlich bei der Durchführung des Rechts der Union«*. **Das heißt:** Mitgliedstaaten, die *»ausschließlich europäisches Recht durchführen«*, etwa in Form von Urteilen nationaler Gerichte, sind gemäß Art. 51 Abs. 1 Satz 1, 2. Halbsatz GRCh ebenfalls an die Grundrechtscharta gebunden. **Und**: Im Falle der Anwendung von Unionsrecht durch die Mitgliedstaaten genießt dieses Unionsrecht – Achtung! – **unbedingten Anwendungsvorrang** vor den nationalen Rechtsordnungen, und dieser Anwendungsvorrang betrifft auch das Verfassungsrecht (EuGH NJW **1964**, 2371; BVerfGE **73**, 339; *Streinz* Rz. 207; *Schwarze/Becker* Art. 51 GRCh Rz. 13; *Hobe/Fremuth* § 10 Rz. 94). Die Regel des Art. 51 Abs. 1 Satz 1, 2. Halbsatz GRCh besagt somit, dass im Hinblick auf eine Überprüfung der Grundrechte anhand der Grundrechtscharta dieser ein **Ausschließlichkeitscharakter** zukommt mit der Konsequenz, dass nationale Grundrechtsgarantien dahinter zurücktreten und somit auch nicht von einem nationalen Gericht, das angerufen worden ist, geprüft bzw. berücksichtigt werden dürfen. Dieser Anwendungsvorrang des europäischen Rechts ist unstrittig und ergibt sich nach Meinung des EuGH und der Wissenschaft aus dem Erfordernis der »Sicherstellung der einheitlichen Anwendung des Unionsrechts« (EuGH NJW **1964**, 2371; BVerfGE **73**, 339; *Calliess/Ruffert/Kingreen* Art. 51 GRCh Rzn. 7/12; *Schwarze/Becker* Art. 51 GRCh Rz. 13; *Streinz* Rz. 207/267; *Hobe/Fremuth* § 10 Rz. 94). Der Art. 51 Abs. 1 Satz 1 GRCh ordnet folglich nicht nur an, dass bei europarechtlich einheitlich geregelter Rechtsmaterie, die von den Mitgliedstaaten durchgeführt wird, die GRCh als Prüfungsmaßstab hergezogen werden soll, sondern auch, dass andere und zwar namentlich **nationale** Grundrechtsgarantien davon verdrängt werden (sehr wichtiger Satz, bitte noch einmal lesen).

Und damit haben wir hier und vor allem unser A jetzt ein echtes Problem, denn am Ende unserer Sachverhaltsschilderung oben – und so war das übrigens auch in der Originalentscheidung des BVerfG – steht der Satz:

»Die Vorschriften über den Erlass und die Durchsetzung eines europäischen Haftbefehls sind unionsrechtlich abschließend geregelt (»determiniert«).«

In unserem Fall ist das zu lösende Rechtsproblem bezüglich der Auslieferung des A also europarechtlich vollständig und einheitlich geregelt mit der Folge, dass gemäß Art. 51 Abs. 1 Satz 1, 2. Halbsatz GRCh **allein** und **ausschließlich** die Grundrechtscharta der europäischen Union als Prüfungsmaßstab zulässig sein kann, weil sie – wie gesehen – auch Vorrang vor nationalem Verfassungsrecht genießt. Für die Prüfung anhand der europäischen Grundrechtscharta ist das Bundesverfassungsgericht – das haben wir weiter oben gelernt – aber eindeutig **nicht** zuständig!

Erstaunliches Zwischenergebnis: Die Berufung des A auf Art. 4 GRCh vor dem BVerfG war (siehe oben) schon deshalb unzulässig, weil A damit nicht die Voraussetzungen der § 93 Abs. 1 Nr. 4a GG und § 90 Abs. 1 BVerfGG erfüllt (→ keine Klagebefugnis). Er beruft sich nicht auf nationale Grundrechte oder grundrechtsgleiche Rechte. Sein Hilfsantrag mit dem Verweis auf Art. 1 Abs. 1 GG ist allerdings erstaunlicherweise ebenfalls unzulässig, und zwar deshalb, weil es sich im vorliegenden Fall bei den streitentscheidenden Normen um vollständig determiniertes europäisches Recht handelt, das gemäß Art. 51 Absatz 1 Satz 1, 2. Halbsatz GRCh – wie wir seit soeben wissen – ausschließlich an der **Grundrechtscharta** zu messen ist. Dafür aber das BVerfG – wir sagten es gerade – nicht zuständig ist.

Wir fassen zusammen: Unserem A fehlt vor dem Bundesverfassungsgericht im Hinblick auf Art. 4 GRCh die Klagebefugnis, da er mit seinem Vortrag keines der in Art. 93 Abs. 1 Nr. 4a GG und § 90 BVerfGG genannten Rechte geltend macht. In Bezug auf die Menschenwürde aus Art. 1 Abs. 1 Satz 1 GG stünde ihm zwar eine solche Klagebefugnis grundsätzlich zu, allerdings ist wegen der Regelung des Art. 51 Abs. 1 Satz 1,, 2. Halbsatz GRCh und des in unserem Fall vollständig europarechtlichen determinierten Sachverhalts nicht das GG, sondern die GRCh zwingender und **alleiniger** Prüfungsmaßstab, der die nationalen Rechtsordnungen, und zwar auch das Grundgesetz verdrängt. Der Antrag des A geht somit sowohl in Bezug auf Art. 4 GRCh als auch in Bezug auf Art. 1 Abs. 1 GG ins Leere und ist namentlich unzulässig. Es bliebe angesichts dessen damit jetzt nur noch die Prüfung des Art. 101 Abs. 1 Satz 2 GG in Verbindung mit Art. 19 Abs. 4 Satz 1 GG wegen des möglichen Entzugs des gesetzlichen Richters. Die sonstigen Grundrechte blieben außer Betracht.

Nein.

Was wir jetzt kennenlernen und wozu die gerade geleistete Vorarbeit notwendig war, ist die ziemlich eigenwillige Meinung, die das Bundesverfassungsgericht seit seiner Grundsatzentscheidung vom 6. November 2019 und seitdem in ständiger Rechtsprechung vertritt und die man als Studierende(r) in Deutschland leider zwingend kennen muss (→ BVerfGE **152**, 216 – *Recht auf Vergessen II* sowie nachfolgend BVerfG NStZ-RR **2021,** 86 und BVerfG Nds MBl **2021**, 1151). Wir werden nämlich nun sehen, dass das BVerfG sich über alle dogmatischen Bedenken hinweg für **vollumfänglich** zuständig auch im Hinblick auf europäische Grundrechtsverletzungen hält, und zwar auch und vor allem dann, wenn der zu lösende Sachverhalt europarechtlich abschließend geregelt bzw. determiniert ist. Und das kam so:

Der Norddeutsche Rundfunk (NDR) sendete im Januar 2010 in seinem Magazin »Panorama« einen Beitrag mit dem Titel »*Kündigung: Die fiesen Tricks der Arbeitgeber*«, in dem die Umstände der Kündigung eines Mitarbeiters einer Firma aus Hannover dargestellt wurden. Die spätere Beschwerdeführerin vor dem Bundesverfassungsgericht war die Geschäftsführerin (G) dieser Firma. Der NDR stellte nach der Ausstrahlung der Sendung ein Transkript (= schriftliche Zusammenfassung des Beitrages) auf seiner Internetseite ein. Gab man den Namen der G in die *Google*-Suchmaschine ein, erschien ab sofort als eines der ersten Ergebnisse dieser Beitrag. G klagte sechs Jahre später gegen *Google* auf Entfernung des Suchergebnisses. Das zuständige Landgericht in Hannover gab G zunächst Recht, das von *Google* angerufene OLG Celle wies die Klage indes rechtskräftig ab. Der Beitrag dürfe bleiben, da das Informationsinteresse der Öffentlichkeit dem Persönlichkeitsschutz der G überwiege – und zwar auch noch sechs Jahre nach dem Beitrag. Hiergegen erhob G schließlich Verfassungsbeschwerde und berief sich auf Art. 1 und 2 GG und namentlich das »Recht auf informationelle Selbstbestimmung«, sie habe ein Recht auf »Vergessenwerden« im Internet. **Hinweis**: Die Entscheidungen des LG Hannover und des OLG Celle ergingen nach deutschem Recht, das die zwingenden Vorgaben der damals gültigen europäischen Datenschutzrichtlinie (RL 95/46/EG) umsetzte. Der Sachverhalt war also europarechtlich einheitlich und vollständig geregelt (»determiniert«).

Lösung: Nach dem, was wir weiter oben gelernt haben, wäre die Lösung dieses Falles eigentlich ziemlich einfach. Das Bundesverfassungsgericht müsste den Antrag bereits als **unzulässig** abweisen, denn bei einem europarechtlich einheitlich und vollständig determinierten Sachverhalt, der auf Grundrechtsverstöße hin untersucht werden soll, ist wegen der uns inzwischen bekannten Regelung des Art. 51 Abs. 1 Satz 1, 2. Halbsatz allein auf die **Grundrechtscharta** der Europäischen Union zurückzugreifen, das nationale Verfassungsrecht tritt dahinter zurück. Für eine Prüfung anhand der GRCh aber ist das BVerfG nicht zuständig, denn das BVerfG untersucht bei einer Verfassungsbeschwerde gemäß Art. 93 Abs. 1 Nr. 4 a GG in Verbindung mit § 90 Abs. 1 BVerfGG nur Verstöße gegen **nationales** Verfassungsrecht. Da G sich tatsächlich in diesem Fall gar nicht auf europäisches Recht, sondern auf das deutsche Grundgesetz berufen hatte, erfüllte zumindest dieser Antrag die Voraussetzungen einer möglichen Klagebefugnis aus Art. 93 Abs. 1 Nr. 4 a GG in Verbindung mit § 90 Abs. 1 BVerfGG, aber – wie gesagt – das deutsche Grundgesetz war wegen des Anwendungsvorrangs aus Art. 51 Abs. 1 Satz 1, 2. Halbsatz GRCh gar nicht einschlägig, die Berufung der G auf die Art. 1 und 2 GG vor dem Bundesverfassungsgericht ging daher – ebenso wie bei unserem Ausgangsfall um den A – ins Leere. **Fazit**: Die Klage der G vor dem BVerfG war eigentlich zwingend unzulässig.

Irrtum. Das Bundesverfassungsgericht nahm diesen Fall zum Anlass, um die Zuständigkeitsregelungen auf nationaler und europäischer Ebene neu und vor allem zu seinen Gunsten bzw. Befugnissen zu regeln. Anstatt den Antrag als unzulässig abzuweisen, erklärte es sich zur allgemeinen Überraschung aller Beteiligten für zuständig, und zwar sowohl im Hinblick auf die Prüfung der (von der Klägerin nicht mal geltend gemachten!) europäischen Grundrechtscharta sowie der nationalen Grundrechte. Auch bei europarechtlich vollständig determinierten Rechtsakten deutscher Behörden oder Gerichte müsse das BVerfG im Zweifel auch entscheiden dürfen (BVerfGE **152**, 216; vgl. auch BVerfG NJW **2021**, 1518; BVerfG PharmR **2021**, 467). Wir schauen uns zunächst mal den ersten Teil der interessanten Begründung an, wörtlich heißt es:

»... Ohne Einbeziehung der Unionsgrundrechte in den Prüfungsmaßstab des Bundesverfassungsgerichts bliebe der Grundrechtsschutz gegenüber der fachgerichtlichen Rechtsanwendung ***unvollständig****. Die Anwendung der europäischen Charta der Grundrechte durch das Bundesverfassungsgericht ist die Konsequenz der Übertragung von Hoheitsrechten aus Art. 23 Abs. 1 Satz 2 GG. Wenn die Europäische Union im Rahmen dieser Befugnisse Regelungen schafft, die in der gesamten Union gelten und einheitlich angewendet werden sollen, muss auch bei der Anwendung dieser Regelungen zu gewährleistende Grundrechtsschutz einheitlich sein.* ***Das Bundesverfassungsgericht kann sich bei europarechtlich determinierten Rechtsakten deutscher Behörden oder Gerichte daher nicht mehr aus der Grundrechtsprüfung zurückziehen.*** *Es kontrolliert, soweit die Grundrechte des Grundgesetzes durch den Anwendungsvorrang des Unionsrechts verdrängt werden (Art. 51 Abs. 1 Satz 1 GRCh), die Anwendung der deutschen Grundrechte durch deutsche Behörden und Gerichte zudem* ***anhand*** *der* ***Unionsgrundrechte*** *... Bei der Auslegung der Grundrechtscharta sind immer auch die mitgliedstaatlichen Grundrechte als Funktionsäquivalente mit heranzuziehen ... Die deutschen Grundrechte sind zwar auf europäischer Ebene* ***nicht mehr anwendbar****. Die nationalen Grundrechte bleiben allerdings* ***dahinterliegend ruhend*** *in Kraft, ihnen kommt eine* ***Reservefunktion*** *zu. Dementsprechend erkennt das Bundesverfassungsgericht den Anwendungsvorrang des Unionsrechts nur unter dem* ***Vorbehalt*** *an, dass der Grundrechtsschutz durch die stattdessen zur Anwendung kommenden Grundrechte der Union hinreichend wirksam ist ... Nach dem derzeitigen Stand des Unionsrechts geht das Bundesverfassungsgericht aber zukünftig und grundsätzlich davon aus, dass die europäischen Grundrechtsgarantien in Form der GRCh jedenfalls nicht unterhalb des Niveaus der deutschen Grundrechtsgarantien liegen, behält sich eine entsprechende Prüfung aber vor ...«*

Achtung: Das sind gleich mehrere wichtige Informationen, die wir uns bitte merken wollen. **1.** Zum einen erkennt das BVerfG den Anwendungsvorrang des europäischen vor dem nationalen Verfassungsrecht – zumindest formal – grundsätzlich an. **2.** Des Weiteren gestattet sich das BVerfG allerdings ab sofort selbst, die Prüfung der europäischen Grundrechte durchzuführen, um, wie es meint, unter Berufung auf Art. 23 Abs. 1 Satz 2 GG (aufschlagen!) eine »einheitliche Anwendung der Regeln des Grundrechtsschutzes zu gewährleisten«. **3.** Die deutschen Grundrechte bleiben zudem gleichwohl weiterhin in Kraft, nämlich »**dahinterliegend** «, ihnen kommt namentlich eine »**Reservefunktion**« zu, die Einhaltung der deutschen Grundrechte wird »**anhand der Grundrechtscharta kontrolliert**«. **4.** Immerhin will das BVerfG ab sofort davon ausgehen, dass sich die beiden Grundrechtskataloge substantiell entsprechen (BVerfGE **152**, 216). **5.** Daraus folgt schließlich – aus der Sicht des BVerfG durchaus logisch – der **Kernsatz**: Das Bundesverfassungsgericht erkennt den Vorrang des europäischen Rechts unter dem Vorbehalt an, dass die europäischen Grundrechtsgarantien nicht hinter den deutschen Grundrechtsgarantien zurückbleiben – und nimmt ab sofort selbst die Prüfung all dessen vor.

Durchblick: Wer diese Sätze genau liest (das Urteil vom November 2019 ist übrigens ungleich länger und mit weiteren ähnlichen Formulierungen angereichert), erkennt gut den Zweck dahinter. Ähnlich wie bei der »Identitätskontrolle« und der »Ultra-Vires-Prüfung« möchte das BVerfG die finale Entscheidungskompetenz und Deutungshoheit bei den Grundrechten nicht mehr aus der Hand geben. Als Maßstab einer Grundrechtsprüfung wendet es daher selbst bei vollständig europarechtlich determinierten Sachverhalten – und gegen den ausdrücklichen Wortlaut der Art. 51 Abs. 1 Satz 1 GRCh und Art. 19 Abs. 1 Satz EUV – nicht nur die GRCh selbst an, sondern zieht im Zweifel auch noch das GG heran. In der rechtswissenschaftlichen Diskussion hat diese Entscheidung logischerweise für Erstaunen bis Befremden gesorgt: *Haratsch/Koenig/Pechstein* etwa meinen in ihrem großartigen Europarechtsbuch, das BVerfG mache sich damit faktisch zu einem »Unionsgericht« (Rz. 717); Herr *Herdegen* deutet das Ganze gar als »Angriff auf die Deutungshoheit« des EuGH (§ 10 Rz. 45), während *Hobe/Fremuth* dem BVerfG in ihrem feinen Lehrbuch schließlich zutreffend eine »Selbstermächtigung« attestieren und das Gericht sehr charmant als »neues Unionsverfassungsgericht« vorstellen (§ 13 Rz. 22/23 und § 14 Rz. 44).

Für die Klausur: Die wissenschaftlichen Bewertungen des Urteils müssen uns – jedenfalls für den Augenblick – nicht wirklich interessieren, allerdings haben die neuen Zuständigkeitsregeln des BVerfG ganz erhebliche Auswirkungen auf die Fallprüfung, weshalb sich für uns hier die Frage nach der richtigen Darstellung in der universitären Übungsarbeit stellt. Wir haben weiter oben ja ausführlich gesehen und erläutert, dass und vor allem ***warum*** das BVerfG in Fällen dieser Art eigentlich und gerade **NICHT** zuständig ist und ein entsprechender Antrag bereits als unzulässig abgewiesen werden müsste. Nach dem eben Erlernten wissen wir nun, dass sich das BVerfG gleichwohl und quasi diametral zum Gesetzestext doch für zuständig hält und auch entsprechend entscheidet. Da man diese Meinung jedenfalls als BearbeiterIn einer Klausur oder Hausarbeit in Deutschland nicht ignorieren kann und dies auch nicht sollte (der Fall bzw. die Klausur wäre dann auch ziemlich schnell zu Ende), empfiehlt es sich, bei einer entsprechenden Fallgestaltung der BVerfG-Ansicht zu folgen. Folgender Lösungsweg bietet sich an:

Die Ausgangslage: Wir haben vor uns einen europarechtlich vollständig determinierten Sachverhalt (siehe unseren Fall), bei dem sich eine Person vor dem Bundesverfassungsgericht gegen eine Entscheidung eines deutschen Gerichts wehren möchte und dabei entweder die Grundrechtscharta und/oder das GG mit seinem Grundrechtskatalog bemüht. **Problem**: Ist ein solcher Antrag vor dem BVerfG zulässig?

Lösung bisher: Nein. **Begründung**: Wegen der Regelung des Art. 51 Abs. 1 Satz 1, 2. Halbsatz GRCh findet in solchen Fällen die Grundrechtscharta der Europäischen Union Anwendung, die alle nationalen Vorschriften, auch die verfassungsrechtlichen Grundrechtsgarantien verdrängt. Eine Berufung auf europäische Grundrechtsgarantien vor dem Bundesverfassungsgericht ist zudem wegen Art. 93 Abs. 1 Nr. 4a GG in Verbindung mit § 90 BVerfGG ausgeschlossen, da von diesen Normen nur nationale Grundrechte erfasst sind, dem Kläger somit die Klagebefugnis fehlt. Das BVerfG ist daher nicht zuständig, ein entsprechender Antrag ist als unzulässig abzuweisen.

Lösung jetzt: Der Antrag ist zulässig (BVerfGE **152**, 216 – *Recht auf Vergessen II* sowie BVerfG NJW **2021**, 1518). **Begründung**: Zur Wahrung der »einheitlichen Anwendung der Regeln des Grundrechtsschutzes auf europäischer Ebene« ist das Bundesverfassungsgericht unter Berücksichtigung des Art. 23 Abs. 1 Satz 2 GG ermächtigt, die Europäische Grundrechtscharta anzuwenden und deren Einhaltung zu überprüfen. Es liegt namentlich und insbesondere auch eine Klagebefugnis für europäische Grundrechte vor. Ziemlich nützlich für die Klausur- oder Hausarbeit sind insoweit insbesondere noch einmal die Erläuterungen des Bundesverfassungsgerichts aus dem November 2019, wobei dieser Fall zudem noch die Besonderheit hatte, dass die Beschwerdeführerin sich ausschließlich auf das GG und nicht ausdrücklich auf die Grundrechtscharta berufen hatte. Das BVerfG prüfte den Fall gleichwohl anhand der Grundrechtscharta sowie inzident auch des GG – und erklärte zur Zulässigkeit des Antrags (BVerfGE **152**, 216 – *Recht auf Vergessen II*):

> *»... Die Beschwerdeführerin ist insbesondere* ***beschwerdebefugt****. Zwar sind die Grundrechte des Grundgesetzes nicht unmittelbar anwendbar, weil der Rechtsstreit eine unionsrechtlich vollständig vereinheitlichte Materie betrifft. Die Beschwerdeführerin kann sich jedoch auf die Grundrechte der Charta der Europäischen Union berufen. Soweit der Senat die Grundrechte der Europäischen Grundrechtscharta bislang nicht unter Art. 93 Abs. 1 Nr. 4a GG gefasst hat, wird an dieser Rechtsprechung unter Berücksichtigung des Art. 23 Abs. 1 Satz GG* ***nicht mehr festgehalten****. Auch die Unionsgrundrechte gehören heute zu dem gegenüber der deutschen Staatsgewalt durchzusetzenden Grundrechtsschutz. Sie sind nach Maßgabe des Art. 51 Abs. 1 GRCh innerstaatlich anwendbar und bilden zu den Grundrechten des GG ein Funktionsäquivalent. Deren Anwendung unterliegt* ***zur Wahrung der einheitlichen Anwendung der Regeln des Grundrechtsschutzes*** *auf europäischer Ebene in jedem Fall dann der Jurisdiktion des Bundesverfassungsgerichts, wenn ein deutsches Gericht oder eine deutsche Behörde europäisches Recht anwenden ... Die Beschwerdeführerin hat eine Verletzung von Rechten der Grundrechtscharta zwar nicht ausdrücklich gerügt. Dies hindert das Bundesverfassungsgericht jedoch nicht, die Prüfung auch auf diese zu erstrecken. Der Senat kann, nachdem die Verfassungsbeschwerden bei Zugrundelegung des bisher ausschließlich herangezogenen Art. 1 Abs. 1 GG zulässig sind, angesichts der vollständigen unionsrechtlichen Determinierung der hier zu entscheidenden Rechtsfrage die angegriffenen Entscheidungen von Amts wegen auch auf einen Verstoß gegen die* ***Grundrechte*** *der* ***Charta*** *überprüfen ...«*

In der universitären Übungsarbeit macht man es nun bitte genauso wie gerade gesehen. Man stellt zunächst die bisher vertretene Meinung einschließlich der Begründung dar und weist konsequenterweise auf die daher fehlende Zulässigkeit der Klage hin. Im zweiten Schritt verwirft man diese Ansicht mit den soeben dargelegten Argumenten des BVerfG – und erklärt das Gericht konsequenterweise für zuständig bzw. den Kläger für klagebefugt. Bei diesem Vorgehen sieht der Korrektor/die Korrektorin, dass man beide Ansichten kennt und sich für die Auffassung des BVerfG entschieden hat. Der Weg ist dann – und nur dann! – frei für die weitere materielle Prüfung des Falles. **Achtung**: Sollte die Klausuraufgabe für den Fall der Unzulässigkeit der Klage (das wäre die erste Meinung oben) ein »Hilfsgutachten« zur materiellen Verfassungsmäßigkeit fordern bzw. gestatten, kann man – und das mit **guten** Gründen! – natürlich auch der ersten Meinung folgen, die Ansicht des BVerfG verwerfen und die Grundrechtsprüfung als Hilfsgutachten anfertigen; nicht wenige Korrektoren geben für das Verfolgen einer »Mindermeinung« übrigens Sonderpunkte. Eine klausurtaugliche Formulierung des Ganzen – wo wir gleichwohl dem BVerfG folgen werden – findet sich dann gleich unten im Gutachten zum Fall, nachlesen schadet sicher nicht.

Zurück zur Lösung – neues Zwischenergebnis: Auch bei einem europarechtlich vollständig determinierten Sachverhalt ist eine Klage vor dem Bundesverfassungsgericht unter Berufung auf die Verletzung der GRCh zulässig, insbesondere fehlt es nicht an der gemäß Art. 93 Abs. 1 Nr. 4a in Verbindung mit § 90 BVerfGG notwendigen Klagebefugnis (BVerfGE **152**, 216). Unser A kann sich also vor dem BVerfG auf Art. 4 GRCh berufen. Die Klage ist insoweit zulässig.

Begründetheit: Im Sachverhalt steht ausdrücklich drin, dass der EuGH einen Verstoß gegen Art. 4 GRCh immer annimmt, wenn bei einer Auslieferung an S keine menschenwürdigen Haftbedingungen zugesichert werden. Daraus folgt, dass die Klage des A in jedem Falle schon mal wegen Verstoßes gegen Art. 4 GRCh auch begründet ist (BVerfG NJW **2021**, 1518 und BVerfG NJW **2021**, 3176). Und da ein Verstoß gegen Art. 4 GRCh vorliegt und das BVerfG das auch feststellen und ausurteilen darf, bleibt es bei der Anwendung der GRCh, sodass es eines Rückgriffs der in »Reserve« und »dahinterliegend in Kraft« stehenden Grundrechte des Grundgesetzes auch nicht mehr bedarf (BVerfGE **152**, 216).

Ergebnis: Die Verfassungsbeschwerde des A ist wegen Verstoßes gegen Art. 4 GRCh zulässig und begründet, das BVerfG hebt die Entscheidung des OLG Celle auf und verweist zurück gemäß den §§ 93c Abs. 2, 95 Abs. 2, 90 Abs. 2 Satz 1 BVerfGG. A wird also vorläufig nicht ausgeliefert. Erst wenn die vom EuGH festgelegten Voraussetzungen (= Zusicherung und Nachweis von menschenwürdigen Haftbedingungen) vorliegen, kann und darf eine Auslieferung des A erfolgen.

Schlussüberlegung: Verletzung von Art. 101 Abs. 1 Satz 2 GG?

In der unserem Fall zugrundeliegenden Entscheidung des BVerfG (vgl. BVerfG NJW **2021**, 3176) blieb es dann tatsächlich bei dieser Feststellung, die weitere Untersuchung des Art. 101 Abs. 1 Satz 2 GG in Verbindung mit Art. 19 Abs. 4 Satz 1 GG sparte sich das Gericht, der Kläger hatte ja das, was er wollte, bekommen. In den Urteilen heißt es dann übrigens lapidar: »*Da die Verfassungsbeschwerde bereits wegen Verletzung des*

Art. 4 GRCh Erfolg hat, bedarf es keiner Entscheidung, ob die angegriffene Entscheidung auch andere Grundrechte des Beschwerdeführers verletzt« (a.a.O. Rz. 38).

Wir hier wollen allerdings zur finalen Abrundung der Thematik gleichwohl noch einen kurzen Blick auf Art. 101 Abs. 1 Satz 2 GG in Verbindung mit Art. 19 Abs. 4 Satz 1 GG werfen, da das Ganze in europarechtlichen Klausuren oder Hausarbeiten, in denen eine sonstige Grundrechtsverletzung fraglich oder zumindest strittig ist, durchaus noch relevant werden kann. Da wir das Lernziel des Falles aber längst erreicht haben (siehe oben), ist alles, was jetzt noch kommt, ein echter (Lern)Luxus bzw. Sonderwissen: Wir lehnen uns daher bitte jetzt entspannt zurück, schlagen den Art. 101 Abs. 1 Satz 2 GG auf und beachten in Zukunft bitte noch Folgendes:

Wir haben im Laufe der Lösung weiter oben gesehen, dass es keinen gesetzlich vorgesehenen Fall einer »europäischen Verfassungsbeschwerde« gibt. Wer sich auf europäische Grundrechte berufen möchte, kann also nicht unmittelbar bzw. auf direktem Wege zum EuGH vordringen, um dort etwa gegen ein nationales Urteil wegen einer Grundrechtsverletzung zu klagen (*Haratsch/Koenig/Pechstein* Rz. 593/594). Das müssen zunächst die nationalen Fachgerichte erledigen, die gemäß Art. 51 Abs. 1 Satz 1 GRCh bei ihren Entscheidungen, die europarechtlich vollständig determinierte Sachverhalte betreffen, an die Grundrechtscharta und die EMRK gebunden sind und deren Einhaltung garantieren sollen. Wir haben eben im Lösungsweg aber auch gesehen, dass es seit dem November 2019 immerhin die Möglichkeit gibt, vor dem deutschen Bundesverfassungsgericht europäische Grundrechtsverletzungen durch deutsche Gerichte im Wege der Verfassungsbeschwerde geltend zu machen, da die europäischen Grundrechte nach Ansicht des Bundesverfassungsgerichts ab sofort unter Art. 93 Abs. 1 Nr. 4a GG zu subsumieren sind und daher die Klagebefugnis bejaht werden kann (BVerfGE **152**, 216). Der Art. 101 Abs. 1 Satz 2 GG in Verbindung mit Art. 19 Abs. 4 Satz 1 GG mit dem Verbot des Entzugs des gesetzlichen Richters bzw. der Garantie des Rechtsweges steht nun genau zwischen diesen beiden Varianten. Wenn man als Bürger den Eindruck hat, dass ein nationales Gericht die europäischen Grundrechte miss- oder gar nicht beachtet hat, bietet die Vorlagepflicht aus Art. 267 Abs. 3 AEUV (aufschlagen!) in Verbindung mit Art. 101 Abs. 1 Satz 2 GG und Art. 19 Abs. 4 Satz 1 GG die Möglichkeit, das Bundesverfassungsgericht anzurufen und auf diesem Weg – zumindest inzident oder mittelbar – eine Überprüfung des Urteils durchführen zu lassen (BVerfGE **73**, 339; *Streinz* Rz. 736; *Haratsch/Koenig/Pechstein* Rz. 718/594). Mit der über Art. 93 Abs. 1 Nr. 4a GG zulässigen Verfassungsbeschwerde rügt man dann zwar nicht ausdrücklich eine europäische Grundrechtsverletzung, sondern »nur« die Verletzung von Art. 101 Abs. 1 Satz 2 GG, also von einem deutschen (grundrechtsgleichen) Recht im Sinne des Art. 93 Abs. 1 Nr. 4a GG (BVerfG **138**, 64; *Jarass/Pieroth* Art. 101 GG Rz. 1). Der gerügte Verstoß liegt dann darin, dass das nationale Gericht, das **rechtskräftig** über den Fall entschieden haben muss (lies: Art. 267 Abs. 3 AEUV!), gegen seine **Vorlagepflicht** aus Art. 267 Abs. 3 AEUV verstoßen hat, weil es Auslegungs- oder Anwendungsfragen europäischen Rechts bei seiner Entscheidung missachtet hat. **Wichtig**: Der EuGH ist als »gesetzlicher Richter« im Sinne des Art. 101 Abs. 1 Satz 2 GG unstreitig anerkannt mit der Folge, dass ein Verstoß gegen die Vorlagepflicht des Art. 267 Abs. 3 AEUV durch ein deutsches Gericht dem jeweiligen Kläger *diesen* gesetzlichen Richter (am EuGH) bzw. den entsprechenden Rechtsweg im Sinn des Art. 19 Abs. 4 Satz 1 GG entzogen hat (vgl. BVerfGE **73**, 339; BVerfGE **135**, 155; BVerfG NJW **2001**, 1267; *Haratsch/Koenig/Pechstein* Rz. 593; *Streinz* Rz. 736).

Durchblick: Hier muss man immer sehr genau hinschauen. Die vor dem BVerfG geltend gemachte Grundrechtsverletzung bezieht sich in diesem Fall allein auf den Art. 101 Abs. 1 Satz 2 GG in Verbindung mit Art. 19 Abs. 4 Satz 1 GG und **NICHT** auf eine Verletzung europäischer Grundrechte. Der Kläger macht also »nur« geltend, dass das nationale Gericht, gegen dessen Entscheidung er sich wendet, seiner Vorlagepflicht aus Art. 267 Abs. 3 AEUV nicht nachgekommen ist. Wir haben es eben gesehen: Wenn ein nationales Gericht über europäisches Recht entscheidet und dieses im Zuge der Entscheidungsfindung im Zweifel auch auslegen muss, **KANN** das nationale Gericht bei Unklarheiten über die Auslegung einer europarechtlichen Norm und entsprechender Entscheidungserheblichkeit den EuGH anrufen, so steht es in Art. 267 Abs. 1 und 2 AEUV. Entscheidet das nationale Gericht in letzter Instanz (= gegen diese Entscheidung steht kein Rechtsmittel mehr zur Verfügung), dann **MUSS** es gemäß Art. 267 Abs. 3 AEUV (aufschlagen!) sogar den EuGH anrufen, wenn es europäisches Recht auslegen oder anwenden will und die gestellte Rechtsfrage noch nicht abschließend geklärt ist. In diesem Falle besteht sogar eine **Anrufungspflicht**. So, und wenn ein nationales Gericht den EuGH anrufen **MUSS**, also ein Fall von Art. 267 Abs. 3 AEUV vorliegt, dann liegt in der Unterlassung dessen nach allgemeiner Meinung der Entzug des »gesetzlichen Richters« im Sinne des Art. 101 Abs. 1 Satz 2 GG, denn auch der EuGH ist – wie gesehen – mit dem Begriff »gesetzlicher Richter« im Sinne des Art. 101 Abs. 1 Satz 2 GG gemeint und gehört folglich zum von Art. 19 Abs. 4 Satz 1 GG garantierten Rechtsweg. Verstanden?

Gut. Letzter Schritt: Das Bundesverfassungsgericht soll und will bei einer Überprüfung im Rahmen der Art. 101 Abs. 1 Satz 2, 19 Abs. 4 Satz 1 GG in Verbindung mit Art. 267 Abs. 3 GG allerdings nicht die gesamte Entscheidung des nationalen Gerichts aufrollen und namentlich kein »Kontrollorgan« über die Anwendung europäischen Rechts sein (BVerfG DVBl **2001**, 1139). Um auch den nationalen Gerichten bei der Auslegung von europäischem Recht einen eigenen Entscheidungsspielraum zu belassen, beschränkt sich das BVerfG auf die Frage, ob die Auslegung und Anwendung der europäischen Rechtsnormen »unter angemessener Würdigung der Gedanken des Grundgesetzes« nicht mehr verständlich erscheinen und damit »**offensichtlich unhaltbar**« und »**willkürlich**« sind (BVerfG DVBl **2004**, 1411; BVerfG DVBl **2001**, 1139; *Streinz/Ehricke* Art. 267 AEUV Rz. 52). Das BVerfG lässt daher innerhalb des Art. 101 Abs. 1 Satz 2 GG auch nicht jede beliebige Rüge zu, sondern legt die Norm restriktiv aus. Ein Antrag vor dem BVerfG nach Art. 101 Abs. 1 Satz 2 GG unter Berufung auf die Missachtung des Art. 267 Abs. 3 AEUV hat nur in den folgenden drei Fällen Aussicht auf Erfolg (vgl. die Aufzählung bei *Streinz/Ehricke* Art. 267 AEUV Rz. 52; *Streinz* Rz. 736; *Haratsch/Koenig/Pechstein* Rz. 590 ff.):

➔ **Grundsätzliche Verkennung der Vorlagepflicht** durch das nationale Gericht: Ein solcher Fall liegt vor, wenn das nationale Gericht trotz Zweifeln bei der Auslegung der europäischen Norm und Entscheidungserheblichkeit der Vorschrift seiner Vorlagepflicht aus Art. 267 Abs. 3 AEUV nicht nachkommt und vielmehr eigenmächtig das europäische Recht fortbildet (BVerfG NJW **2018**, 606; BVerfG NVwZ **2014**, 646).

➔ **Bewusstes Abweichen ohne Vorlagebereitschaft**: Ein solcher Fall liegt vor, wenn das nationale Gericht bewusst von der ständigen und gesicherten Rechtsprechung des EuGH abweicht – und den EuGH auch nicht zur neuerlichen Prüfung dieser Rechtsprechung anruft (BVerfG NJW **2011**, 3428).

➔ **Unvollständigkeit der Rechtsprechung**: Schließlich kann das BVerfG unter Berufung auf Art. 101 Abs. 1 Satz 2 GG in Verbindung mit Art. 267 Abs. 3 AEUV angerufen werden, wenn es zu der entscheidungserheblichen Frage zwar Rechtsprechung des EuGH gibt, diese aber entweder noch nicht eindeutig und/oder noch nicht vollständig gesichert ist und das nationale Gericht sich erkennbar nicht mit den bisherigen Erwägungen des EuGH auseinandersetzt. In der Literatur wird insoweit gerne der Begriff des »acte eclaire« (zu Deutsch etwa »eindeutiger Akt« oder »eindeutige Entscheidung«) benutzt, auf den das nationale Gericht sich beruft, den es aber bei genauer Betrachtung der Rechtsprechung des EuGH, die das nationale Gericht offenkundig unterlassen hat (!), noch gar nicht gibt (BVerfGE **135**, 155; *Calliess/Ruffert/Wegener* Art. 267 AEUV Rz. 34; *Streinz* Rz. 736). Das nationale Gericht geht also irrtümlich von einer gesicherten Rechtsprechung des EuGH aus und legt den Fall deshalb nicht mehr vor, was ebenfalls einen Verstoß gegen Art. 101 Abs. 1 Satz 2 GG darstellen kann (BVerfGE **135**, 155; *Sachs/Degenhart* Art. 101 GG Rz. 185).

Zu unserem Fall: Nach Auskunft unseres Sachverhaltes gibt es eine ständige Rechtsprechung des EuGH, wonach Auslieferungen an den Staat S nur erfolgen dürfen, wenn die dortigen Behörden vorher eine dezidierte Zusicherung der menschenwürdigen Haft abgeben. Eine solche Zusicherung liegt in unserem Fall nicht vor, die Behörden weigern sich unter dem Hinweis, dass eine Verurteilung noch nicht feststehe. Zu der in jedem Falle anstehenden Untersuchungshaft äußern die Behörden sich überhaupt nicht. Eine gleichwohl angeordnete Auslieferung widerspricht somit der ständigen Rechtsprechung des EuGH, die das OLG Celle offenkundig außer Acht gelassen hat. Bei genauer Betrachtung könnte man angesichts der Umstände übrigens sogar davon ausgehen, dass eine Vorlagepflicht eigentlich entbehrlich ist, denn eine gesicherte und ständige Rechtsprechung des EuGH zum fraglichen Thema lässt die Vorlagepflicht unstreitig entfallen, da ja gar keine »Klärung« im eigentlichen Sinne mehr nötig ist (EuGH NJW **1983**, 1257; *Calliess/Ruffert/Wegener* Art. 267 AEUV Rz. 32). Da dem Betroffenen in diesem Falle aber keine Rechtsschutzmöglichkeit mehr zustehen würde, nimmt der EuGH bei gänzlicher Außerachtlassung der gesicherten Rechtsprechung durch nationale Gerichte gleichwohl eine Vorlagepflicht nach Art. 267 Abs. 3 AEUV an (EuGH Slg. **2005**, I-10513 Rz. 19; *Calliess/Ruffert/Wegener* Art. 267 AEUV Rz. 32). Wir haben es vorliegend demnach mit einem Fall des »Bewussten Abweichens ohne Vorlagebereitschaft« zu tun mit der Konsequenz, dass A sich auch unter Berufung auf Art. 101 Abs. 1 Satz 2 GG und Art. 19 Abs. 4 Satz 1 GG in Verbindung mit Art. 267 Abs. 3 AEUV an das BVerfG wenden könnte. Auch dieser Antrag wäre also zulässig und auch begründet – und übrigens durch den Anwendungsvorrang europäischen Rechts vor nationalem Verfassungsrecht auch nicht ausgeschlossen: Es handelt sich bei Art. 101 Abs. 1 Satz 2 GG in Verbindung mit Art. 19 Abs. 4 Satz 1 GG um keines der Grundrechte bzw. grundrechtsgleichen Rechte, die von europäischem Verfassungsrecht und damit von Art. 51 Abs. 1 Satz 1 GRCh verdrängt werden.

Gutachten

Die Verfassungsbeschwerde des A hat Aussicht auf Erfolg, wenn sie zulässig und begründet ist.

I. Zulässigkeit

1. Gemäß Art. 93 Abs. 1 Nr. 4a GG in Verbindung mit § 13 Nr. 8a und § 90 Abs. 1 BVerfGG entscheidet das Bundesverfassungsgericht über Verfassungsbeschwerden und ist daher vorliegend das zuständige Gericht für das Begehren der A.

2. A ist eine volljährige natürliche Person und somit als» jedermann« auch beschwerdefähig im Sinne des § 90 Abs. 1 BVerfGG.

3. Gemäß § 90 Abs. 1 BVerfGG kann Beschwerdegegenstand einer Verfassungsbeschwerde nur ein Akt der öffentlichen Gewalt sein. A wendet sich vorliegend gegen das Urteil des OLG Celle, ein tauglicher Beschwerdegegenstand liegt vor.

4. A müsste des Weiteren auch beschwerdebefugt sein. Gemäß Art. 93 Abs. 1 Nr. 4a GG und § 90 Abs. 1 BVerfGG kann man eine Verfassungsbeschwerde nur erheben mit der Behauptung, durch die öffentliche Gewalt in einem seiner Grundrechte oder grundrechtsgleichen Rechte verletzt zu sein. Aus dem Vorbringen muss zumindest die Möglichkeit einer Grundrechtsverletzung hervorgehen. Der Beschwerdeführer muss zudem selbst, gegenwärtig und unmittelbar betroffen sein.

a. Die Klagebefugnis liegt aber nur dann vor, wenn sich der Beschwerdeführer auf die Grundrechte des deutschen Grundgesetzes oder die in den Normen genannten grundrechtsgleichen Rechte beruft. Andere als die in den Art. 93 Abs. 1 Nr. 4a GG und § 90 Abs. 1 BVerfGG bezeichneten Rechte können nicht Gegenstand einer Verfassungsbeschwerde sein. Namentlich eine Geltendmachung der Unionsgrundrechte aus der Grundrechtscharta oder auch der Rechte aus der Europäische Menschenrechtskonvention sind von Art. 93 Abs. 1 Nr. 4a GG, § 90 BVerfGG nicht umfasst; ein solcher Antrag vor dem Bundesverfassungsgericht ist mangels Klagebefugnis daher bereits unzulässig. Die Überprüfung einer Grundrechtsverletzung unter Bezugnahme auf die GRCh findet nicht vor dem BVerfG statt.

Zwischenergebnis: Jedenfalls die Berufung des A auf Art. 4 GRCh geht vor dem Bundesverfassungsgericht ins Leere, denn A ist insoweit aufgrund der genannten Erwägungen nicht klagebefugt.

b. Die Klagebefugnis liegt aber im Hinblick auf die Menschenwürde im Sinne des Art. 1 Abs. 1 Satz 1 GG vor, da es sich hierbei um ein Grundrecht aus dem GG handelt. Für Grundrechtsverstöße nach dem GG ist das BVerfG zuständig. Hierbei ist des Weiteren zu beachten, dass A als irakischer Staatsangehöriger auch das Recht hat, sich auf das »Jedermann«-Grundrecht der Menschenwürde des GG zu berufen. Die Berufung auf Art. 1 Abs. 1 GG wäre somit zulässig und A klagebefugt.

c. Etwas anderes könnte sich allerdings aus Art. 51 Abs. 1 Satz 1 GRCh ergeben. Gemäß Art. 51 Abs. 1 Satz 1 GRCh gilt die Grundrechtscharta der Europäischen Union zum einen für alle Organe, Einrichtungen und sonstige Stellen der Union. Zum anderen gilt die Grundrechtscharta nach dem Wortlaut des Gesetzes aber auch für die Mitgliedstaaten ausschließlich bei der Durchführung des Rechts der Union. Mitgliedstaaten, die ausschließlich europäisches Recht durchführen, etwa in Form von Urteilen nationaler Gerichte, sind gemäß Art. 51 Abs. 1 Satz 1, 2. Halbsatz GRCh ebenfalls an die Grundrechtscharta gebunden. Im Falle der Anwendung von Unionsrecht durch die Mitgliedstaaten genießt dieses Unionsrecht zudem unbedingten Anwendungsvorrang vor den nationalen Rechtsordnungen, und dieser Anwendungsvorrang betrifft auch das Verfassungsrecht. Die Regel des Art. 51 Abs. 1 Satz 1, 2. Halbsatz GRCh besagt somit, dass im Hinblick auf eine Überprüfung der Grundrechte anhand der Grundrechtscharta dieser ein Ausschließlichkeitscharakter zukommt mit der Konsequenz, dass nationale Grundrechtsgarantien dahinter zurücktreten und somit auch nicht von einem nationalen Gericht, das angerufen worden ist, geprüft bzw. berücksichtigt werden dürfen. Dieser Anwendungsvorrang des europäischen Rechts ergibt sich aus dem Erfordernis der Sicherstellung der einheitlichen Anwendung des Unionsrechts. Der Art. 51 Abs. 1 Satz 1 GRCh ordnet folglich nicht nur an, dass bei europarechtlich einheitlich geregelter Rechtsmaterie, die von den Mitgliedstaaten durchgeführt wird, die GRCh als Prüfungsmaßstab hergezogen werden soll, sondern auch, dass andere und zwar namentlich nationale Grundrechtsgarantien davon verdrängt werden.

Da nach der Auskunft des Sachverhaltes die Vorschriften über den Erlass und die Durchsetzung eines europäischen Haftbefehls unionsrechtlich abschließend geregelt sind, folgt hieraus der unbedingte Anwendungsvorrang des europäischen vor dem nationalen Recht. Im vorliegenden Fall ist das zu lösende Rechtsproblem bezüglich der Auslieferung des A also europarechtlich vollständig und einheitlich geregelt mit der Folge, dass gemäß Art. 51 Abs. 1 Satz 1, 2. Halbsatz GRCh allein und ausschließlich die Grundrechtscharta der Europäischen Union als Prüfungsmaßstab zulässig sein kann, weil sie – wie gesehen – auch Vorrang vor nationalem Verfassungsrecht genießt. Für die Prüfung anhand der Europäischen Grundrechtscharta ist das Bundesverfassungsgericht aber nicht zuständig.

Zwischenergebnis: Die Berufung des A auf Art. 4 GRCh vor dem BVerfG ist schon deshalb unzulässig, weil A damit nicht die Voraussetzungen der § 93 Abs. 1 Nr. 4a GG und § 90 Abs. 1 BVerfGG erfüllt. Er beruft sich mit Art. 4 GRCh nicht auf nationale Grundrechte oder grundrechtsgleiche Rechte. Sein Hilfsantrag mit dem Verweis auf Art. 1 Abs. 1 GG ist ebenfalls unzulässig, weil es sich im vorliegenden Fall bei den streitentscheidenden Normen um vollständig determiniertes europäisches Recht handelt, das gemäß Art. 51 Absatz 1 Satz 1, 2. Halbsatz GRCh ausschließlich an der Grundrechtscharta zu messen ist. Dafür aber das BVerfG nicht zuständig ist. Es bliebe angesichts dessen damit nur noch die Prüfung des Art. 101 Abs. 1 Satz 2 GG in Verbindung mit Art. 19 Abs. 4 Satz 1 GG wegen des möglichen Entzugs des gesetzlichen Richters. Die sonstigen Grundrechte blieben außer Betracht.

d. Etwas anderes kann sich aber dann ergeben, wenn dem BVerfG ausnahmsweise gleichwohl eine Zuständigkeit für die Prüfung der europäischen Grundrechte zukommt. Dies kann namentlich erforderlich sein, um die Wahrung der einheitlichen Anwendung der Regeln des Grundrechtsschutzes auf europäischer Ebene zu garantieren. Ohne Einbeziehung der Unionsgrundrechte in den Prüfungsmaßstab des Bundesverfassungsgerichts bliebe der Grundrechtsschutz gegenüber der fachgerichtlichen Rechtsanwendung namentlich unvollständig. Die Anwendung der europäischen Charta der Grundrechte durch das Bundesverfassungsgericht ist die Konsequenz der Übertragung von Hoheitsrechten aus Art. 23 Abs. 1 Satz 2 GG. Wenn die Europäische Union im Rahmen dieser Befugnisse Regelungen schafft, die in der gesamten Union gelten und einheitlich angewendet werden sollen, muss auch bei der Anwendung dieser Regelungen der zu gewährleistende Grundrechtsschutz einheitlich sein. Das Bundesverfassungsgericht kann sich bei europarechtlich determinierten Rechtsakten deutscher Behörden oder Gerichte daher nicht mehr aus der Grundrechtsprüfung zurückziehen. Es kontrolliert, soweit die Grundrechte des Grundgesetzes durch den Anwendungsvorrang des Unionsrechts wegen Art. 51 Abs. 1 Satz 1 GRCh verdrängt werden, die Anwendung der deutschen Grundrechte durch deutsche Behörden und Gerichte zudem anhand der Unionsgrundrechte. Bei der Auslegung der Grundrechtscharta sind immer auch die mitgliedstaatlichen Grundrechte als Funktionsäquivalente mit heranzuziehen. Die deutschen Grundrechte sind zwar auf europäischer Ebene nicht mehr anwendbar. Die nationalen Grundrechte bleiben allerdings dahinterliegend ruhend in Kraft, ihnen kommt eine Reservefunktion zu.

Daraus folgt: Unter Berücksichtigung der Zuständigkeitsregelung des Art. 23 Abs. 1 Satz 2 GG ist das BVerfG auch ermächtigt, die Europäische Grundrechtscharta anzuwenden und deren Einhaltung zu überprüfen, insbesondere dann, wenn neben den europäischen auch nationale Grundrechte vom Beschwerdeführer geltend gemacht werden, der Sachverhalt aber europarechtlich determiniert ist. Zwar sind die Grundrechte des Grundgesetzes in diesem Fall nicht unmittelbar anwendbar, weil der Rechtsstreit eine unionsrechtlich vollständig vereinheitlichte Materie betrifft. In diesem Falle sind die Art. 93 Abs. 1 Nr. 4a GG in Verbindung mit § 90 BVerfGG jedoch dahingehend auszulegen, dass auch europäische Grundrechte vor dem BVerfG geltend gemacht werden können. Auch die Unionsgrundrechte gehören nämlich zu dem gegenüber der deutschen Staatsgewalt durchzusetzenden Grundrechtsschutz. Sie sind nach Maßgabe des Art. 51 Abs. 1 GRCh innerstaatlich anwendbar und bilden zu den Grundrechten des GG ein Funktionsäquivalent. Deren Anwendung unterliegt zur Wahrung der einheitlichen Anwendung der Regeln des Grundrechtsschutzes auf europäischer Ebene in jedem Fall dann der Jurisdiktion des Bundesverfassungsgerichts, wenn ein deutsches Gericht oder eine deutsche Behörde europäisches Recht anwenden.

Zwischenergebnis: Auch bei einem europarechtlich vollständig determinierten Sachverhalt ist eine Klage vor dem Bundesverfassungsgericht unter Berufung auf die Verletzung der GRCh zulässig, insbesondere fehlt es nicht an der gemäß Art. 93 Abs. 1 Nr. 4a in Verbindung mit § 90 BVerfGG notwendigen Klagebefugnis. A kann sich also vor dem BVerfG auf Art 4 GRCh berufen.

5. Es kann davon ausgegangen werden, dass A die Form- und Fristvorgaben aus den §§ 32, 92 und 93 BVerfGG eingehalten hat.

6. Das erforderliche Rechtsschutzbedürfnis liegt vor. Das OLG Celle hat rechtskräftig entschieden, sodass der Rechtsweg ausgeschöpft worden ist.

Zwischenergebnis: Die Verfassungsbeschwerde des A ist insgesamt zulässig.

II. Begründetheit

Laut Sachverhalt nimmt der EuGH einen Verstoß gegen Art. 4 GRCh immer an, wenn bei einer Auslieferung an den Staat S keine menschenwürdigen Haftbedingungen zugesichert werden. Daraus folgt, dass die Klage des A in jedem Falle wegen Verstoßes gegen Art. 4 GRCh auch begründet ist. Und da ein Verstoß gegen Art. 4 GRCh vorliegt und das BVerfG dies auch feststellen und ausurteilen kann, bleibt es bei der Anwendung der GRCh, sodass es eines Rückgriffs der in Reserve und dahinterliegend in Kraft stehenden Grundrechte des Grundgesetzes auch nicht mehr bedarf.

Ergebnis: Die Verfassungsbeschwerde des A ist wegen Verstoßes gegen Art. 4 GRCh zulässig und begründet, das BVerfG hebt die Entscheidung des OLG Celle auf und verweist zurück gemäß den §§ 93c Abs. 2, 95 Abs. 2, 90 Abs. 2 Satz 1 BVerfGG. A wird also vorläufig nicht ausgeliefert. Erst wenn die vom EuGH festgelegten Voraussetzungen (Zusicherung und Nachweis von menschenwürdigen Haftbedingungen) vorliegen, kann und darf eine Auslieferung des A erfolgen.

Der Rechtsschutz vor dem EuGH – Aufbauschemata

Abschließend wollen wir uns jetzt noch einen zumindest groben Überblick über das Rechtsschutzsystem vor dem EuGH verschaffen und werden zu diesem Zweck die **fünf** gängigsten Rechtsbehelfe anschauen, mit denen der EuGH angerufen bzw. befasst werden kann. Der Gesetzeschronologie im AEUV folgend, sind das namentlich: das **Vertragsverletzungsverfahren** gemäß den Art. 258, 259 AEUV; die **Nichtigkeitsklage** gemäß Art. 263 AEUV; die **Untätigkeitsklage** gemäß Art. 265 AEUV; das **Vorabentscheidungsverfahren** gemäß Art. 267 AEUV und auch die **Amtshaftungsklage** gemäß Art. 268 AEUV in Verbindung mit Art. 340 Abs. 2 AEUV. Nicht jedem Rechtsbehelf kommt in der Praxis und in den universitären Übungsarbeiten allerdings die gleich hohe Bedeutung zu. So spielen etwa die Amtshaftungsklage und auch die Untätigkeitsklage nur eine sehr untergeordnete Rolle und tauchen deshalb in Klausuren oder Hausarbeiten, wenn überhaupt, vor allem im Vertiefungskurs und/oder dem Schwerpunktbereich auf. Das **Vorabentscheidungsverfahren** hingegen nimmt den mit Abstand größten Raum ein: im Jahr 2020 etwa waren stolze 75 % aller Eingaben beim EuGH solche Verfahren nach Art. 267 AEUV, wovon die meisten übrigens aus Deutschland kamen, gefolgt von Italien, Spanien und Österreich. Die übrigen Verfahrensarten einschließlich der Rechtsmittel zum EuGH teilten sich dann die verbliebenen 25 % untereinander auf, vornehmlich mit **Nichtigkeitsklagen**, **Vertragsverletzungsverfahren** und beim EuGH eingelegter **Rechtsmittel**. Die Amtshaftungsklage und auch die Untätigkeitsklage gehörten schließlich – wie erwähnt – auch im Jahr 2020 eher zu den Exoten (vgl. die Zahlen im Einzelnen im »Jahresbericht des EuGH 2020 – Rechtsprechungstätigkeit«, Seite 224 ff.). Wir wollen unsere Betrachtung deshalb hier auch auf die drei zuvor genannten Klage- bzw. Verfahrensarten konzentrieren – und halten uns dabei bitte als Erstes schon mal an die folgende Regel:

> Um die genannten Rechtsbehelfe rasch und zielgenau in der Klausur auseinanderhalten und in ihrer Anwendung richtig einordnen zu können, empfiehlt sich eine **dreistufige** Betrachtungsweise: Im ersten Schritt schaut man bitte auf das **Klageziel** des Antragstellers (**→ was?**), anschließend auf die Frage nach der **Antragsberechtigung** (**→ wer?**) und folgert daraus schließlich die möglichen besonderen **Zulässigkeitsvoraussetzungen** der jeweiligen Klage (**→ wie?**). Diese Vorgehensweise entstammt dem feinen Lehrbuch der Herren *Hobe* und *Fremuth* (dort § 11 Rz. 86) und leistet insbesondere in der Klausur nach der Erfahrung des Autors dieser Zeilen sehr gute Dienste, wenn in der knappen Zeit einer Klausurbearbeitung als Erstes das (scheinbar) knifflige Auffinden der richtigen Klageart gefordert ist. Wir werden unsere Ausführungen zu den einzelnen Klagearten daher gleich auch stets mit diesen drei groben Unterpunkten beginnen, um anschließend die Einzelheiten der jeweiligen Prüfungspunkte in einem gesonderten, umfangreichen Schema, das sich dann auch und insbesondere für die Hausarbeitsbearbeitung eignet, anschauen (vgl. dazu *Haratsch/Koenig/Pechstein* Rz. 599 ff. und *Hobe/Fremuth* § 11 Rz. 89 ff.).

A. Das Vorabentscheidungsverfahren gemäß Art. 267 AEUV

Dieses zentralste und mit Abstand häufigste aller genannten Verfahren haben wir in unserem Buch weiter oben in diversen Fällen bereits kennengelernt und wissen daher, dass das

➔ **Klageziel** sich gemäß § 267 Abs. 1 AEUV (aufschlagen!) immer auf die Auslegung der Verträge bzw. des Primärrechts oder auf die Gültigkeit des Sekundärrechts beziehen muss.

➔ **Antragsberechtigt** kann bei diesem Verfahren jedes nationale Gericht eines Mitgliedstaates sein, nicht aber eine natürliche oder juristische Person. Aus Art. 267 AEUV erwächst insbesondere auch kein (!) subjektives Recht einer natürlichen oder juristischen Person auf Vorlage beim EuGH; über die Vorlage entscheidet allein das Gericht. Unterbleibt eine gerichtliche Vorlage, besteht unter Umständen für den Kläger/die Klägerin des Ausgangsverfahrens aber die Möglichkeit, vor dem **Bundesverfassungsgericht** wegen Verletzung von Art. 101 Abs. 1 Satz 2 GG in Verbindung mit Art. 19 Abs. 4 Satz 1 GG zu klagen, da die Nichtvorlage beim EuGH möglicherweise den Entzug des gesetzlichen Richters und damit auch einen Verstoß gegen die Rechtsweggarantie des Grundgesetzes darstellen kann (vgl. insoweit ausführlich Fall 12 oben). Der EuGH ist auch ein »gesetzlicher Richter« im Sinne des Art. 101 Abs. 1 Satz 2 GG.

➔ Die besonderen **Zulässigkeitsvoraussetzungen** des Vorabentscheidungsverfahrens ergeben sich schließlich aus Art. 267 Abs. 2 und 3 AEUV und erfordern in jedem Falle eine Entscheidungserheblichkeit für die gestellte Rechtsfrage. **Wichtig**: Während bei Entscheidungserheblichkeit der Rechtsfrage grundsätzlich gemäß Art. 267 Abs. 2 AEUV nur ein **Vorlagerecht** des jeweiligen Gerichts besteht, postuliert Art. 267 Abs. 3 AEUV sogar eine **Vorlagepflicht**, wenn das nationale Gericht **rechtskräftig** entscheidet.

Die Voraussetzungen des Vorabentscheidungsverfahrens im Einzelnen

Beachte: Nicht alle der gleich aufgeführten Punkte gehören in die Klausur- oder Hausarbeitslösung – im Gegenteil. In aller Regel findet sich – ebenso wie im nationalen Verfassungsrecht, etwa bei einer Grundrechtsklausur – in der Zulässigkeit lediglich ein (zumeist kleines) Problem, das der Prüfer/die Prüferin erkannt und gelöst sehen will. Langatmige Ausführungen in der Zulässigkeit zu Fragen, die dort gar nicht gestellt sind, sind nicht nur unnötig, sondern ärgern im Zweifel den Leser der Klausur, sind der Note abträglich und kosten auch noch wertvolle Zeit. Der Schwerpunkt einer universitären Übungsarbeit liegt im Regelfall **nicht** bei der Zulässigkeit, sondern findet sich stets in der Begründetheit der Klagen, die wir aus genau ***diesem*** Grund auch sehr umfassend in den vergangenen 12 Fällen des Buches über fast 300 Seiten lang erörtert haben. Das folgende Schema (vgl. *Haratsch/Koenig/Pechstein*

Rz. 599 und *Hobe/Fremuth* § 11 Rz. 91) darf und muss daher im Klausur- oder Hausarbeitstext auch nicht vollständig auftauchen; es dient vielmehr »nur« dazu, die fraglichen Merkmale kennenzulernen und anschließend den für die Übungsarbeit im konkreten Fall wichtigen (= fraglichen) Punkt herauszufiltern. Letzter Hinweis: Die gleich zitierten Artikel und Paragrafen sollten – auch wenn es lästig ist! – bitte aufgeschlagen und gelesen werden, ansonsten arbeitet der Leser/die Leserin im freien Raum (= unklug).

I. Die Annahmefähigkeit der Vorlagefrage

1. Zuständigkeit des EuGH → Art. 256 Abs. 3 AEUV i.V.m. Art. 19 Abs. 3a EUV.

2. Vorlagegegenstand: Eine Vorlagefrage betreffend

- → die Auslegung des primären oder abgeleiteten Unionsrechts (siehe: Art. 267 Abs. 1 lit. a AEUV) oder über
- → die Gültigkeit von Handlungen der Organe, Einrichtungen oder sonstigen Stellen der Union, wozu insbesondere der Erlass von Rechtsnormen des Sekundär- und Tertiärrechts gehört (siehe: Art. 267 Abs. 1 lit. b AEUV). Der EuGH prüft bei dieser Gültigkeitsvorlage die Vereinbarkeit von sekundärem und tertiärem Unionsrecht mit dem Primärrecht. Hierzu zählen neben den Verträgen (EUV und AEUV) gemäß Art. 6 Abs. 1 und 3 EUV auch die Grundrechtscharta und auch die Europäische Menschenrechtskonvention – EMRK (*Schwarze/Wunderlich* Art. 267 AEUV Rz. 19; *Streinz* Rz. 704; *Calliess/Ruffert/Wegener* Art. 267 AEUV Rz. 13).

3. Vorlageberechtigung eines mitgliedstaatlichen Gerichts

> **Kurzdefinition**: Jedes Gericht eines Mitgliedstaates (*Streinz* Rz. 701; *Hobe/Fremuth* § 11 Rz. 62). **Langdefinition**: Ein »mitgliedstaatliches Gericht« im Sinne des Art. 267 AEUV ist jede unabhängige, durch oder aufgrund eines Gesetzes eingerichtete Instanz, die im Rahmen einer obligatorischen, nicht bloß gewillkürten Zuständigkeit in einem Verfahren, das auf eine Entscheidung mit Rechtsprechungscharakter abzielt, bindend und unter Anwendung von Rechtsnormen entscheidet (*Haratsch/Koenig/Pechstein* Rz. 599; *Streinz/Ehricke* Art. 267 AEUV Rz. 29). Die in vielen Ländern existenten »Schiedsgerichte« gehören nach Meinung des EuGH nur zu dieser Definition, wenn sie in das Rechtsschutzsystem des jeweiligen Staates ordnungsgemäß einbezogen sind (EuGH Slg. **1982**, 1095 – *Nordsee/Mond; Herdegen* § 9 Rz. 28; *Hobe/Fremuth* § 11 Rz. 62.).

4. Vorlagerecht und Vorlagepflicht

a. Das Vorlagerecht gemäß Art. 267 Abs. 2 AEUV besteht

➔ bei Zweifeln an der Gültigkeit oder der Auslegung von Unionsrecht und

➔ bei Erheblichkeit der Vorlagefrage, die grundsätzlich vermutet wird, es sei denn, die Vorlagefrage steht erkennbar in keinem Zusammenhang mit dem Verfahren, die Vorlagefrage ist hypothetischer Natur oder die zur Beantwortung der Vorlagefragen erforderlichen Angaben sind rechtlich oder tatsächlich unzureichend (EuGH Slg. **1992**, I-4871 – *Foglia*). Der EuGH darf namentlich nicht zur Einholung eines Rechtsgutachtens befragt werden (*Streinz* Rz. 707)

b. Vorlagepflicht gemäß Art. 267 Abs. 3 AEUV. Eine solche besteht, wenn

➔ die Entscheidung im Ausgangsverfahren nicht mehr mit Rechtsmitteln des innerstaatlichen Rechts angefochten werden kann (= national rechtskräftig ist) oder

➔ wenn eine Unionshandlung wegen Zweifeln an ihrer Gültigkeit unangewendet bleiben soll oder

➔ wenn im Verfahren des einstweiligen Rechtsschutzes ein mitgliedstaatlicher Vollzugsakt in seiner Anwendung vorübergehend ausgesetzt werden soll.

c. Eine Vorlagepflicht besteht gleichwohl **nicht**,

➔ wenn die gestellte Rechtsfrage bereits in einem vorherigen Verfahren bei einem gleichgelagerten Fall durch den EuGH beantwortet wurde,

➔ wenn es zur fraglichen Thematik eine gesicherte unionsrechtliche Rechtsprechung des EuGH gibt (»acte eclaire«),

➔ wenn die Anwendung und Auslegung des EU-Rechts so offensichtlich ist, dass kein Raum für angemessene Zweifel an der Entscheidung der gestellten Rechtsfrage bleibt und die Gerichte der übrigen Mitgliedstaaten und der EuGH keine Zweifel an dieser Auslegung haben würden (»acte clair«).

5. Ordnungsgemäße Vorlagefrage

Merke: Die Formulierung des nationalen Gerichts muss bei Auslegungsvorlagefragen nach Art. 267 Abs. 1 lit. a AEUV immer **ABSTRAKT** und ausschließlich bezogen auf den entscheidungserheblichen Teil des Unionsrechts bezogen sein. Will das Gericht dem EuGH gemäß Art. 267 Abs. 1 lit. b AEUV eine Frage zur Gültigkeit von Unionsrecht vorlegen, müssen diese Fragen **KONKRET** gestellt werden.

(Fiktives) Beispiel für eine **abstrakte** Frage nach Art. 267 Abs. 1 lit. a AEUV: »*Ist der Art. 15 des Rahmenbeschlusses über den Europäischen Haftbefehl vom 15.03.2002 unter Berücksichtigung des Art. 4 der Grundrechtscharta dahingehend auszulegen, dass bei fehlen-*

der Zusicherung von menschenwürdigen Haftbedingungen im Empfängerland die zuständigen nationale Auslieferungsbehörde eine weitere Aufklärungspflicht trifft?«

(Fiktives) Beispiel für eine **konkrete** Frage nach Art. 267 Abs. 1 lit. b AEUV: »*Verstößt die Richtlinie des Rates und des Europäischen Parlaments vom 12.12.2009 (RL-EU-657/87/09), wonach Branntwein bei der Einfuhr ins europäische Ausland genaue Angaben über den Alkoholgehalt haben muss, gegen das Verbot von Einfuhrbeschränkungen aus Art. 34 AEUV?«*

Das vorlegende Gericht muss zudem alle rechtlich und tatsächlich relevanten Umstände darlegen und namentlich erklären, WARUM die Frage vorgelegt wird, also die Entscheidungsrelevanz nachweisen (*Streinz* Rz. 704). Besondere Formvorschriften existieren übrigens nicht, dürften bei einer gerichtlichen Vorlage aber auch nicht problematisch sein. In der Klausur sollte dazu nur Stellung genommen werden, wenn der Sachverhalt einen verwertbaren Hinweis gibt (z.B. Klageeinreichung per E-Mail).

II. Die Entscheidung des EuGH

1. Sind alle vorgenannten Punkte erfüllt, entscheidet der EuGH in der Sache. Geht es gemäß Art. 267 Abs. 1 lit. a AEUV um die Auslegung von Unionsrecht, beantwortet der EuGH die gestellte Frage (und nur die!) im klassischen Antwortsatz, der explizit auf die gestellte Frage bezogen ist. Wenn wir in den beiden Beispielsfragen von oben bleiben, etwa so: »*Der Art. 15 des Rahmenbeschlusses über den Europäischen Haftbefehl vom 15.03.2002 ist unter Berücksichtigung des Art. 4 der Grundrechtscharta dahingehend auszulegen, dass bei fehlender Zusicherung von menschenwürdigen Haftbedingungen die zuständige nationale Auslieferungsbehörde eine weitere Aufklärungspflicht trifft.«*

2. Gleiches gilt für die Beantwortung einer konkreten Frage im Hinblick auf die Gültigkeit von Organhandlungen im Sinne des Art. 267 Abs. 1 lit. b AEUV. Dann heißt es im Urteilstenor etwa: »*Die Richtlinie des Rates und des Europäischen Parlaments vom 12.12.2009 (RL-EU-657/87/09), wonach Branntwein bei der Einfuhr ins europäische Ausland genaue Angaben über den Alkoholgehalt haben muss, verstößt nicht gegen das Verbot von Einfuhrbeschränkungen aus Art. 34 AEUV?«*

Achtung: Der EuGH entscheidet nie über den konkreten Fall des vorlegenden Gerichts, sondern nur über die von dem Gericht gestellte Rechtsfrage. Das Vorabentscheidungsverfahren vor dem EuGH ist daher auch nur ein sogenanntes »Zwischenverfahren«, bei dem der national geführte Rechtsstreit bis zur Entscheidung des EuGH quasi eine Pause macht und bis zum Urteil des EuGH ausgesetzt wird (*Hobe/Fremuth* § 11 Rz. 61). Und das gilt übrigens selbst dann, wenn die Beantwortung des EuGH den nationalen Rechtsstreit faktisch prädestiniert, also seine Entscheidung praktisch vorgibt (EuGH ECLI:EU:C:**2015**:361 – *BVV/Teekanne; Streinz* Rz. 715). Das nationale Gericht fällt nach Anrufung des EuGH und Beantwortung der Rechtsfrage durch den EuGH gleichwohl immer sein eigenes Endurteil, allerdings unter Berücksichtigung der Entscheidung des EuGH zu der konkret gestellten Rechtsfrage. Merken.

III. Wirkungen der Entscheidung des EuGH

1. Wirkung für die Gerichte:

Die Urteile des EuGH sowohl in Auslegungs- als auch in Gültigkeitsfragen erwachsen in formelle und materielle Rechtskraft und binden – siehe soeben im grauen Kasten – sowohl das vorlegende als auch alle weiteren mit dem Ausgangsverfahren befassten Gerichte, einschließlich möglicher höherer Instanzen (EuGH Slg. **1994**, I-317 – *Clinique*; EuGH Slg. **1969**, 165 – *Milch-, Fett- und Eierkontor*; *Schwarze/Wunderlich* Art. 267 AEUV Rz. 69). Auslegungsfragen nach Art. 267 Abs. 1 lit. a AEUV schließen weitere Vorlagen an den EuGH bei Zweifeln im Hinblick auf die Auslegung übrigens nicht aus, sie sind insoweit nur eingeschränkt gültig. Gültigkeitsfragen nach Art. 267 Abs. 1 lit. b AEUV haben hingegen tatsächlich umfassende Rechtswirkungen, weitere Vorlagefragen sind daher verbindlich ausgeschlossen. Erklärt der EuGH eine Rechtsnorm einmal für wirksam/gültig oder unwirksam/ungültig, ist diese Entscheidung endgültig und bindend (*Haratsch/Koenig/Pechstein* Rz. 599). EuGH-Urteile wirken schließlich und grundsätzlich zurück (ex-tunc), es sei denn, der EuGH ordnet ausdrücklich die ex-nunc-Wirkung an (*Hobe/Fremuth* § 11 Rz. 71).

2. Wirkung für die Verwaltungsorgane

Vorabentscheidungen binden mit ihrem materiellen Inhalt auch die nationalen Verwaltungsbehörden in Bezug auf ihr Handeln. Die Bindungswirkung umfasst namentlich die Pflicht, das nationale Recht unionskonform auszulegen und etwa eine mit dem Unionsrecht unvereinbare nationale Rechtsnorm nicht anwenden zu dürfen (*Haratsch/Koenig/Pechstein* Rz. 599 a.E.).

B. Die Nichtigkeitsklage gemäß Art. 263 AEUV

Die im Vergleich zum Vorabentscheidungsverfahren deutlich seltenere Nichtigkeitsklage nach Art. 263 AEUV (aufschlagen!) betrifft ein Verfahren, das sowohl Elemente eines verfassungsrechtlichen Organstreitverfahrens, einer abstrakten Normenkontrolle und auch einer klassischen Individualverfassungsbeschwerde nach dem GG in sich trägt. Für den ersten groben Überblick schauen wir zunächst wieder auf die drei zentralen Anknüpfungspunkte, also das Klageziel, die Antragsberechtigten und die sich daraus ergebenden besonderen Zulässigkeitsvoraussetzungen (*Hobe/Fremuth* § 11 Rz. 86). Auch hier übrigens schadet es garantiert nicht, die zitierten Vorschriften aufzuschlagen und im günstigsten Fall sogar nachzulesen.

Bei einer Nichtigkeitsklage im Sinne des Art. 263 AEUV liegt das

➔ **Klageziel** darin, einen rechtswidrigen, nicht notwendig gesetzlichen Akt eines Unionsorgans zu beseitigen.

➔ **Antragsberechtigt** sind mehrere Institutionen bzw. Organe der EU sowie natürliche und juristische Personen. Aktiv parteifähig und damit antragsberechtigt im Verfahren nach Art. 263 AEUV sind namentlich: die Mitgliedstaaten, das Europäische Parlament, der Rat und die Kommission (Art. 263 Abs. 2 AEUV). Des Weiteren antragsberechtigt sind gemäß Art. 263 Abs. 3 AEUV der Rechnungshof, die Europäische Zentralbank und der Ausschuss der Regionen. Schließlich – und das ist die für uns interessanteste Variante – können gemäß Art. 263 Abs. 4 AEUV auch natürliche und juristische Personen einen Antrag im Nichtigkeitsverfahren stellen.

➔ Die besonderen **Zulässigkeitsvoraussetzungen** hängen anschließend davon ab, **WER** von den gerade genannten Antragsberechtigten die Klage erhebt; fraglich und umstritten ist insbesondere das Vorliegen der erforderlichen Klagebefugnis: Um einen der in Art. 263 Abs. 2 AEUV genannten Gründe geltend machen zu können, müssen nämlich die natürlichen und auch die juristischen Personen – die übrigen Antragssteller müssen das nicht – gemäß Art. 263 Abs. 4 AEUV durch den unionsrechtlichen Akt, den sie angreifen möchten, »unmittelbar und individuell« betroffen sein, was dann auch in den Klausuren und Hausarbeiten **DAS** zentrale Problem der Nichtigkeitsklage ist (vgl. etwa *Streinz* Rz. 669 ff.; *Herdegen* § 9 Rz. 17; *Hobe/Fremuth* § 11 Rz. 39 ff.; *Haratsch/Koenig/Pechstein* Rz. 534 ff.). **Merke**: Es gelten für die EU-Institutionen und Organe innerhalb der Nichtigkeitsklagen andere Regeln als für die natürlichen und juristischen Personen. Natürliche und juristische Personen können nur unter deutlich strengeren Voraussetzungen (siehe sogleich) eine Nichtigkeitsklage erheben.

Die Zulässigkeitsvoraussetzungen der Nichtigkeitsklage im Einzelnen

I. Zuständigkeit des EuGH ➔ Art. 263 Abs. 1 AEUV

1. Erhebt ein **Mitgliedstaat** Klage gegen eine Handlung des EU-Parlaments oder des Rates oder tritt ein EU-Organ selbst als Kläger auf, ist gemäß Art. 256 Abs. 1 UAbs. 1 Satz 1 AEUV in Verbindung mit Art. 51 EuGH-Satzung (➔ im Beck-Text die Nr. 27) der »Gerichtshof« im Sinne des Art. 19 Abs. 1 und Abs. 2 UAbs. 2 EUV das zuständige Gericht.

2. Andernfalls, also wenn eine **natürliche** oder **juristische** Person eine Nichtigkeitsklage gemäß Art. 263 AEUV erhebt, bleibt es bei der Zuständigkeitsregel des Art. 256 Abs. 1 UAbs. 1 AEUV mit der Folge, dass das »Gericht« als Spruchkörper des EuGH gemäß Art. 19 Abs. 1 und Abs. 2 UAbs. 2 EUV für das Verfahren nach Art. 263 AEUV das zuständige Gericht ist.

II. Aktive Parteifähigkeit = Antragsberechtigung

Siehe oben: **Antragsberechtigt** können zum einen Institutionen und Organe der EU (Art. 263 Abs. 2 und 3 AEUV) sowie zum anderen natürliche und juristische Personen sein (Art. 263 Abs. 4 AEUV). Aktiv parteifähig und damit antragsberechtigt im Verfahren nach Art. 263 AEUV sind die Mitgliedstaaten, das Europäische Parlament, der Rat und die Kommission (→ Art. 263 Abs. 2 AEUV). Des Weiteren antragsberechtigt sind gemäß Art. 263 Abs. 3 AEUV der Rechnungshof, die Europäische Zentralbank und der Ausschuss der Regionen. Schließlich können gemäß Art. 263 Abs. 4 AEUV auch natürliche und juristische Personen einen Antrag im Nichtigkeitsverfahren stellen.

III. Antragsgegenstand

Bitte lies **Art. 263 Abs. 1 AEUV**:

Demnach können alle Gesetzgebungsakte sowie Handlungen des Rates, der Kommission und der EZB, soweit es sich nicht um Empfehlungen oder Stellungnahmen handelt, Klagegegenstand sein; des Weiteren auch alle Handlungen des Europäischen Parlaments und des Europäischen Rates, die Rechtswirkungen gegenüber Dritten entfalten. Gemeint sind damit insbesondere sämtliche nach Art. 288 Abs. 2 bis 4 AEUV verbindlichen Rechtsakte wie Richtlinien, Verordnungen und Beschlüsse und auch sonstige Akte mit Rechtswirkungen wie etwa ein Beschluss des EU-Parlaments über den Haushaltsplan (EuGH Slg. **1986**, 2155 – *Rat/EP*; *Streinz* Rz. 653; *Schwarze/Voet van Vormizeele* Art. 263 AEUV Rz. 16). **Achtung**: Das Primärrecht (→ EUV, AEUV, GRCh, EMRK) zählt unstreitig **nicht** zu den möglichen Klagegegenständen einer Nichtigkeitsklage, da diese Rechtsnormen durch völkerrechtliche Verträge und nicht durch Handeln eines EU-Organs entstanden sind (EuGH Slg. **1995**, I-7 – *P. Roujansky*; EuGH Slg. **1995**, I-15 – *Bomnamy*; *Streinz* Rz. 656). Merken.

Durchblick: Wir haben gerade gesehen, dass man zwar nicht das Primärrecht, dafür aber quasi sämtliche unterrangigen Rechtsquellen der EU mit einer Nichtigkeitsklage angreifen kann. Sofern dies von Organen oder Institutionen der EU betrieben wird (Art. 263 Abs. 2 und 3 AEUV), ähnelt das Verfahren dem des deutschen Organstreitverfahrens, vor allem deshalb, weil – so viel schon vorweggenommen – die Nichtigkeitsklagen immer gegen das Organ zu richten sind, das die streitgegenständliche Handlung vorgenommen hat. **Beispiel**: Die EU-Kommission klagt gegen das EU-Parlament und den Rat wegen des Erlasses einer aus Sicht der Kommission rechtswidrigen Verordnung (*Hobe/Fremuth* § 11 Rz. 36). Kein Problem, das ist in aller Regel zulässig. Deutlich interessanter und damit auch klausurrelevanter sind indes die Fälle, in denen natürliche oder juristische Personen gegen EU-Rechtsakte vorgehen wollen, die sogenannte »Individualnichtigkeitsklage« (*Haratsch/Koenig/Pechstein* Rz. 541). Nach dem, was wir bislang gelernt haben, ist dies – jedenfalls theoretisch – ebenfalls schmerzfrei möglich, denn die natürlichen und auch die juristischen Personen sind ausdrücklich als Antragsberechtigte in Art. 263 Abs. 4 AEUV genannt. **Problem**: Würde man dies zulassen, könnte jeder EU-Bürger, der eine Richtlinie, eine Verordnung oder einen Beschluss der EU-Organe für rechtswidrig hält, mal eben Klage vor dem EuGH erheben und damit das gesamte Gesetzgebungsverfahren auf den Kopf, jedenfalls aber in Frage stellen. Bei genauer Betrachtung wäre damit die Tür geöffnet für eine klassische »europäische Rechtssatzbeschwerde« mit einem ungeahnten Potential, den EuGH mit entsprechenden Klagen zu überfluten.

Dieses Problem hat der Gesetzgeber zum Glück gesehen und daher in Art. 263 Abs. 4 AEUV (aufschlagen!) eine clevere Formulierung eingebaut: Da steht, dass man als natürliche und juristische Person nur dann Klage erheben kann, wenn die angefochtene Maßnahme der EU-Organe »**an den Kläger gerichtet ist**«, der Kläger »**unmittelbar und individuell betroffen ist**« oder der Antragsgegenstand ein »**Rechtsakt mit Verordnungscharakter**« ist, der den Kläger »**unmittelbar betrifft und keine Durchführungsmaßnahmen nach sich zieht**«. Hinter dieser auslegungsfähigen und durchaus gewöhnungsbedürftigen Formulierung verbirgt sich das zentrale Problem der Nichtigkeitsklage, nämlich die **Klagebefugnis**. Die sehen wir uns deshalb gleich genauer an, müssen vorher aber noch ganz kurz den dogmatisch vorrangigen Prüfungspunkt der »passiven Parteifähigkeit« abhandeln.

IV. Antragsgegner = Passive Parteifähigkeit

Die Nichtigkeitsklage richtet man immer gegen die Einrichtung, die die streitgegenständliche Handlung vorgenommen hat (EuGH Slg. **2008**, II-2771 – *Sagelmann/EAR*; *Hobe/Fremuth* § 11 Rz. 35; *Schwarze/Voet van Vormizeele* Art. 263 AEUV Rz. 21). Kein Problem.

V. Klagebefugnis

Hier sitzt – wie erwähnt – in aller Regel das zentrale Problem der Nichtigkeitsklage. Die Klagebefugnis hängt davon ab, wer die Klage erhebt. Es gibt im Hinblick auf die Klagebefugnis drei Arten von Antragsberechtigten, und zwar die »privilegierten«, die »teilprivilegierten« und die »nichtprivilegierten« Antragsberechtigten (*Haratsch/Koenig/Pechstein* Rz. 527/528; *Calliess/Ruffert/Cremer* Art. 263 AEUV Rz. 21; *Streinz* Rz. 648). Und das heißt Folgendes:

➔ Wenn Organe der Europäischen Union oder einzelne Mitgliedstaaten eine Nichtigkeitsklage erheben, ist die Klagebefugnis bereits durch die ordnungsgemäße Erhebung der Klage gegeben (= privilegierte Antragsteller). Es ist insbesondere, wie sich aus dem Wortlaut des Art. 267 Abs. 2 AEUV (aufschlagen!) ergibt, nicht erforderlich, dass eine individuelle oder unmittelbare Betroffenheit vorliegt oder auch nur vorgetragen wird. Es genügt die schlichte Klageerhebung unter den Voraussetzungen des Art. 263 Abs. 2 AEUV bzw. unter Nennung einer oder mehrerer dort genannter Gründe, um das Verfahren in Gang zu bringen (*Haratsch/Koenig/Pechstein* Rz. 528). Dieses Verfahren hat die Funktion einer abstrakten Normenkontrolle des sekundären Unionsrechts, entweder durch die Mitgliedstaaten (→ »Staatennichtigkeitsklage«) oder durch ein Organ der EU (→ »Organnichtigkeitsklage«). Kleines Schmankerl: Ein Mitgliedstaat darf auch dann eine Staatennichtigkeitsklage gegen europäisches Sekundärrecht erheben, wenn er dem Rechtsakt im Rat vorher selbst zugestimmt und ihn damit überhaupt zur Entstehung gebracht hat (EuGH Slg. **1979**, 2575 – *Italien/Rat*).

➔ Erheben die Europäische Zentralbank, der Rechnungshof oder der Ausschuss der Regionen (→ Art. 305 ff. AEUV) eine Nichtigkeitsklage, sind diese Institutionen gemäß Art. 263 Abs. 3 AEUV zumindest noch teilprivilegiert, denn sie müssen ihre Klage auf »die Wahrung ihrer Interessen« beziehen und entsprechenden Sachvortrag leisten, andernfalls fehlt ihnen die Klagebefugnis.

➔ Erheben natürliche oder juristische Personen eine Nichtigkeitsklage (»Individualnichtigkeitsklage«), gelten hierfür gemäß Art. 263 Abs. 4 AEUV strenge Voraussetzungen, diese Kläger nennt man daher auch »nichtprivilegiert«. Nach dem Wortlaut des Gesetzes ist erforderlich, dass die angefochtene Maßnahme entweder direkt an den Kläger/die Klägerin gerichtet ist oder diese(r) durch die Maßnahme unmittelbar und individuell betroffen wird. Handelt es sich bei dem Klagegenstand schließlich um einen Rechtsakt mit Verordnungscharakter, muss dieser den Betroffenen unmittelbar betreffen und darf keine Durchführungsmaßnahmen nach sich ziehen.

Im Einzelnen heißt das:

1. Sobald der Kläger auch der **Adressat** der von ihm angegriffenen Maßnahme ist, kann und muss die Klagebefugnis problemlos bejaht werden – und hat insbesondere keine weiteren Voraussetzungen, wie etwa eine unmittelbare Betroffenheit oder eine konkrete Rechtsverletzung (EuGH Slg. **1998**, II-2289 – *Svenska Journalistförderbundet*; EuGH Slg. **1989**, 1054 – *Union Syndicale*; *Haratsch/Koenig/Pechstein* Rz. 534; *Streinz* Rz. 667; *Calliess/Ruffert/Cremer* Art. 263 AEUV Rz. 31). Gemeint sind hiermit vor allem die Beschlüsse gemäß Art. 288 Abs. 4 Satz 2 AEUV (aufschlagen!), die gemäß Art. 297 Abs. 2 UAbs. 3 AEUV dem Empfänger bekanntgegeben werden müssen und damit auch erst wirksam werden (*Streinz* Rz. 677). **Tipp**: Solche, an eine Einzelperson adressierte Beschlüsse erkennt man in der universitären Übungsarbeit, daher ist diese Variante in aller Regel auch nicht problematisch. Die Klagebefugnis liegt in solchen Situationen stets vor.

2. Ist die mit der Nichtigkeitsklage angegriffene Maßnahme nicht an den Kläger/die Klägerin selbst adressiert (sonst: Nr. 1!), setzt die Klagebefugnis nach dem Gesetzeswortlaut voraus, dass der Kläger »unmittelbar und individuell betroffen« ist.

Definition 1: **Unmittelbar** betroffen im Sinne des Art. 263 Abs. 4, 2. Alt. AEUV ist der Kläger dann, wenn der Rechtsakt selbst und nicht erst eine in seiner Folge hinzutretende Durchführungsmaßnahme in den Interessenkreis des Klägers eingreift (EuGH Slg. **1985**, 207 – *Piraiki-Patraiki*; *Haratsch/Koenig/Pechstein* Rz. 542). Die unmittelbare Betroffenheit ist bei Beschlüssen und Verordnungen namentlich dann zu bejahen, wenn zum Eintritt der Rechtswirkungen beim Kläger keine weitere nationale Umsetzung oder Durchführung mehr erforderlich ist (EuGH Slg. **1994**, II-121 – *Air France*).

Definition 2: Individuell betroffen im Sinne des Art. 263 Abs. 4, 2. Alt. AEUV ist der Kläger nach der sogenannten »*Plaumann*-Formel« dann, wenn die mit der Individualnichtigkeitsklage angegriffene Vorschrift ihn wegen bestimmter persönlicher Eigenschaften oder besonderer, ihn aus dem Kreis aller übrigen Personen heraushebender Umstände berührt und ihn daher in ähnlicher Weise individualisiert wie bei einem individualisierten Beschluss nach Art. 288 Abs. 4 Satz 2 AEUV (zum alten Recht: EuGH Slg. **1963**, 211 – *Plaumann*; EuGH Slg. **1994**, I-1853 – *Codorniu*; *Haratsch/Koenig/Pechstein* Rz. 543; *Streinz* Rz. 671).

Beachte: Anhand dieser beiden Merkmale, die vom EuGH übrigens in aller Regel zusammen und nicht separat geprüft werden (vgl. die Rechtsprechungshinweise bei *Calliess/Ruffert/Cremer* Art. 263 AEUV Rz. 35), entscheidet sich die Klagebefugnis für natürliche und juristische Personen. Folgendes sollte man beachten: Zwar fallen die klassischen Rechtsetzungsakte der EU, also **Verordnungen**, **Richtlinien** und die **Beschlüsse** nach allgemeiner Meinung unter den Begriff der »Handlungen« im Sinne des Art. 263 Abs. 4 AEUV (EuGH EuZW **2014**, 22 – *Hirmann*; *Schwarze/Voet van Vormizeele* Art. 263 AEUV Rz. 41; *Calliess/Ruffert/Cremer* Art. 263 AEUV Rz. 36). Sie begründen allerdings – mit Ausnahme des Art. 288 Abs. 4 Satz 2 AEUV – ohne das Hinzutreten besonderer Umstände regelmäßig **keine** unmittelbare und individuelle Betroffenheit in Bezug auf Einzelpersonen. Bei Verordnungen steht die unmittelbare Geltung in Art. 288 Abs. 2 Satz 2 AEUV zwar ausdrücklich im Gesetz, ihnen fehlt aber im Zweifel die individuelle Betroffenheit von Einzelpersonen, da – wie bei nahezu jeder gesetzlichen Regelung – anhand einer abstrakt generellen Formulierung eine unbestimmte Anzahl von Personen oder sogar die Allgemeinheit betroffen sind und es daher an einer notwendigen Individualisierung nach der »Plaumann-Formel« fehlt (vgl. *Schwarze/Voet van Vormizeele* Art. 263 AEUV Rz. 46; *Streinz* Rz. 671; *Haratsch/Koenig/Pechstein* Rz. 542). Bei den Richtlinien im Sinne des Art. 288 Abs. 3 AEUV fehlt es demgegenüber schon an der unmittelbaren Betroffenheit, da die Richtlinien stets noch von den Mitgliedstaaten ins nationale Recht transferiert werden müssen und erst **dadurch** eine unmittelbare Betroffenheit entstehen kann. Etwas anderes gilt lediglich dann, wenn den Mitgliedstaaten bei der Umsetzung der Richtlinien – ausnahmsweise – keinerlei Ermessensspielraum eingeräumt wird, sich die Wirkung der Richtlinien also quasi »automatisch« und ohne weitere Maßnahmen einstellt (EuGH Slg. **1979**, 1185 – *NTN Toyo Bearing Company*; *Herdegen* § 9 Rz. 18; *Calliess/Ruffert/Cremer* Art. 263 AEUV Rz. 36). In Bezug auf Beschlüsse fallen schließlich – wie eingangs erwähnt – nur die Maßnahmen nach Art. 288 Abs. 4 Satz 2 AEUV unter die anfechtbaren Handlungen im Sinne des Art. 263 Abs. 4, 2. Alt. AEUV. Im Übrigen fehlt es auch hier im Zweifel an der Individualisierung, sofern die Beschlüsse – was die Regel ist – eine Vielzahl von Personen oder Personengruppen betrifft (*Haratsch/Koenig/Pechstein* Rz. 542).

Klausur-Tipp: Die Fälle, bei denen natürliche oder juristische Personen befugt sind, im Wege der Nichtigkeitsklage gegen Rechtsetzungsakte der EU unmittelbar nach Art. 263 Abs. 4, 2. Alt. AEUV vorzugehen, gehören zu den Ausnahmen mit der Folge, dass Vorsicht und größte Sorgfalt bei der Bejahung der Klagebefugnis geboten ist. Der EuGH setzt mithilfe der oben erwähnten »Plaumann-Formel« hierfür – wie gesehen – nämlich ziemlich hohe Hürden. **Beispiel**: Im November 2009 erließ die EU eine Verordnung, die massive Beschränkungen für die Einfuhr von »Robbenerzeugnissen« vorsah (VO 1007/2009). Hiergegen erhoben mehrere natürliche und juristische Personen, die unter anderem als Robbenfänger für die kanadische Organisation »Inuit« tätig waren, Nichtigkeitsklagen vor dem EuGH. Sie fühlten sich durch die Verordnung unmittelbar und auch individuell im Sinne des Art. 263 Abs. 4, 2. Alt. AEUV betroffen, da die Verordnung für jeden gut erkennbar nur auf Personen und Unternehmen abzielte, die mit dem Verkauf von »Robbenerzeugnissen« Geld verdienten und deren Tätigkeiten mit der Verordnung faktisch unterband bzw. wirtschaftlich wertlos machte. Der EuGH verwarf die Klagen gleichwohl als unzulässig: Unter ausdrücklicher Anwendung der »*Plaumann*-Formel« verwies der EuGH darauf, dass das in der Verordnung formulierte Verbot des Handels mit Robbenerzeugnissen **grundsätzlich** und an die **Allgemeinheit** gerichtet sei und daher unterschiedslos für alle Teilnehmer am Wirtschaftsleben gelte, die mit Robbenhandel wirtschaftliche Gewinne erzielten. Es könne daher auch nicht die Rede davon sein, dass die Verordnung bestimmte Personen konkret individualisiere wie bei einem Beschluss nach Art. 288 Abs. 4 Satz 2 AEUV. Wörtlich heißt es: »*… Das in der streitigen Verordnung normierte Verbot des Inverkehrbringens von Robbenerzeugnissen ist nämlich allgemein formuliert und gilt somit unterschiedslos für jeden Wirtschaftsteilnehmer, der unter die Verordnung fällt … Die Kläger können daher nicht unmittelbar gegen die Verordnung vorgehen; ihnen bleibt indes die Möglichkeit, gegen nationale Maßnahmen der zuständigen Behörden, die in Ausführung der Verordnung ergehen (Einfuhrverbote, Bußgeldentscheidungen), Klage zu erheben …* « (EuGH NVwZ **2014**, 53 – *Inuit* Rz. 73 ff.).

Merke: Natürliche und juristische Personen können sich nur unter engen Voraussetzungen direkt und unmittelbar gegen Rechtsetzungsakte der EU zur Wehr setzen. Der Art. 263 Abs. 4 AEUV wird vom EuGH in ständiger Rechtsprechung sehr restriktiv ausgelegt (vgl. EuGH NVwZ **2014**, 53 – *Inuit*; EuGH ECLI:EU:C:**2012**:112 – *Iberdrola*; EuGH ECLI:EU:C:**2014**:105 – *Stichting Woonlinie*; EuGH ECLI:EU:C:**2002**:462 – *Unión de Pequeños Agricultores*). Entsprechende Nichtigkeitsklagen gegen Rechtsetzungsakte der EU scheitern daher in der Regel an der Klagebefugnis, da die KlägerInnen entweder nicht unmittelbar oder – noch häufiger – nicht individuell betroffen sind. Bei entsprechenden Fragen in der Klausur verwendet man an dieser Stelle bitte möglichst die oben erwähnte »*Plaumann*-Formel« (Herr *Plaumann* war übrigens ein Obsthändler aus Hamburg, der erfolglos gegen eine Entscheidung der europäischen Kommission klagte, wonach Deutschland die Zölle für Mandarinen und Clementinen vorübergehend aussetzen durfte → EuGH Slg. **1963**, 213 – *Plaumann*). **Wiederholung**: Nach der »*Plaumann*-Formel« liegt eine individuelle Betroffenheit im Sinne des Art. 263 Abs. 4, 2. Alt. AEUV nur vor, wenn die mit der Individualnichtigkeitsklage angegriffene Vorschrift den Kläger wegen bestimmter persönlicher Eigenschaften oder besonderer, ihn aus dem Kreis aller übrigen Personen heraushebender Umstände berührt und ihn daher in ähnlicher Weise individualisiert wie bei einem individualisierten Beschluss im Sinne des Art. 288 Abs. 4 Satz 2 AEUV.

3. Die Klagebefugnis liegt gemäß Art. 263 Abs. 4, 3. Alt. AEUV für natürliche und juristische Personen schließlich bei »Rechtsakten mit Verordnungscharakter« vor, wenn sie den Kläger unmittelbar betreffen (die **individuelle** Betroffenheit fehlt hier!) und keine klägerbezogenen Durchführungsmaßnahmen nach sich ziehen. Hiermit gemeint sind alle Rechtsakte, die nicht unter die Definition des Art. 289 Abs. 3 AEUV fallen und den Kläger unmittelbar betreffen (*Haratsch/Koenig/Pechstein* Rz. 538). Der EuGH versteht unter »Rechtsakten mit Verordnungscharakter« daher auch nur Rechtsakte, die nicht im ordentlichen Gesetzgebungsverfahren ergangen und daher ohne Gesetzescharakter sind, somit namentlich die **Tertiärrechtsakte** (EuGH ECLI: EU:C:**2018**:873 – *Scuola Elementare Maria Montessori*; EuGH ECLI:EU:C:**2013**:625 – *Inuit*; *Streinz/Ohler/Herrmann* »Der Vertrag von Lissabon«; *Haratsch/Koenig/Pechstein* Rz. 538; *Herdegen* § 9 Rz. 20). Merken.

VI. Klagefrist und Form

Gemäß Art. 263 Abs. 6 AEUV beträgt die Frist für die Erhebung der Nichtigkeitsklage vergleichsweise kurze **zwei Monate** vom Zeitpunkt der Bekanntgabe der angegriffenen Maßnahme. Die Bekanntgabe eines Rechtsaktes erfolgt gemäß Art. 297 Abs. 1 UAbs. 3 Satz 1, Abs. 2 UAbs. 2 Satz 1 AEUV im Amtsblatt der Europäischen Union, wo das Ganze veröffentlicht sein muss. Die Klagefrist berechnet sich dann übrigens gemäß Art. 59 EuGH-VerfO (im Beck-Text die Nr. 30) erst ab dem 15. Tag nach der Veröffentlichung im Amtsblatt. Die Nichtigkeitsklage muss schließlich – wie alle Klagen – schriftlich erfolgen und alle Tatsachen enthalten, aus denen der geltend gemachte Nichtigkeitsgrund aus Art. 263 Abs. 2 AEUV ersichtlich ist (*Streinz/Ehricke* Art. 263 AEUV Rz. 29).

VII. Entscheidungswirkungen

Stellt der EuGH die Fehlerhaftigkeit des Rechtsaktes fest, ist die Nichtigkeitsklage also begründet, erklärt das Gericht die angefochtene Handlung gemäß Art. 264 Abs. 1 AEUV (aufschlagen!) für nichtig, und zwar **rückwirkend** (*Haratsch/Koenig/Pechstein* Rz. 558; *Streinz* Rz. 679) und »erga omnes« (= gegenüber Allen). Nach Art. 266 Abs. 1 AEUV müssen die zuständigen Organe in diesem Fall die sich aus dem Urteil ergebenden Maßnahmen ergreifen und insbesondere alle nachteiligen Folgen tatsächlicher oder rechtlicher Art beseitigen.

C. Vertragsverletzungsverfahren → Art. 258 ff. AEUV (auch: »Aufsichtsklage«)

In der öffentlichen Wahrnehmung und im Hinblick auf das allgemeine Medieninteresse mit Abstand am bedeutendsten, prozentual allerdings im Vergleich zu den übrigen Klagearten nur extrem marginal vertreten, ist das sogenannte »Vertragsverletzungsverfahren« gemäß den Art. 258–260 AEUV. Diese Verfahren schaffen es in aller Regel sogar bis in die Tagesschau (»*... leitete die Europäische Kommission daher heute ein Vertragsverletzungsverfahren gegen Deutschland ein! ...*«), spielen in der Arbeitswirklichkeit des EuGH und auch in den universitären Übungsarbeiten indes kaum oder nur eine sehr untergeordnete Rolle. Im Jahr 2020 etwa gab es ganze 18 Anträge vor dem EuGH bzgl. einer Vertragsverletzung, im Vergleich dazu aber immerhin 556 Vorlagen im Vorabentscheidungsverfahren nach Art. 267 AEUV (→ »Jahresbericht des EuGH 2020 Rechtsprechungstätigkeit«, Seite 229). Das gleichwohl Besondere an diesen Verfahren liegt in dem plakativen »Anklagecharakter« gegen eine scheinbar ganze Nation, denn – wie wir gleich sehen werden – diese Klagen richten sich immer direkt gegen den betroffenen Mitgliedstaat, was natürlich hochdramatisch klingt, daher die medialen Nachrichtenkanäle alarmiert und vor allem fette Schlagzeilen garantiert (*Calliess/Ruffert/Cremer* Art. 258 AEUV Rz. 3). Das alles ist bei genauer Betrachtung aus rechtlicher Sicht meistens nur ziemlich heiße Luft – damit wir da aber in Zukunft trotzdem mitreden können und für den eher seltenen, aber dennoch möglichen Fall, dass ein solches Verfahren in einer (gerne auch der mündlichen) Prüfung abgefragt wird, kommen hier die wesentlichen Grundzüge. Und auch hier schlagen wir bitte wieder brav den Gesetzestext bei Art. 258 AEUV auf (bitte!) und beginnen mit unserem dreistufigen Plan, nach dem wir zum leichteren Einstieg zunächst das **Klageziel**, dann die **Antragsberechtigten** und schließlich etwaige besondere **Zulassungsvoraussetzungen** bestimmen wollen:

- → Das **Klageziel** des Vertragsverletzungsverfahrens liegt in der Rüge gegenüber einem Mitgliedstaat, das europäische Recht verletzt zu haben sowie der Feststellung des unionsrechtswidrigen Zustandes durch ein Tun oder Unterlassen des gerügten Mitgliedstaats. In aller Regel betreffen diese Verfahren übrigens nicht oder nicht rechtzeitig umgesetzte Richtlinien im Sinne des Art. 288 Abs. 3 AEUV, wobei überraschenderweise tatsächlich Deutschland nach wie vor einen der Spitzenplätze bei den »Richtlinienverweigerern« einnimmt (*Hobe/Fremuth* § 11 Rz. 26).

- → **Antragsberechtigt** sind gemäß Art. 258 Abs. 1 AEUV entweder die Kommission oder gemäß Art. 259 Abs. 1 AEUV ein Mitgliedstaat. Antragsgegner ist immer und ausschließlich der gerügte (andere) Mitgliedstaat.

- → Die besonderen **Zulässigkeitsvoraussetzungen** hängen schließlich davon ab, wer von den beiden Antragsberechtigten die Klage erhebt. **1.** Will die **Kom-**

mission gegen einen Mitgliedstaat wegen Verletzung von Unionsrecht vorgehen, gibt sie dem jeweiligen Mitgliedstaat innerhalb eines »Vorverfahrens« anhand eines Mahnschreibens zunächst Gelegenheit zur Äußerung, vgl. Art. 258 Abs. 1, 2. Halbsatz AEUV (*Schwarze/Wunderlich* Art. 258 AEUV Rz. 10; *Streinz* Rz. 641; *Haratsch/Koenig/Pechstein* Rz. 512). In diesem sogenannten »ersten Mahnschreiben« trägt die Kommission die Tatsachen vor, aufgrund derer sie einen Verstoß gegen Unionsrecht sieht und kündigt ein Vertragsverletzungsverfahren an; schließlich setzt die Kommission dem Mitgliedstaat eine Frist zur Stellungnahme, womit der Anspruch auf rechtliches Gehör gewahrt wird (EuGH EuZW **2007**, 540 – *Kommission/Deutschland*). Hebt der betroffene Staat die gerügte Rechtsverletzung nicht innerhalb der gesetzten Frist auf, gibt die Kommission gemäß Art. 258 Abs. 1, 1. Halbsatz AEUV eine »mit Gründen versehene Stellungnahme« ab, in der abermals auf die Rechtsverletzung und das mögliche Vertragsverletzungsverfahren hingewiesen und schließlich eine weitere (letzte) Frist zur Behebung des rechtswidrigen Zustandes gesetzt wird (→ »zweites Mahnschreiben«). Kommt der Mitgliedstaat auch dieser Aufforderung nicht nach, ist die Kommission schließlich berechtigt, Klage gemäß Art. 258 Abs. 2 AEUV zu erheben (*Streinz* Rz. 641/642). **2.** Will ein **Mitgliedstaat** gegen einen anderen Mitgliedstaat ein Vertragsverletzungsverfahren einleiten, muss er zunächst gemäß Art. 259 Abs. 2 AEUV »die Kommission damit befassen«: Bei diesem (seltenen) Verfahren gibt die Kommission dem angegriffenen Staat zunächst die Möglichkeit, sich zu den Vorwürfen zu äußern; anschließend nimmt die Kommission selbst Stellung und begründet, ob überhaupt und wenn ja, welcher Verstoß gegen europäisches Recht ihrer Ansicht nach vorliegt (Art. 259 Abs. 3 AEUV). Der Mitgliedstaat erhält schließlich eine Frist zur Abhilfe, nach deren fruchtlosem Verstreichen der andere Mitgliedstaat dann Klage erheben kann (vgl. etwa den illustren Fall um die deutsche PKW-Maut, die von Österreich erfolgreich bemängelt wurde: EuGH NJW **2019**, 2369 – *Österreich/Deutschland*; *Hobe/Fremuth* § 11 Rz. 27). Gibt die Kommission innerhalb von drei Monaten gar keine Stellungnahme gegenüber dem antragstellenden Staat ab, kann dieser Mitgliedstaat gemäß Art. 259 Abs. 4 AEUV auch ohne eine Stellungnahme der Kommission Klage erheben.

Die Zulässigkeitsvoraussetzungen im Einzelnen

1. Die Zuständigkeit des EuGH folgt aus Art. 258 Abs. 2 AEUV.

2. Aktiv parteifähig sind die Kommission und die Mitgliedstaaten; passiv parteifähig sind nur die Mitgliedstaaten (Art. 258 Abs. 1, 259 Abs. 1 AEUV).

3. Ordnungsgemäßes Vorverfahren (siehe oben) – ist abhängig vom Antragsteller:

a. Bei einer Rüge der **Kommission**:

→ Erstes Mahnschreiben mit Tatsachenvortrag bzgl. des Verstoßes gegen Unionsrecht sowie Ankündigung eines Vertragsverletzungsverfahrens + Frist zur Stellungnahme. Bei Nichtbeachtung der Frist oder Weigerung der Abhilfe folgt zweites Mahnschreiben (»mit Gründen versehene Stellungnahme«) + Fristsetzung. Anschließend: Klage der Kommission.

b. Bei Rüge durch anderen **Mitgliedstaat**:

→ Zuerst Anrufung der Kommission gemäß Art. 259 Abs. 2 AEUV. Kommission gibt Staat die Möglichkeit zur Stellungnahme. Anschließend gibt Kommission Stellungnahme gegenüber Mitgliedstaat ab (Art. 259 Abs. 2 AEUV). Mitgliedstaat erhält Frist zur Abhilfe, bei Nichteinhaltung Befugnis des antragenden Staates zur Klage. Ebenso, wenn Kommission innerhalb von drei Monaten gar keine Stellungnahme zum Antrag abgibt (Art. 259 Abs. 4 AEUV).

4. Klagegegenstand

Gerügt werden kann in diesem Verfahren die Verletzung von Primär-, Sekundär und auch Tertiärrecht durch den beklagten Mitgliedstaat, wobei die gemeinsame Außen- und Sicherheitspolitik (GASP) durch Art. 275 Abs. 1 AEUV ausdrücklich ausgenommen ist (*Schwarze/Wunderlich* Art. 258 AEUV Rz. 4; *Haratsch/Koenig/Pechstein* Rz. 525). **Wichtig**: Die im Klageverfahren gerügte Rechtsverletzung muss mit dem Gegenstand übereinstimmen, der auch im Vorverfahren gerügt worden ist, die Klage muss somit auf die gleichen Gründe gestützt werden, die im Vorverfahren vorgetragen worden sind (EuGH ECLI:EU:C:**2017**:267 – *Kommission/Bulgarien*; EuGH Slg. **1994**, I-1 – *Kommission/Italien*; *Calliess/Ruffert/Cremer* Art. 258 AEUV Rz. 29; *Streinz* Rz. 642; *Hobe/Fremuth* § 11 Rz. 27).

> **Beachte**: Wie weiter oben erwähnt, liegt der Hauptanwendungsfall des Vertragsverletzungsverfahrens im Sinne des Art. 258 Abs. 1 AEUV in der Nichtumsetzung von EU-Richtlinien durch einzelne Mitgliedstaaten innerhalb der konkret gesetzten Frist (vgl. den »Jahresbericht der Kommission zur Kontrolle der Anwendung des EU-Rechts«, dort Seiten 30 ff.; *Schwarze/Wunderlich* Art. 258 AEUV Rz. 5). Gemäß Art. 288 Abs. 3 AEUV bedürfen Richtlinien zur Entfaltung von unmittelbaren Rechtswirkungen in aller Regel noch der Umsetzung durch die Mitgliedstaaten ins nationale Recht, wozu in der Richtlinie selbst regelmäßig eine bestimmte Frist gesetzt wird (vgl. dazu auch oben ausführlich Fälle Nr. 1 und 2). Halten einzelne Mitgliedstaaten (was häufig vorkommt) diese Frist nicht ein, liegt hierein ein offenkundiger Verstoß gegen Unionsrecht (Verletzung der Umsetzungspflicht!) mit der Folge, dass ein Vertragsverletzungsverfahren eröffnet werden kann und muss – und schließlich auch problemlos begründet ist. Wie gesagt, das ist seit Jahrzehnten der Hauptanwendungsfall des Vertragsverletzungsverfahrens nach Art. 258 AEUV (vgl. die Hinweise bei *Schwarze/Wunderlich* Art. 258 AEUV Rz. 5). Denkbar sind allerdings auch andere Verstöße: So hat die Kommission im Juni 2021 etwa ein spektakuläres Verfahren gegen die Bundesrepublik Deutschland wegen eines hochumstrittenen Urteils des Bundesverfassungsgerichts vom 5. Mai 2020 (BVerfGE **154**, 17) eröffnet, da das BVerfG nach Meinung der Kommission damit europäisches Recht gebeugt und einen »gefährli-

chen Präzedenzfall« geschaffen hat (vermutlich übrigens zu Recht, siehe dazu umfassend unseren Fall Nr. 4 vorne). Theoretisch kann also jedes dem Staat zurechenbare Verhalten von Organen oder Behörden Gegenstand eines Vertragsverletzungsverfahrens sein. Der Art. 258 AEUV dient nach allgemeiner Meinung nämlich dem der Kommission als »Hüterin der Verträge« ausdrücklich in Art. 17 Abs. 1 Satz 2 EUV zugeschriebenen Recht, die Achtung und einheitliche Anwendung des europäischen Rechts zu sichern (*Schwarze/Wunderlich* Art. 258 AEUV Rz. 2; *Hedegen* § 9 Rz. 4; *Calliess/Ruffert/Cremer* Art. 258 AEUV Rz. 2; *Hobe/Fremuth* § 11 Rz. 24; *Haratsch/Koenig/Pechstein* Rz. 507).

5. Rechtsschutzinteresse

Das Rechtsschutzinteresse kann bei diesem Verfahren deshalb von Bedeutung sein, weil insbesondere aufgrund des Vorverfahrens in der Regel längere Zeiträume verstreichen, in denen der jeweilige Staat Vorkehrungen treffen kann, um den rechtswidrigen Zustand zu beheben. Kommt es gleichwohl zur Klageerhebung, korrigiert der gerügte Staat aber vor Ablauf sein Fehlverhalten, entfällt in aller Regel das Rechtsschutzbedürfnis (EuGH Slg. **2000**, I-8055 – *Deutschland/Kommission; Schwarze/Wunderlich* Art. 258 AEUV Rz. 25; *Streinz* Rz. 643). **Beispiel**: Der beklagte Staat transferiert während des laufenden Vertragsverletzungsverfahrens die bislang nicht umgesetzte Richtlinie doch noch ins nationale Recht.

6. Begründetheit der Klage und Wirkungen des Urteils

Und hier kommt – **Achtung**! – ganz zum Schluss der ziemlich überraschende Clou der ganzen Sache bzw. des ganzen Vertragsverletzungsverfahrens:

Wir lesen bitte zunächst den Art. 260 Abs. 1 AEUV (bitte!).

Aus dieser Norm ergibt sich zum einen, dass der EuGH im Rahmen eines **Feststellungsurteils** den Verstoß des gerügten Mitgliedstaates gegen Unionsrecht ausspricht. Des Weiteren ist der Mitgliedstaat gemäß Art. 260 Abs. 1 AEUV in Verbindung mit Art. 4 Abs. 3 UAbs. 2 EUV verpflichtet, die Maßnahmen zu ergreifen, die sich aus dem Urteil des EuGH ergeben, wobei diese Verpflichtung im Urteil selbst übrigens nicht ausgesprochen wird (*Schwarze/Wunderlich* Art. 260 AEUV Rz. 2; *Streinz* Rz. 645; *Hobe/Fremuth* § 11 Rz. 30).

Beispiel für einen fiktiven Urteilsspruch nach Art. 258 AEUV:

»… Es wird festgestellt, dass die Bundesrepublik Deutschland dadurch, dass sie die Richtlinie 2019/142 des Europäischen Parlaments und des Rates vom 20. März 2019 über die Verringerung der Stickstoffemissionen durch Kraftfahrzeuge in der Union nicht ordnungsgemäß innerhalb der in der Richtlinie gesetzten Frist umgesetzt hat, gegen ihre Verpflichtungen aus dieser Richtlinie verstoßen hat. Die Bundesrepublik Deutschland trägt die Kosten des Verfahrens …«

Und jetzt das **Problem**: Was passiert eigentlich, wenn Deutschland sich trotz des Urteils (was nicht selten vorkommt!) weiterhin beharrlich weigert, die Richtlinie ins nationale Recht zu transferieren? Oder noch genauer: Kann der EuGH die Umsetzung der Richtlinie unter diesen Umständen erzwingen?

Die erstaunliche Antwort lautet: Nein!

Das eigentliche Drama des gesamten Vertragsverletzungsverfahrens findet sich ganz am Ende, nämlich bei der Vollstreckbarkeit. Tatsächlich sind Urteile im Vertragsverletzungsverfahren betreffend die Nichtumsetzung von Richtlinien fatalerweise **nicht** vollstreckbar, was sich zum einen mittelbar aus Art. 299 Abs. 1 AEUV ergibt (*Streinz* Rz. 645), freilich und leider aber auch in der Natur der Sache liegt (*Streinz/Ehricke* Art. 260 AEUV Rz. 2; *Haratsch/Koenig/Pechstein* Rz. 524):

Merke: Grundsätzlich kann niemand, auch nicht die EU oder der EuGH als Organ der EU einen Mitgliedstaat zum Erlass eines Gesetzes bzw. zur Einleitung eines Gesetzgebungsverfahrens zwingen (unstreitig: *Schwarze/Wunderlich* Art. 260 AEUV Rz. 3; *Degenhart* StaatsR Rz. 143; *Streinz/Ehricke* Art. 260 AEUV Rz. 2; *Haratsch/Koenig/Pechstein* Rz. 524). Die EU-Richtlinien aber bedürfen gemäß Art. 288 Abs. 3 AEUV zu ihrer Wirksamkeit auf nationaler Ebene immer noch eines weiteren Gesetzgebungsaktes der Mitgliedstaaten, mit dem die Richtlinien ins nationale Recht transferiert werden. **Beispiel**: In unserem fiktiven Fall von gerade müsste Deutschland daher erst mal ein neues ordentliches Gesetzgebungsverfahren unter Einbeziehung von Bundestag und Bundesrat einleiten, um die Richtlinie mit den verringerten Stickstoffemissionen ins deutsche Recht zu übertragen. So, und wenn der deutsche Bundestag das aber – aus welchen Gründen auch immer – nicht möchte und deshalb auch nicht entsprechend handelt, passiert genau: **NICHTS**.

Folge: Die Richtlinie wird nicht ins nationale deutsche Recht transferiert und entfaltet somit in Deutschland auch keine Wirkung.

Letzter Schritt: Die einzig wirksame Möglichkeit einer Sanktion findet sich schließlich in Art. 260 Abs. 2 AEUV (aufschlagen!), der die Verhängung eines **Zwangsgeldes** (= berechnet nach Tagessätzen) oder die Erhebung eines **Pauschalbetrages** (= EIN Betrag) vorsieht. Hierzu wird herkömmlicherweise darauf hingewiesen, dass die Nichtbefolgung eines EU-Urteils selbst wieder eine erneute Vertragsverletzung im Sinne des Art. 258 AEUV darstellt, die gemäß Art. 260 Abs. 2 AEUV eine zweite Vertragsverletzungsklage nach sich ziehen kann, in dem die Kommission die Höhe des Zwangsgeldes oder des Pauschalbetrages vorschlägt, die sie für angemessen hält (*Haratsch/Koenig/Pechstein* Rz. 524; *Streinz* Rz. 645). Gemäß Art. 260 Abs. 3 AEUV kann die Kommission im Falle der Vertragsverletzungsklage wegen Nichtumsetzung einer Richtlinie dieses Zwangsgeld aber bereits im Ursprungsverfahren beantragen. In diesem (häufigen) Fall kommt es dann nicht mehr zu einem zweiten Verfahren (*Haratsch/Koenig/Pechstein* Rz. 524; *Herdegen* § 9 Rz. 5). Der EuGH setzt anschließend gemäß Art. 260 Abs. 2 UAbs. 2 AEUV auf Antrag der Kommission gegen den säumigen Mitgliedstaat ein Zwangsgeld oder einen Pauschalbetrag fest (vgl. etwa EuGH Slg. **2005**, I-6263 *Kommission/Griechenland*), den übrigens ganz am Ende selbstverständlich der Steuerzahler begleicht.

D. Untätigkeitsklage (Art. 265 AEUV) und Amtshaftungsklage (Art. 268 AEUV in Verbindung mit Art. 340 Abs. 2 AEUV)

Diese beiden Verfahrensarten spielen in der universitären Grundausbildung im Europarecht so gut wie keine Rolle und werden – wenn überhaupt – nur im Vertiefungskurs bzw. dem Schwerpunktbereich thematisiert. Wir beschränken uns daher hier auf die Aufbaumuster, um zumindest mit den Begrifflichkeiten und dem Anwendungsbereich vertraut zu werden. Und auch hier halten wir uns bitte wieder an unser dreistufiges Muster, mit dem wir das Klageziel, die Antragsberechtigten und die besonderen Zulassungsvoraussetzungen bestimmen.

1. Die Untätigkeitsklage

→ Bei dieser Klageform liegt das **Klageziel** gemäß Art. 265 Abs. 1 AEUV (aufschlagen!) in der Feststellung einer rechtswidrigen Untätigkeit des Europäischen Parlaments, des Europäischen Rates, des Rates, der Kommission oder der Europäischen Zentralbank.

→ **Antragsberechtigt** sind gemäß Art. 265 Abs. 1 AEUV die Mitgliedstaaten und die Organe der Union sowie nach Art. 265 Abs. 3 AEUV alle natürlichen und juristischen Personen.

→ Die besonderen **Zulassungsvoraussetzungen** finden sich in Art. 265 Abs. 2 AEUV und besagen, dass das in Frage stehende Organ, die in Frage stehende Einrichtung oder sonstige Stelle von den Antragsberechtigten vor Klageerhebung aufgefordert worden sind, tätig zu werden. Natürliche oder juristische Personen können gemäß Art. 265 Abs. 3 AEUV eine Beschwerde darüber erheben, dass ein Organ oder eine Einrichtung oder sonstige Stelle der Union es unterlasen hat, einen anderen Akt als eine Empfehlung oder eine Stellungnahme an sie zu richten. Für die Klagen existiert eine zweigeteilte Frist, wonach erst eine Aufforderung zwei Monate fruchtlos verstrichen sein muss, um anschließend eine zweimonatige Klagefrist in Gang zu setzen (Art. 265 Abs. 2 Satz 2 AEUV).

2. Die Amtshaftungsklage → Art. 268 AEUV in Verbindung mit Art. 340 Abs. 2 AEUV

→ Das **Klageziel** liegt pauschal im Begehren nach Schadensersatz für einen (rechtswidrigen) Akt der EU.

→ **Antragsberechtigt** sind alle natürlichen und juristischen Personen – übrigens auch solche, die ihren Wohnsitz nicht im EU-Gebiet haben – sowie nicht rechtsfähige Organisationen oder Verbände wie etwa Gewerkschaften (*Streinz* Rz. 695).

→ Als besondere **Zulassungsvoraussetzung** ist insbesondere das Rechtsschutzbedürfnis wichtig. Dieses entfällt, wenn der Kläger seinen Anspruch auf anderem Wege und insbesondere innerstaatlich geltend machen kann, in diesem Fall ist der Amtshaftungsanspruch subsidiär (*Hobe/Fremuth* § 11 Rz. 55; *Haratsch/Koenig/Pechstein* Rz. 578). Die Klagefrist beträgt gemäß Art. 46 EuGH-Satzung fünf Jahre.

Sachverzeichnis